As Religiões dos Oprimidos

Coleção Debates
Dirigida por J. Guinsburg

Conselho Editorial: Anatol Rosenfeld (1912-1973), Anita Novinsky, Aracy Amaral, Augusto de Campos, Bóris Schnaiderman, Carlos Guilherme Mota, Celso Lafer, Dante Moreira Leite, Gita K. Guinsburg, Haroldo de Campos, Leyla Perrone-Moisés, Lúcio Gomes Machado, Maria de Lourdes Santos Machado, Modesto Carone Netto, P.E. Salles Gomes, Regina Schnaiderman, Robert N. V. C. Nicol, Rosa R. Krausz, Sábato Magaldi, Sergio Miceli, Willi Bolle e Zulmira Ribeiro Tavares.

Equipe de realização — Tradução: Geraldo Gerson de Souza; Revisão: Eglacy Porto Silva; Produção: Lúcio Gomes Machado; Capa: Moysés Baumstein.

vittorio lanternari
AS RELIGIÕES DOS OPRIMIDOS

Um estudo dos modernos cultos messiânicos

EDITORA PERSPECTIVA

Título do original italiano

Movimenti religiosi di libertà e di salvezza dei popoli oppressi

© Giangiacomo Feltrinelli Editore, Milão, 1960.

Direitos para a língua portuguesa reservados à
EDITORA PERSPECTIVA S.A.
Av. Brigadeiro Luís Antônio, 3025
Telefone: 288-8388
01401 São Paulo Brasil
1974

SUMÁRIO

Prefácio 9

1. Movimentos religiosos nativistas da África 15
2. O Peiotismo 73
3. Outros Movimentos Proféticos Americanos 125
4. Movimentos Proféticos Melanésicos 211
5. Movimentos Proféticos Polinésios 253
6. Movimentos Proféticos da Indonésia e da Ásia .. 281
   Conclusão 319
   Bibliografia 339
   Abreviaturas 353

À memória de meu mestre Raffaele Pettazzoni

PREFÁCIO

Uma história das culturas religiosas pode-se escrever de várias maneiras e segundo diversos critérios. Alguns preferem apresentar os fatos da vida religiosa olhando-os por assim dizer de dentro, sem sair do círculo fechado do objeto estudado; particularmente, sem levar em conta a necessidade de relacionar "metodicamente" estes fenômenos a outros, e em especial às manifestações próprias da vida não-religiosa, isto é, em resumo, a cultura *lato sensu* de onde nascem tais fenômenos e onde naturalmente se inserem. É o critério dos "fenomenólogos", que se preocupam, antes de tudo em individualizar, para além dos fenômenos, "estruturas" religiosas universais e constantes. Ao contrário, outros tendem a agrupar as manifestações da vida religiosa, pertinentes aos níveis culturais mais heterogêneos e diversos, dentro de categorias bem determinadas, e unificam indiscriminadamente sob um mesmo expoente — por exemplo, ritos de regeneração, religião do céu, cultos solares, cultos agrários etc. — formações religiosas pertencentes a vários níveis culturais e a sociedades historicamente diferentes. É o critério dos "morfologistas": critério útil, sem dúvida, por vários aspectos e, em particular, porque acentua a necessidade de "comparar" as formações religiosas entre si; de outro lado, critério perigoso, pois corre o risco, tanto quanto o dos "fenomenólogos", de obliterar as diferenças concretas das simples formações religiosas, bem como as transformações e o dinamismo próprios das várias histórias religiosas no curso de seu desenvolvimento, em favor de uma unidade tendencialmente abstrata e artificial.

Quanto a nós, preferimos ater-nos ao método historicista, porque se revelou prenhe de resultados, porque, empregado com a devida consciência e com rigorosa adequação à realidade, sem qualquer dogmatismo e esquematismo, está em condições de explicar os fatos religiosos, isto é, justificá-los. Ora, justificar os fatos religiosos quer dizer explicar-lhes a natureza, a função, a gênese e a dinâmica de origem interna (o desenvolvimento oriundo de fatores endógenos da cultura) ou externa (os desenvolvimentos e as transformações provenientes dos contatos e impactos com outras culturas).

Nosso historicismo nasceu e se formou das próprias exigências da pesquisa histórico-religiosa: na verdade, não se pode escrever uma autêntica "história das religiões" sem uma visão histórica da vida cultural no seu todo. Dentro de uma visão histórica integral, a história religiosa surge, pois, como um dos momentos da dinâmica cultural. Entendemos, portanto, a história religiosa — e este livro é de história religiosa — como o estudo das inter-relações dialéticas entre vida religiosa e vida profana (isto é, cultural, social, política etc.): o todo dentro de um processo dinâmico concreto e determinado, próprio de toda civilização.

Até aqui enunciamos um dos pressupostos, ou — se quiserem — uma conclusão da pesquisa que pretendíamos fazer sobre os movimentos religiosos de libertação e salvação das civilizações coloniais. Afinal, os fenômenos religiosos são objeto de estudo e podem ser justificados, na medida em que se consegue determinar-lhes historicamente a origem e o desenvolvimento, reportando de modo sistemático as manifestações religiosas às condições históricas concretas: condições que se identificam com as *experiências existenciais* a que está ligada a sociedade no momento histórico considerado, e com as *exigências* culturais que, a partir daquelas experiências, são induzidas no mesmo momento. *Experiências* e *exigências* estão na base de toda manifestação e transformação religiosa.

O nascimento dos cultos de libertação do domínio colonialista constitui uma das manifestações mais evidentes e desconcertantes do estreito liame dialético entre vida religiosa e vida social, política, cultural. A origem de tais movimentos só se justifica por uma interpretação historicista: interpretação em que praticamente concordam cientistas de métodos e orientações diversos, demasiado alheios ao historicismo, já que nenhum estudioso pôde negar o nexo fundamental que une os cultos de libertação com as experiências coloniais e com as exigências de emancipação dos povos respectivos.

Outra exigência do historicismo, tal como o entendemos, é que não haja possibilidade de fratura nem de separação entre o mundo dos chamados povos "primitivos" (ou atrasados, coloniais, iletrados, ou como quiserem chamá-los) — em suma, o mundo objeto de estudo etnológico — e o mundo costumeira e convencionalmente conhecido como "histórico", seja "antigo" ou "moderno". Além disso, existe, entre as duas ordens de cultura, uma continuidade indissolúvel, que não podemos romper, a menos que desejemos arriscar inevitavelmente não compreender de todo nem o mundo "primitivo" nem o mundo "moderno", isto é, inclusive a nós mesmos. De resto, não obstante a carência de "história escrita" e de testemunhos precisos sobre o passado, as culturas de nível etnológico, tanto quanto as chamadas desenvolvidas ou modernas, se resolvem inteiramente na história, dados os inúmeros processos de transformação, desenvolvimento, adaptações, interferências que sofrem de vez em quando. De outro lado, levando em conta a sua estrutura econômica e tecnológica atrasada, as culturas de nível etnológico nos dão prova de aspectos e caracteres múltiplos, peculiares decerto a culturas antigas ou pré-históricas: em suma, de culturas baseadas em regimes econômicos também atrasados — caça-coleta, agricultura primitiva, criação, embora nas suas diversas combinações. São estas as culturas que formam o substrato da civilização antiga e, afinal, da moderna, que descende dela por processo de desenvolvimento contínuo, conservando incorporados a si mesma muitos daqueles aspectos e caracteres (folclore, religião popular), não obstante as indefectíveis e ininterruptas reelaborações. Portanto, a etnologia pretende ser essa mesma historiografia. Concluímos com isso que, em virtude dessa, se alarga o horizonte de uma historiografia como a crociana, à qual em certo sentido se liga o nosso esforço de aprofundamento. A etnologia historicista nascente (referimo-nos essencialmente a uma etnologia "religiosa") está, portanto, em condições de esclarecer a cultura do homem moderno, de modo a tornar mais bem conhecidos a natureza, os caracteres, os limites da civilização contemporânea.

Os movimentos proféticos, messiânicos e milenaristas de que nos ocupamos neste livro com relação ao mundo etnológico não podem ser entendidos em seu valor, significado, e função sem compará-los metodicamente a formações proféticas, milenaristas, salvíficas das culturas antigas ou modernas, isto é, das civilizações (convencionalmente) "históricas". Tampouco poderemos entender plenamente valor, significado e função, por exemplo, do profetismo judaico, cristão, joaquimita, da Reforma, ou dos movimentos messiânicos e milenaristas contemporâneos, a não ser inserindo estas formações dentro de um processo de desenvolvimento contínuo e a seu modo unitário, a partir das correspondentes formações religiosas de nível etnológico. A comparação e distinção metódica entre as várias ordens de movimentos proféticos, e entre um e outro tomados isoladamente, lançará luz sobre o conjunto e sobre cada um em particular.

Não existem tabus para a história religiosa. Cristianismo, Mormonismo, Lazaretismo pertencem à história religiosa, com a mesma razão que o Matsuísmo congolês, o *cargo-cult* melanésio e o Peiotismo americano.

A esta altura, parece-nos necessário afirmar que não há sentido em falar de etnologia religiosa e história religiosa (ou etnologia e história em geral) como se fossem ciências substancialmente separadas, heterogêneas e pelo menos antitéticas. Na realidade, são dois "momentos" particulares da pesquisa histórica, que é una: o momento etnológico acentuando o estudo dos povos atrasados e oprimidos e o momento "histórico", o das culturas desenvolvidas e autônomas.

Hoje, neste século em que os chamados povos "incultos" ou "selvagens" surgem no cenário da história, é para nós, expoentes de uma chamada civilização "culta" e "eleita", uma obrigação cultural, senão moral e política, reconhecer a mensagem de liberdade e salvação que ressuma da boca de mil profetas, das florestas do Congo às ilhotas perdidas da Melanésia, aos recifes da Polinésia, às tribos esquecidas da Ásia continental, às "reservas" dos Estados Unidos. Esta mensagem, solene e poderosa pela dignidade cultural que exprime, exige uma resposta do mundo ocidental: uma resposta política, cultural e religiosa. Aos outros — governos, administrações, igrejas missionárias — cabe amoldar-se às exigências imanentes impostas por aquela mensagem. A nós basta, nesta altura sublinhar na voz genuína e unânime dos povos oprimidos o valor de crítica e denúncia contra a cultura ocidental. Esta voz é como que um espelho em que o homem contemporâneo distingue os limites precisos dentro dos quais está estruturada a nossa civilização. O grito de liberdade e salvação dos povos coloniais — e em geral de povos e grupos oprimidos por condições calamitosas, quaisquer que sejam elas — está cheio de significado cultural preciso para nós: denuncia as insuficiências e as contradições próprias da nossa cultura, à luz de mundos culturais novos que tomaram consciência de si próprios. Estes mundos culturais tão diferentes do nosso entraram em crise, mas o impacto com eles produziu também em nossa cultura uma crise grave, abrindo uma era de trabalho que será fecunda e precursora de novos valores para todos, já que nos encaminha para um humanismo mais amplo, no qual ocupam o lugar que lhes pertence o indígena zulu, o nativo maori e o índio americano.

O título do livro requer um esclarecimento. O centro de interesse para nós está nas religiões dos povos que vivem em condições coloniais ou semicoloniais, ou que sacudiram recentemente o jugo colonialista. Junto a estes povos se faz sentir, portanto, uma opressão de origem externa, por meio de um poder hegemônico. Todavia, existem numerosas civilizações livres da opressão colonialista, às vezes elas mesmas colonizadoras e hegemônicas em relação às outras culturas, em que às vezes ocorre o caso de uma condição de opressão exercida, no seu próprio âmbito, por grupos ou classes sobre outros grupos ou classes subordinados. Este último gênero de opressão, de origem interna e classista, também dá lugar a múltiplos e reiterados movimentos de liberdade e salvação. Assim como outros movimentos religiosos do gênero podem ter surgido entre civilizações "primitivas" antes da época colonial, e experimentaram — no terreno religioso — condições opressivas determinadas por agentes imprevisíveis como lutas, invasões, misérias etc.

Quanto a este livro, nele havíamos circunscrito deliberadamente o campo dos movimentos proféticos ou salvíficos aos povos de nível etnológico. Mesmo assim, reservou-se lugar a algumas formações religiosas recentes, próprias de civilizações altamente desenvolvidas (Japão, China, Vietnã, Filipinas etc.). Na escolha destes movimentos deixamo-nos guiar por um critério de exemplificação e de relativa modernidade cronológica. Não pretendemos ter traçado um quadro completo dos movimentos religiosos, nem mesmo em nível etnológico. Estamos muito mais interessados na atualidade do problema do que na sistematicidade da documentação.

Com maior razão, deixamos de lado o estudo autônomo dos movimentos religiosos modernos do mundo "culto" ocidental e oriental, católico, protestante, cristão em geral, hinduísta, budista ou muçulmano: Mormonismo, Adventismo, Lazaretismo, seitas religiosas modernas européias ou americanas, Babismo, Bahaísmo, Sikhismo e numerosos outros movimentos que exigiriam muito mais de um volume. Por isso, omitimos igualmente o estudo dos movimentos proféticos antigos, embora tenham enorme importância histórica.

Na verdade, mencionamos o Budismo, o Taoísmo, o Mosaísmo, o Cristianismo e o Islamismo apenas onde o exige a análise dos cultos modernos, com respeito à sua configuração e estratificação variada (v. capítulos respectivos) ou o pede a comparação histórica (Conclusão).

Se bem examinarmos, cada uma das grandes religiões modernas surgiu originariamente como movimento profético de renovação; isto vale de modo uniforme para o Judaísmo, o Cristianismo, o Islamismo, o Budismo, o Taoísmo etc., isto é, para as chamadas religiões "fundadas". Poder-se-ia dizer, antecipando as conclusões do livro, que cada uma das grandes religiões modernas germinou de outras situações de crise cultural e social.

Comparando tais movimentos com aqueles particularmente estudados por nós, e ainda as condições históricas na hora do surgimento de uns e de outros, distinguimos no profetismo, no messianismo, nos movimentos de salvação, os mesmos pontos críticos e nodais que aparecem no desenvolvimento de toda cultura religiosa: pontos nodais em que, contra a religião "oficial" imposta por uma tradição conservadora ligada ao passado (muitas vezes sustentada por uma classe sacerdotal institucionalizada), se faz valer o impulso de renovação de origem popular. Concluindo, este livro pretende ser, a seu modo e em seus limites bem circunscritos, uma história das culturas religiosas coloniais e semicoloniais, mas não somente delas: história vista segundo uma perspectiva particular dada pelo nexo evidente entre vida religiosa e vida social ou política; história centralizada em torno de uma fase particular do desenvolvimento religioso, isto é, a fase tipicamente penosa e crítica da renovação; finalmente, história eixada sobre um "momento" dialético particular, isto é, o momento *popular* como antítese do oficial conservador, dentro do desenvolvimento de toda cultura religiosa.

1. MOVIMENTOS RELIGIOSOS NATIVISTAS DA ÁFRICA

Premissa

Os frêmitos de revolta que sacudiram o Congo Belga, a Niassalândia, a África Equatorial Francesa, além do Quênia, da África Ocidental etc., já não surpreendem o observador atualizado; e muito menos surpreendem o etnólogo que não tenha os olhos vendados. Tais frêmitos são o eco perturbador, mas de nenhum modo inesperado, de fermentos religiosos — mais do que políticos — que amadureceram e há cinqüenta anos vêm transtornando a cultura da África negra. Na realidade, na raiz de toda revolta política e militar de povos indígenas encontram-se outros movimentos premonitórios de renovação religiosa, os cultos proféticos de libertação.

Tais movimentos e cultos florescem na África negra, da África do Sul à Rodésia, à Tanganica, à África Equatorial e Ocidental, à Angola, ao Congo, à Uganda, ao Quênia etc.; mas surgiram e se difundiram outros inúmeros movimentos na Melanésia, Polinésia, Indonésia e América indígena do Norte e do Sul. Paralelamente ao impacto entre cultura hegemônica e cultura aborígine, sobretudo pelo fato de que as conseqüências do impacto se fizeram prementes e transtornantes no após-guerra, os movimentos proféticos dos nativos se impuseram à atenção não só dos administradores coloniais e igrejas ocidentais, bem como da cultura moderna. Representam o produto espontâneo do choque cultural entre aborígines e brancos, estranhos pois a qualquer propaganda ou jogo político de grandes potências modernas. Aliás, a própria natureza dos movimentos de renovação que nos interessam aqui denuncia uma característica própria das culturas nativas: elas, por uma tradição cultural amadurecida em experiências de todo tipo de miséria e sujeição, são levadas a reagir contra a opressão, a inquietação, a frustração, muito mais no terreno religioso do que no organizacional-político. Neste caso, todas as suas manifestações culturais — de ordem social, econômica, política ou filosófica — são tradicionalmente permeadas de espírito religioso.

Inúmeros cultos proféticos antecederam, seguiram e inspiraram as mais cruas reações de irredentismo nativo às invasões territoriais dos brancos. E toda vez que se desvaneceram as esperanças radicais de expulsar os europeus dos territórios nativos, definitivamente frustradas como no caso dos índios das Pradarias, ou dos maoris da Nova Zelândia, nasceram novos cultos proféticos; anunciam e promovem programas de autonomia cultural e religiosa, reagindo contra a política de segregação racial, de assimilação forçada, de destribalização e aculturação imposta pelas administrações locais ou mesmo pelas igrejas missionárias.

Os cultos proféticos são formações religiosas extremamente variadas e complexas. Se, de um lado, exprimem a necessidade de renovação da cultura nativa posta em contato com a cultura "moderna" e se instauram relações determinadas e necessárias com os brancos (além da e por sobre a polêmica anticolonialista), de outro lado resultam profundamente ligados à tradição religiosa nativa e, através desta, às várias experiências existenciais de toda cultura. Portanto, todo o cabedal mítico-ritual de cada cultura volta a emergir na formação profética, embora com reelaborações, transformações mais ou menos conscientes, revisões e escolhas determinadas pelas mesmas exigências de sobrevivência e de salvação enquanto núcleo cultural autônomo.

De um lado, os cultos proféticos indígenas são um documento desconcertante e inegável da dinâmica das culturas de nível etnológico e bastam, por si sós, para derrubar, por irrisória, toda ilação antiga sobre uma pretensa estática da vida cultural e religiosa dessas civilizações. De outro lado, ratificam, com seu afã de liberdade, com a ânsia de salvação terrena de que estão animados os prosélitos, a função profana das chamadas religiões "primitivas" e, em definitivo, de toda religião popular: função devotada à resolução de crises existenciais concretas, determinadas pela dinâmica histórica; função que consiste na instauração de formas adequadas de redenção mítico-ritual.

Na África, o espelho da situação social, política e cultural onde nascem os cultos autonomistas e de libertação pode-se resumir naquele chavão que os profetas agitadores zulus dirigem aos brancos: "Antes possuíamos a terra e vocês tinham a Bíblia. Agora vocês possuem a terra e para nós restou a Bíblia"[1]. Palavras bastante significativas, que soam como amargo diagnóstico de um mal complexo e como clara e consciente denúncia das suas causas profundas. O mal reside no choque — com os seus múltiplos aspectos — entre uma minoria hegemônica, opressora, depredadora e hipócrita e a população nativa oprimida: na sua raiz está a subtração da terra aos nativos.

"A questão nativista é uma questão de terras", dizia um funcionário britânico na África Meridional. "O problema das igrejas separatistas, acrescenta, com a sua esclarecida despreocupação, o missionário protestante sueco Bengt Skundler, é um corolário do problema das terras" (loc. cit.).

O incremento das igrejas independentes entre os bantos ocorre paralelamente à compressão dos nativos por força da legislação da terra. Vale a pena dar uma olhada rápida naquilo que acontecia na África, nas relações entre nativos e brancos, no final dos primeiros decênios do século atual e ainda hoje acontece em parte. Limitar-nos-emos a um reexame sumário da situação na África do Sul, que em suas linhas gerais pode valer para qualquer outro território africano.

A discriminação racial, a incompreensão básica da maioria dos superintendentes das missões européias em relação aos nativos, a política colonialista do governo, a discrepância entre os princípios religiosos cristãos e a prática da vida dos europeus estão na origem das igrejas separatistas e independentes da África. O problema da separação de cor predomina na África do Sul, desde os primeiros contatos entre nativos e europeus. Em todas as atividades

(1) SUNDKLER, p. 33.

e manifestações sociais vigora a norma *Net Vir Blankes*, "somente para europeus". Um episódio significativo, narrado por Sundkler, dá a medida da atmosfera racista que cerca os indígenas não só no campo das relações civis, como também nas relações religiosas com missionários. Uma européia que trabalhava numa instituição missionária em Natal — narra o sacerdote sueco — ao visitar o centro missionário de Durban, encontrou na rua um pastor zulu. Saudou-o, parou, conversou com ele e depois foi embora. Dois dias mais tarde, ela recebeu uma carta. O pastor nativo lhe agradecia em termos comovidos porque ela, em pleno centro urbano, se dignou a tratá-lo publicamente como um ser humano qualquer, honrando-o desenvoltamente com a sua saudação. Ele sabia, e ressaltou-o na carta, que, se os missionários não têm escrúpulos em tratar de modo humano os nativos na sede das missões, se comportam de forma diferente em lugares públicos, quando se acham na cidade, atendo-se à praxe comum que faz dos nativos os "servos dos patrões europeus"[2].

Quanto ao lado jurídico das relações entre nativos e brancos, o primeiro choque drástico se deu em 1913, com o Native Land Act. Nele se estabelece que nenhum nativo enquanto tal pode adquirir ou arrendar terras dentro de algumas zonas determinadas. Em Natal, com seus 40 000 km^2 de território e uma população européia de 132 000 almas (censo de 1921) contra um milhão de zulus, estes podiam adquirir terras em menos de 6500 km^2. Em todo o território sul-africano, com um milhão de brancos contra cinco milhões de nativos, estes últimos, confinados nas chamadas reservas, tiveram de contentar-se com um território muito mais estreito do que o espaço dado aos europeus, cinco vezes menos numerosos. A conseqüência do Ato foi que os africanos ou emigraram de Natal para as reservas ou se estabeleceram nas cidades, principalmente em Johannesburg. O Native Trust and Land Act de 1936 pouco fez na prática para aliviar as duras condições dos nativos. Outro estímulo ao processo de inurbamento dos nativos foi dado pela política tributária. Em 1923, a política de segregação, até então aplicada nos territórios extra-urbanos, passou a afetar as próprias cidades por obra do Urban Act, que provocava uma situação ainda mais dramática. Com este Ato estabelecia-se a segregação dos nativos fora ou dentro das cidades: os colonos brancos garantiam deste modo a mão-de-obra nativa de que necessitavam para as suas fazendas. Para os nativos não havia outra escolha: ou ser servos dos colonos europeus, ou viver às margens das cidades. Em 1926, o Parlamento sancionava a lei da segre-

(2) SUNDKLER, pp. 32, 35.

gação (*colour-bar*) também nas indústrias mineiras. Em conseqüência da diminuição de possibilidade de trabalho e de ganho para os nativos aprofundou-se o preconceito contra os brancos e a exacerbação das relações gerais em toda a União Sul-Africana. Não foi por acaso que os movimentos em prol das igrejas independentes e separatistas da União Sul-Africana se desenvolveram neste período mesmo. São conseqüência direta da exacerbação das relações raciais, do desemprego forçado dos nativos. É sintomático que, também recentemente, numerosos chefes de igrejas independentes sejam ex-operários e ex-artesãos urbanos, a quem foi vedado o exercício da própria atividade por obra do mencionado Ato. Acrescente-se a isso a ardente experiência das contradições entre o comportamento habitual dos civis de raça branca e os princípios cristãos pregados pelos missionários. O conjunto destas experiências constitui as causas mais profundas do afastamento dos nativos das igrejas missionárias, e do desenvolvimento do Cristianismo indígena[3], na forma de movimentos proféticos de libertação e autonomistas.

Congo, África Equatorial e Central

A região compreendida entre as margens do Médio e Baixo Congo é um dos epicentros dos movimentos proféticos africanos, com irradiações na África Equatorial Francesa e em todo o Congo (ex-Belga). De um fato antigo de crônica podemos intuir como e com que efeitos particulares se defrontam o Cristianismo e a religião local. Um capuchinho, que no início do século XVIII trabalhou junto aos bacongos a fim de reorganizar as missões do Reino nativo do Congo, encontrou uma estranha profetisa, Dona Beatriz. Ela se vangloriava de ter tido visões e sonhos vaticinadores, além de uma experiência de morte e renascimento. Baseada nesta experiência, estava convencida de ser a reencarnação de Santo Antônio. Anunciava como iminente o dia do Juízo Final. Entre os "anjos" de que se cercava, escolheu um (que se chamou São João) com quem vivia e de quem teve um filho; fundou um movimento "Antoniano", logo seguido por numerosos prosélitos, que se dedicava à restauração do reino de São Salvador e ao restabelecimento de antigos costumes tradicionais condenados pelos missionários. O capuchinho conseguiu que queimassem a profetisa, mas os adeptos da seita — que a objetivos políticos de restauração uniam evidentes pretensões de conservadorismo religioso, antimissionário e anticristão —

(3) SUNDKLER, pp. 34, 36-37.

sobreviveram por muito tempo. É um primeiro exemplo do sincretismo pagão-cristão, onde um santo católico — com base na iconografia corrente segundo a qual carrega o menino Jesus nos braços — recebe uma conotação pagã como protetor da fecundidade e da fertilidade[4]. Aliás, o sincretismo bacongo-cristão comporta outro elemento algo mais sintomático. Entre os fetiches mágicos empregados para favorecer a caça, comumente se emprega o crucifixo[5]. Trata-se pois de um sincretismo em que os elementos usados pelos missionários são reinterpretados em função clamorosamente pagã, perdendo todo valor cristão específico. O exemplo serve para demonstrar em que linha se realiza, também nos sucessivos desenvolvimentos, o encontro entre dois mundos culturais tão heterogêneos: de um lado, as formas religiosas nativas ligadas às exigências vitais mais imediatas — fecundidade, fertilidade, bom êxito na caça — de outro o Cristianismo, nascido da crise de civilizações urbanas médio-orientais e ocidentais, voltado para exigências de outra ordem e inadequado, pelo menos nas formas genuínas européias, para as necessidades religiosas locais.

Um dos traços religiosos próprios das culturas congolesas é o fetichismo, o emprego cultural e socialmente útil de objetos oportunamente confeccionados e portanto "carregados" de valor taumatúrgico. Ora, o fetichismo se acha em estreita relação com as primeiras manifestações proféticas desta grande região[6]: manifestações que surgem desde o início e que depois continuarão a manter, até os dias atuais, a combinação — de modo algum injustificada, como veremos — de dois caracteres essenciais, isto é, um propósito declaradamente xenófobo hostil aos brancos, e um papel de proteção da magia negra.

É em 1904 que nasce o primeiro grande movimento profético, com caráter tipicamente fetichista e ao mesmo tempo xenófobo. Seu fundador foi Epikilipikili, taumaturgo, autor e divulgador de um novo fetiche (*bwanga*), composto de pó e partes de animais, dotado de poderes especiais contra toda força hostil, e particularmente contra a magia negra. Fundou uma organização mágica que, dia a dia, ganhou mais prosélitos em regiões cada vez mais vastas e obteve o consenso dos chefes locais. Entre outras coisas, a receita devia imunizar os nativos contra os projéteis disparados pelos brancos. Na verdade, a organização mágica de Epikilipikili é o protótipo e a forma embrionária das inúmeras sociedades secretas (*Mani* de Boma, *Punga* ou

---

(4) J. CUVELIER. *Relation sur le Congo du Père Laurent de Lucques* (1700-1717). Bruxelas, 1953.
(5) R WANNIJN. *Objects anciens en métal du Bas Congo*, Zaïre V, 1952, 391-94.
(6) COMHAIRE, "Africa", p. 55 (1955).

Muana Okanga entre os mineiros do Katanga, *Nebili* dos Azande etc.) que iriam desenvolver-se na África Central e Ocidental, sobre a base de anteriores associações tribais de defesa mútua contra a magia negra, carregadas de uma precisa função antiocidental. O fato é que, em 1905, um ano depois da constituição da seita de Epikilipikili, estourava uma sangrenta revolta contra os brancos no Kasai (rio Samkuru), e outros movimentos, baseados também sobre o mesmo culto fetichista, se propagavam nas regiões de Cuango e da Lukenie[7]. Os fundadores destes cultos secretos impunham normas rígidas de resistência passiva contra os colonizadores europeus: boicote dos gêneros alimentícios, dos tecidos, do sal, recusa a pagar impostos e a prestar serviços aos brancos.

Tiveram início, assim, com o qualificativo de verdadeiros cultos religiosos de liberdade, os primeiros movimentos contra os europeus. Se, como acontece em 1905 e nos episódios sucessivos, os fuzis dos brancos levavam a melhor contra as sedições e sufocavam-nas, era fácil aos nativos convencerem-se de que a derrota se devia a transgressões às normas cultuais vigentes entre as várias associações secretas.

Mais tarde, no sudoeste da mesma província de Kasai, os bashilele se uniam numa organização análoga, baseada no uso de uma panacéia (*nkisi*) ou fetiche, que ingerido pelos iniciados os imunizava contra as doenças e os efeitos perniciosos dos feiticeiros (*ndoki*); era a sociedade *Lukusu* (*Lukoshi, Nkisi Lukoi*). Mas ela devia desaguar logo no culto da "Serpente falante" (homem-serpente), com função protetora contra toda sorte de males. Assim, ela aparece como forma local do grande complexo de cultos secretos e das sociedades afins de homens-animais que representam um dos traços mais notáveis da religião da África Equatorial: associações com propósitos de proporcionar poder mágico contra toda criatura e força hostil. Mas importa sublinhar aqui que, no âmbito da sociedade da Serpente falante dos bashilele, se desenvolvia um mito novo e claramente antieuropeu. Segundo o mito da serpente, nasceriam alguns profetas ou messias que lutariam contra a nação hegemônica e expulsariam os brancos do país[8]. Evidencia-se, assim, como as várias formações religiosas tradicionais africanas (fetichismo, sociedade de homens-animais), nascidas de resto já com função de proteger dos males e dos feiticeiros, depois de agravarem-se devido ao choque cultural entre nativos e brancos, se transformavam em sentido nitidamente xenófobo, antieuropeu. Com efeito,

(7) DE JONGHE, pp. 56-57.
(8) DE JONGHE, pp. 58, 61-3.

a experiência de choque com os brancos se aprofundava cada vez mais e implicava todas as formas religiosas tradicionais: e muito mais aquelas já voltadas para um objetivo explicitamente salvífico, de cura, de domínio sobre as forças malignas.

Segundo a crença dos bashilele — difundida em 1933 (o Congo Belga se constituíra como colônia belga em 1907; o contato europeu dava os primeiros frutos tanto no campo religioso quanto no político) — o advento do messias libertador seria assinalado por eventos catastróficos; o retorno coletivo dos mortos, o eclipse solar; um cão preto apareceria nas aldeias falando aos homens. Então surgiria um homem meio branco, meio preto. Os aborígines poderiam conseguir um poder invencível contra os brancos se bebessem em copos especiais, carregados de virtude mágica. Começaram de fato a convocar ritos secretos, durante a noite, junto às tumbas dos antepassados; suspendeu-se todo trabalho de cultivo, enfim esperou-se que os mortos voltassem, trazendo consigo riquezas e bem-estar e inaugurando uma época nova e feliz[9].

Aqui é colocado, com toda a clareza e com todas as suas conotações mais típicas, o mito do fim e da regeneração do mundo, que — intimamente unido ao mito de expulsão dos brancos — figura na base de inúmeros cultos proféticos de libertação. O mito exprime o reclamo de uma época de liberdade e bem-estar, contra o estado atual de opressão e miséria. O retorno dos mortos, o eclipse solar, a aparição do cão falante e do homem branco e preto, a cessação do trabalho são outras manifestações de um tema mítico — a subversão da ordem atual e correspondente palingenesia realizadas pelo anúncio de um messias — que constitui o núcleo de todo culto profético. Para ela refluem as formas religiosas tradicionais — mito dos mortos que retornam, uso de bebidas mágicas etc. — reelaboradas com vistas a uma função nova, que não pertence à tradição, mas é produzida pelo choque entre a cultura subordinada e a hegemônica. A nova função consiste na libertação em relação aos brancos, na aquisição de um padrão de vida mais alto; e o desejo de elevar seu *status* é aguçado justamente pelo confronto com os estrangeiros recém-chegados, que trazem consigo uma cultura industrial desconhecida e instrumentos extraordinários de supremacia.

Cabe notar que, no próprio momento em que nasce (ou se reelabora) o mito do fim do mundo, ele se carrega de uma atualidade e concretude que lhe é dada pelo rito correspondente; de fato, toda a coletividade, como se viu, entra por assim dizer no fim do mundo, sai ritualmente

---

(9) DE JONGHE, p. 60.

da história (da ordem), numa atmosfera de exaltação religiosa que, através da cessação de toda atividade econômica costumeira e na expectativa do renascimento cósmico, realiza a seu modo aquele mito.

No Congo, se de um lado, logo após a Primeira Guerra Mundial, se estabeleceram as sociedades secretas contra os feiticeiros e xenófobas particularmente no ambiente destribalizado dos trabalhadores urbanos a serviço dos brancos, no ambiente tribal originário nasciam os verdadeiros movimentos proféticos com acentuada influência cristã.

Já em 1921, com a forte personalidade de Simom Kimbangu, emerge, num terreno cultural bem preparado e fecundo, o movimento *Kimbangista* ou *Gunzista* (*Ngunzi* = profeta), que, através de suas múltiplas reelaborações, desemboca de um lado na fundação de igrejas autônomas e indígenas e, de outro, nas formas de irredentismo organizado e politicamente consciente que a Europa conheceu depois. A história deste movimento congolês é uma floração de figuras proféticas, de Kimbangu a André Matsúa, a Simon Mpadi — presos repetidas vezes ou deportados —, a Mavonda Ntangu e outros, enquanto que em outros territórios se destacavam figuras como Muana Lesa, enforcado na Rodésia em 1926. Em todos se faz sentir de maneira notável uma influência missionária tipicamente protestante, baseada na Bíblia e especialmente no Velho Testamento. Mas se trata de um Cristianismo "paganizado", pois, se são aceitos alguns elementos bíblicos, são escolhidos e reelaborados em função "indigenista" e contra os brancos. Decerto, a posição destes profetas é decisivamente contrária ao Cristianismo, mas de modo a transformar-lhe totalmente o valor e significado.

Educado em Nkamba, bastião do Protestantismo de uma missão batista britânica, Simon Kimbangu manteve intensas relações com a cultura européia, além dos contatos através das missões, pois prestou serviço junto a uma família européia da cidade de Kinshasa. Em 1921, graças a repetidos sonhos e visões, descobriu definitivamente a vocação de tornar-se servo de Deus e de pregar a nova fé a seu povo. A "chamada" provinha diretamente do Ser supremo de antiga tradição bacongo, identificado daí por diante com o Deus judaico-cristão: ordenava-lhe que retornasse à pátria como profeta. Realizando curas e ressurreições milagrosas, logo reuniu à sua volta um grupo de prosélitos. Repetia evidentemente a atitude mosaica, quando pregava a luta iconoclasta contra os fetiches, a observância da monogamia, a fé no Deus único. Um pulular de novos profetas se seguiu à sua ação proselitista. Possuídos por "espíritos", eles caíam em convulsões, executavam danças, cânticos, acrobacias[10]. As passagens bíblicas escolhidas previamente por Kimbangu continham um claro significado polêmico no confronto com os brancos. Certa vez em que o administrador de Thysville foi fazer-lhe uma visita, ele realizava uma pregação e lia a história de Davi e Golias. Convidado a conversar pelo funcionário, continuou impertérrito a sua alocução, voltando-lhe as costas[11]. Para os congoleses, logo ele se converteu no profeta do "Deus dos Negros", em antítese ao "Deus dos missionários brancos". A sua mensagem profética anunciava iminente a libertação do jugo dos brancos — também dos missionários —, a renovação das condições de vida, o retorno dos mortos, a idade de ouro. Ao mesmo tempo difundia o conhecimento da Bíblia, aceitava o batismo, a confissão, um ritual baseado em cânticos religiosos tirados da Bíblia. Mas o culto dos mortos continuava sendo o elemento tradicional do novo culto kimbangista. A sua ação, sincretista no conteúdo, mas claramente polêmica em relação aos colonizadores e voltada para a emancipação religiosa dos negros, fomentava uma atmosfera cada vez mais hostil aos brancos, visava à fundação de uma "igreja nativa"[12]. Perseguido abertamente pela autoridade administrativa, Kimbangu foi preso, fugiu, mas logo depois se entregou voluntariamente à prisão, também nisso exprimindo a sua atitude de "imitador de Cristo". Morreu em 1950 no cárcere de Elisabethville[13].

Para além da intransigente polêmica contra os brancos, o Kimbangismo representa um momento notavelmente avançado, e ao mesmo tempo demonstra qual é o limite preciso e inderrogável no processo de renovação da cultura religiosa aborígine em contato com a cristã. Com efeito, no Kimbangismo alguns elementos essenciais da tradição cultural aborígine — culto de cura, tema do retorno coletivo dos mortos, figura de um Ser supremo etc. — são plasmados outra vez dentro de um complexo de tipo novo, que constitui um renovar — não um simples continuar — da tradição: p. ex., a iconoclastia antifetichista, que tem ligações indubitáveis com a antifeitiçaria das sociedades secretas, é um elemento de ruptura com a tradição mágica mais antiga[14]. De outro lado, o Cristianismo que os missionários pregam é reinterpretado explicitamente em função

(10) ANDERSSON, pp. 49-60; VAN WING, pp. 564-70.
(11) ANDERSSON, p. 62; VAN WING, p. 568.
(12) BALANDIER, 1955, pp. 428-31; ANDERSSON, p. 63; VAN WING, pp. 573-6.
(13) ANDERSSON, pp. 63-7; VAN WING, pp. 578-80.
(14) Note-se todavia que a feitiçaria e o fetichismo são fenômenos bem diferentes, a primeira (magia negra) tem valor anti-social; o segundo, ao contrário, está voltado contra o primeiro, em defesa da sociedade.

emancipacionista e portanto é fundamentalmente transformado. Assim, o Deus único judeu-cristão se enxerta na figura tradicional do Ser supremo; a Bíblia é reconhecida como fonte de autoridade religiosa, mas é interpretada, não obstante, em função das exigências aborígines de liberdade (a luta de Davi e Golias converte-se numa alegoria mítica da luta religiosa de libertação dos negros contra os brancos); afinal, o próprio profeta se configura como reinterpretação viva de Moisés e de Cristo, do qual repete a perseguição, paixão, luta espiritual por uma nova religião. Na realidade, os germes da emancipação religiosa semeados dessa forma pelo profeta Kimbangu deviam desenvolver-se ulteriormente e frutificar quando o profeta, mercê da detenção que sofreu, se tornava mais que o imitador dos grandes fundadores religiosos, ele próprio fundador e mártir, tanto quanto Cristo e Moisés, de uma religião para os negros, revelada diretamente por Deus.

Nesse sentido, o Kimbangismo, como todo movimento profético, tem uma clara ambivalência própria, porque, de um lado, é fruto da reação polêmica à forçada assimilação religiosa, instada pela propaganda missionária, e, de outro, representa o veículo da difusão de notáveis elementos cristãos entre os nativos. Contudo, mesmo tal aceitação é condicionada a uma decidida exigência de autonomia e emancipação religiosa. Não é sem razão que o Kimbangismo, já na sua forma originária, enuncia a necessidade de uma igreja "nativa". O princípio logo será efetivado pelos sucessores do fundador, mas já o Clã Nacional Negro é uma espécie de igreja nativa[15]. O princípio da "igreja nativa" denuncia um fenômeno particularmente importante. Significa que, se o contraste com a cultura ocidental é de molde a colocar os nativos frente à necessidade de uma profunda renovação cultural, o "caminho" de tal renovação quer e deve ser escolhido pelos próprios nativos, fora de e contra toda imposição dos brancos.

A deportação de Simon Kimbangu não conseguiu extinguir o movimento religioso que ele fundou. Os nativos continuaram a seguir-lhe os ritos clandestinamente, nas florestas, enquanto novos profetas mantinham acesa a chama do Kimbangismo ou Gunzismo[16], que conheceu fases alternadas de revivescência e repressão, entre prisões e deportações, penetrou profundamente no Congo, até 1930, quando surgiu outra grande personalidade, André Matsúa[17].

Nativo do grupo balali (tribo Sundi Ladi) perto de Brazzaville, de educação católica, participou da Primeira

(15) ANDERSSON, p. 70.
(16) ANDERSSON, pp. 69-95; VAN WING, pp. 581-95.
(17) ANDERSSON, pp. 96-117.

Guerra Mundial, esteve na França onde freqüentou círculos políticos com a Union des Travailleurs Nègres, a Ligue de la Défense de la Race Nègre etc., e tornou-se um eminente líder político. Fundou na França (1926) o movimento Amicale Balali, chamado comumente Amicalismo, com o objetivo de obrigar as autoridades metropolitanas a dar solução ao problema negro e de promover a sólida resistência contra os brancos por parte dos negros africanos. A dupla prisão (1930, 1940), a deportação para Ciad, o longo período de prisão acrescentaram, à sua fisionomia de "heróiguia", a coroa do martírio. André Matsúa convertia-se, para os congoleses, no sucessor de Simon Kimbangu; nem a sua morte (1942) atenuou os entusiasmos, porém fez difundir a expectativa de uma próxima volta sua como libertador. Desde então torna-se um verdadeiro messias, chamado Jesus-Matsúa[18].

O fenômeno André Matsúa é dos mais característicos. A ação que desenvolve, especialmente no plano organizativo-político, teve reflexos imediatos e decisivos no plano religioso. André Matsúa e Simon Kimbangu, mesmo hoje entre os congoleses das colônias francesa e belga, recebem o nome de "reis do Congo", símbolos de unidade e de uma época de liberdade ansiosamente aguardada. A presença espiritual dos dois profetas inspira a nova organização religiosa que é a igreja nativa "indigenista" do Congo, claramente autonomista, polêmica tanto em relação aos missionários quanto às autoridades civis, políticas, administrativas, baseada na direta experiência religiosa nativa, embora aberta a algumas formas cristãs[19]. Para Matsúa, talvez mais do que para Kimbangu, vale o que Balandier observou com justeza, que o próprio Cristianismo, com o modelo de um Messias sacrificado à obtusa intransigência do poder público tanto quanto à infâmia dos inimigos, com o exemplo do Mártir triunfador pela fé e pela redenção dos fiéis, impregnou os nativos daquele espírito revolucionário de que ele mesmo se nutriu nas origens, dando uma nova sanção religiosa às suas exigências culturais e políticas; e trouxe também a esperança messiânica de um "reino", de um "milênio", que pretende significar veraz redenção para os homens. Esta esperança ele buscara na tradição messiânica do Judaísmo. Por sua vez, coube às repressões coloniais criar os "mártires", com Kimbangu, Matsúa e os outros profetas daquela fé nova[20]. Assim nascia, ou melhor, se renovava com fervor inopinado (pois já se manifestara antes, como vimos acima), o messianismo indígena: um messianismo

(18) BALANDIER, 1955, pp. 397-416; ANDERSSON, pp. 117-25.
(19) BALANDIER, 1957, pp. 236-7.
(20) BALANDIER, 1957, p. 237; BALANDIER, 1955, p. 434.

feito ao modelo cristão dos missionários, mas voltado contra eles devido à política colonialista das nações hegemônicas e das suas igrejas.

Em conclusão, Matsúa, que era em vida não mais que um chefe político, transformou-se — e sem que tivesse intenção deliberada — em um profeta-messias, modelo — ao lado de Kimbangu — de uma religião de redenção terrena: tornou-se o Cristo negro.

Para delinear o caráter especial do culto gunzista-amicalista próprio das atuais igrejas negras do Congo (emanadas dos ditos movimentos proféticos), basta falar do particularíssimo sincretismo do sinal-da-cruz. Originário formalmente do Cristianismo, o sinal se acompanha de uma fórmula que compromete na origem — com respeito às igrejas ocidentais — o Cristianismo daqueles "cristãos *sui generis*". "Em nome do Pai, de Simon Kimbangu, de André Matsúa", dizem eles[21]; e com esta "trindade" absolutamente "nativista"[22] e herética[23], enquanto demonstram haver adotado a concessão paleotestamentária do Deus-Pai enquanto afim da originária concessão do Ser supremo, substituem, ou melhor identificam claramente Jesus com os dois profetas aborígines. A necessidade de liberdade cultural religiosa que figura na base dos seus cultos proféticos encontra a sua expressão concreta num elo de continuidade com a tradição passada. De fato, o "Deus" objeto de culto não é senão *Nzambi Pungu*, isto é, o Ser supremo da tradição avoenga. Ademais, no rito de acendimento dos círios se conserva, também através de transformações, a marca e o significado de antigos ritos pagãos[24].

"Cristo é um deus francês", dizem os negros, e por isso contrapõem a ele o binômio Kimbangu-Matsúa. Em suma, o Cristianismo é tido implicitamente como co-responsável pela política colonialista do governo. Por isso, na opinião dos nativos ele se configura como "a religião dos europeus, [a qual] serve para conservar as riquezas nas mãos destes, e esconder um segredo que ninguém quer revelar aos indígenas"[25].

(21) BALANDIER, 1957, p. 232.
(22) Quanto ao conceito de "nativismo", Linton (1943, 230) assim se exprime: "Movimento nativista é toda tentativa consciente e organizada, da parte dos componentes de uma dada sociedade, de revivificar ou perpetuar alguns aspectos pré-escolhidos da própria cultura". Corrigimos este conceito, na medida em que o "nativismo" não é visto unilateralmente neste aspecto de restauração e conservação, mas no seu aspecto, correlato, de perspectiva que está voltado polemicamente contra a cultura ocidental, e visa a instaurar um culto exclusivo para os aborígines, em suma um culto *novo*. Veja também WORSLEY, 1957.
(23) BALANDIER, 1957, p. 226.
(24) BALANDIER, 1957, p. 229; ANDERSSON, pp. 12 e ss. (quanto a Nzambi Pungu). Para o conceito de falência das missões cf. BALANDIER, 1957, pp. 223-6.
(25) BALANDIER, 1957, p. 219.

Para melhor mostrar em que linha continua a elaborar-se até hoje o sincretismo negro-cristão, descreveremos sumariamente o altar da igreja negra do culto gunzista-amicalista. Dentro de uma capela de palha moída e barro, imitando as capelas missionárias, eleva-se sobre alguns degraus o altar, coberto por um manto vermelho, sobre o qual se destacam alguns objetos simbólicos: a fotografia de André Matsúa, um punhal de feitura antiga, uma lâmpada de óleo acesa, um grande V de madeira tendo ao centro uma cruz de Lorena. Já no manto vermelho se associa, ao tradicional significado de fecundidade e prestígio, a idéia de martírio dos Salvadores congoleses e de seus discípulos. O punhal representa a fidelidade jurada aos antepassados, enquanto a lâmpada, assim como a cruz, derivam do rito cristão. Mas é no grande V que sobressai em tudo, que mais clamorosamente se exprime a idéia de revolta e, sobretudo, de vitória. O V outra coisa não é senão a contribuição cultural da última guerra mundial, o V fatídico de Winston Churchill e dos Aliados, remodelado em função antibrancos como anunciação simbólica do fim do domínio colonialista[26].

Que de fato o Gunzismo-Amicalismo seja uma religião de revolta e de guerra, di-lo com idêntica coerência uma série de profecias, entre as quais uma soa da seguinte maneira: "A guerra está próxima — diz ela — ... Viemos anunciar a boa nova de Deus ao mundo. Quem faz parte da nossa igreja não deve dirigir a palavra a quem está ligado ao governo ou às missões, ou àqueles negros que ainda estão mergulhados nas trevas. O tempo do sangue vermelho chegou... Aqueles que ressuscitarem entrarão na glória do reino triunfante..." E ainda, em linguagem alegórica e bíblica: "Os brancos ignoram que encontrarão morte e fome no país alheio. O búfalo e o elefante são poderosos..., são como Golias..., mas não sabem construir o caminho da volta. Iminente é a morte do búfalo e do elefante. A libertação será definitiva"[27].

Em 1939, o Gunzismo-Amicalismo dava um passo à frente através de Simon Pierre Mpadi, novo profeta e apóstolo. Nativo da tribo Congo (Leopoldville, Congo Belga), Mpadi já anunciava, na escolha deliberada de seus dois nomes — Simon, Pierre —, um dúplice programa; de um lado, desenvolver o movimento fundado pelo primeiro Simon (Kimbangu), de outro construir, à imitação de Pedro, a nova "igreja" negra. Com efeito, Simon Mpadi fundava a Mission des Noirs, conhecida mais tarde como movimento *kakista,* que estabelece em torno do "chefe dos

---

(26) BALANDIER, 1957, pp. 232-4; IDEM, 1955, p. 458.
(27) BALANDIER, 1957, pp. 234-5.

apóstolos" uma complexa e organizada hierarquia eclesiástica, à qual é prescrito o uso de um uniforme de cáqui (daí o nome do movimento), indicando com isso o espírito beligerante da religião kakista e, em suma, o auspício da vitória. O culto tradicional dos antepassados continua no centro do novo messianismo kakista, caracterizado também por manifestações de posse coletiva, por um culto de cura pela imposição das mãos, por um novo impulso contra os feiticeiros: o que o reata à tradição religiosa nativa ligada às exigências terrenas mais imediatas[28].

A detenção (1944), a prisão de Simon Mpadi não impediram que o movimento se propagasse e assumisse desenvolvimentos muito mais amplos, nas cidades como nas aldeias. Desde então se impõe a personalidade de Kufinu Philippe, conhecido como Mavonda Ntangu. Embora incessantemente perseguido, este profeta, nativo do Congo Belga (Baixo Congo) e considerado até hoje "mestre do país inteiro", isto é, do Congo Belga e Francês, continua o ensinamento de Kimbangu, Matsúa e Mpadi. O culto gunzi-kakista de Mavonda Ntangu se desenrola — para fugir às perseguições dos brancos — num lugar circunscrito e aberto (*Pendele*), ou sobre os túmulos dos ancestrais. Consiste em orações, cânticos, confissões — elementos de origem cristã —, quando não em ritos de cura, de ressurreição de mortos, adivinhações, executados pelo profeta ou por seus apóstolos, que entram em êxtase — entre convulsões epileptóides — que se transmite ao público dos prosélitos, numa atmosfera de excitação coletiva[29]. Ora, os fiéis acham que a inspiração que os faz entrar em êxtase provém dos espíritos dos mortos que ressurgem das tumbas[30]. Assim, os elementos tradicionais se entretecem com os novos elementos cristãos num complexo religioso que conserva íntegro o espírito de emancipação em relação aos brancos próprio do Kimbangismo. "O Reino virá — anuncia uma profecia kakista reinterpretando a seu modo a idéia cristã do "Reino" — quando Matsúa e Kimbangu voltarem para o meio dos negros, trazendo poder e domínio: será o "reino africano". "Deus de Abraão, Deus de Jacó, Deus de Simon Kimbangu e de André Matsúa — assim soa a oração de Mavonda Ntangu — quando descerá a bênção e a liberdade sobre nós? Basta de ouvir as orações dos brancos, que há muito são ouvidos por ti. Basta de dar-lhes as tuas bênçãos! Volta-te agora para nós. Amém"[31]. Assim, a men-

(28) BALANDIER, 1955, pp. 431-35; 447-63; ANDERSSON, pp. 138-50; VAN WING, pp. 595-603. Note-se que sobre o altar kakista há a efígie de um galo, símbolo de Simon Pierre Mpadi, ao lado da fotografia de Matsúa (BALANDIER, 1955, p. 458).
(29) ANDERSSON, pp. 140 e ss., 151 e ss., 162-75.
(30) ANDERSSON, p. 174.
(31) ANDERSSON, p. 193.

sagem profética de liberdade funde indissoluvelmente o momento religioso com o momento político; por isso, ao nível destas culturas a experiência sacra acompanha as experiências profanas tanto mais intoleravelmente, quanto mais angustiosas e pungentes se tornam estas últimas, mercê de condições objetivas.

Na atmosfera messiânica desenvolvida no Congo pelo Kimbangismo com as suas várias emanações encontra a sua justificativa um fenômeno particular que vale a pena recordar: o fenômeno promovido pelo advento do Exército da Salvação (*Salvation Army*) em 1935. Esta organização leiga, com seus escopos puramente humanitários, privada de interesses institucionais e eclesiásticos, estranha a toda forma de proselitismo, logo se configurou aos olhos dos nativos como a contrapartida, surpreendentemente atraente, das missões cristãs. Enquanto estas, através de sistemas coercivos, da intransigência de métodos, do rigorismo doutrinário, conseguiram a malquerença de grande parte da população, a organização do Exército da Salvação surgia fascinante e engrandecida. Os nativos logo perceberam que, embora reconhecessem o mesmo Deus dos missionários, os militantes do Exército da Salvação forneciam o modelo de uma moral religiosa infinitamente mais acessível e próxima de suas exigências, substituindo, por exemplo, o duro dever da confissão por um simples ato de contrição. Além disso, o uniforme de tipo militar, as cerimônias que a organização convocava entre cânticos guerreiros quase de vitória, ao ritmo de tambores e de outros instrumentos de banda, entre bandeiras desfraldadas, exerciam sobre os nativos uma sugestão de novo tipo, mediante certa afinidade com as suas festas pagãs e pelo espírito de luta de que se sentiam imbuídos em sua nova religião profética. De modo que facilmente puderam ser induzidos à falsa opinião de que se tratava quase de uma organização missionária européia com hábitos cerimoniais relativamente afins dos seus. Se a isso se acrescentar a ação enérgica que os ministros daquele Exército vinham realizando para eliminar a feitiçaria, contra a qual os próprios nativos, primeiro com fetichismo e depois juntamente com os cultos proféticos, há tempos procuravam defender-se e que constituía para eles sempre uma fonte de terror, logo se compreende como os congoleses puderam discernir no Exército da Salvação um socorro inesperado, bem como a encarnação de uma misteriosa força benéfica. Em suma, difunde-se a opinião de que aqueles brancos singularmente condescendentes e desinteressados aos olhos dos negros reencarnariam o espírito de seu maior protetor e salvador: Simon Kimbangu. O S simbólico que usavam na lapela podia ser precisamente a letra do nome do grande profeta: Simon. Assim, buscando uma ansiosa esperança de salvação e de resgate das ameaças iminentes sobre sua existência — da feitiçaria à opressão dos missionários e do governo — os nativos em grande número, desertando até das missões, se reuniram ao Exército da Salvação. Outros, à custa de difíceis peregrinações, se juntavam àqueles "missionários" de tipo novo para participar de suas cerimônias, na convicção de conseguirem desta maneira saúde, salvação, bem-estar de toda sorte. Enfim, a congregação possuía, a seu ver, um poder mágico capaz de "salvá-los". É significativo que o Exército da Salvação — em que o próprio Simon Mpadi se inspirou para prescrever o uniforme cáqui aos ministros do culto que fundou — encontrasse resistência e rivalidade nas missões cristãs que operavam no Congo, e então coligadas na sua obra de proselitismo[32].

O episódio demonstra quão profundamente penetrara na consciência coletiva o messianismo, com sua esperança de libertação dos males e das opressões de todo e qualquer tipo e origem; ou melhor, isso atesta a eficácia com que o messianismo exprimia, de um lado, a necessidade de salvação, de outro a situação de perigo a que os indígenas sentiam estar presa a sua existência vacilante, por causa da intransigente e ameaçadora hegemonia cultural, política e religiosa dos brancos.

Depois do Exército da Salvação, outros episódios interessantes vieram colorir a história do Kimbangismo, dando-lhe uma nota aparentemente extravagante ou grotesca, mas na realidade muito admoestadora. Estamos nos referindo aos movimentos *mvungista* e *tonsista*. Ambos surgiram como contrapartida de um evento particularmente dramático da história política e cultural da Europa: a ocupação da Bélgica, em 1940, pelos nazistas. O declínio, ou melhor, o provisório desaparecimento da Bélgica do cenário político mundial, teve uma repercussão imediata nestes dois movimentos nativistas da colônia belga.

O Mvungismo surgiu e se difundiu entre os bayaka do distrito do rio Cuango, em 1940, por iniciativa de alguns pastores-catequistas da missão batista americana (*mvungi* = pastor). Tem afinidades substanciais com o Kimbangismo, mas Simon Kimbangu não tem parte nele, nem é invocado. Nessa seita, como no Kimbangismo — e em muitos outros cultos proféticos nativistas — o papel central é representado pela figura de Iavé. É Iavé que, através do pastor (mvungi), dá a salvação e instaura a nova era. Iavé reaparecerá aos homens na sua glória, e ressuscitará os mortos. Estes, voltando à terra, trarão para os homens toda sorte de riquezas; o tema do retorno dos mortos tra-

(32) ANDERSSON, pp. 126-35; VAN WING, pp. 594-5.

zendo riqueza soa tal qual no Kimbangismo[33], bem como em numerosos outros cultos do gênero (v. adiante).

Iavé fará os brancos desaparecerem — continua a profecia — e com eles todos aqueles bayaka que não seguem o novo culto. Os bayaka, na expectativa iminente da libertação, devem destruir os fetiches e batizar todos os componentes de suas famílias.

A campanha antifetichista, comum ao Kimbangismo, foi realizada plenamente; não foi poupado nenhum dos amuletos e objetos mágicos de que os bayaka possuíam grande variedade. Era abertamente negada e evitada toda e qualquer relação com a cultura dos brancos. Plantações, médicos, escolas etc. eram ignorados. Abstinham-se do trabalho, atendendo a Iavé. "Os tedescos — diziam os mvungi — tiraram a terra dos brancos e destruíram a sua força: estes não podem mais fazer mal." Mas quando, em vez de Iavé, viram voltar o exército redivivo dos brancos, os fetiches foram restaurados e foi encerrado o episódio do Mvungismo[34].

Paralelo e análogo é o episódio do culto *tonsista*. Enquanto o movimento mvungista surgia no território do Cuango, na Angola Setentrional nascia (1940-41) um movimento de nome *Tawa*, que penetrava rapidamente, pelo sul, no território congolês de Thysville, de Madimba e Kibambi, com o nome de *Tonsi* (= gota). Seus principais ritos eram realizados por meio de gotas de um líquido sagrado, que devia ser subministrado na língua ou na testa dos candidatos. A primeira gota simbolizava e substituía o batismo, a segunda indicava a confirmação, a última — chamada "gota de sangue" — devia proporcionar a total iluminação do espírito e permitia aos crentes invocar os mortos e conversar com eles. É particularmente significativa a invocação com que se acompanhava o tríplice rito, em nome de uma trindade *sui generis*, isto é, "do Pai Espírito, do Pai Kimbangu, do Pai Tedesco" ("Tata Mupepe, Tata Kimbangu, Tata Alamani"). O eco do Kimbangismo se revela nesta fórmula (Kimbangu), ao lado do cunho cristão (Espírito, idéia de Trindade) e do elemento contingente característico, a Alemanha nazista vencedora da Bélgica (Alamani, evidente corruptela do francês Alemagne).

A seita tem caráter antifeiticeiro, anticristão e esotérico: em todo rito se pronuncia solene abjuração da religião cristã, e simultaneamente de toda prática de magia negra; jura-se fidelidade e segredo absoluto. As cerimônias se realizam nos cemitérios, à noite. Como os Mvungistas e os Kimbangistas, os Tonsistas costumam vigiar e limpar siste-

(33) VAN WING, p. 572.
(34) VAN WING, pp. 603-6.

maticamente os túmulos dos mortos, a fim de preparar com acolhidas oportunas a sua iminente ressurreição. De fato, o núcleo de seu credo messiânico prevê, para os fiéis, o próximo fim de todo dano, a superação da morte, o retorno coletivo dos mortos, trazendo riquezas inauditas da Europa. Além disso, este dia assinalará o fim dos Bula Matari, ou seja, dos brancos, que perecerão no fogo e na água, e a regeneração dos negros; surgirá o Reino dos negros (que se tornarão brancos), sob a égide de Tata Alamani, isto é, da Mãe (lit. Pai) Alemanha.

Entre as várias prescrições rituais (destruição de objetos e animais pretos; abstenção do trabalho agrícola às quartas-feiras, sextas-feiras e domingos; tabus alimentícios), figura a proibição de manter relações com aqueles que não aderiram à igreja Tonsi, e o interdito de freqüentar escolas, hospitais, dispensários dos brancos[35].

Ambos os episódios acima, Mvungismo e Tonsismo, como a seu modo o do Exército da Salvação, se justificam historicamente como produtos de prementes exigências culturais, políticas, religiosas de renovação, da parte de pessoas prontas a espreitar qualquer oportunidade, mesmo que seja ilusória, sensíveis a qualquer solicitação embora pérfida e perigosa, para alimentar as próprias esperanças messiânicas de redenção e salvação.

A idéia de que a salvação, meta suprema de todo messianismo, só poderia realizar-se através da sólida união dos nativos da África, difundiu-se cada vez mais nos vários movimentos proféticos, qualquer que fosse a região em que surgissem. Zacarias Bonzo, outro profeta congolês, penetrava em Angola com o lema "a África para os africanos!" Simon Toko fundava, em 1949, em Angola, um novo movimento, a "Estrela vermelha", baseado no princípio de que Deus está com a maioria, e por isso na África Ele está ao lado dos africanos. Segundo a profecia de Toko, Deus enviará seu filho-messias, encarnado em um negro, para a redenção dos negros[36]. Assim, a partir do sincretismo negro-cristão vai-se desenvolvendo uma consciência religiosa pan-africanista — já implícita aliás no Kimbangismo, no Gunzismo e no Kakismo —, baseada numa homogeneidade de experiências frente aos brancos e numa crescente consciência étnico-cultural determinada pelo próprio confronto com a cultura estrangeira hegemônica.

Do choque diuturno com a política e a cultura européias, particularmente com a hegemonia colonialista da Bélgica, o Kimbangismo continua ainda hoje a tirar constante incremento. A sua mensagem messiânica, doravante

(35) VAN WING, pp. 606-8.
(36) TASTEVIN, 1956, pp. 151-3.

decididamente pan-africanista, não só não desaparece, como também suscita reiteradas efervescências religiosas e políticas, como, por exemplo, as expressas nos movimentos Kintwadi e Dieudonné no Baixo Congo.

O movimento *Kintwadi* (de uma cooperativa agrícola homônima, fundada em Kisantu: *ntwadi* = "comum", "coletivo") se desenvolveu, depois de 1953, no território do Baixo Congo, sobretudo no Bangu e em Léopoldville. Fiel ao próprio nome, reúne numa organização unitária todos os Kimbangistas de antiga tradição, além dos "Irmãos da Igreja Negra" e dos vários dissidentes. Com crescente consciência político-religiosa, o movimento voltou a repetir (mas sem resultado) uma exigência já antes requerida em vão por Simon Mpadi, isto é, o reconhecimento oficial da organização, em igualdade com as missões cristãs. O movimento distribuía opúsculos clandestinos, onde se retomavam os temas costumeiros, mas sempre vivos, do Kimbangismo. Kimbangu é o salvador, a sua é a religião de todos os negros; ele retornará e expulsará os brancos; as missões católicas são responsáveis por toda injustiça perpetrada pela autoridade colonial contra os nativos. Durante todo o ano de 1956 o movimento esteve em fase crescente[37].

Entre 1955-56, no território de Madimba, Kasangulu, Thysville, outro movimento veio reforçar a ação do movimento Kintwadi; trata-se do *Dieudonné*. Fundado em 1954 pelo catequista de quem recebeu o nome, em Kikwit (no rio Kwilu), ele se empenhava pela abolição dos fetiches considerados expressão de brutal credulidade, e pela sua substituição por água benta distribuída pelos missionários. Os prosélitos realmente queimaram seus fetiches e procuraram os missionários, pedindo — para grande escândalo destes — água benta para substituir os seus ídolos. O movimento depressa se irradiou para o norte e para o sul, e logo assumiu o caráter de um movimento contra a feitiçaria. Isso dava lugar a violentos e cruentos episódios de caça ao homem (especialmente em Thysville, Léopoldville, Kasangulu, Madimba), a ponto de ter a autoridade de proibi-lo (março de 1956)[38].

Mas o movimento kimbangista, mesmo fora de tais proliferações ocasionais, conservava intata a sua força. Em 1956 enviava à ONU um memorando onde pedia que fossem declarados decaídos os governos coloniais da Bélgica e de Portugal, os quais — segundo o texto do memorando — se haviam introduzido ilegalmente no antigo Reino do Congo, e propunha a instauração de um governo kimbangista. O senso de autoconsciência cultural, política, religio-

(37) VAN WING, 1958, pp. 611-2.
(38) *Op. cit.*, pp. 612-5.

sa dos negros abria caminho de maneira inequívoca. Os Kimbangistas, a 18 de abril de 1957, endereçaram ao primeiro-ministro belga, M. van Acker, uma carta com doze assinaturas na qual, pedindo que se pusesse fim às contínuas vexações contra os prosélitos de Kimbangu, com base na Carta Colonial e nos Direitos do Homem à liberdade religiosa, se reportavam à história do movimento kimbangista. A carta criticava as prisões arbitrárias realizadas pelas autoridades coloniais desde o início do movimento. "Para justificar tais prisões — assim reza o texto da carta — invoca-se o fato de que o Kimbangismo perturba a ordem e a tranqüilidade pública, e que os seus adeptos são xenófobos. Nada há de mais falso. A prisão do fundador, em 1921, deveu-se unicamente ao fato de que a sua religião fazia concorrência às religiões católica e protestante. A fim de parecer delituosa esta religião, os funcionários da época, totalmente servis às idéias dos missionários católicos, qualificaram-na de movimento 'político-religioso'. Na realidade, os missionários católicos que provocaram a prisão de Kimbangu censuravam-lhe o que para eles é habitual. Quem ignora, no Congo, que estes senhores se imiscuem em todas as questões de competência das autoridades civis?[39]"

Múltiplas e várias, como vimos, são as seitas religiosas autonomistas do Congo Belga: todas mais ou menos ligadas diretamente ao Kimbangismo. Vão do movimento mpadista ("Igreja dos Negros") à seita *Mabwa* — difundida no território Mambata, especialmente em Malele (1959), e caracterizada por uma desenfreada e violenta ação contra a feitiçaria: do movimento conhecido como ngunzista aos de Dieudonné, Kintwadi etc. Nos últimos anos, contudo, um fato notável veio transformar o quadro dos movimentos messiânicos congoleses. O Kimbangismo vem concentrando unitariamente as suas forças. As várias e efêmeras seitas locais, progressivamente de 1956-57 até hoje, cederam lugar a um movimento que as absorve todas e que se professa mais ortodoxo do que os outros. Trata-se do movimento da *Église de Jésus Christ sur la terre par le phopète Simon Kimbangu* (EJCSK), que designaremos simplesmente por "Église". Tal movimento afirmou a própria supremacia sobre as outras seitas proféticas e agora domina os territórios Bacongo, Bangala, Baluba: no Baixo Congo e na República do Congo. A ele aderiram em medida crescente as populações urbanas (Léopoldville)[40]. A Église pretende representar a emanação mais direta da doutrina kimbangista original. Com efeito, ela difere, pelo menos doutrinariamente, das muitas outras seitas já vistas, na me-

(39) *Op. cit.*, pp. 615-6.
(40) RAYMAEKERS, 1959, pp. 679-82.

dida em que é uma organização cristã de tipo evangélico e — quanto aos princípios — alheia ao espírito antiocidental. A doutrina da Église baseia-se na aceitação do Decálogo mosaico, na pregação da Bíblia protestante (na edição publicada pela Foreign Bible Society de Londres), cuja interpretação é livre. O rito de admissão é o batismo, que é realizado pela imersão dos prosélitos no "Jordão", isto é, na prática, na bacia formada pelo riacho Mpumbu perto do centro de Nkamba. Nkamba é local sagrado e meta de peregrinações: Já Simon Kimbangu a denominara "Jerusalém". O seu culto foi conservado e difundido pelos filhos, pela mulher e pelos discípulos do profeta. O representante oficial da Église atualmente é um dos filhos do profeta, Kiangani Dialungana Salomon, residente em Léopoldville. A doutrina da Église, conforme o ensinamento de Kimbangu, proíbe a poligamia; prega a destruição dos fetiches (*ndoki*) e dos tambores sagrados (*ngoma*). A liturgia baseia-se na execução de hinos, cantados em tom solene e severo influenciado pela liturgia batista. Aliás, mesmo a doutrina da Église é amplamente influenciada pela doutrina batista. O ritual compreende a confissão pública e o batismo de cura. Com efeito — e trata-se de coisa notável — a imersão ritual no riacho local é considerada fonte de cura das doenças.

Tal elemento de religiosidade mágico-médica, que poderosamente retorna aqui bem como, com formas análogas, na quase totalidade dos movimentos proféticos de todas as civilizações coloniais, representa uma das notas indigenistas, dentro do complexo cristão da "Église de Jésus Christ". Outros traços de origem tradicional são a genuflexão ritual diante dos "príncipes" ou "sábios" da organização, as danças noturnas, o tremor dos participantes nos ritos. Mas o traço indígena mais relevante entre todos é o fato de que a Église se renova explicitamente na obra de Simon Kimbangu, profeta dos negros. Decerto, a doutrina da Église estatui o reconhecimento das autoridades administrativas; além disso, pretende ser programaticamente uma doutrina puramente religiosa, isenta de todo interesse político. Contudo, olhando bem a evolução concreta deste movimento religioso, descobre-se que está ligado intimamente ao conflito entre nativos e brancos, do qual reflete as experiências e os problemas. O fato é que tal processo de politização de um organismo originariamente religioso e — por princípio — apolítico foi favorecido pela intransigência das próprias missões[41]. Em tais condições, a Église contribui para incrementar a fé messiânica em Simon Kimbangu, fé que produziu seus frutos concretos em ocasiões bem recen-

(41) RAYMAEKERS, p. 703.

tes. No curso dos incidentes anticolonialistas no Congo, em 1959, os chefes políticos eram vistos publicamente como "reencarnações" de Simon Kimbangu. Os incidentes de Matadi, eu outubro de 1959, foram promovidos por um tal que dizia ser o profeta redivivo. Um terreno propício a tal atitude messiânica é indubitavelmente criado por alguns cânones do catecismo da Église. Dizem entre outras coisas: "Tata (= Pai) Simon Kimbangu, depois de ser enviado pelo Governo ao Alto Congo (alusão à prisão de Elisabethville), morreu e ressuscitou; e agora mora conosco em espírito". E alhures: "Tata Simon Kimbangu não é Deus; mas Deus em toda época escolhe um homem, em cada raça, para esclarecer a sua gente".

Há, nestas expressões canônicas, um sabor de messianismo autonomista, que é encontrado na linha de todo o movimento kimbangista, não obstante as parciais deformidades doutrinais entre as várias seitas. Aliás, nos textos religiosos da Église denuncia-se a opressão por parte dos brancos, ainda mais a má-fé e a atitude inconciliatória das autoridades administrativas em relação às exigências autonomistas negras. No curso dos movimentos revolucionários de Léopoldville (janeiro de 1959), os fiéis saíram a recolher fundos para as famílias das vítimas e para o partido nacionalista de Abako. Mas a polêmica mais áspera se trava contra as missões, devido à intransigência que essas mostraram às instâncias nativas de autonomia e de reconhecimento oficial para a Église.

Concluindo, na "Église de Jésus Christ" pode-se discernir a fase extrema de um movimento, iniciado há uns quarenta anos como movimento religioso clandestino, de libertação, sujeito a perseguições metódicas. Em seguida a uma atitude mais tolerante da parte das autoridades administrativas em relação aos movimentos religiosos locais nos últimos anos, o Kimbangismo podia deixar a clandestinidade e acentuava o caráter religioso, deixando aos partidos nacionalistas militantes a responsabilidade pelas iniciativas políticas e revolucionárias. Todavia, ainda hoje subsistem laços bastante estreitos entre formas religiosas e político-sociais também no seio da Église. Os germes de autonomismo religioso que aliás a Église contém são tanto mais facilmente suscetíveis de inspirar ações propriamente políticas quanto mais tenaz se mostra a intransigência das autoridades religiosas — e não somente políticas — com respeito às exigências de autonomia cultural dos negros[42].

(42) Para o movimento da "Église de Jésus Christ" com o seu caráter doutrinário, ritual e o processo de desenvolvimento, v. IB., pp. 685-707; para as relações com os incidentes de 1959, pp. 682, 693, 703; para o catecismo, pp. 737-8; para a polêmica contra as missões, p. 704.

Enquanto na África Equatorial e no Congo, entre alternadas explosões e repressões, num processo ininterrupto de proliferações subterrâneas e de eflorescências visíveis, o messianismo nativo se reforçava, irradiando-se por regiões próximas e longínquas, vinham se difundindo ao mesmo tempo cultos proféticos também em outras regiões africanas. Em 1925, Tomo Nyirenda, nativo da Niassa, proclamando-se "Filho de Deus", ou *Muana Lesa* — nome com que é conhecido —, introduziu no Catanga, zona mineira entre as mais sujeitas a choques sociais entre nativos e brancos, o movimento *Kitawala* ou *Kitower,* já ativo na Rodésia e em Niassa onde por várias vezes inspirou motins sediciosos violentamente reprimidos. O movimento Kitawala provém, por processo separatista, da congregação americana da Watch Tower (Kitawala ou Kitower é deformação do termo original inglês), ou Sociedade das Testemunhas de Jeová, fundada em 1874 por Charles Taze Russell, e por isso conhecida também pelo nome de Russellismo. O movimento Watch Tower se baseia na espera milenarista de uma era de paraíso que se seguirá, numa época não muito longínqua, à batalha decisiva de Armagedon entre Deus e Satanás. Os descrentes serão debelados, na terra reinará a justiça. Negando a Trindade, a divindade de Cristo, a imortalidade da alma, os eternos castigos ultraterrenos, e, ademais, antimilitaristas e antinacionalistas até o fim, as Testemunhas de Jeová condenam o Estado ou toda força de organização eclesiástica com emanações de Satã. Tinham, pois, os melhores requisitos para que a sua ideologia parecesse aos negros africanos como a contrapartida mais positiva e entusiasticamente aceitável da cultura religiosa dos brancos, especialmente se confrontada com o Cristianismo dos missionários. De fato, os nativos chegavam a descobrir no Russellismo um modelo vivo, antes um êmulo em pleno mundo religioso cristão[43] do profetismo nativo odiado pelos missionários cristãos. O movimento Kitawala, iniciado na África no princípio do século, reinterpretava por sua vez a doutrina russellista original. O seu centro de irradiação foi a África do Sul e a África Central Britânica. Contra a ameaça de desagregação cultural e social induzida pelos brancos, os pregadores nativos do movimento Kitawala — na Angola, Rodésia, Quênia, Niassa, Uganda até o Congo Belga — acusavam os missionários de mentir e esconder deliberadamente ou destorcer as verdades da Bíblia, pondo, por exemplo, a monogamia como fundamento da religião cristã, quando a Bíblia dava amplo testemunho

---

(43) SCHLOSSER, pp. 235-39; E. BRIEM. *Jehovas Vittnen.* Estocolmo, 1944; A. STRÖM. *Religion och Gemenskap.* Upsala, 1946, pp. 190-203; H.H. STROUP. *The Jehovah's Witnesses.* Nova York, 1945; W. WATSON, 1958, pp. 197 e ss.

da legitimidade da poligamia, um dos princípios básicos da estrutura social africana[44]. Assim, os indígenas encontravam, numa linguagem cultural e religiosa tomada aos brancos, uma justificativa ulterior para o milenarismo emancipacionista fundado por seus profetas. Na realidade, o encontro entre o profetismo africano e o milenarismo russellista representa um dos fenômenos mais desconcertantes das religiões modernas. Com efeito, ambos exprimem, se bem que em mundos culturais diversos, uma exigência análoga de renovação religiosa, ambos denunciam uma grave crise cultural. De seu encontro resultam, colocadas em nítida evidência, as intensas contradições religiosas em que deságuam os organismos eclesiásticos das nações modernas. O Russellismo, e com alguma analogia o Exército da Salvação, no seu contato com as religiões africanas proféticas, forneceram uma justificativa não mais apenas "indígena", mas também corroborada pela experiência religiosa viva dos próprios brancos, pela autenticidade e aceitabilidade das posições religiosas nativas.

Voltando ao movimento religioso Kitawala e ao seu divulgador Muana Lesa de que falamos há pouco, este logo teve de cair nas malhas da perseguição policial. Acusado pela autoridade belga de assassinar pessoas batizadas, foi capturado; fugiu para a Rodésia, mas foi preso e enforcado. Estávamos em 1926. O movimento Kitawala, em vez de amainar cresceu e se difundiu amplamente pela colônia belga, bem como pelas colônias britânicas e francesas, suscitando aqui e ali por várias vezes movimentos de revolta xenófobos. Fiel ao modelo americano da Watch Tower, ele preconizava o fim de toda autoridade religiosa e política atualmente vigente; além disso, propagava uma ideologia igualitária panafricanista, inspirada na esperança messiânica do advento de uma era paradisíaca na terra, em nome de Jesus Cristo[45]. Em tempos mais recentes, Bushiri, um dos seus profetas e agitadores no Congo Belga (Prov. Oriental), proclamou-se "Substituto de Jesus" (*Mulumozi wa Yesu*).

O movimento Kitawala foi marcado também por uma atitude peculiar do imediato após-guerra: a espera dos americanos como fatídicos mensageiros de Deus. Facilitada pelo ramo americano do mesmo movimento, a idéia de tal espera encontrou incentivo na experiência de auxílios enviados pela América no decorrer da última guerra. Além disso, naquela época, um negro americano, Marcus Garvey, fundava um movimento panafricanista, também pan-negro (a Universal Negro Improvement Association), de tom social

(44) ANDERSSON, p. 249; KENYATTA, pp. 277-81.
(45) BIEBUYCK, 1957; PAULUS, 1956.

e político, mas, ainda assim, não destituído de notável carga religiosa, dedicado à unificação espiritual dos negros da América e da África. Da Libéria, ao Nilo, à Uganda, à África do Sul, Marcus Garvey conclamava à expulsão dos brancos, à instauração de uma religião negra, com um Cristo preto, com anjos pretos. Tais experiências, portanto, iriam influenciar o movimento Kitawala, o qual, durante algum tempo, induziu a uma espera messiânica dos americanos vistos como míticos libertadores[46]. Logo se visiumbra a partir daí que a dramática necessidade de renovar a religião e a cultura assume, nos movimentos nativistas, formas místicas e milenaristas mesmo caóticas e pueris, nas quais vêm juntar-se as mais elementares experiências vividas.

O movimento Kitawala figura até hoje entre as mais difundidas organizações religiosas nativistas da África negra[47]. "Nós somos filhos de Deus e por isso não somos obrigados a reconhecer as leis dos homens", assim reza uma mensagem dos fiéis kitawala, dada por ocasião de uma revolta na Uganda em 1942. E continua: "Os tempos mudaram: não mais obedeceremos às leis temporais, porque prestar obediência aos homens significa obedecer a Satanás"[48].

África do Sul

Anúncio de uma era que acabará para os negros com as alienações, anúncio do fim do mundo com a iminente subversão da ordem atual, invencibilidade da revolta, luta contra a magia: são estes os temas comuns não só às várias organizações dos Kitawala, mas a todos os profetismos africanos, especialmente os difundidos entre povos de língua banto. Dessa maneira, particularmente, entre os profetismos da África do Sul.

Muito antes da África Equatorial, foi a África do Sul um dos maiores epicentros do messianismo negro[49]. Em 1892, nasceu a igreja *etiopista*, o modelo mais antigo das chamadas igrejas "separatistas" (ou "indigenistas") — entre as quais as próprias formações kitawala —, fundada pelo profeta Mangena M. Mokone por secessão (daí o nome de igreja "separatista") das missões wesleyanas a que pertencia originariamente. O nascimento da igreja etiopista foi precedido de algumas tentativas isoladas, embora ainda não organizadas e influentes, de secessão das missões da

(46) ANDERSSON, pp. 250 e ss.
(47) COMHAIRE, 1955, pp. 58-9.
(48) BALANDIER, 1955, p. 420.
(49) LEENHARDT, 1902; TRACEY, 1955; EBERHARDT, 1957.

parte de alguns chefes de grupo, como Nehemia Tile e Kgantlapane. Nehemia Tile, separando-se das missões wesleyanas em conseqüência dos ataques que estas desfecharam contra ele devido à sua acentuada simpatia para com o nacionalismo tembu, fundara em 1884 a "igreja tembu". Com esta secessão, os tembu pretendiam opor-se ao controle religioso europeu, e ao mesmo tempo adaptar ao cabedal cultural nativo a mensagem cristã. Assim como a Rainha da Inglaterra era o chefe da igreja inglesa, os tembu pretendiam que, analogamente, o Chefe supremo tembu fosse "bispo" da nova orzanigação religiosa. Era um programa claramente autonomista. Idêntica característica teve a secessão do chefe de tribo Kgantlapane da London Missionary Society em Taung em 1885, com a fundação da Independent Congregational Church of Bechuanaland. Tratava-se de uma igreja tribal: o fundador nomeou pessoalmente os seus ministros. As secessões começaram a multiplicar-se, entre os bapedi (1889) com a "igreja luterana bapedi" fundada por J. A. Winter, zeloso missionário alemão; em Pretória, com a "Igreja da África" fundada por Khanyame Napo, outrora missionário evangélico das missões anglicanas.

Mas estas tentativas assumiram uma importância totalmente diferente, quando a idéia secessionista atingiu o território de Witwatersand entre os milhares de operários africanos das minas de ouro. Havia entre eles muitos pregadores cristãos voluntários da igreja wesleyana e entre eles Mokone que, avesso à segregação racial dominante dentro da igreja, se demitiu e fundou o movimento da igreja etiopista. Segundo a denominação que escolheu (de acordo com a Bíblia, *Atos Ap.*, 8:27, *Salmos*, 68:32, "Etiópia" designa a África), a igreja etiopista colima um programa de reação autonomista contra as igrejas missionárias, fazendo da Bíblia a única fonte aceitável de autoridade religiosa, evitando polemicamente a terminologia "importada" pelos brancos (assim "etiopista" substitui "africanista"), Dogma essencial dos fiéis etiopistas é a "África para os africanos"[50]. As funções litúrgicas das igrejas etiopistas, dentro da capela adequada, se resumem na leitura e na pregação da Bíblia, segundo usos e tradições dos missionários; não obstante, o próprio "sermão" se enche de instâncias nativistas prementes e significativas. "Filhinhos de Cush, povo que se nutre de sofrimento e se dessedenta de lágrimas — assim soa, por exemplo, uma oração etiopista em plena função eclesiástica — a vossa escravidão não durará eternamente! Marchai, abjetos filhos de Cam, com o homem (que vos guia para a libertação?...)"[51] Embora entre ele-

(50) SUNDKLER, pp. 38-39, 56.
(51) SUNDKLER, pp. 182-3, 190.

mentos cristãos fundamentais já aceitos, é clara a reinterpretação indigenista das sagradas escrituras e do próprio Cristianismo, enquanto religião de libertação.

Entre as personalidades mais notáveis da igreja etiopista (entre elas o próprio Khanyame Napo, S.J. Brander, Jonas Goduka, sucessor de Tile) se destaca M. Dwane, ex-ministro wesleyano ordenado e em seguida demitido. Dwane desempenhou um papel relevante no movimento. Estabeleceu relações de filiação com a African Methodist Episcopal Church (A.M.E.) mais antiga, fundada em 1816 entre os negros americanos; solicitou e obteve o reconhecimento da parte do governo do Transvaal para a sua igreja (incorporada, em 1900, à Igreja Anglicana da Província do Cabo); finalmente, tentou difundi-la, com conversações oficiais de alto nível político, na Rodésia, no Zambeze, na Abissínia, Sudão e Egito. Cabe notar que, pela primeira vez, a Abissínia entrava no mundo de idéias dos "etiopistas". De fato, Mokone nunca pensara na Etiópia quando fundou o movimento. Mas, quando a Etiópia venceu os brancos em Adua em 1896, pôde facilmente converter-se em bandeira de liberdade para os zulus. Logo chegou o momento em que coincidiram, pelo menos incidentalmente, o sentido geográfico e o sentido ideal-nativista de "Etiópia": foi com a deflagração do conflito ítalo-etíope em 1935. É interessante notar que, nesta ocasião, as igrejas etiopistas (e sionistas) da África do Sul assumiram um vigor excepcional, e milhares de adeptos novos e elas aderiram fervorosamente. Realizavam-se reuniões noturnas especiais, elevando orações solidárias pelos destinos da nação-irmã que se tornara mais do que nunca símbolo do africanismo agredido pelos brancos; surgiram novas igrejas indianistas com denominações explícitas, alusivas à Abissínia (Abissinian Baptist Church etc.), foram recolhidos fundos etc.[52]

Mas, voltando a Dwane, o forte espírito autonomista pelo qual ele se deixava guiar induzi-lo-ia a separar-se também da igreja negra americana (A.M.E.) à qual, segundo princípios pan-negros, ele havia aderido inicialmente e assim fundou uma "ordem Etiopista", diferente do movimento etiopista original que se manteve filiado à A.M.E. (difundido sobretudo no meio dos xhosa). Dentro do movimento das igrejas indigenistas, a tendência tribal permanece viva e é contraposta dinamicamente à tendência propriamente "africanista" e unitária (ou, como diremos, pan-africanista, se não até mesmo pan-negra). Os efeitos desta tendência tribal são o crescente desenvolvimento e a multiplicação de infinitas igrejas e secções, brotadas do tronco das mais antigas; assim, a Zulu Congregational Church (1896), a

(52) SUNDKLER, pp. 40-1, 56-7.

African Congregational Church (1917) etc., até as mais recentes African Native Healing Church (1938), Native Primitive Church (1940) etc.[53] De conformidade com os particularismos tribais — herança arcaica da cultura tradicional — e com os personalismos de seus promotores — que se ressentem também eles da antiga estrutura hierárquica da sociedade banto local —, as igrejas etiopistas da África do Sul formam outros organismos separatistas, que, nas suas estruturas, repetem o caráter aristocrático das sociedades bantas sul-africanas, com um chefe (= rei) ao mesmo tempo político e religioso. Todavia, as várias igrejas separatistas estão ligadas por uma ideologia irredentista e profética comum, baseada na esperança de uma subversão da ordem e de uma expulsão dos brancos[54], esperança que se tornou especialmente premente quando a constituição da União Sul-Africana sancionou a sistemática política de discriminação racial entre brancos e negros[55].

Aliás, a política governamental em relação às igrejas nativas separatistas e independentes[56] foi, na África do Sul, tendenciosamente repressiva até a época anterior à União em 1910, especialmente em Natal (fora mais liberal na Colônia do Cabo). Não é por acaso que os pregadores etiopistas tiveram importante papel na revolta dos zulus em 1906, com as suas exortações revolucionárias. Em resposta, o governo proibia aos nativos as reuniões e as pregações feitas por sacerdotes ou membros de organizações religiosas não-reconhecidas. Depois de 1910, algumas tentativas de instaurar, em toda a União, uma linha política mais liberal, semelhante à que prevalecera até então na Colônia do Cabo, se chocaram até certo ponto no famoso incidente "israelita" de Bullboek, em 1921. Por causa desse incidente, decidiu-se constituir uma Comissão do Governo (Native Church Commission) que, em 1925, publicou um relatório onde pela primeira vez eram enunciadas as normas para o reconhecimento das igrejas separatistas: o governo, frente às forças religiosas cada vez mais organizadas dos nativos, tentava remediar com a adoção de uma nova política, a do reconhecimento oficial, embora limitado e controlado.

(53) Em 1954, J. Eberhardt levantou a existência de 1 286 igrejas nativas, com 761 000 membros (EBERHARDT, 1957, p. 34).
(54) LEENHARDT, 1902, pp. 22-3; SUNDKLER, pp. 50-2, 80-1, 94, 100, 106 e ss.; SCHLOSSER, 1949, p. 233.
(55) MARQUARD, 1952; E.P. DVORIN. *Racial separation in S. Africa*. Chicago, 1952; CARTER, 1955; SUNDKLER, p. 65.
(56) As igrejas "separatistas" provêm, por secessão, das igrejas missionárias; as igrejas "independentes" não têm precisas relações de origem com igrejas missionárias, e igualmente visam a realizar uma síntese entre Cristianismo e antiga religião tribal (Brookes, in SUNDKLER, p. 5).

O incidente de Bullboek teve origem na ação profética de Enoch Mgijima, em cuja mensagem ressoavam motivos já conhecidos do movimento Watch Tower, difundido pouco antes (1918-19) na Rodésia por John Chilembwe. Numa visão que teve, Enoch Mgijima reconheceu os símbolos de duas potências coloniais em luta entre si (Inglaterra e Holanda, na sua interpretação) e um grande macaco que se atirava sobre as duas, aniquilando-as, sinal evidente — para ele — da destruição iminente da supremacia branca por meio dos africanos (o macaco). Inspirado nesta fé profética, Mgijima fundou em Bullboek (perto de Queenstown) uma seita que se chamava dos "israelitas", proclamando-se seu "bispo, profeta, guardião". Renegando o Novo Testamento como fruto da impostura dos brancos, os "Israelitas" se reportam ao Antigo Testamento, observam o sábado e a Páscoa hebraica, se dizem povo eleito de Jeová, ao qual o próprio Jeová dará seu auxílio para libertá-los da escravidão dos brancos. Nasceu uma colônia de fiéis. O governo ordenou que a seita fosse dispersa e a aldeia destruída. O profeta esperou, sem se alterar. Quando as forças militares chegaram a fim de executar a ordem, a fanática resistência dos "Israelitas" se galvanizou sob a direção do profeta Mgijima, opondo lanças e maças aos fuzis europeus. Foi uma carnificina, e 117 fiéis ficaram no solo, dos 500 que formavam a colônia inteira. Todavia, foi em conseqüência deste não-inútil massacre que o governo se viu obrigado a recuar e adotar a política de reconhecimento[57].

Pondo de lado o significado explícito de revolta contra os brancos expresso no episódio, ele parece cada vez mais esclarecedor porque confirma, de um lado, as simpatias paleotestamentárias dos indígenas (com recusa categórica do Novo Testamento) e, de outro, a identificação conexa entre africanos e hebreus. O fenômeno, que se repete independentemente nos ambientes mais diversos e longínquos como entre os maoris da Nova Zelândia, entre os indígenas do Paumotu (onde houve precisamente uma seita análoga de "Israelitas") e da Polinésia em geral[58], ainda mais entre os kikuyu do Quênia[59], corresponde a duas exigências fundamentais resultantes do contato religioso e cultural entre indígenas e europeus. De um lado, existe a exigência de renovar o próprio cabedal mítico-ritual com base nas experiências religiosas sentidas espontaneamente, de que o mundo bíblico judaico representa o modelo "moderno" mais autêntico, enquanto o conteúdo teológico e moral cris-

(57) SUNDKLER, pp. 65-72.
(58) CAILLOT. *Les Polynésiens orientaux, au contact de la civilisation.* Paris, 1909, p. 38: LANTERNARI, 1957, pp. 58, 69-77. V. Além disso o Cap. 5.
(59) KENYATTA, p. 282.

tão, com o seu rigorismo antipagão, permanece inacessível ou simplesmente hostil. De outro lado, atua a necessidade de exprimir, em nova linguagem cultural (a dos brancos), a própria experiência de sujeição e opressão, de decidida e consciente autonomia no confronto com os próprios opressores; daí nasce, por antonomásia, o mito de identificação com o povo perseguido, isto é, os israelitas.

Aliás, com exceção do limitado episódio de Bullboek, a identificação africano-israelita se realiza num terreno muito mais amplo na África Meridional, dentro do complexo total das chamadas igrejas "sionistas".

As igrejas do tipo "sionista", oriundas diretamente das etiopistas na África do Sul, se diferenciam destas por várias características, embora tenham em comum com elas o fundamento messiânico e milenarista. Elas se apegam ao modelo longínquo da Christian Catholic Apostolic in Zion, fundada por J. Alexander Dowie e por W.G. Voliva (1896) em Zion City (Illinois), nos EUA. Todavia, a sua denominação não esconde uma alusão programática ao Monte Sion, assumido como símbolo de libertação, como modelo da Nova Jerusalém ou Cidade Santa que os fiéis messianicamente esperam poder restaurar. As igrejas de tipo sionista se baseiam em alguns princípios comuns ao modelo americano, sobretudo o princípio da "salvação" enviada por Deus. Trata-se de um princípio tipicamente sincretista que vale a pena examinar. Nele tem seu papel dominante a ideologia mágico-médica da tradição pagã. Na liturgia sionista, a "salvação" física e ao mesmo tempo espiritual se realiza mediante o rito característico da tríplice imersão num curso ou espelho d'água, miticamente rebatizado com o nome de "novo Jordão". Isso se realiza de conformidade com a prática tradicional da civilização banto meridional, com os seus banhos rituais com fins purificatórios, prática revalorizada pelo modelo bíblico de São João Batista[60].

"Batismo" e purificação constituem os elementos essenciais, quase o núcleo ritual sionista, em torno do qual se concentram os outros inúmeros traços mítico-rituais, fruto também eles, em igual medida, de outras reinterpretações "pagãs" de elementos mítico-rituais de influência bíblica. Mencionemos alguns entre os mais notáveis.

O mesmo rito batismal de imersão "tríplice", acompanhado da confissão dos pecados, que é realizado para a consagração do neófito na igreja sionista, é repetido simbolicamente em toda função litúrgica, quando então o sacerdote-profeta executa o ritual e purificatório "lava-pés" dos fiéis (segundo *Gên.*, 18:4; *Jó*, 12:3). Este rito é considerado pelos Sionistas tanto mais eficaz quanto, de um lado,

(60) SUNDKLER, pp. 201-2, 208.

repete e continua os ritos de purificação mágico-médica tão solidamente radicados na tradição religiosa local, e de outro lado exprime um traço de originalidade frente aos cristãos europeus, que apesar do modelo bíblico não o praticam de fato[61]. Aliás, toda a função litúrgica das igrejas sionistas se resolve num complexo ritual de *cura* e *salvação,* no qual ocupam lugar bastante amplo formas tradicionais de exorcismo mágico-médico. A função eclesiástica culmina num verdadeiro e adequado ritual de cura dos doentes. Mulheres, homens, crianças são conduzidos à sua presença. Um a um, ele os segura com os braços, sacode-os violentamente, pronuncia fórmulas de exorcismo para expelir os "demônios" que se apossaram deles, levanta para o alto as crianças e as agita. Em seguida, os doentes passam cada um pelas mãos de dois exorcistas, os quais repetem as ações e as fórmulas do profeta, com imposição das mãos e com aspersão de água e cinzas, enquanto os fiéis entoam hinos[62]. Este rito pertence totalmente ao cabedal tradicional religioso dos zulus. Com a sua complexa ideologia purificatória exorcista, ele assume um papel tão eminente nas igrejas sionistas que levou um profeta a declarar aos fiéis, sem sombra de ironia ou de paradoxo, que a sua capela era "muito mais um hospital do que uma igreja". "O motivo que leva os nativos a correr às igrejas de tipo sionista — declara por sua vez o missionário Sundkler — é curar-se. 'Estava mal: rezaram por mim, agora estou curado': com estas palavras os fiéis exprimem sua posição frente à igreja sionista"[63].

O fato é que, como voltaremos a esclarecer mais tarde, toda a situação de crise cultural, social, política em que se acha a sociedade nativa converge — e não é por acaso — para tal religião de cura: ela representa refúgio e solução de toda experiência angustiante. Neste sentido, a exigência de "curar" expressa pelos indígenas não diz respeito apenas ao mal-estar físico, embora este também esteja incluído. Toda e qualquer "doença" corporal dos indivíduos, mas evidentemente também a moléstia geral de que sofre a sociedade mercê da crise e do choque com os brancos, se baseiam numa única experiência indivisível, pelo que se é "tomado pelos demônios", se é "enfeitiçado por magos poderosos"[64]. Por este motivo, os profetas sionistas conduzem a luta contra a feitiçaria. Em suma, a cura desejada será também a salvação da sociedade, a redenção da condição de crise. A condição de crise coletiva encontra expressão adequada nas manifestações insistentes e típicas de posses-

(61) SUNDKLER, pp. 215-16.
(62) SUNDKLER, pp. 186-7, 232.
(63) SUNDKLER, p. 220.
(64) SUNDKLER, p. 255.

são coletiva que acompanham o desenrolar das funções rituais sionistas, com uso de linguagens incompreensíveis, com convulsões, seja da parte de profetas seja de mulheres e homens comuns[65].

Portanto, não só os doentes reconhecidos como tais, mas também todos juntos e cada um em particular se sujeitam a adequados ritos de purificação e "cura". Entre estes ritos desempenham papel especial as técnicas eméticas, mediante a ingestão de eméticos, como bebidas tradicionais com adição de ingredientes "sincretistamente" importados: purgantes, sais, sabão etc.[66] Em cada centro sionista, todo dia, o profeta conduz os fiéis à corrente de água mais próxima, onde bebem abundantemente até vomitarem, rezam, cantam, entram em possessão[67]. Tabus rituais precisos reguiam a vida religiosa dos fiéis sionistas (e, aliás, também dos "etiopistas"). Além dos vários tabus sexuais retomados plenamente da tradição arcaica, existem tabus alimentares, e entre eles ocupam um lugar significativo a proibição de comer carne de porco — influência evidentemente bíblica — e a proibição de usar remédios europeus que julgam portadores de forças demoníacas[68].

Outras reformulações modernas de antigas experiências pagãs são a crença no "Espírito Santo" e nos "anjos". Tanto um como os outros representam para os nativos manifestações ligadas à crença nos espíritos dos mortos. Assim como o espírito dos mortos, tradicionalmente, se apossava de certos indivíduos, levando-os à crise de possessão, pensa-se também que a crise de possessão seja obra e indício do Espírito Santo; desta forma, a "religião" se torna para os nativos sinônimo de "possessão".

Se é verdade que o Espírito Santo herda aquele que era o aspecto crítico e conturbador da religião pagã dos mortos, também é verdade que os anjos assumem sobre si mesmos o aspecto positivo e benéfico daquela religião, aparecendo como conselheiros e consoladores de pessoas em crise. Como outrora os espíritos dos mortos, agora os anjos exigem — através do profeta que se faz intérprete e intermediário — sacrifícios animais[69]. Neste e nos outros elementos acima mencionados se desvenda o elo de continuidade entre "paganismo" arcaico e "Sionismo" moderno, e ao mesmo tempo se discerne o limite posto à aceitação do Cristianismo.

Além do princípio essencial de salvação e cura, que age em virtude da obediência às formas rituais, um dos

(65) SUNDKLER, p. 248.
(66) SUNDKLER, pp. 233, 240.
(67) SUNDKLER, pp. 151-52.
(68) SUNDKLER, pp. 216-20, 226.
(69) SUNDKLER, pp. 243-4, 249-50.

fundamentos dos movimentos sionistas é dado pelo anúncio de um próximo advento de Deus.

Todavia, no caráter nativista e emancipacionista que têm em comum, as igrejas etiopistas e sionistas se diferenciam por múltiplos elementos, entre os quais a sua mitologia messiânica. Enquanto a mitologia etiopista projeta as aspirações dos nativos numa África cristã sob o comando do Leão de Judá, Rei dos Reis, o mito dos Sionistas aponta para a Terra Santa, para a Palestina judaica e cristã (mas sobretudo mosaica e batista), exaltando um laço sobrenatural com as primeiríssimas origens apostólicas cristãs, fazendo de Moisés e João Batista as principais figuras da própria Bíblia[70]. Aliás, ao contrário das igrejas etiopistas, as sionistas têm uma estrutura em nada aristocrática[71]. Além disso, elas parecem, muito mais do que aquelas, ligadas a aspectos essenciais da religião tradicional. Basta pensar que os seus sacerdotes-pregadores são profetas inspirados, curadores, indivíduos que entram facilmente em crise de possessão epileptóide, ativos adversários da feitiçaria; enquanto os chefes das igrejas etiopistas assumem um papel parecido com aquele próprio do rei antigamente.

Quanto à personalidade de fundadores e profetas, uma se destaca entre todas as outras[72]: a de Isaiah Shembe, fundador do movimento dos Nazaritas (*Ama-Nazaretha Church*).

A vocação se lhe revelou através de repetidas visões, sempre entre relâmpagos e temporais, na infância, na juventude e na vida adulta. Tais visões convidavam-no a abandonar a vida "imoral", a libertar-se dos afetos terrenos pela mãe, pela mulher, pelos filhos, a obedecer somente às palavras de Jeová, as quais o salvariam dos males físicos e espirituais e lhe ensinariam a "curar" os homens. Viu, entre outras vezes, uma multidão de anjos. Eles lhes indicavam do céu seu próprio cadáver na terra, decomposto e putrefato. Shembe obedeceu ao chamado peremptório, pôs-se a vagar de lugar em lugar em Natal, pregando em nome do "Espírito Santo", ganhando fama de curador milagroso. Em 1906, foi batizado e ordenado ministro da African Native Baptist Church. Desde então, ele próprio começou a batizar, no mar, nos arredores de Durban; mas logo (1911)

(70) SUNDKLER, p. 277.
(71) EBERHARDT, 1957; TRACEY, 1955; SUNDKLER, pp. 94-5. Pretória foi o berço das igrejas etiopistas, Johannesburg foi o das sionistas (SUNDKLER, pp. 80-1); mas os cultos sionistas floresceram, muito mais do que naquelas cidades, no ambiente das reservas, onde estabeleceram a sua residência os vários profetas (SUNDKLER, 93). Quanto às crises de possessão coletiva, caracterizam igualmente o Kakismo (vide) e numerosas outras formações proféticas de todo o continente.
(72) Os primeiros a fundar igrejas de tipo sionista foram, em Johannesburg, Daniel Bryant em 1904 e o Padre Le Roux em 1908 (SUNDKLER, p. 50).

se separou da igreja nativa batista para fundar a seita dos nazaritas. Construiu (1916) uma aldeia, Ekuphakameni; mais tarde, porém, depois de uma visão ulterior — na qual se lhe prometia, como a Moisés, o encontro com Deus na montanha — estabeleceu seu centro religioso no monte Nhlanhgakazi. Ambas as localidades depois se tornariam sagradas aos fiéis e aos pósteros, centro e sede, uma da grande festa anual no mês de julho, e a outra, da grande festa de janeiro[73]. Shembe apresentava-se aos zulus como o novo Moisés libertador. "Shembe, o servo do Senhor, enxugará as lágrimas de seu povo": assim anuncia o profeta, que diz também: "... A paz do Senhor esteja com vocês. Venho ao seu meio sozinho, de longe, enviado pelo Rei". Se de um lado Shembe repete as atitudes de Moisés, de outro é o "rei dos Nazaritas", assim como Jesus foi o "rei dos judeus". Êmulo, portanto, de Moisés, Shembe todavia *substitui* Jesus, a quem na realidade faz raras menções, limitando-se a dizer que Jesus foi "aquele que prometeu mandar o Espírito". Em suma, a ideologia do Cristo negro incorporou-se pouco a pouco em Shembe; torna-se o verdadeiro profeta-messias dos negros. "Ó Jesus, tu não és o último dos príncipes de Judá — assim termina um hino importante dos Nazaritas — porque a ti se seguirão outros profetas, que salvarão a cidade de Ohlange"[74]. Ora, Ohlange era a aldeia fundada por Isaiah Shembe em Ekuphakameni, e o profeta a que alude o hino é o próprio Shembe em vestes do próprio messias libertador.

À sua morte (1935), Shembe foi considerado santo, e sobre sua tumba foi erigido um mausoléu. Acreditou-se que ele teria ressuscitado. O papel de guia foi assumido pelo filho Johannes Galilee Shembe, homem culto (saído do Fort National College), mas desprovido de qualidades pessoais, ao contrário do pai, que se valeu unicamente da forte personalidade, já que era privado de cultura. Ainda em 1957, Johannes Shembe era chefe da igreja nazarita[75].

Um outro profeta, cujo nome não foi transmitido, se distingue por haver alimentado novamente a esperança dos negros numa Nova Jerusalém verdadeira e real. Por uma

(73) SUNDKLER, pp. 110-11. O ano religioso dos Nazaristas tem como essência duas festas fundamentais: a festa de julho com a peregrinação à "meca" nazarita Ekuphakameni, e a festa de janeiro no monte Nhlanhgakazi (também em Natal Meridional). A festa de julho dura cerca de três semanas e inclui ritos de cura, danças, orações, possessões (com alucinações), o lava-pés. A festa de janeiro dura duas semanas, com uma longa procissão ao monte, e ritos análogos à anterior. Os fiéis erigem, à imitação dos Tabernáculos hebraicos, cabanas vegetais e montões de flores que transformam em fogueiras (SUNDKLER, pp. 198-99). Outra festa é a das primícias, realizada por processo de cristianização a 25 de dezembro. Nela o profeta assume o papel do rei, consagrando as primícias (SUNDKLER, pp. 103-4).
(74) SUNDKLER, pp. 282-4.
(75) SUNDKLER, pp. 111, 286; EBERHARDT, 1957, p. 37.

visão ele soube que acharia uma pedra, nas margens de um rio, com a qual iniciaria a construção da nova Cidade. Com efeito, seguindo as normas da visão, este profeta fundou a igreja do Novo Salém (1927), onde se renega o rito eucarístico como uma mentira dos brancos[76]. É interessante notar que, nas visões dos vários profetas inspirados da igreja sionista, se repetem, com certa insistência, dois temas: o do raio com que se anuncia a visão, e o da autonecroscopia pela qual eles "vêem" o próprio cadáver[77]. Ora, o tema do raio, de um lado, pertence ao cabedal tradicional folclórico dos zulus, onde o pássaro-raio ocupa um lugar muito importante[78]. De outro lado, encontrou na figura fulgurante de Jeová a fonte de uma renovada vitalidade sincretista. O tema da autonecroscopia, por sua vez, constitui um símbolo válido, também ele fundado num motivo tradicional religioso (o do retorno dos mortos), transformado pelo efeito do choque euro-zulu e da crise conexa. No motivo da necroscopia se reconhece um símbolo da antiga cultura, doravante — na visão profética — condenada a extinguir-se frente às imanentes exigências de renovação. A meio caminho entre o paganismo arcaico e o Cristianismo moderno, os Nazaritas recusam tanto um como o outro, dando vida a uma religião nova animada de espíritos inovadores. O ataque de Shembe e de outros profetas a São Paulo é sintomático. Isaiah Shembe não hesita em declarar publicamente que a monogamia européia é uma invenção de São Paulo e não uma lei divina, pois Deus mostrou, por várias vezes, aceitar a poligamia. Em suma, os brancos destorcem o sentido da Bíblia. Aliás, paralelamente, entre os etiopistas, difunde-se a convicção de que a Bíblia dos brancos é inautêntica, frente à mais verdadeira "Bíblia etiopista" destinada aos negros[79].

Não esqueçamos que no fundo do processo de secessão das várias igrejas nativas africanas, sejam etiopistas, sejam sionistas ou outras, individualiza-se a experiência perturbadora e ao mesmo tempo galvanizante da segregação racial, que impera mesmo no seio da igreja cristã dos brancos. O negro Shabala, cristão convertido a uma igreja independente, assim se exprimia com um europeu a propósito de Jesus: "Você não compreende que Jesus não é o Deus dos negros? Eu aprendi isso quando estive naquela grande cidade dos brancos. Aqui na cidade há muitos bran-

(76) SUNDKLER, pp. 112-13.
(77) SUNDKLER, p. 114.
(78) SUNDKLER, p. 293. O Céu com raios e trovões (*Shaka*), tradicionalmente, era considerado centro e encarnação de toda a tribo pelos Zulus e ocupava um lugar proeminente nos mitos (SUNDKLER, p. 287).
(79) SUNDKLER, pp. 277-78.

cos, e Jesus é o Deus deles. Há grandes casas erigidas a ele, mas a mim não permitem que entre nas casas do Deus dos brancos"[80].

O recurso ao Antigo Testamento (Jeová), a relativa atenuação da mensagem e da figura de Cristo, o emergir de uma figura preeminente de Cristo negro portador de uma nova revelação, o conteúdo de salvação ligado ao uso de técnicas inspiradas de cura da parte dos profetas, os ritos purificadores (batismo, banhos, uso de eméticos etc.), todos são elementos que já se condensam na mensagem e nas visões de Shembe, fundador da maior igreja sionista, mas aparecem também em vários outros movimentos nativistas africanos, em diversas combinações concretas.

Nas igrejas sionistas em especial evidencia-se de modo explícito um tema que tem um relevo particular também junto às outras igrejas nativas, porquanto ele ali continua ainda mais explícito: o tema da revolta *interna* contra a sociedade contemporânea organicamente considerada. Neste sentido fala o próprio núcleo messiânico do Sionismo, com o tema da Cidade Santa ou Nova Jerusalém.

Como outros motivos míticos do messianismo indígena, também este retoma e reformula um modelo bíblico, referindo-se à passagem (*Apoc.*, 21: 2-12) onde o profeta do Apocalipse avista a "Nova Jerusalém descer do céu, com 12 portas e 12 anjos às portas". Mas para os negros africanos as portas se transformam significativamente em 13, isto é, 12 destinadas aos brancos, e uma reservada aos negros. De modo que também na meta-história do mito é transplantada a ardente realidade da segregação de cor.

Todavia, o que mais interessa notar aqui é que o mito da Cidade Santa une, ao tema xenófobo contra os brancos, o tema da evasão totalitária da sociedade contemporânea. Cidade Santa, nova Sion é, de fato, precisamente a aldeia no monte (novo Monte Sion) fundada por Shembe[81]. O mesmo ocorre para os Nazaritas, e para a sua igreja florescente sobretudo em Natal. Igualmente os fiéis de outra grande igreja sionista, a Zion Christian Church, fundada por Ignatius Lekganyame, em 1912, no Transvaal, incluída até agora entre as mais importantes igrejas sul-africanas, têm a sua Cidade Santa: o seu nome é Zion City Moria. Em resumo, a Cidade Santa não é para os fiéis sionistas de modo algum um Reino espiritual voltado para o futuro; ela está presente na terra, é local de repouso, luminoso, eleito (geralmente uma colina), com o seu templo imenso e hospitaleiro (quando não vários edifícios adjacentes, igualmente sagrados), onde os fiéis reencontram periodicamente,

(80) WILLIAMS-MAY, cit. em SUNDKLER, p. 280.
(81) SUNDKLER, pp. 289, 291.

através de suas grandes reuniões anuais de massa, a própria unidade religiosa e ideológica; onde reafirmam a cada vez a própria necessidade de autonomia cultural frente aos brancos[82]. Portanto, a Cidade Santa realiza religiosamente uma evasão da sociedade. É o centro para o qual convergem ideal e praticamente os fiéis, obedecendo às próprias normas de vida, aptas a realizar religiosamente a salvação comum. É este um modo de reagir de forma religiosa à crise do tempo e da própria cultura. Enfim, os negros evadem-se — no plano mítico-ritual — da sociedade a que pertencem, na qual os brancos estão doravante inseridos como parte reconhecida, embora separados e discriminados dos negros. Aliás, toda "igreja" enquanto tal, seja ela colonial ou européia, antiga ou moderna, exprime geneticamente, em virtude de sua própria fundação, uma atitude polêmica no confronto com a sociedade de que se originou. Não é por acaso que a "igreja" é, por definição, uma "comunidade destacada" (*ek-klesia*) da sociedade originária. Na realidade, toda igreja nasce de uma crise social, cultural, religiosa que solapa o interior da sociedade. Neste sentido, as igrejas nativistas africanas — e dos outros povos coloniais — constituem uma fase do processo religioso nativo, em que mais do que nunca se vislumbra a analogia de experiências históricas vividas pelos nativos de hoje e pelas comunidades ocidentais onde se implantou o Cristianismo apostólico. Sejam as primeiras e antigas igrejas cristãs ocidentais, sejam as igrejas autonomistas modernas dos povos coloniais, surgem em resposta a exigência igual. Com elas a sociedade pretende libertar-se, no plano religioso, de outras crises sociais, culturais, religiosas em cuja base reside um conflito doravante muito *mais interno que externo*, entre um preponderante poder hegemônico e a coletividade subjugada e oprimida nas suas exigências vitais.

Certo é que, desde o momento de sua própria constituição, as igrejas africanas — tanto quanto as igrejas históricas ou modernas ocidentais — trazem em si mesmas os germes de novas contradições; contradições que se tornam muito mais reais e evidentes depois que é superada — quando o facilitam as condições históricas — a fase propriamente carismática e profética, e especialmente quando problemas práticos de propriedade terrena, ou conflitos de herança na sucessão do Chefe, modificam de algum modo a estrutura da igreja. É isto que documentam, por exemplo, as igrejas sul-africanas nos tempos mais recentes; depois de um primeiro período dominado pela figura de um profeta inspirado, passa-se a um segundo período em que as igrejas tendem a organizar-se em regime teocrático de tipo

(82) EBERHARDT, 1957, pp. 36-7, 45-8.

sacerdotal. Se isso acontece em menor escala com as igrejas do Congo, deve-se certamente ao fato de que nenhuma outra igreja africana sofreu perseguições tão graves, nem teve tantos mártires, como as igrejas nativistas do Congo[83].

Niassalândia

De tudo quanto se disse até agora sobre os movimentos nativistas dos dois maiores epicentros africanos — a África do Sul e o Congo — ressalta que os elementos de um fundo cultural negro comum se entrelaçam de várias maneiras com os fatores locais de cultura tradicional. Ademais, também os mais diversos e longínquos movimentos autonomistas africanos sofreram a marca comum dada por uma idêntica experiência geral — embora diferenciada em alguns desenvolvimentos particulares —, a experiência do domínio territorial, político e cultural dos brancos. Mas, para lá dos particularismos e das heterogeneidades locais dos diversos movimentos, já se viu como alguns deles conguiram percorrer e percorrem ainda de um lado ao outro do continente negro, quais imensas ondas sublevadoras. Entre os movimentos de difusão geral mencionamos o da Watch Tower. Ele atingira sobretudo uma região da África Central Britânica, a Niassalândia. Por isso esse país ocupa, na história dos profetismos africanos, um lugar digno de nota.

De Niassalândia, onde fez a sua primeira aparição, a seita Watch Tower irradiar-se-ia rapidamente para outros locais, da Rodésia setentrional e meridional ao Catanga etc.[84] Foi introduzida em Niassalândia, em 1906-7, por Joseph Booth de Melbourne, missionário batista que se afastara de sua igreja para fazer-se inspirador dos movimentos separatistas da África Central Britânica. De Niassalândia proveio, em 1915, também John Chilembwe, promotor de novo movimento religioso anticuropeu, a Providence Industrial Mission. Chilembwe, que figurou entre os primeiros sequazes de Booth, foi educado na América em contato com organizações para a defesa e a autonomia dos negros. Múltiplas e complexas foram as relações entre os movimentos de Booth e Chilembwe, de um lado, e as organizações negras americanas, de outro. No quadro destes contatos ocorre o ingresso da organização Watch Tower na África[85], onde depois teve outro notável representante em Elliott Kamwana, um sul-africano tonga que foi des-

(83) EBERHARDT, 1957, pp. 38, 55.
(84) WATSON, 1958, pp. 197-203.
(85) SHEPPERSON, 1954, pp. 234-8.

terrado (1919). Mas logo depois surgiram outras múltiplas igrejas separatistas locais na Niassalândia, as chamadas "Igrejas de Cristo". Chegava-se, em 1915, à sublevação de Shire Highlands, facilmente sufocada com conseqüentes repressões e prisões[86]. Também atualmente, as igrejas separatistas de Niassa, embora tenham cessado a sua ação direta de caráter revolucionário, representam uma válvula vital de segurança[87] para o autonomismo cultural e religioso das populações nativas.

África Ocidental

As seitas dissidentes cristãs pululam em toda a África negra, além de se multiplicarem com crescente rapidez[88]. Por exemplo, em Porto Novo, capital do Daomé, existem várias. Uma destas seitas se denomina "Templo de mercadores de peixe" (Eledja), e tem como símbolo um peixe de cobre, fixo ao púlpito da capela: exemplo de sincretismo simbólico e iconográfico entre um elemento mítico-pagão e o "peixe" cristão. Uma outra seita, "Cristã Celeste", aboliu o uso de qualquer medicamento, seja europeu ou indígena. Baseia-se na cura dos doentes mediante unções de óleo, aspersões de água e cinzas. Os antigos princípios de medicina mágica evidentemente continuam vivos, reelaborados sincretistamente através das experiências bíblicas (unção) e cristãs (batismo). Mas um dos fenômenos mais surpreendentes de sincretismo mítico-cultual encontra-se na chamada "Igreja dos Oráculos", de Porto Novo. Na capela, que imita a das missões, em vez do Crucifixo é pintada uma árvore com nozes. Trata-se das nozes empregadas nos ritos vaticinatórios pagãos. Não faltam desenhos de outros instrumentos próprios dos mesmos ritos vaticinatórios — ripa, corda, cálice — além de figuras de serpentes e pássaros[89], o que denuncia a vitalidade da mitologia pagã, senão de todo o mundo religioso pré-cristão, em evidente contradição com as novas formas cristãs.

Na Nigéria e no Daomé difundiu-se a seita dos "Querubins e Serafins". Ela reuniu, nos últimos quarenta anos, meio milhão de prosélitos oriundos do Cristianismo das missões, do Islamismo e do paganismo. Baseia-se na oração, à qual é dado um valor ritual vivificante e extraordinariamente eficiente, por exemplo, de curar doentes, pro-

(86) SHEPPERSON, 1954, pp. 240-3.
(87) SHEPPERSON, 1954, p. 245.
(88) DOUGALL, 1956, pp. 257-8; BALANDIER, 1953, pp. 41-9; BISSAINTHE, 1958; PARRINDER, 1958, p. 21.
(89) PARRINDER, 1958, pp. 21-2.

porcionar trabalho aos desempregados, dar fecundidade etc.

Originária dos iorubas e daí propagando-se além do limite da tribo, a seita foi fundada por Moisés Orimolade Tunolase, nativo de Ikarre (prov. de Ondo), ex-membro da comunidade anglicana. Ainda jovem, foi acometido de uma doença que lhe tirou o uso das pernas. Por longo tempo quis curar-se sozinho, com o único remédio da oração. Depois de dez anos, readquiriu o uso das articulações. Desde então, começou a peregrinar de região em região, pregando e orando. Chegou ocasionalmente a Lagos, onde realizou reuniões com orações coletivas. A sua pregação não teve grande êxito, até que um fato mudou o destino do profeta e de seu movimento.

Em 1925, uma jovenzinha ioruba, Abiodun Akinsowon, durante uma procissão de Corpus Christi, teve uma visão. Vislumbrou uma Criatura celeste, de maravilhosa beleza, que se colocou a seu lado e acompanhou-a, durante uns três meses, a todo lugar e em qualquer ocasião. Falava-lhe de "anjos, do céu e de outras coisas". Um dia, a jovem caiu doente. Em nova visão, pareceu-lhe que subia ao Céu com aquele Ser. Na inconsciência do sonho ou do delírio, ela solicitou uma visita de Moisés Orimolade, a fim de obter dele a cura. O pregador foi chamado realmente, veio e a jovem se curou.

Desde então Orimolade adquiriu tamanha popularidade, que chegou a constituir entre seus fiéis uma associação religiosa. O nome a dar à seita foi sugerido numa visão, que o próprio fundador obteve depois de três dias de jejum e oração. Com base na visão, chamou-se a seita "dos Serafins". Em seguida (1927), em outra visão que apareceu a algumas mulheres, os anjos revelaram que os Serafins se acompanham dos Querubins. Assim foi sancionado definitivamente o nome da associação[90].

Cabe notar que o crescente desenvolvimento da seita, particularmente em Lagos, coincide com o período em que se congregavam na região, vindos das aldeias do interior, centenas de nativos, investidos das primeiras experiências de uma sociedade destribalizada em seguida à introdução dos sistemas econômicos ocidentais.

A seita organizou-se em torno de seu chefe, chamado *Baba Aladura* ("Pai dos orantes"), que se fez assistir por um grupo de *Aladura* ("orantes", homens e mulheres) e enviou para o interior alguns fiéis ("Apóstolos") a propagar a nova religião.

(90) *Cherubim and Seraphim*, pp. 119-23; PARRINDER, 1953, pp. 119-22, 141-2.

Em 1929, a jovem Abiodun Akinsowon, separando-se da sociedade, fundou um movimento autônomo, se bem que filiado. Com a morte de Orimolade (1932), a seita sofreu um processo ulterior de fragmentação em numerosos ramos locais, cuja unidade desejada nenhuma das sucessivas tentativas pôde restaurar. Todavia, hoje os numerosos ramos da seita ainda se reconhecem como membros de um único corpo, e pertencem no culto, na ideologia e na estrutura à religião fundada por Orimolade.

Quanto à organização e ao núcleo essencial da seita religiosa, as funções litúrgicas se diferenciaram em vários graus, conforme o nível de desenvolvimento iniciático individual a que chegaram os novos associados (Diácono, Evangelista, Profeta, Apóstolo). Cada grau é distinguido mediante um uniforme, que deve ser usado a qualquer hora do dia e serve para indicar a hierarquia. Como já se disse, no centro do rito está a oração. Da oração provém *salvação* para os fiéis, e com a salvação descem os dons carismáticos como as visões, sonhos, profecias. Qualquer fiel pode aspirar a conseguir, mediante oração intensa, os dons carismáticos mencionados. Doutrinalmente, os sequazes aceitam a Trindade. Praticam o batismo por imersão (cf. Sionismo etc.), a comunhão, a confissão pública dos pecados. É vedado o uso de imagens sacras. Executam cantos em língua ioruba (há um livro de cantos sagrados também traduzido para o inglês). Anualmente realizam peregrinações ao monte sagrado Olorunkole, onde em 1918 um sujeito recebeu de um anjo o aviso profético de uma iminente desgraça, confirmada depois com uma epidemia de gripe que ceifou os indígenas da África Ocidental.

As funções religiosas, entre cantos e danças, duram noites inteiras, são rumorosas e têm um evidente caráter orgíaco de nítido cunho pagão. No curso de tais funções se verificam freqüentes fenômenos de "possessão": os fiéis (mulheres, em particular) entram em transe entre convulsões, ao som rítmico dos tambores[91]. A reinterpretação pagã do Cristianismo é evidente a partir destes últimos elementos, quando não da ideologia mágico-médica que preside o culto do profeta (que é sobretudo um "curador"), o próprio batismo (por imersão) e a confissão (pública).

A história religiosa recente da Nigéria é rica de formações nativistas e de igrejas dissidentes. Entre os anang, gente de fala ibibio da Nigéria Sul-Oriental (prov. de Calabar), difunde-se em 1930 o movimento dos "Espiritualistas", oriundo da região costeira da Guiné. Na base figura a crença num Espírito Santo, cujo nome deriva da

---

(91) *Cherubim and Seraphim*, pp. 123-34.

doutrina cristã, mas que conserva as mais claras conotações das crenças tradicionais indígenas. O Espírito Santo (Edisana Odudu) é reinterpretado em função mágica: é um espírito coadjutor de Deus, extraordinariamente poderoso e capaz de curar toda sorte de doenças ou ferimentos, de garantir longevidade e riqueza, de repelir forças adversas etc. O Deus judaico-cristão é identificado com Ata Abassi, o Ser supremo da tradição religiosa pagã. O altar é considerado sede do Espírito Santo, a quem se endereçam orações e se destinam sacrifícios animais. Os profetas desta religião, quando não os simples prosélitos, são sujeitos a crises violentas de "possessão" no curso das funções religiosas. Entram em convulsões, rolam na terra, profetizam, correndo loucamente pelas ruas da aldeia, falam línguas incompreensíveis dizendo-se inspirados pelo Espírito Santo: sobem nas casas e nas árvores. Tais manifestações — de que o movimento tira o nome — se assemelham em tudo às dos Kimbangistas (o próprio Kimbangu era sujeito a crises do gênero), dos Sionistas e das formações nativistas na sua maioria. Os "possuídos" estariam em condições de curar doentes, de prever o futuro. Quanto ao credo dos Espiritualistas, Jesus tem pequena importância frente ao Deus-criador (Ata Abassi), moldado sobre a correspondente figura mítica pagã. Continuam em pleno vigor crenças relativas a espíritos, a mortos que retornam, a reencarnações. Conservam-se práticas como a poliginia, o infanticídio dos gêmeos, os sacrifícios animais. Trata-se pois de um movimento sincretista, com evidente reinterpretação pagã do Cristianismo[92].

Os Espiritualistas esperaram em vão que a nova religião lhes trouxesse uma vida melhor. Em 1936 e 1937 sucederam invasões de gafanhotos que comprometeram a colheita; muitos personagens eminentes morreram: tais desastres levaram à convicção de que Abassi, o Ser supremo, queria puni-los por haverem renegado a tradição avoenga. Por isso, o novo culto logo se extinguiu, dando lugar a uma volta total à tradição pagã, mas isso apenas provisoriamente. De fato, muito depressa, especialmente por obra das novas gerações jovens, a tradição pagã era por sua vez plenamente renegada. As últimas gerações, com efeito, voltaram com novo afã ao Cristianismo; e isso era fruto da educação recebida nas missões, mas também por uma espécie de incondicionada e cega propensão para a civilização ocidental, entendida como única e suprema forma de cultura. Ao mesmo tempo, firmou-se uma atitude denegridora nos confrontos com a tradição cultural nativa. O fenômeno é particularmente importante e significativo. Nele se pode vis-

(92) MESSENGER, 1959, pp. 279-99.

lumbrar um aspecto da reação local ao choque intercultural com uma civilização mais avançada. A aceitação fanática da cultura ocidental e a cega repulsa da cultura nativa, decididamente, contrastam com toda manifestação de nativismo, visto até aqui como forma proeminente de reação ao choque com os brancos. Não obstante, examinando bem o fenômeno com os seus corolários históricos, a aceitação incondicionada da cultura ocidental cristã, com autodestruição da tradição cultural nativa, denotam e preparam uma crise entre as mais graves e comprometedoras. Com efeito, junto aos anang, assiste-se à derrocada da moral tradicional, enquanto que nenhum elemento da moral cristã na realidade substitui os valores perdidos. Ligados à atitude de aquiescência ocidentalista, surgem fenômenos de preocupante corrupção dos costumes, surge um forte incremento do ceticismo moral e da delinqüência[93]. Tudo isso dá claramente a medida da crise sobrevinda numa sociedade em que, juntamente com a tradição, é totalmente assolado um sistema de valores que tinha nela o seu fulcro. E tal assolamento não podia encontrar compensação nos valores novos de que se fazia paladino uma cultura heterogênea como a cristã ocidental, de nenhum modo integrada na sociedade nativa. Isso demonstra claramente, de modo diverso mas paralelo aos fenômenos de nativismo propriamente ditos, uma lei inderrogável da história dos povos e das civilizações. Os valores que figuram no fundamento da vida individual e social de cada cultura não se prestam a imposições artificiais, nem podem ser erradicados mecanicamente do fundo tradicional que forma a história da sociedade, sem gerar crises das mais graves e caóticas: sem que a própria sociedade não caia presa da desordem. Os valores devem ser necessariamente criados a partir do interior, com base nas experiências e exigências espontâneas da sociedade portadora, sobre o fundo da sua história cultural que não mais poderá ser renegada.

Entre as igrejas dissidentes que florescem hoje na Nigéria, Parrinder distingue três ordens ou gêneros: as igrejas "ortodoxas", ou seja, doutrinalmente ligadas ao Cristianismo, as igrejas fundadas sobre a cura mediante a oração (*prayer-healing*), e finalmente as igrejas "sincretistas"[94]. A distinção tem um caráter indubitavelmente abstrato e artificioso, se se considera que, de um lado, o sincretismo atinge todas as igrejas separatistas indistintamente, embora em formas diversas; e, de outro lado, todo movimento nativista dá grande lugar a ritos de cura, sejam eles um banho (ba-

(93) MESSENGER, *ibidem*.
(94) PARRINDER, 1953, p. 109.

tismo por imersão), ou a ingestão de mezinhas mágicas ou água benta, ou invocações com imposição das mãos.

Para não dar uma lista inútil das múltiplas formações eclesiásticas a que se refere o mencionado autor, limitamo-nos a alguns exemplos significativos. A United Methodist Church foi fundada em 1917 em Lagos, como reação a uma campanha contra a poliginia lançada na cidade pela igreja metodista. Na realidade, um dos fatores de choque entre igrejas missionárias e indigenistas é a questão da poliginia, proibida pelas missões, geralmente aceita pelos dissidentes como elemento integrante da tradição nativa[95].

Típica organização baseada na cura de doenças por virtude de oração é a dos Querubins e Serafins, a que já nos referimos. De resto, de tempos em tempos surge um profeta local, como aconteceu em Ibadan (1951) com o caso do profeta Zaqueu. Este, em seguida a uma visão, se dizia possuído do poder curador sobrenatural. O rito de cura consiste de danças desenfreadas, acompanhadas por música rítmica e cantos, sucessiva imposição das mãos e invocação do Espírito Santo[96].

Entre os movimentos de programa sincretista é significativo o Orunmlaísmo, fundado em Lagos em 1943 pelo jornalista-profeta A.F. Beyioku. Ele se caracteriza pela fusão de traços cristãos com o culto oracular ioruba do deus Ifano templo-oráculo denominado Orunmla[97]. Polemizando com as igrejas separatistas — de uma das quais provinha Beyioku, da qual foi expulso — pela sua aquiescência demasiado servil ao Cristianismo, o fundador do Orunmlaísmo afirma a necessidade de diferenciar-se nitidamente do Cristianismo europeu, e de revalorizar, no novo culto, a tradição religiosa ioruba mais antiga.

"Não creio na emancipação política — declara categoricamente o profeta — sem uma emancipação espiritual." Todavia, aceita e mantém a fé em Jesus Cristo: só que transforma Jesus numa divindade africana, num "Sacerdote" de Ifa. "Fazei a efígie de Deus à imagem de Africano; pintai os anjos como africanos; quanto ao Diabo, pintai-o de qualquer cor menos com a tinta dos negros. Tende fé no culto Orunmla, e assim sereis salvos, vós e vossa família."

É uma reinterpretação nativista do Cristianismo e, embora no quadro de uma renovação do culto tradicional, o seu sentido polêmico e autonomista não poderia ser mais claro. A Bíblia é aceita, com a idéia de que ela seja um

(95) *Op cit.*, pp. 113-4; PARRINDER, 1958, p. 21; HODGKIN, 1956, pp. 102-3.
(96) PARRINDER, 1953, p. 115.
(97) Para o culto oracular e as práticas mânticas em uso no complexo religioso pagão do deus Ifa, cf. PARRINDER, 1956, pp. 31-6.

livro africano, escrito por africanos. Dela se apreciavam sobretudo aspectos peregrinos e claramente antimonoteístas, quais sejam a crença em magos, as práticas mágicas e divinatórias (Cristo — dizia-se — praticou a geomancia, escrevendo com o dedo na terra e adivinhando o futuro).

Do centro de Lagos o movimento nativista ioruba se difundiu para outros lugares. Em Ibadan, em 1946, surge a "Igreja da Comunidade Sacra Etiópica", cujo fundador, ex-mestre da escola anglicana que se converteu ao Islamismo e depois ao nativismo com o nome de "Grande Profeta-Chefe Espiritual, Primaz Africano", proclama o advento do Reino de um Deus da África, portador de "Verdade, Justiça, Amor": o Deus do Antigo Testamento, que se revelou também, como Deus do Trovão (Shango), na religião ioruba[98].

Cabe notar que a denominação da "Igreja da Comunidade Sacra Etiópica" exprime no próprio nome um programa pan-africanista, atribuindo ao termo "Etiópia" o mesmo valor bíblico de "África Negra", já assumido também pelas igrejas "etiopistas" sul-africanas. Tal referência a uma união pan-negra e antieuropéia é expressa também em outras comunidades religiosas nativistas da Nigéria, reportando-se todas à idéia de um "Deus da África negra"[99].

Não faltam, na Nigéria, como aliás na África — dadas a importância e a difusão que aí tomou o Islamismo — formações proféticas novas de origem muçulmana. Ligam-se geralmente ao maior filão do profetismo islâmico africano, constituído pelo Mahdismo, não sem interferências e influências, também recentes, de origem asiática. Uma seita islâmica que avulta particularmente é a dos Ahmadiyya, introduzida em 1923 da Índia em Lagos e em Ibadan por meio de um dos Imames. Com efeito, a seita Ahmadiyya fora fundada na Índia, perto de Amritsar, por Ghulam Ahmad (1836-1908), um muçulmano que, em 1891, anunciou uma reforma do credo corânico. Segundo Ahmad, Cristo morreu e não ressuscitou. Portanto, é inútil a espera do segundo advento de Jesus. O advento é bem real, mas no sentido de que o espírito de Jesus se encarna em novo profeta. Ahmad é o profeta esperado. Os Ahmadiyya, seus sequazes, viram nele, pois, o Messias ou Mahdi. Eles, de fato, sustentam que a revelação de Deus é contínua, já se tendo realizado também em Zoroastro, Buda, Críxena, Rama Chandra. Quanto a Jesus, sua morte segundo os Ahmadiyya não teria ocorrido na cruz, onde ao invés teria sido socorrido por Deus. Sepultado como morto,

(98) PARRINDER, 1953, pp. 126-8, 17-21. A religião dos Iorubas é tipicamente politeísta.
(99) PARRINDER, 1953, pp. 128-30.

Jesus teria saído da tumba e, tomando o caminho do oriente, ter-se-ia dirigido a Caxemira, isto é, lá onde se encontra hoje um grupo de fiéis cristãos. Enfim teria morrido em Sringagar, e seu corpo repousaria numa tumba que lá ainda se vê[100].

O movimento Ahmadiyya prossegue sua ação missionária da Índia à Nigéria, este último país se propõe o intento de reformar o Islamismo dos negros. O movimento Ahmadiyya da Nigéria proclama, contra o Islamismo ortodoxo, a necessidade de dar às mulheres um lugar mais amplo no culto e defende a monogamia[101]. O movimento não apresenta caracteres explicitamente sociais ou políticos; mas insere-se no quadro de um mundo cultural oprimido e em crise, cujas necessidades religiosas se fazem sentir mais imperiosas do que nunca, um mundo que aspira a uma renovação total da cultura através da tentativa de realizar reformas religiosas: pois toda reforma religiosa não quer ser, em definitivo, outra coisa senão um aprofundamento e atualização da experiência religiosa, tendo em vista as exigências novas nascidas de transformações culturais.

A África Ocidental é rica em formações separatistas, mesmo fora da Nigéria. Em Serra Leoa, a "Igreja do Senhor" remonta a 1930 e se difundiu também na Libéria e na Costa do Ouro. Pretende ser, segundo os nativos, uma igreja "realmente africana", que enviará seus missionários à Europa! O chefe ou os fiéis, no curso das funções, entram várias vezes em convulsões epileptóides e têm visões que são interpretadas pelo "profeta" ou chefe da igreja. Este, em transe, tem o poder de obter em revelação palavras secretas (*seal-words*) que lhe conferem dotes mágicos especiais. O Espírito Santo tem, segundo os fiéis, o poder de livrá-los das doenças e dos efeitos da feitiçaria[102].

No Camerum Francês floresceu, por volta de 1922-23, um dos movimentos religiosos mais dedicidamente revolucionários, a United Native Church, promovida por Lotin Samé. Toda a cidade de Duala entrou então em fermentação: os habitantes negros desfilaram pelas ruas da cidade cantando hinos contra os europeus[103].

Na Libéria e na Costa do Marfim ressurge, na década de 50, depois de um período da acalmia, o movimento do profeta William Wade Harris, que remonta originariamente a 1910. Nascido por volta de 1850 em Garaway na Libéria, Harris fora educado na missão wesleyana local, onde aprendera a conhecer a Bíblia. Em 1914, teve uma revelação do arcanjo Gabriel, que o "chamava" à missão pro-

(100) PARRINDER, 1953, pp. 79-80.
(101) PARRINDER, 1953, pp. 77-8.
(102) BANTON, 1956.
(103) HODGKIN, 1956, p. 104.

fética e de pregação. Percorreu então toda a África Ocidental Francesa e a Costa do Ouro (Gana). Proclamou uma luta inflexível contra o fetichismo e a feitiçaria. Moralmente fez suas algumas das normas cristãs, condenando o furto, a mentira, o alcoolismo, o adultério. Ameaçava com o inferno os pecadores, prometia aos justos o paraíso. Admitia a poligamia, pedia tolerância para com as autoridades administrativas, simpatia pelas igrejas cristãs. Não obstante, apesar da atitude pacífica do profeta, as autoridades francesas viram nele um perigo, sobretudo pela sua crescente influência, e obrigaram-no a voltar à Libéria.

Particularmente o antifetichismo e a antifeitiçaria de Harris, ligando o seu movimento ao Kimbangismo e ao Kakismo do Congo, convertem-no numa religião de salvação na mesma medida daquelas. Aliás, o rito central da sua religião, o batismo — no qual o profeta asperge com água o neófito, impondo-lhe as mãos sobre a cabeça — é um rito de salvação, com o qual o neófito é admitido à seita. O movimento harrista durou até 1927, quando parecia estar a ponto de desaparecer completamente. Depois da última guerra, porém, teve um surpreendente despetar: as capelas se reabriram ao culto, foram construídas outras. O Neo-Harrismo desperta interesse, sobretudo, na baixa Costa do Marfim. Múltiplos e vários são os cultos locais de herança harrista. Todos pretendem realizar a cura dos fiéis de toda sorte de males; são, enfim, cultos de cura e, em sentido lato, de salvação. Ritualmente compreendem o batismo como "rito de admissão", a confissão pública dos pecados, cerimônias fúnebres[104]. A fusão entre religião pagã e cristã é bem visível nestes cultos, como nos outros examinados até aqui, e é fácil discernir como o ritual e a ideologia cristã são interpretados em sentido decididamente mágico-pagão. É significativo que do cabedal cultural cristão o elemento mais aceito freqüentemente e integrado no mundo nativo seja o batismo, e em geral o emprego no sentido purificatório e apotropaico (de qualquer modo segundo uma ideologia que nada tem de "espiritualista") de bebidas mágicas, de água benta, de líquidos lustrais quando não a confissão pública. Se o caráter mágico-médico do ritual harrista era evidente já na religião originária de Harris, mais ele emerge nos cultos mais recentes. Entre os profetas-fundadores dignos de menção estão Aké (nos arredores de Petit Bassam), a profetisa Lalú (arredores de Deima), Boto Adai (arr. de Divo e Lakota) e John Avit.

(104) No que diz respeito a Wade Harris, cf. J.J. COOKSEY, A. McLEISH, *An African Prophet: the Ivory Coast Movement, William Wade Harris*, Londres, 1934; HOLAS, 1954a, pp. 56-7; K. SCHLOSSER, 1949, pp. 241-66; BALANDIER, 1955, p. 418. Para o neo-Harrismo, v. HOLAS, 1954a, pp. 55, 57-60; HOLAS, 1954b, pp. 217-21.

Adai adquiriu grande fama como curador-exorcista. Ele exige a confissão pública dos pecados e emprega água benta com objetivo terapêutico. Inúmeros doentes procuram viajando a pé ou de piroga, e se entretêm com ele (em francês o chamam "Papa Dai") para contar os pecados e levar consigo uma reserva de água milagrosa para uso curativo[105]. Também a profetisa Marie Dahonon, chamada Lalú, que em 1942 fundou o culto de Deima (morreu em 1951) se firmara e se impusera como poderosa curandeira. Em suas práticas purificatórias e médicas empregava um líquido especial, que lhe fora sugerido em visão por um ser teriomorfo que lhe apareceu justamente durante a primeira e determinante experiência estática que a levou a agir como inspirada. De fato, no curso de um transe religioso, ela se dirigiu à floresta e ali lhe apareceu em visão, como se saísse de um lençol d'água, um réptil imenso (Gbobo-Mele), com pernas de crocodilo e chifres de búfalo, que lhe ensinou a preparar, com a água daquela lagoa e as cinzas de certas raízes queimadas, um líquido de poder extraordinariamente apotropaico. A profetisa enchia com ele um recipiente, que colocava no templo do seu culto. Ali toda noite, segundo o dizer da própria Lalú, a mítica serpente Gbobo-Mele vinha banhar-se naqueles recipientes, transmitindo seu fluido benéfico ao líquido, com que na manhã seguinte a profetisa aspergia os bancos do templo e colocava em inúmeras garrafas para distribuir aos fiéis. O seu poder seria muito mais profilático que curativo, ao contrário do líquido mágico de Boto Adai[106]. Trata-se em todo caso de cultos salvíficos[107] baseados em técnicas mágicas apotropaicas.

Outros movimentos africanos

Não é o caso aqui de refazer a história e a estatística de todos os cultos nativistas africanos. Bastam os exemplos mais significativos do Congo Belga, da África Ocidental Francesa, da União Sul-Africana, da África Ocidental Britânica. Quanto à África Central Britânica, além de tudo quanto se disse sobre as duas Rodésias e sobre a Niassalân-

(105) HOLAS, 1954a, p. 55.
(106) HOLAS, 1954a, pp. 58-9.
(107) Cabe notar que a definição de "cultos salvíficos" foi dada conscientemente e muito apropriadamente, há pouco, a todos os chamados cultos nativistas, indianistas, revivalistas etc., pela escola etnológica de *Anthropos*. Veja, a respeito, G. GUARIGLIA, 1958, pp. 180-1; IDEM, 1959. Guariglia adota uma expressão complexa, "movimentos de espera de salvação", que corresponde ao nosso conceito.

dia, lembraremos que, entre os kikuyu do Quênia, intensos movimentos proféticos precederam e alimentaram o movimento dos mau-mau[108], por sua vez prenhe de valor religioso[109]; e de resto surgiram ativas igrejas de derivação etiopista e Kitawala[110]. Em Angola, o movimento Kiyoka remonta a 1872[111]. Entre os fang do Gabão, o movimento Bwiti se desenvolveu em 1920[112]. Em Tanganhica (por exemplo, entre os niakiusa, nos confins de Niassa), florescem igrejas separatistas fundadas algumas décadas antes. A African National Church teve início em Niassa em 1927, por intermédio de Gordon Nsumba (que tivera contatos com as igrejas sul-africanas). Mas o organizador e chefe foi Paddy Nyasaru, ex-catequista da igreja missionária da Escócia. Diferente desta é a chamada "Última Igreja de Deus e de seu Cristo", chefiada por Silwani Ngemela, também ele antigo mestre da igreja missionária escocesa, educado durante certo tempo nos ditames da Watch Tower, mais tarde (1925) separado dela[113]. Estas igrejas são ainda hoje expressão do conflito euro-africano e da exigência nativa de independência, embora numa organização religiosa que os próprios nativos pretendem ser cristã. É digno de nota o que os fiéis dizem de seu chefe Ngemela: "Ele — assim se exprimem textualmente — é o nosso europeu". E todavia dentro das formas cristãs se conservam múltiplas e significativas atitudes "pagãs", que vão da aberta aceitação da poligamia a certas crenças mágicas, das grandes festas fúnebres às festas mais comuns que se sucedem ao serviço religioso — ricas até hoje de manifestações orgiásticas de cunho nitidamente pagão — senão à arcaica religião dos mortos com seus aspectos aterrorizantes e apotropaicos etc. Não é sem razão que os missionários e os autênticos "cristãos" adotam, frente a tais manifestações, a política da não-participação. Destes ritos coletivos, eles se esquivam sistematicamente[114]. Deste modo, sanciona-se a discriminação entre religião negra e religião européia; discriminação

(108) KENYATTA, 1954, pp. 281-6.
(109) LEAKEY, 1952, pp. 44-6; 95-104; CAVICCHI, 1952.
(110) KENYATTA, 1953, pp. 277-80; LEAKEY, 1952, pp. 90-1.
(111) BALANDIER, 1955, p. 418.
(112) BALANDIER, 1955, pp. 419 e ss. O culto Bwiti se difundiu amplamente na zona costeira dos Ogooué, e na Guiné Espanhola. É um culto iniciático esotérico, fundado no sincretismo pagano-cristão, com rica mitologia das origens influenciada pelo Cristianismo, com uma figura de Ser supremo (*Mwanga*), com objetos sagrados ou emblemas como a cruz cristã e a harpa (*ngoma*) tradicional. Emprega-se nas cerimônias iniciáticas a planta sagrada *iboga* (*Tabernanthe iboga*) cuja ingestão produz efeitos alucinatórios e letárgicos (contém alcalóides). As cerimônias consistem de danças, cantos, recitações de mitos, segundo o ritual tradicional, por outro lado não sem elementos cristãos, como o culto de Deus e de Jesus (VILALDACH, 1958).
(113) WILSON, 1959, pp. 171-2, 190-7.
(114) WILSON, 1959, pp. 196-202, 174-90.

conscientemente reconhecida até no ato de constituição da Igreja Nacional Africana. De fato, as primeiras palavras do "credo" contido naquele ato soam precisamente assim: "Cremos que a religião seja uma componente essencial do desenvolvimento do homem, cremos que o homem deva viver segundo sua religião, não reduzir-se a ser, *de nome*, membro de uma Igreja cujas normas ele não está em condições de seguir". Porém, mais explicitamente, assim continua a profissão de fé nativista: "Cremos que a tarefa da Igreja Cristã na África deveria ser partilhar o ensino e a educação cristã conforme os modos e os costumes do povo, e não impor, aos africanos, métodos desnecessários e inaceitáveis, próprios dos países europeus, por exemplo, a monogamia etc.: coisas todas que não têm qualquer confirmação na Bíblia"[115].

Para concluir esta relação sintética dos movimentos proféticos africanos, não se pode deixar de mencionar o movimento mahdista paralelo, de inspiração profética e messiânica, próprio da tradição islâmica. Segundo a expectativa mahdista, o dia do juízo será anunciado por um período de confusão e opressão que terá fim com o advento de um Mahdi (= "bem guiado"). O Reino quiliástico do Mahdi seria sucessivamente destruído pelo Dajjal (Anticristo), mas o profeta retornaria, mataria o Dajjal e realizaria a justiça na terra, segundo a lei do Islã. A crença do Mahdi salvador do mundo, instaurador da justiça, tinha raízes antiqüíssimas no interior do Islã, onde — seja na *Shi'ah* em que surgiu e se desenvolveu, seja depois fora dela — determinou um pulular, em todo o tempo, de dissensões e cismas nos quais os fatores políticos e personalistas se misturaram com elementos puramente religiosos. Aliás, embora no seio da *Shi'ah* alguns (Zaiditos) afirmem que o Mahdi não deve ser uma pessoa determinada, mas sim um ser superior que virá no fim dos tempos; outros ao contrário reconhecem o Mahdi num dos Imames, que depois da sua ausência e desaparecimento deve voltar para salvar o mundo[116].

A crença no Mahdi agitou várias vezes o mundo muçulmano. Já no mais conhecido dos movimentos mahdistas, aquele surgido em 1885 no Sudão por meio de Muhámmad Áhmad, estavam significativamente entrelaçados valores religiosos e políticos: o Mahdi queria com a guerra santa, libertar dos estrangeiros o país: com seus adeptos ele ocupou Khartum, donde os anglo-egípcios foram obrigados a retirar-se. Na África muçulmana ao sul do Saara, inúmeros

(115) WILSON, 1959, p. 191.
(116) SCHLOSSER, 1948, pp. 98-9; HODGKIN, 1956, p. 112.

foram os Mahdi que surgiram no curso do período colonial[117].

No Camerum Setentrional, surgiu mais tarde uma variante do Mahdismo, segundo a qual o Mahdi já veio e desapareceu: a época atual seria a dominada pelo Anticristo Dajjal. Enfim, justamente nestes tempos se estaria desenhando o perfil do fim do mundo, que deveria ocorrer por volta de 1 400 anos após a morte do profeta. Assim, a época do Anticristo identifica-se, não sem motivos históricos justificados, com a época das duas guerras mundiais e da mais violenta segregação racial[118]. Em tal sentido, o Mahdismo, com a sua tradição messiânica e milenarista, se insere, por sua vez no complexo dos modernos movimentos nativistas e de salvação, naquelas partes da África Negra onde a religião muçulmana conseguiu prosélitos afirmando-se ao lado e contra as religiões cristãs. Aliás, a difusão do Islamismo na África negra constitui um dos fenômenos culturais mais significativos deste continente: fenômeno historicamente determinado com base numa complexidade de fatores. Com efeito, a propagação do Islamismo não se realizou tanto a expensas das religiões nativas e pagãs, quanto a expensas do Cristianismo trazido pelos europeus. Entre as principais razões que determinam o êxito do Islamismo sobre o Cristianismo estão a flexibilidade do Islã em confronto com a rigidez do Cristianismo; o caráter simples e elementar da doutrina maometana, em contraste com a complexidade da cristã; finalmente, os fatores imponderáveis dados pela ocupação territorial, com relativo choque político-militar além do choque cultural, social, ideológico entre nativos e europeus[119].

Síntese

De várias formas, através das igrejas etiopistas, sionistas, kitawala, gunzi-kakistas etc., o irredentismo messiânico africano — assim como de tantas outras populações atrasadas — cresceu e alimentou-se no terreno fecundo da desagregação social, da assimilação forçada e desculturação, do autocentrismo político e cultural, da segregação racial perseguido pelos organismos administrativos e reli-

---

(117) SCHLOSSER, 1948, pp. 105-228; LE GRIP, 1952; M. GUIDI. *Storia della religione dell'Islam.* In: TACCHI-VENTURI. *Storia delle Religioni.* Turim, 1939, vol. II, pp. 335-8, 360-1; M. BANTON, *West African City: a Study in Tribal Life in Freetown.* Londres, 1957, pp. 136-7; CARDAIRE, 1954.
(118) HODGKIN, 1956, pp. 112-3.
(119) E.P. SKINNER. Christianity and Islam among the Mossi. *Am. Anthr., 60.6* (1958), pp. 1102-19 (sobretudo a Conclusão, pp. 1117-8).

giosos[120]. O irredentismo messiânico estruturou-se em outras tantas formações que herdam da tradição originária o caráter de religiões firmemente ligadas às necessidades culturais mais imediatas. Trata-se de religiões que exprimem e ao mesmo tempo pretendem superar uma grave crise existencial que ameaça a integridade histórica dos respectivos grupos. Da Bíblia os vários movimentos assumiram aquela linguagem e aqueles conteúdos milenaristas e messiânicos que melhor se prestam para valorizar a sua ânsia religiosa de liberdade e de salvação, transfigurando o bíblico Reino espiritual de Deus num mito de bem-estar concreto, de segurança, de reintegração social, política e cultural.

Como se viu, a história dos movimentos proféticos africanos, através de um processo laborioso e variado, parte das primeiras insuficientemente organizadas reinterpretações de traços cristãos em função pagã; atravessa fases apostólicas nas quais grupos inteiros exaltados pela ânsia religiosa de renovação seguem os profetas-guia, aqui e ali levados a ações concretas, empenhados política e militarmente; culmina enfim do florescimento de infinitas igrejas nativas cristãs, também elas isentas de significado social e político. Estas últimas representam historicamente o extremo desenvolvimento de movimentos em que as relações entre cultura cristã e pagã, obstinadas desde o princípio em posições de intransigência recíproca, encontram um certo equilíbrio religioso. Todavia, ressalta que a própria instituição de "igrejas" está longe de exprimir uma simples "imitação" passiva e receptiva das correspondentes instituições cristãs: ao contrário, na sua marca explicitamente emancipacionista responde à necessidade — ativa e polêmica — de contrapor formações também sólidas e eficazes aos organismos missionários, a fim de salvar a cultura religiosa nativa das tentativas sistemáticas de desculturação que tais organismos realizam. Neste sentido, parecem unilaterais e nitidamente anti-históricas as várias e heterogêneas interpretações do fenômeno das igrejas nativas, dadas através dos missionários. Com efeito, até seu nascimento elas são consideradas "heresias"[121], "seitas dissidentes"[122] documento e ao mesmo denúncia da falha ação missionária[123]. Mas recentemente está-se evidenciando uma interpretação clamorosamente contrastante e aquiescente, segundo a qual, de acordo com os princípios de um transformismo religioso já experimentado, de resto, em relação ao folclore "pagão" das nossas plebes

(120) COLEMAN, 1955; ROSS, 1955; KUPER, 1946; CARTER, 1955.
(121) BALANDIER, 1957, p. 226.
(122) BARTOLUCCI, 1958; PARRINDER, 1953, pp. 130-2.
(123) DOUGALL, 1956; ANDERSSON, 1958, pp. 264-8; PARSONS, 1953; ROSS, 1955.

rústicas[124], as igrejas nativas representariam não mais o documento de uma fracassada ação missionária, mas sim, ao contrário, o efeito positivo da pregação cristã; prova da universalidade da Igreja — embora na variedade, — da sua unidade na multiplicidade[125]. Enquanto a mudança das posições eclesiásticas se justifica com base no reconhecimento implícito e cada vez mais necessário de um núcleo *irredutível* implantado nas formações religiosas nativas, é bom sair das avaliações unilaterais e "de parte", para reportar a um processo dialético-histórico visto na sua complexa multivalência.

Na realidade, as igrejas nativistas africanas devem ser entendidas no seu significado ambivalente, em relação à dialética das relações entre cultura nativa e branca. Deve-se partir da experiência direta que colocou os nativos frente às missões como que diante de outras manifestações concretas do poder hegemônico — ao lado da autoridade política, administrativa, militar — das nações européias. As igrejas nativas representam o limite extremo inserido em toda tentativa de "conversão", da parte eclesiástica, de populações de estrutura social-econômica atrasada, sujeitas à hegemonia colonialista. De outro lado, as igrejas nativas representam, depois de períodos de acrimonioso contraste, uma fase de reequilíbrio entre Cristianismo e religião nativa, na qual, por outro lado, esta última reinterpreta o complexo cristão em funções de exigências próprias de redenção cultural e política. Os novos valores religiosos pouco a pouco trazidos pelo Cristianismo encontram o seu limite preciso naquela nova e desenvolvida consciência étnico-cultural que é fruto do próprio choque entre as duas culturas e que se concretiza na ideologia pan-africana cada vez mais difundida.

A dinâmica cultural e religiosa das gentes africanas procede, pois, de uma oposição polêmica à cultura hegemônica. Daí se criam os pressupostos para uma gradual transformação da tradição nativa. Mas o processo de transformação, escolha, incremento é determinado pelas forças internas da tradição, em oposição às várias coerções externas: respondendo e superando a grande crise histórica determinada pelo choque.

Vimos que as mais numerosas formações nativistas africanas aliam à tendência xenófoba hostil aos brancos a defesa contra a feitiçaria, ou magia negra. Não se acredita que as duas manifestações sejam absolutmente independen-

---

(124) Cf. o meu ensaio "La politica culturale della Chiesa nelle campagne: la festa di S. Giovanni", in *Società*, *1* (1955).
(125) BISSAINTHE, 1957, pp. 134-5. Vide também as contribuições em *Des Prêtres Noires s'interrogent*, Paris, 1957.

tes entre si. O advento dos brancos trazia para a África, e assim também para qualquer outro território ocupado, um incremento de doenças sociais e epidêmicas, o alcoolismo, além de conseqüências desastrosas como o crescente desejo de ganhos fáceis, a corrupção moral com o aumento dos furtos e da prostituição, a destribalização etc.: desgraças que, dada a sua natureza particularmente misteriosa e incontrolável, junto à maioria das culturas atrasadas são atribuídas, tradicionalmente, aos malefícios operados pelos feiticeiros: desgraças que se opõem de qualquer maneira, único remédio eficaz, mezinhas tradicionais dotadas de particular poder mágico. Assim na África, com o incremento dos males induzidos de várias maneiras pelos brancos, se intensifica a luta contra a feitiçaria em primeiro lugar com fetiches, ao fim através de profetas taumaturgos que envolvem na sua hostilidade o próprio fetichismo. Tais condições foram comprovadas em particular na Costa do Ouro[126]. Ora, a vaga contra a feitiçaria se ergue independentemente também nos outros territórios, coincidindo com as relações intensificadas entre nativos e brancos.

Na África do Sul, particularmente entre os zulus, observações análogas são feitas por Sundkler. Aí as transformações e as agitações sociais dos tempos modernos — seja nas reservas, nas feitorias ou nas cidades — por intermédio dos brancos, produziram uma condição de insegurança e uma crescente necessidade de enfrentar os vários perigos, das doenças à morte. Em tais circunstâncias, os profetas sionistas constituíram um movimento contra a feitiçaria, auxiliando os pagãos "caçadores de feiticeiros"[127].

Quanto à Rodésia, o caso documentado por Audrey Richards ainda é mais eloqüente. Trata-se dos bembas (Rodésia Setentrional). Nesse país, a subversão da ordem social, o destronamento dos chefes (antigos protetores, juízes, punidores contra a magia negra), as rivalidades intertribais nas zonas (especialmente mineiras) de forte miscigenação étnica, o relaxamento do costume moral induzido pelo dinheiro, a desencorajadora experiência de que quem possui dinheiro pode comprar benefícios (também mágicos e protetores): todos os fatores acima reforçaram extraordinariamente a confiança na magia negra, e a atividade dos "caçadores de feiticeiros" (*witchfinders*) com os Bamuchefes dos bembas. A pesquisa de Miss Richards leva a concluir que os feiticeiros existem muito mais no medo e na opinião aterrorizada dos nativos do que na realidade. Além disso, existem magos operadores de magia protetora, a quem facilmente se atribuem, na atmosfera de ansiedade

(126) FIELD, 1948, pp. 175-79.
(127) SUNDKLER, p. 255.

e de terror induzida pela situação presente, malefícios de todo o tipo[128].

A luta contra a feitiçaria portanto se coloca, juntamente com a luta contra os brancos, numa situação colonial assim caracterizada.

Não será surpresa agora se em qualquer outro ambiente cultural, entre os índios das pradarias norte-americanas, quando a supremacia dos brancos levou os grupos nativos à segregação nas reservas e a todo tipo de dano físico e moral (tuberculose, alcoolismo, frustração etc.), o culto do peiote, já existente com objetivos de terapia individual, desenvolveu-se num culto coletivista de emancipação e salvação, muito mais do que de saúde. Nasceu uma religião complexa, capaz de resgatar os indígenas das frustrações sofridas, de curá-los do alcoolismo e dos males físicos, de realizar ao mesmo tempo uma emancipação religiosa em relação à supremacia cultural dos brancos: nasceu enfim o Peiotismo.

Foi fundado pelo profeta John Wilson, por volta de 1890, nas reservas de Oklahoma. Teve rápido sucesso e divulgou-se entre a maioria das reservas, onde ainda hoje está em vigor, propagado por uma série de profetas como John Rave, Elk Hair, Albert Hensley etc. O Peiotismo pretende ser uma religião destinada exclusivamente aos índios, explicitamente contraposta ao Cristianismo dos brancos, da qual todavia absorve confusamente certos elementos teológicos e mitológicos.

Desta religião profética americana, e de outras colaterais e historicamente juntas, anteriores ou vizinhas a ela, é conveniente tratar de modo específico. Todavia, antes de passar a estas formações, vale a pena concluir sobre os movimentos nativistas africanos. Neles podemos distinguir, com base no que foi exposto, vários temas ou complexos religiosos:

1) *o complexo religioso tradicional pagão*, no qual domina a figura mítica do *Ser supremo celeste*, que serve de substrato e veículo ao Deus do monoteísmo judaico-cristão. Em tal complexo entram o tema dos mortos que retornam e o culto fúnebre das tumbas em geral, que desempenham um papel importante dentro do sincretismo mítico-ritual de nova formação. No mesmo complexo encontramos também a reinterpretação mágico-médica do batismo e dos ritos lustrais cristãos, além dos vários elementos de mitologia animalesca, teriomorfa etc., que emergem nas visões dos fundadores, na iconografia sagrada etc.; enfim, as manifestações de êxtase ou possessão coletiva, difundi-

(128) A. I. RICHARDS. A modern movement of witch-finders. *Africa*, VIII.4 (1935), pp. 458-60.

das em muitos cultos proféticos (Sionismo, Kakismo etc.).
Em essência, no tronco do magismo estático de tradição
pagã atuou a grande crise determinada pelo choque cultural entre nativos e brancos. Ela criou as condições mais
idôneas à explosão de fenômenos institucionalizados de possessão coletiva.

O complexo pagão mergulha as suas raízes nas várias
experiências históricas e culturais de populações atrasadas
que vivem de caça, criação (ser supremo, magismo estático) e agricultura (retorno dos mortos).

2) Um segundo *complexo* típico dos profetismos africanos é o *antifeiticeiro e antifetichista,* ligado em parte a
uma tradição pagã relativamente recente — de sociedades
antifeiticeiras locais, — mas que de outro lado constitui
uma ruptura da tradição, especialmente no que concerne à
luta contra o fetichismo. Tais manifestações são interpretadas historicamente como sinais da exigência de autodefesa da sociedade contra toda espécie de males, agravados
em particular pelo choque entre a cultura branca e os seus
efeitos mortificantes. A antifeitiçaria e o antifetichismo representam, enfim, um típico *complexo de salvação,* que inclui, por outro lado, em si todas as manifestações de *"cura"*
mágico-religiosa realizadas pelas personalidades proféticas
mediante ritos "purificatórios" (p. ex., batismo).

3) O *tema autonomista* informa, por sua vez, todos
os movimentos proféticos africanos, desde a sua primeira
insurreição até a constituição de igrejas separatistas mais
ou menos organizadas. O tema autonomista se desenvolve,
especialmente nos anos mais recentes, e em conseqüência
da crescente consciência organizativa e política dos vários
grupos nativos, num verdadeiro *movimento pan-africanista.*

4) Como filiação direta do dito complexo autonomista instaura-se, nos movimentos nativistas africanos, um
complexo organizativo eclesiástico, ao qual diversamente
refluem as exigências e experiências tradicionais de organização social pré-cristã, com a sua hierarquia, os seus chefes
dotados de poder político-religioso etc. O dito complexo se
exprime nas inúmeras igrejas dissidentes, todas em contraste
mais ou menos explícito — freqüentemente violento e revolucionário — com a cultura e com a religião dos brancos.

5) *O complexo judaico-cristão,* introduzido pelo contato europeu, orienta-se decisivamente — como na quase totalidade dos cultos proféticos de nível etnológico — para a absorção de traços selecionados e reinterpretados (isto é, integrados) do Velho Testamento muito mais do que do Novo.
O Deus judaico, a identificação entre hebreus e negros
africanos (no espírito de perseguições análogas sofridas pelos dois povos), a proibição da poligamia, os mandamentos
mosaicos: são estes alguns dos traços principais do "Cristianismo" nativista e emancipacionista dos negros da África.

2. O PEIOTISMO

Premissa

No curso de uma luta épica mantida pelos índios das pradarias americanas contra os invasores euro-americanos, a religião teve papel mais importante do que usualmente se acredita. Na religião, para citar uma autoridade na matéria, os aborígines encontraram um bastião defensivo contra os efeitos desmoralizadores do impacto com o europeu. Num espírito religioso foram buscar não raro estímulo e motivos desesperados de revolta e de independência contra os estrangeiros que se precipitaram avidamente sobre as terras a explorar[1]. Basta pensar que uma de suas mais emi-

(1) PETRULLO, 1934, p. 1.

nentes e notáveis figuras de chefe guerreiro rebelde, Sitting Bull (Touro Sentado), conquistou sua autoridade e sua fama entre os índios, primeiramente e mais como dirigente político-militar, como profeta e apóstolo de um grande movimento religioso irredentista, do qual ele e os índios tiraram inspiração para a heróica defesa da própria independência: a Ghost-Dance ou Dança dos Espíritos.

Nos anos recentes, porém, entre muitas tribos das pradarias agora confinadas às reservas e administradas pelos respectivos agentes do governo, a religião assumiu uma forma nova, o Peiotismo, e uma função renovada de adaptação. O Peiotismo, a "nova religião dos índios", não contém mais as antigas fórmulas proféticas que anunciavam o iminente extermínio dos brancos e o retorno à era dos ancestrais remotos, isto é, aos tempos anteriores aos missionários e aos colonizadores. O Peiotismo ensina a aceitação — dentro de certos limites — do novo estado de coisas; mas, ao mesmo tempo, fornece aos índios um instrumento adequado para afirmar e realizar seu austero programa de emancipação cultural[2].

A difusão do Peiotismo entre os índios da América não ocorre sem graves repercussões da parte das esferas políticas, que evidentemente entreviram nele um perigo social — e não apenas social — à própria ação de penetração cultural e religiosa. O fato é que logo se desenvolveu contra o Peiotismo uma campanha nacional organizada, e fácil foi, aos missionários, quando não aos funcionários do Governo, entrincheirar-se, nesta batalha decerto não-desinteressada, por trás de um pretexto cuja natureza específica e fictícia surge hoje claramente, isto é, o pretexto de proteger os índios de um chamado "narcótico".

O peiote é uma planta cuja ingestão produz efeitos fisiológicos particulares, como iremos ver, mas não se pode classificá-lo entre os "narcóticos" porque não tem efeitos prejudiciais. De outro lado, o emprego que dele fazem os índios é apenas ritual, e parece portanto um contra-senso querer reduzir o peiote a uma espécie de "paraíso artificial"[3].

A propósito da controvérsia entre peiotistas e anti-peiotistas, parece-nos de valor fundamental o manifesto científico oficial que um grupo de antropólogos americanos, especialistas no estudo do Peiotismo, publicou em 1951 na revista *Science*. Vale a pena transcrever-lhe alguns trechos importantes.

"No âmbito da atual campanha nacional contra os narcóticos, desenvolveu-se determinada ação no sentido de

(2) No tocante a alguns destes conceitos, refiro-me a PETRULLO, 1934, pp. 1-3.
(3) PETRULLO, 1934, p. 15.

declarar ilegal o uso do peiote, que empregam muitas tribos indígenas. Somos antropólogos de profissão, realizamos amplos estudos sobre o Peiotismo junto a várias tribos. Participamos dos ritos e da refeição sacramental do peiote. Portanto, parece-nos obrigatório erguer o nosso protesto contra uma campanha que revela unicamente a ignorância dos propagandistas que a conduzem. Segundo eles, os peiotistas nada mais são que indivíduos tomados de mania por uma droga, de que fariam uso no curso de orgias... Ora, com base na experiência pessoal, em nossa opinião o peiote não apresenta nenhum dos efeitos próprios de narcóticos ou drogas: não produz vício, nem ataques maníacos nem toxicidade nem entorpecimento da sensibilidade nem estado de estupor (as características dos narcóticos segundo o Dicionário de Webster e o Manual de Merck). Quanto à pretensa imoralidade do seu emprego, cabe ressaltar que não se praticam orgias de qualquer espécie entre as tribos dos índios da América do Norte. Portanto, a acusação em si mesma vale tanto quanto valia, ao tempo da antiga Roma, a acusação assacada contra as primeiras comunidades de cristãos[4]."

À linguagem tranqüila e enérgica dos cientistas que firmaram o manifesto acrescentamos o texto de um segundo documento, a nosso ver também significativo e probatório, publicado um ano depois na mesma revista. Foi redigido por John Collier, funcionário do Governo, isento de preconceitos e inteligente — verdadeira exceção à regra, como veremos ao tratar da história do Peiotismo — que tem a seu ativo uma experiência direta e pessoal do Peiotismo, além de conhecedor dos problemas de política cultural e religiosa que ele comporta.

"Desejo expressar meu apreço e a minha adesão à comunicação sobre o peiote... publicada nesta Revista. O argumento é importante para os índios da América, para a liberdade de religião, para a etnologia. Quando, em 1922, os órgãos federais e governamentais declararam proscritos os membros da Igreja Peiotista (Native American Church), um grupo de peiotistas da tribo Tao me apresentou o seu caso. Ofereciam-se para sujeitar-se, individualmente ou em grupo, a uma experiência científica. Propunham-nos fazer uma investigação completa e experimental do Peiotismo no plano farmacológico, biológico, social, psicológico, utilizando como teste as próprias pessoas.

"Na reunião da Comissão para os Problemas Índios relatei esta oferta. Decidiu-se que o Conselho Nacional de Pesquisas planejaria e executaria um plano de pesquisa ex-

(4) W. LA BARRE, D.P. McALLESTER, J.S. SLOTKIN, O.C. STEWART, S. TAX. "Statement on Peyote". In: *Science, 114* (1951), pp. 582-3.

perimental em torno do peiote; pois bem, o dito plano nunca foi realizado."

O documento, que soa como uma denúncia aberta da iliberalidade para com a política cultural americana, continua nestes termos:

"Alguns anos depois, por conta da Associação para a Defesa dos Índios da América, Donald Collier recolheu e analisou toda a literatura existente sobre o peiote (cerca de 400 publicações). A conclusão que daí se tirou foi idêntica à publicada no manifesto de *Science*. Quando, em 1933, fui nomeado Comissário Governamental para os Negócios Índios..., com base nos resultados acima, proibi absolutamente qualquer interferência do Indian Bureau nas práticas religiosas da Igreja Peiotista. Isso me valeu numerosas injúrias. A política administrativa que inaugurei foi seguida oficialmente..., mas ainda existem vários estatutos em alguns Estados que declaram ilegais os ritos peiotistas; e, além disso, há uma tendência renovada, em Washington, a classificar o peiote entre as drogas danosas que produzem vício.

"...É nosso voto que o manifesto de *Science* seja observado escrupulosamente"[5].

Desta forma, coloca-se abertamente o problema das relações entre a cultura indígena e a política das esferas hegemônicas, num dos setores mais delicados, o religioso. Veremos como, sob a capa da ignorância, se esconde um interesse político-religioso preciso; combate-se o Peiotismo pelo seu significado irredentista, na medida em que ele não se conforma aos esquemas etnocêntricos e uniformizadores da política cultural americana, nem ao exclusivismo religioso das igrejas cristãs.

No entanto, o Peiotismo é uma formação religiosa rica de elementos moralmente elevados, teologicamente ligada à influência do Cristianismo. Dotada hoje de ampla or-organização eclesiástica, a religião peiotista tem o seu ritual que se desenvolve dentro de um espaço sagrado (geralmente uma tenda); o ato culminante da cerimônia consiste numa refeição sacramental de peiote, de que participam todos os convidados, e na contemplação meditativa das visões recebidas em virtude da planta prodigiosa.

O peiote é um cacto (*Lophophora williamsii*) de pequenas dimensões, glabro, em forma de cenoura, que cresce espontaneamente no vale do Rio Grande — nas fronteiras entre os Estados Unidos e o México — e também mais ao sul. Pode-se ingerir, fresco ou seco ao sol, tanto o broto da planta (*button*) como a própria planta cortada

(5) J. COLLIER. "The Peyote-Cult". In: *Science*, 115 (1952), pp. 503-4. Para a monografia de D. Collier, de que se faz menção, cf. D. COLLIER, 1937.

em pedaços. Enfim, pode ser bebida na forma de infusão. Os efeitos fisiopsicológicos mais característicos que ela produz consistem em extraordinário aguçamento dos sentidos, especialmente com respeito à percepção da cor, da forma, dos sons; alucinações da visão e da audição com alguns distúrbios paralelos na esfera cinestética, olfativa, auditiva etc. As suas excepcionais propriedades se relacionam com o seu teor de alcalóides, como a anhalina, mescalina, lofoforina etc.[6] Não produz efeitos danosos, mas a sua ingestão é seguida de fenômenos de náusea; não provoca vício, nem dependência maníaca.

A área de origem do peiote fica ao sul do Rio Grande, no México, donde, graças às suas virtudes terapêuticas e alucinatórias, deve ter-se difundido em antiga data entre as tribos dos Estados Unidos[7]. Um culto do peiote com caráter tipicamente medicinal-terapêutico já existia nos tempos antigos entre os grupos indígenas da América do Norte. Já em 1560 Sahagun fala do peiote como de um cacto ritualmente usado pelos Chichimecas do México[8]. Nos séculos XVII-XVIII é documentado um culto do peiote entre os grupos étnicos, isto é, as tribos do Golfo do Caribe (Coahuilteco etc.), as tribos do Sudoeste (Hopi, Taos, Queres, Isleta) e as tribos marginais das Planícies meridionais (particularmente os Cados). Mas foi com os Comanches, Kaiowas e Wichitas (Planícies meridionais) que, por volta de

(6) São nove os alcalóides isolados do peiote: anhalina, anhalamina, mescalina, anhalonidina, anhalonina, lofoforina, pelotina, anholinina e anhalidina (LA BARRE, 1938, p. 138). Para o efeito do seu emprego conjunto e singular na via experimental, cf. LA BARRE, 1938, pp. 139-50. Quanto aos efeitos experimentais da mescalina sobre o organismo, cf. L. CERONI, "L'intossicazione mescalinica", in: *Riv Sperimentale di Freniatria*, 56 (1932); R.C. ZAEHNER. *Mysticism, sacred and profane.* Oxford, 1957, pp. 1-29, 208-26. Sobre os efeitos fisiológicos do peiote em particular, cf. LA BARRE, 1938, pp. 17-22. Ultimamente, C.G. Barber, segundo uma definição de "narcótico" mais extensiva do que a usual até então ("narcótico é uma substância capaz de alterar ou distorcer o senso de autopercepção e de percepção do mundo no sujeito, e que é tomada ou administrada sobretudo com este intuito"), inclui o peiote, pelo menos em sentido antropológico e sociológico, entre os narcóticos. Todavia afirma Barber, o sentido legal a atribuir ao termo "narcótico" pode ser diferente: neste sentido cabe discutir se o peiote é ou não incluído entre os narcóticos (BARBER, 1959).

(7) LA BARRE, 1938, pp. 109-23; SLOTKIN, 1956, pp. 30-2. O nome (*peiotl*) pertence, originariamente, ao idioma nahuatl das tribos uto-astecas do México e designava em geral uma "coisa de consistência macia e floculenta" (LA BARRE, 1938, p. 16). Os povos pré-colombianos do México conheciam o peiote e utilizavam-no de forma ritual. Observe-se, por outro lado, que das fontes mais antigas o termo peiotl-peiote foi atribuído promiscuamente também a outras espécies botânicas, dotadas também elas de virtudes fisiológicas particulares, tais como a *Sophora secundifolia*, conhecida mais comumente pelo nome de *mescal-bean* propriamente dito; enquanto, ao contrário, à *Lophophora wiliamsii* (= peiote) foram atribuídas várias vezes denominações diferentes como *mescal, mescal-bean, mescal-button* etc. Tudo isso contribuiu para criar, desde o princípio, uma notável confusão (LA BARRE, 1938, pp. 14-7).

(8) B. DE SAHAGUN. *Historia General de las cosas de Nueva España.* México, 1830. vol. III, p. 241.

1870-1885, se elaborou, com base no antigo culto medicinal, aquele movimento religioso muito mais complexo e moderno que designamos pelo nome de Peiotismo e que é cheio de motivos sociais, políticos, além dos religiosos, enquanto que os mesmos motivos religiosos se complicam pelo contato com o Cristianismo. Distinguiremos, portanto, seguindo aqui a autoridade de Slotkin, um "antigo complexo do peiote", que avulta na época pré-colombiana e próprio das tribos originárias indígenas, daquela que é a religião do peiote no seu pleno desenvolvimento, elaborada no fim do século XIX na época da "segregação" dos índios. Esta última religião, justamente o Peiotismo, na realidade encontra o seu centro de origem no Oklahoma e é um produto espontâneo da experiência da vida índia nas reservas[9].

O antigo complexo do peiote era um culto de caráter individual. Nele o peiote servia de ingrediente ritual para curar doenças, para reprimir a fome e o cansaço, para proteger-se (o peiote também era usado como amuleto) contra os perigos, e para obter individualmente visões sobrenaturais.

Por sua vez, o Peiotismo moderno, embora conserve parte da função terapêutica própria do antigo complexo, difere deste — além de tudo — por ser um culto coletivo. Nele o contato com os brancos desempenha papel de primeira ordem[10].

O Peiotismo desenvolveu-se particularmente nas últimas décadas e floresce ainda hoje entre os vários grupos indígenas da América que vivem nas reservas do Oklahoma (Cheyennes, Cherokees, Delawares, Arapahos, Kaiowas, Comanches, Osagas, Poncas, Pawin, Otos, Oakland), do Arizona (Navajos), entre os Winnebago do Wisconsin, os Utes (Utah e Colorado), os Washos e Paiutes (Nevada)[11].

A primeira documentação do Peiotismo, no seu desenvolvimento moderno, remonta a 1891, por intermédio de James Mooney, o grande estudioso dos movimentos proféticos dos índios americanos. O peiotismo difundiu-se rapidamente, no restante do século, em coincidência com a supressão da religião profética da Ghost-Dance.

Repetindo a seu modo o ensinamento evangélico, a religião do peiote realiza para os índios da América do Norte

(9) SLOTKIN, 1956, pp. 34-5.
(10) SLOTKIN, 1956, pp. 30-4.
(11) Cf. DITTMAN-MOORE, Am. Anthr., 59.4 (1957), pp. 642-49 (Navaho), MERRIAN-D'AZEVEDO, Am. Anthr., 59.4 (1957), pp. 615-41 (Washo); LA BARRE, 1938, SLOTKIN, 1956 (Kaiowas e Oklahoma em geral. Contêm abundante literatura sobre o Peiotismo nas várias tribos e regiões); BRANDT, 1950 (Kaiowa-Apache); LASWLL, 1935 (Taos); MALOUF, 1942 (Gosiute); PETRULLO, 1934, NEWCOME, 1956 (Delaware); OPLER, 1936 (Mescalero: aqui o Peiotismo durou de 1870 a 1910); OPLER, 1940 (Ute); STEWART, 1941 (Ute merid.); RADIN, 1923 (Winnebago); STEWART, 1944 (Washo, Paiute Set.).

o Reino de Deus na terra. "Quando todos os povos tiverem comido o peiote, o mundo chegará ao fim"; "quando todos os índios comerem peiote, tudo acontecerá segundo a vontade de Deus", tais são as palavras atribuídas a Jesus, em algumas versões do mito das origens do Peiotismo[12]. Trata-se evidentemente de um mito aculturativo, no qual é patente a mistura do elemento cristão com o indígena. Na verdade, vislumbramos aí uma interpretação particular do Reino de Deus, do fim do mundo, bem como da vontade divina. O triunfo do "bem" tem para os índios um caráter particular e bem reconhecível: o "bem" será conseguido unicamente por aqueles que seguem o chamado "caminho do peiote", isto é, cumprindo os preceitos, o ritual, o modo de vida do Peiotismo. Mas o "caminho do peiote" — fique bem claro desde já — está reservado aos índios e é programaticamente autônomo em relação ao "caminho" das igrejas ocidentais. Como tal, ele diverge, portanto, do "caminho" seguido pelos brancos. Embora no seu complexo mítico-ritual, moral e teológico, o movimento peiotista seja rico de influências cristãs, ele tende a consolidar a continuidade da cultura tradicional. No Peiotismo se afirma espontaneamente a autonomia religiosa dos índios contra a metódica tentativa, feita pelos brancos, de conformar-se aos próprios cânones oficiais, mediante uma política de coerção, a cultura inteira e, em particular, a religião dos índios. Por isso, o Peiotismo não podia deixar de entrar em conflito, no terreno prático, com a organização política e eclesiástica dos brancos.

Será nossa tarefa distinguir, dentro do Peiotismo, os elementos antigos que se conservaram e os elementos modernos, novos e regeneradores. A história do Peiotismo irá identificar as forças culturais, sociais e políticas que presidiram as transformações religiosas ocorridas nas últimas sete décadas da história religiosa dos índios das Planícies, da antiga religião pagã às formas modernas pagano-cristãs.

Dentro de uma tal visão dinâmica da vida religiosa, o Peiotismo nos aparece até agora como uma planta que mergulha as suas raízes no terreno formado pela antiga tradição religiosa pagã local, terreno, por outro lado, já amplamente alqueivado e fecundado por um movimento religioso anterior, fruto, também ele, do impacto com os brancos, o movimento da Ghost-Dance, sobre cujo tronco já evanescente germinava com todo o seu vigor a nova árvore do Peiotismo[13].

(12) W.C. MACKERN, 1927, cit. in SLOTKIN, 1956, p. 113.
(13) BARBER. "A socio-cultural interpretation of the Peyote-Cult". In: *Am. Anthr., 43.4* (1941), pp. 673-5. Para uma literatura atualizada sobre o Peiotismo, vide LA BARRE, 1960.

Os profetas

É significativo que o primeiro dos fundadores e apóstolos do Peiotismo que conhecemos esteja entre os divulgadores mais ativos da religião profética da Ghost-Dance (sobre ela, veja capítulo seguinte). É John Wilson, que se denomina Grande Lua (do nome indígena Nishkuntu) com base numa revelação que recebera — pelo menos era o que ele dizia — do próprio Peiote[14]. Fora ele o principal profeta da Ghost-Dance entre os Cados. Herdara o grande papel de profeta que, antes dele, fora desempenhado por Touro Sentado, primeiro e mais importante apóstolo da Ghost-Dance entre os indígenas do Sul. De fato, a Ghost-Dance nascera no Oeste, além dos montes, entre os Paiutes e os Shoshoni — os grupos mais vizinhos do profeta fundador Wowoka —, difundira-se nas Planícies do norte entre os Arapaho do ramo setentrional e os Sioux. Touro Sentado, nascido no Oklahoma entre os Arapaho do ramo meridional, imigrara no fim de 1876 para o grupo setentrional da estirpe Arapaho, no Wyoming. Ali é que ele aprendera a religião libertadora da Ghost-Dance, e se tornara seu profeta. Perseguindo uma idéia proselitista, fez-se portador da nova religião. Os Arapaho do grupo meridional aderiram a ele com entusiasmo, e junto com seus vizinhos Cheyennes, alguns Cados, Wichitas, Kaiowas[15]. A obra de proselitismo de Touro Sentado foi inaugurada de uma maneira e numa ocasião bem determinadas. Convocou para perto de Darlington, no rio South Canadian (Oklahoma) os índios das reservas vizinhas para realizarem uma grande celebração da Ghost-Dance[16]. O resultado foi triunfal: desde aquele dia a religião da Ghost-Dance começou a penetrar entre os principais grupos do Oklahoma (Arapahos meridionais, Wichitas, Kaiowas, Cheyennes, Cados, Osagas).

Particularmente entre as personalidades mais importantes que estavam presentes à assembléia religiosa de Darlington contava-se John Wilson, um índio nativo de Anadarko, dos Delawares, de sangue misto (meio Delaware, um quarto Cado e um quarto francês), que falava o cado. Com efeito, entre os Cados foi o apóstolo da Ghost-Dance. A sua vida até os 40 anos fora semelhante à de qualquer índio do Oklahoma. Como era costume dos índios, vagara de uma tribo a outra, e naturalmente também entre os brancos, ampliando as suas experiências culturais por meio de numerosos contatos[17]. As múltiplas experiências por que passou

(14) PETRULLO, 1934, p. 44.
(15) MOONEY. *Ann. Rep. Bur. Amer. Ethn.*, *14* (1892-93), 1896 (a seguir citado como MOONEY, 1896), pp. 895-6; PETRULLO, 1934, pp. 14 e ss.
(16) MOONEY, 1896, pp. 895-6.
(17) LA BARRE, 1938, p. 153; SPECK, 1933, p. 542.

deviam, mais tarde, influir naquela formação religiosa complexa a que ele devia dar vida, o Peiotismo.

Sabemos que no curso da cerimônia convocada em Darlington (1890) por Touro Sentado, John Wilson entrou em transe e, quando retornou a si, relatou visões maravilhosas, em suma uma experiência ultramundana. Temperamento religiosamente sensível e místico, as suas visões estáticas se repetiram com freqüência.

Compôs cantos sacros e, afinal, obteve a autoridade de chefe da religião Ghost-Dance, de vidente, curandeiro e profeta[18]. Vangloriava-se de estar em contato direto com Deus; para comunicar-se com ele, valia-se de um amuleto especial pendurado ao pescoço, feito de chifre de búfalo ornado de penas vermelhas. Dizia que daí lhe vinha inspiração e clarividência. Segundo as suas palavras textuais, "entrava no coração de Deus". A lua também tinha parte importante nas visões e vaticínios. Em estado de transe ele saía à lua e tirava-lhe os segredos. Da lua, de Deus, do mundo celeste em geral tomava seu conhecimento sobrenatural e inspirado[19].

Se John Wilson era profeta da Ghost-Dance, é evidente que ele há tempos havia experimentado os ritos do peiote[20]. Assim, a Ghost-Dance e o Peiotismo encontram em John Wilson o ponto de conjunção, quase um testemunho da filiação histórica deste àquela. É claro, Nishkuntu-Wilson evoluiu progressivamente da Ghost-Dance ao Peiotismo.

A "revelação" da nova religião lhe veio de maneira estranha. Um dia em que participava, com os Comanches, de uma dança cerimonial, um dos indígenas lhe ofereceu um broto de peiote e convidou-o a experimentá-lo. Aproveitando a ocasião, quis ele alcançar uma meta há muito acariciada. Retirou-se do mundo, para um lugar solitário, puro e aberto, a fim de entrar em contemplação e descobrir em que consistia o poder do peiote: desejava saber que ensinamentos ele lhe daria. Seu retiro, em companhia da esposa, durou algum tempo: 2 a 3 semanas, segundo o testemunho do sobrinho Anderson, recolhido por Speck. Ali enfrentou os "mistérios" do peiote: consumia toda noite 8 a 9 brotos da planta e, de vez em quando, também repetia de dia o repasto sacramental. É importante seguir, através das palavras textuais do sobrinho, adepto peiotista, o conteúdo da "revelação". "O Peiote apiedou-se dele — revela Anderson no seu testemunho. — Sob sua direção ele foi levado ao reino celeste, e ali se lhe ofereceu a visão dos sinais e das figuras celestiais, que representavam eventos da vida de

(18) MOONEY, 1896, pp. 903-4; PETRULLO, 1934, pp. 78-86; LA BARRE, 1938, p. 159.
(19) MOONEY, 1896, pp. 904-5.
(20) MOONEY, 1896, p. 904.

Cristo, bem como os lugares em que se encontravam as Forças dos Espíritos como a Lua, o Sol, o Fogo, que já por tradição ancestral os Delawares consideravam antepassados e irmãos maiores. Também se lhe ofereceu a visão do túmulo vazio de Cristo, do qual Jesus ascendeu ao céu; e finalmente do "caminho" que daquele túmulo levava à lua, isto é, segundo o profeta, o caminho que Jesus seguiu na sua ascensão celeste. Em visão lhe foi dito que, se seguisse aquele caminho, conseguiria até o fim da vida um lugar na presença de Cristo e do Peiote. Além disso, foram-lhe revelados os vários detalhes formais e estruturais que devia seguir para preparar o espaço sagrado na tenda do Peiote; os cantos sacros, os mínimos detalhes da cerimônia[21].

Até agora falamos das revelações que o profeta Wilson recebeu em seu eremitério iniciático. Podemos discernir nelas um acúmulo característico de temas religiosos pagãos e cristãos, seja mitológicos seja doutrinais. Pensa-se, antes de tudo, na unificação, dentro da mesma visão, da figura de Cristo com a Lua, o Sol e o Fogo, elementos próprios da religião ancestral. O "caminho" de Jesus se identifica com o "caminho" do Peiote e o próprio Jesus com o Peiote, que é claramente personificado ("o Peiote apiedou-se dele", "o Peiote lhe serviu de guia", no fim da vida o homem se encontrará "em presença do Peiote").

A raiz pagã do Peiotismo é evidente, portanto, mesmo na sua formulação original; por outro lado, é manifesto que nele o Cristianismo é *reinterpretado* segundo uma função cultural perfeitamente autônoma.

John Wilson insistiu, de forma precisa, sobre a autonomia ou a emancipação índia do Cristianismo ocidental. Não admite a idéia de que a Bíblia seja necessária aos índios para comunicar-se com Deus. O motivo desta recusa é muito mais significativo. A Bíblia, dizia John Wilson, foi destinada ao homem branco porque era culpado da crucifixão de Jesus. Mas o homem índio não tomou parte nesta culpa, logo não tem necessidade da Bíblia. Assim, o homem índio conquistou a sua verdade religiosa que emana de Deus, por virtude do Espírito Peiote. Ao homem branco, ao contrário, foi necessário enviar Jesus[22]. O Espírito Peiote, em

(21) LA BARRE, 1938, p. 156; SPECK, 1933, pp. 540-42. Note-se que a estrutura do espaço sagrado dos ritos peiotistas da "Grande Lua", fundados por John Wilson, reflete minuciosamente o modelo mítico oferecido pela "revelação" recebida pelo profeta. O montículo de terra em forma de lua, com o peiote colocado sobre ele, fica no fundo da tenda e representa o centro ideal, a meta para onde se voltam os olhares dos presentes, e ao qual conduz diretamente a linha traçada no solo, desde a entrada da tenda até a "Lua" (= o chamado "caminho do Peiote"). Da linha saem dois braços que formam a cruz de Cristo. Enfim o "Fogo" é aceso diante da "Lua" com lenha, um círculo à frente indica o Sol, um ou dois "corações" indicam o coração de Jesus, do Peiote etc. (PETRULLO, 1934, pp. 179-82, pranchas 3-6).
(22) LA BARRE, 1938, p. 159.

essência, assume o papel de Jesus, numa identificação de opostos; evidentemente, na troca é Jesus que cede lugar ao Peiote. De fato, ele renuncia à sua universalidade original, acabando por servir o exclusivismo indianista, e no fundo antiocidental da nova religião.

A batalha que John Wilson trava contra os elementos de dissociação da velha cultura pertence ao quadro da preservação dos valores culturais dos antepassados. Ele exige fidelidade conjugal, proíbe os excessos sexuais, as bebidas alcoólicas.

John Wilson, embora não afirmasse ser mensageiro de Deus, vangloriava-se, todavia, de ter recebido instruções pessoais do Espírito Peiote, em relação ao novo culto. Gabava-se também de possuir a arte de curar doenças, de reparar as ofensas, de purificar o corpo dos efeitos de culpa, enfim de guiar os índios no caminho do Peiote. Tal caminho levará à presença do Espírito Peiote e do Criador[23].

Wilson morreu num incidente banal de viagem, quando retornava de uma missão religiosa junto aos Quapaw. Os adeptos praticaram um culto da sua pessoa, quase divinizando-o, venerando-lhe às vezes o retrato no decurso dos ritos[24].

A religião da Grande Lua, fundada por ele e assim chamada devido à forma de crescente lunar que tinha o "altar" do rito[25], propagou-se entre 1890 e 1908 no meio dos Shawni, Cados, Senecas, Delawares, Quapaw, Potawatomi e sobretudo entre os Osagas. Vários profetas-messias locais se sucederam a Wilson, desde o filho adotivo Lobo Negro que continuou o seu ensinamento[26] até Victor Griffin entre os Osagas etc[27]. Inúmeras foram as variantes que surgiram por intermédio deste ou daquele reformador: em cada variante, tratava-se de formas particulares e divisões do espaço sagrado, de diversas interpretações de símbolos inerentes ao local ou aos objetos rituais. A "Pequena Lua", a "Lua ocidental", o "Caminho dos Sioux" foram outras seitas locais, algumas vezes efêmeras. Difundindo-se além dos confins do Oklahoma, a nova religião juntou os Sioux, Gosiutes, Utes e Washos com vários outros grupos da Grande Bacia, do Nevada, Utah, Dakota etc. Em qualquer das variantes locais aparecem entre eles uniformemente associados elementos cristãos (o coração de Jesus, o coração da Bondade, o túmulo de Cristo, a Cruz etc.) com elementos derivados do fundo ancestral pagão (a Lua, o coração do Sol, os 12 céus, vários objetos de uso ritual, entre

(23) LA BARRE, 1938, p. 160.
(24) LA BARRE, 1938, pp. 159-60.
(25) Vide nota 21.
(26) LA BARRE, 1938, p. 153.
(27) **LA BARRE,** 1938, pp. 112-13, 158-61, 167-72.

os quais tambores, leques de pena de águia etc. e sobretudo as orações dirigidas ao Espírito Peiote, nas quais todavia se unem os nomes de Deus, Maria, Jesus)[28]. Aliás, os diversos grupos de Peiotistas modernos, também nas regiões setentrionais mais remotas da pátria de Wilson, conservam uma memória tradicionalista das origens do novo culto. Muitos adeptos gostam, de fato, de realizar peregrinação a Oklahoma, como à sua meca, pois de Oklahoma o culto — na sua forma moderna, bem entendido — se irradiara originariamente para o norte e para o oeste[29].

John Wilson nada mais fizera que desenvolver e reelaborar conscientemente ideologias cujo germe já existia na cultura dos índios das Planícies: tanto mais se considerarmos o mencionado liame de continuidade entre o antigo complexo do peiote, entendido em sua função individualista e mágico-médica, e o Peiotismo na formulação social, autonomista, de Wilson.

O ensinamento de Wilson — primeiro de uma série de profetas peiotistas — se espalhou e se modificou em parte através de vários outros apóstolos. Cabe um papel notável, entre eles, a Jonathan Koshiway, profeta dos Otós. Ele fundou uma versão cristianizada do Peiotismo, que se difundiu entre os Omahas, os Winnebagos e outros. Fundou a "Igreja Primogênita", que dos Otós se espalhou entre os Negros, destinada logo a evoluir para uma Igreja Nativa Americana de caráter pan-indigenista e intertribal (veja adiante)[30]. Sensível às influências evangélicas dos Russelistas, ele próprio ex-membro da igreja índia evangélica dos Latter Day Saints, Koshiway também sustenta pretensões de descobrir uma identidade substancial entre o Cristianismo dos brancos e a religião nativa em que fora educado desde criança. Os elementos simbólicos da mitologia e dos ritos cristãos ofereciam matéria fácil para ele, em apoio do princípio de equivalência. Assim, a hóstia e o vinho do rito cristão segundo ele equivaliam ao peiote, as quatro virtudes canônicas cristãs repetiam o número ritual próprio da religião índia etc. Portanto, Koshiway inseriu amplamente nos ritos o uso da Bíblia[31].

Por caminhos diversos, portanto, chegava a ampliar-se o processo de cristianização do movimento peiotista. Jesse Clay, profeta dos Winnebagos, imprimiu ao movimento um impulso missionário e proselitista, acentuando-lhe o caráter pan-indianista[32].

(28) PETRULLO, 1934, pp. 168-69, relaciona 23 elementos pagãos que passaram para o Peiotismo.
(29) G. MALOUF, *Am. Anthr.*, 44.1 (1942), p. 102.
(30) LA BARRE, 1938, pp. 8, 167-69.
(31) LA BARRE, 1938, p. 167.
(32) LA BARRE, 1938, p. 171.

Analogamente, John Jamison, fundador (entre 1920-26) da "Igreja Primogênita Negra" derivada da igreja de Koshiway, embora pretendendo instaurar um programa religioso puramente indianista com o retorno às formas rituais arcaicas, não pôde fugir à exigência de fazer notável uso da Bíblia nos ritos[33].

Entre os Winnebago, de quem falamos há pouco, o Peiotismo desenvolveu-se particularmente por intermédio de algumas personalidades relevantes, como John Rave, Albert Hensley, Crashing Thunder[34]. John Rave, winnebago nativo do Wisconsin, pregou o culto no começo do século XX entre os seus compatriotas do Wisconsin e de Nebraska[35], e até em Dakota do Sul e em Minnesota. Sua personalidade e biografia podem representar, simbolicamente, a grave crise em que se viu envolta a sociedade indígena americana em conseqüência do choque com a civilização branca. Temperamento inquieto, Rave, desde a infância — como se vê nas notas autobiográficas que ditou a Paul Radin em 1910[36] — mostrava, por vários sintomas, que não se achava mais em equilíbrio justo com relação à cultura e à religião tradicionais. Participava dos ritos, mas não do mais importante deles, a Medicine-Dance. Como era costume entre os rapazes de seu grupo, ele também tentara, na idade púbere, a grande experiência iniciática que lhe teria dado a visão reveladora da antiga religião: ele o tentou. Mas sem êxito. Na verdade, retirara-se de noite, como era usual, em solidão com dois companheiros e, jejuando, esperara que a divindade se lhe manifestasse. Todavia, o medo das trevas noturnas foi mais forte do que a fé, e ele teve de afastar-se da contemplação e da prece e fugir para vencer o terror. Falhara, assim, na busca daquele poder sobrenatural a que todavia era fortemente levado pelo temperamento místico e fevoroso[37]. Irrequieto, viajou de tribo em tribo e por fim procurou a evasão além do oceano, juntando-se a um circo. Voltou desiludido e deprimido pelo enjôo de mar. Sua personalidade apresenta os sinais de autêntica desagregação cultural e moral. Era propenso ao álcool. Isto tem importância fundamental para o entendimento de sua futura atitude com relação ao peiote, pois este possui o poder fisiológico de curar o alcoolismo. A crise individual de John Rave, dizíamos, é como que o símbolo da crise cultural e social de todos os índios. Com efeito, não esqueçamos que o alcoolismo, entre os fatores mais ati-

(33) LA BARRE, 1938, pp. 172-73.
(34) Sobre o Crashing Thunder, cf. RADIN, 1926, que para mim foi inacessível.
(35) Nos meados do século XIX uma metade da tribo winnebago migrou para o Nebraska (cf. RADIN, 1950, p. 252).
(36) RADIN, 1950.
(37) RADIN, 1950, pp. 254-59.

vos da desintegração social e cultural dos povos coloniais, era um produto da cultura branca que fizera sentir mais fortes do que nunca os seus efeitos funestos entre os índios. Uma das confissões mais desconcertantes deixadas por Rave diz o seguinte: "Antes de minha conversão ao peiote eu nutria pensamentos maus, pensava em matar meu irmão e minha irmã". Sofria de manias homicidas, entregava-se ao jogo. Tudo isso denuncia uma personalidade lacerada por profunda crise. Ele reconhecerá mais tarde entre os seus vícios também o egoísmo, a avareza, a extravagância[38]. Evidentemente, o alcoolismo nele serviu como fator precipitador da ruptura entre o equilíbrio cultural e religioso. Não foi, pois, por acaso que, durante uma viagem, apareceu no Oklahoma, numa comunidade de Peiotistas, deixou-se seduzir pela experiência do peiote. Era a prova decisiva para ele. No peiote encontrou inesperadamente o que até então procurara laboriosamente em vão: o contato com o divino, a experiência do sobrenatural e do sagrado.

John Rave narra-nos pessoalmente a sua "conversão". "Estávamos em 1893-1894", conta ele. "Eu me encontrava com os comedores de peiote no Okalahoma. Comíamos o peiote nas trevas da noite. Todos comiam, inclusive eu. Era justamente alta noite, quando fui tomado de pânico, porque me parecia que em meu corpo entrara alguma coisa viva. 'Por que fiz isso?' eu me perguntei. 'Não deveria ter comido: de fato logo me senti mal. Por certo vai me fazer mal. O melhor que faço é vomitá-lo. Coragem, provemos!..."' Mas, depois de algumas tentativas infrutíferas de livrar-se do alimento ingerido, Rave desiste. "Oh! pobre de mim, continua ele — não deveria ter feito tal coisa... Estou para morrer, estou sentindo. Entrementes, nasceu o dia, e todos nos pusemos a rir. Mas até então eu lhes asseguro que não conseguia rir.

"Na noite seguinte devíamos comer peiote de novo. Pensei: 'Na noite passada por pouco não me fez mal'. Mas os outros me encorajavam e eu cedi novamente. Está certo, eu também vou comer." Na terceira noite, Rave repetiu a prova com eficiência.

O relato relembra as visões sucessivas nas três noites sob a influência do peiote. A primeira foi uma visão de medo, uma grande serpente que, ameaçadora, se arrastava para ele. A segunda também foi aterradora: uma figura semi-humana com chifres e garras, armada de lança, pulava em torno dele, errava o golpe e voltava ao ataque. Mas finalmente — na terceira noite — veio a visão beatífica: Deus lhe apareceu em espírito, e ele orou ardentemente; pediu-lhe misericórdia, luz, socorro. "Ó filho de Deus —

(38) RADIN, 1950, pp. 284, 285-89.

dizia ele a Jesus — ajuda-me tu também. Faze-me conhecer esta religião. Ajuda-me tu, ó medicina. Pai, socorre-me, dáme a conhecer esta religião!"

As três visões de Rave, pelo que se pode ver, apresentam uma mistura significativa de elementos tradicionais e modernos, pagãos e cristãos. A serpente deriva do repertório da mitologia winnebago, onde simboliza a força destruidora. No mito, a serpente engolia o herói cultural Hare. A segunda visão, de evidente origem cristã, representa Satã. Tais visões resumem organicamente, segundo uma expressão onírica que se baseia ao mesmo tempo no apocalipse pagão (serpente) e no apocalipse cristão (Satanás), a turva atmosfera de íncubos que dominara John Rave desde a sua tentativa fracassada de concentrar-se, mediante a prova iniciática, numa experiência sagrada. Mas os íncubos, finalmente, se dissolvem na visão beatífica de Deus, que encerra o ciclo onírico. Aqui harmonicamente se funde a antiga experiência religiosa dos Winnebago, onde desempenhava um papel essencial a aparição do Criador ou Grande Espírito, e a experiência cristã de Deus, induzida pela pregação missionária[39]. De resto, Deus e Jesus são invocados juntamente com o Peiote (a "medicina"). Assim se realiza a "conversão" de John Rave: uma crucial experiência na qual ele próprio reconhece a "fonte do verdadeiro conhecimento". "Parece-me que vejo tudo com clareza", confessa ele[40]. "Ó medicina, és sagrada certamente!... Então pela primeira vez conheci o que é o sagrado: nunca o experimentara antes disso"[41].

Eis enunciado, pela primeira vez, o *tema do conhecimento místico*, tema que em seguida se enquadrará sistematicamente nas experiências dos Peiotistas. Dada a natureza onírica e visionária da experiência do peiote, os adeptos do Peiotismo sentem-no como a religião da verdade única e absoluta, uma religião de revelação frente à qual a vida anterior, e o comportamento ditado pela cultura tradicional são condenados como vício e erro. Neste quadro se insere a declaração pública de fé acompanhada da confissão dos pecados, o que ocorre no culto fundado por Rave[42]. A seguir, veremos quais os componentes culturais em que se baseia o tema do conhecimento místico; porém, até agora é clara a relação imediata entre as condições de êxtase individual e o conteúdo social, cultural, religioso próprio da "revelação" obtida. O Peiotismo se configura estaticamente como a religião nova que vem preencher o vazio cultural deixado pela antiga que, devido à mudança

(39) RADIN, 1950, pp. 267-68, 274.
(40) RADIN, 1923, pp. 389-92.
(41) RADIN, 1950, p. 262.
(42) RADIN, in STEWART, 1944, p. 81.

das condições gerais da sociedade, já não tem motivos de sobrevivência. O Peiotismo é conclusão histórica de uma longa experiência dramática e crítica: a crise que envolve a vida de Rave e com ela a crise da cultura indígena. No Peiotismo, que representa sua solução necessária, o "passado", a tradição, representam um momento negativo e oposto, uma fase de mera ignorância. "Agora sei que a vida vivida até agora — diz John Rave — era má, não mais tornarei a repeti-la. Eu era cego: agora vejo. O Peiote é a vida, a única vida. Somente quem conhece o Peiote conhecerá verdadeiramente a si mesmo e conseguirá a beatitude"[43].

Não se vá acreditar que a negação e condenação explícita do passado contida no Peiotismo corresponde a uma ruptura impossível, total com a tradição. Junto aos próprios Winnebago, é documentada uma especial continuidade cultural entre a tradição religiosa mais antiga e o Peiotismo. Este último apoia o seu próprio ritual sobre o substrato da antiga Medicine-Dance. Era esta a cerimônia mais importante da religião winnebago, ligada ao mito de fundação do mundo e da viagem do herói cultural Hare ao criador[44]. Na antiga religião da Medicine-Dance se realizava ritualmente, com a experiência dos iniciandos, a sua viagem ao reino do Grande Espírito e a renovação do mundo: tratava-se pois de uma experiência absolutamente individual. Ora, no Peiotismo se projetam as mesmas experiências, mas no plano de uma redenção cultural coletiva, onde historicamente — e não só no rito — o mundo se renova e o reino do Grande Espírito assume uma concretização histórica.

Um *tema* de grande importância nas experiências de John Rave é o *da cura* obtida graças ao Peiote. "Há muitos anos eu estava doente — anota o profeta — e parecia que aquela doença iria matar-me... porém mal comi o peiote, sarei completamente." E ainda: "Os tuberculosos antes não tinham qualquer esperança: mas eis que pela primeira vez começaram a sarar", e continua enumerando uma série de casos de tísicos e de alcoólatras perfeitamente curados pelo peiote[45]. Todavia, cabe notar que os males físicos ou corporais que o peiote curava não passavam, segundo Rave, de manifestações visíveis de outros males mais profundos, e radicados na alma: ele falava de males espirituais[46]. Para historiar a experiência de Rave, como nos parece conveniente se quisermos entender-lhe o contexto, só há uma interpretação possível dos males que o peiote curava. A causa

(43) RADIN, 1923, p. 392.
(44) RADIN. *Primitive religion*. Nova York, 1957, 2.ª ed., pp. 303-4; RADIN, 1950, pp. 267 e ss.
(45) RADIN, 1923, p. 392.
(46) RADIN, 1950, p. 284.

de tais males é individualizada na profunda crise histórica cultural, social por que passaram as comunidades indígenas, entre as quais se haviam difundido diferentes doenças físicas como a tuberculose e o alcoolismo contra o qual tão explícita e insistentemente é empregado o peiote por seus defensores. Se, pois, John Rave por programa negava e rejeitava o passado, isto significa apenas que ele pretendia afastar-se de uma cultura que chegara ao ponto crítico, a fim de fundar uma nova, que deveria diferenciar-se da cultura tradicional. O tema da cura, entendido no sentido mais completo e "espiritual" conforme as pretensões do profeta, se amplia, pois, num verdadeiro e autêntico *tema de salvação*.

O Peiotismo de John Rave recebeu a influência de um profeta winnebago mais jovem, Albert Hensley. Este também se iniciou entre os grupos peiotistas de Oklahoma e foi autor, por volta de 1910-11, de uma reforma do movimento, em que se absorviam muitos elementos novos oriundos do Cristianismo. Se os Winnebago possuem hoje o hábito de ler a Bíblia no curso dos ritos e se chegaram ao conhecimento direto dos textos cristãos, o mérito cabe a Albert Hensley, que cercando-se de 12 adeptos, traduziu com eles o texto bíblico do inglês para o idioma local. Antes disso, a Bíblia fora objeto, principalmente entre os grupos de fala sioux, de culto fetichista. Os Omaha, no curso do rito, colocavam o livro da Bíblia aberto junto ao peiote. Os Winnebago punham o peiote sobre o livro. Hensley instaurou a prática na qual alguns jovens, instruídos por ele, recitavam nos intervalos do canto dos ritos peiotistas algumas passagens traduzidas da Bíblia. Decerto, os textos eram escolhidos de antemão com o sentido de dar validade cristã aos usos e ritos de origem pagã. Os ritos noturnos dos peiotistas, por exemplo, encontram o modelo mítico cristão no episódio em que Jesus de noite ora no horto[47].

Hensley reagia com muita sensibilidade ao repasto do peiote: entrava em crises epileptóides e tinha visões apocalípticas, que relatava em seguida aos fiéis[48]. Distingue-se de Rave por haver contribuído amplamente para enriquecer o Peiotismo com uma ideologia moldada no Cristianismo. No entanto, foi muito mais explícito na formulação de seu programa *pan-indianista,* aliás o que fizeram também Rave e todos os outros profetas. "Vocês, índios — dizia Hensley — até agora combateram entre si. O objetivo da nova religião é por fim a este estado de coisas: apertem as mãos uns aos outros e dividam entre si o alimento. Por isso lhes trago o Peiote. Doravante vocês se amarão uns aos outros".

(47) RADIN, 1923, pp. 394-96, 421; LA BARRE, 1938, p. 73.
(48) RADIN, 1923, pp. 404-8.

Além disso, explicava os vários detalhes do ritual e ensinava novos cânticos. De acordo com uma vocação proselitista inata do Peiotismo, exortava os indígenas nestes termos: "Agora andem entre as gentes e ensinem-lhes tudo quanto lhes disse. Andem entre as gentes do Norte e ensinem-lhes isso![49]"

A figura fascinante de Hensley conquistou Rave, que lhe era inferior culturalmente, já que, ao contrário de Hensley, Rave era totalmente analfabeto; Rave aceitou as condições de Hensley[50]. Nascia assim o grande tema religioso pan-indianista, destinado a produzir sérios e dramáticos efeitos sobre a política cultural e religiosa do Ocidente euro-americano com relação aos índios.

É verdade que, a rigor, já na primeira formulação do Peiotismo moderno, por intermédio de John Wilson, estava incluído um princípio pan-indigenista também eficaz. Quando Wilson fundou o movimento entre os Delaware de sua Anadarko natal e depois de Dewey, e mais tarde entre os Cado, os Wichita etc., exigia no decorrer das reuniões que se observasse a regra fundamental: admitir às sessões rituais todos os índios que delas quisessem participar, sem distinção de tribo ou de pátria[51]. Norma idêntica é depois observada pelo Peiotismo dos Kaiowa[52], e em seguida por qualquer outra comunidade peiotista; portanto, estava em ação o pan-indianismo.

Quase ao mesmo tempo que John Wilson, outro profeta atuou entre os Delaware de Dewey (Oklahoma); foi Elk Hair, o Cabeleira de Alce, conhecido entre os chefes políticos e religiosos mais importantes dos Delaware. Sua conversão ao Peiotismo seguiu um processo algo diferente do de Wilson, embora uma e outra se baseassem numa experiência pessoal de cura. Elk Hair, pouco depois de 1880, se vê envolto em grave crise psíquica e física. Morrera-lhe a esposa e ele próprio caiu gravemente doente. Reduzido quase ao desespero, ouviu as insistências do amigo Johnson Rob, que aprendera o uso do Peiote entre os Comanches, e o induziu a prová-lo como remédio. Portanto, numa sessão peiotista, Elk Hair consumiu a sua primeira refeição sacramental de peiote e ficou curado. A fé no medicamento, que também se mostrara ativo sem a rigorosa solidão ou a concentração religiosa que Wilson impusera a si mesmo, converteu-o à nova religião.

Elk Hair instituiu uma forma cultual distinta da da Grande Lua, fundada pouco antes por Wilson[53], e também

(49) RADIN, 1923, p. 399.
(50) RADIN, 1923, p. 421.
(51) PETRULLO, 1934, p. 33.
(52) LA BARRE, 1938, p. 60.
(53) PETRULLO, 1934, pp. 31-2, 41-3.

num certo sentido antagônica a ela, tanto que a chamou de Pequena Lua. Pretendia reportar-se à forma "originária" (dos Kaiowa e Comanches), sem aquelas misturas cristãs que, ao contrário, caracterizavam, a seu ver indevidamente, a Grande Lua de Wilson. Um dos traços diferenciais foi que no rito da Pequena Lua se aboliu a cruz, símbolo, no rito wilsoniano, de Cristo ou de seu túmulo[54].

Elk Hair se fez arauto de um conservadorismo religioso, que, pelo menos nos princípios, tendia a combater todos aqueles elementos que se afastassem da linha da antiga religião nativa dos Delaware. O ambiente da reserva de Dewey, onde o profeta se formara, provavelmente influenciou a sua tendência conservadora, pois os Delaware de Dewey ainda se achavam fortemente ligados à tradição religiosa nativa, não obstante as grandes mudanças sofridas no campo social e econômico. Ao contrário, os Delaware de Anadarko, onde Wilson fora educado, haviam perdido gradativamente a fé nas antigas formas cerimoniais[55].

De conformidade com este princípio conservador, Elk Hair acentuou no Peiotismo o valor médico-religioso, onde Wilson ressaltara o aspecto de revelação. No choque entre a tendência tradicionalista de Elk Hair e a inovadora sincretista de Wilson, foi esta que levou a melhor. É verdade que as novas condições econômico-sociais das comunidades indígenas haviam preparado o terreno para a aceitação de formas religiosas novas ou renovadas, rejeitando ao mesmo tempo a fé nas formas mais antigas. Não se pode entender o amplo desenvolvimento do culto de Wilson — e depois o efêmero séquito conseguido por Elk Hair — a não ser admitindo que o primeiro satisfazia muito melhor do que o profetismo de Elk Hair as exigências de renovação cultural e religiosa amadurecidas entre as comunidades indígenas. Wilson arrebatou massas inteiras de índios e a religião da Grande Lua se espalhou pelo território das Pradarias[56]. O culto da Pequena Lua, ao contrário, não teve a ventura de sair do âmbito estreito da família do fundador; até que o próprio profeta, Elk Hair, e seu discípulo, James Webber, se decidiram a transformar a religião, imprimindo-lhe uma feição inovadora, até então recusada. Então, Webber declarava publicamente: "O Peiote será a nova religião dos índios. Servirá para todos os índios, e apenas para eles"[57]. Com isso o Peiotismo da Pequena Lua absorvia o princípio

---

(54) PETRULLO, 1934, p. 45.
(55) PETRULLO, 1934, p. 136.
(56) O culto da Grande Lua se ramificou numa miríade de formas livres e pessoais particulares por intermédio de outros tantos pequenos reformadores (PETRULLO, 1934, pp. 137-38). Para as múltiplas variantes fundadas pelos chefes peiotistas Lobo Negro, Jack Thomas, Enoch, John Quapaw, Jack Kushuwe, Quanna Parker, cf. *op. cit.*, pp. 105-130.
(57) PETRULLO, 1934, pp. 76, 139.

pan-indigenista ("para todos os índios") e ao mesmo tempo nacionalista ("apenas para eles") próprio da Grande Lua e das suas derivações cultuais.

Para dizer a verdade, a religião do profeta Elk Hair não pudera escapar totalmente, apesar de seus princípios conservadores, à influência do Cristianismo; também ela assimilara seus elementos substanciais. "Tenho piedade de todo homem — declarava Elk Hair — isto o Peiote me ensinou"; e na sua profissão de fé prosseguia: "Sofro por todo aquele que comete pecado... oro tanto pelo rico como pelo pobre. Todos nós somos iguais, a cada um Deus provê. A todos, na morte, está reservada uma morada igual... Assim, deverei preparar-me para entrar no além. Oro a Deus e ao Peiote que me esclareçam a mente e me façam praticar a bondade..." Muitos dos princípios mencionados evidenciam claramente o ensinamento moral do Cristianismo, especialmente reconhecível no motivo da vida ultraterrena entendida como meta dos homens crentes. A aceitação de tal princípio tipicamente pessimista e cristão devia ter encontrado particular favor junto aos índios, graças ao estado de desagregação social e cultural — e ao conseqüente desespero — a que estavam reduzidas a grande maioria das comunidades[58]. Aliás, não se pode negar que se, de um lado, a desagregação favorecia o surgimento de uma escatologia do tipo cristão, de outro incrementava uma reação bem diversa e mais ativa, isto é, o pan-indianismo tornado possível pela vida em comum nas reservas. O princípio de unidade atuante entre todos os índios fornecia um terreno comum à unificação dos vários ramos do culto peiotista; falaremos disso mais adiante. Decerto, o pan-indianismo iria acabar por transformar a moral cristã da fraternidade universal, que sofreria nova e particularíssima reelaboração em ambiente índio, isto é, tornava-se a moral da *fraternidade peiotista dos índios*[59]. Deste modo, o Cristianismo era plasmado novamente em função particularista e irredentista.

Para concluir sobre a função do fator individualista no Peiotismo, não podemos olvidar alguns aspectos que deixam o plano puramente religioso e ingressam numa esfera de interesses personalistas e utilitaristas, dignos também de história. Já o primeiro fundador do movimento, John Wilson, era malvisto por alguns — por exemplo, pelo concorrente Elk Hair — devido à acusação — aliás, não de todo in-

---

(58) Para a chamada teoria da desagregação cultural, cf. KROEBER, 1925, pp. 863-73; LOWIE, 1925, pp. 188-201; STEWART, 1944, p. 90.
(59) "Irmão" é o termo com que os adeptos peiotistas se designam e se interpelam entre si. "Irmãos e irmãs" é a apóstrofe usada pelo sacerdote oficiante no curso do rito, quando se dirige aos fiéis (PETRULLO, pp. 57, 71).

fundada — de haver instaurado a prática de receber mercês em troca dos serviços sacerdotais[60].

Manifestações de mercenarismo sacerdotal surgem várias vezes tanto entre as figuras mais importantes, como entre as mais obscuras do movimento peiotista, e aliás também junto a outras formações proféticas da América indígena, sejam anteriores ao Peiotismo (Ghost-Dance), sejam contemporâneas (Shakerismo)[61]. É significativo o caso do fundador da Ghost-Dance, Wowoka, e de Touro Sentado, apóstolo do mesmo movimento religioso. Ambos foram acusados, publicamente, de mercenarismo no grande conselho de Anadarko. Convocado pelos Kaiowa, a fim de discutir e apurar a autenticidade ou não da religião de Wowoka[62], o conselho assistiu à luta entre dois intérpretes opostos da figura do fundador. Um, Touro Sentado, defendeu arduamente o profeta e a sua religião, invocou os vaticínios pronunciados em transe por Wowoka, mostrou como este, encorajado pela subversão cruenta em que vira cair a sua religião de liberdade nativista com a revolta dos Sioux, acabara por renunciar a fazer ulteriormente obra de proselitismo. Touro Sentado também se defendeu a si próprio: declarou que espontaneamente, e não a pedido, os fiéis lhe haviam dado cavalos e que ele estava pronto a restituir-lhos. O papel da acusação, no conselho de Anadarko, coube a Apiatan, ou Lança de Madeira. Era um índio kaiowa que, pretendendo dar conta pessoalmente da boa fé de Wowoka, partira para o norte, ao meio dos Sioux de Nebraska (Pine Ridge) adeptos da Ghost-Dance, e depois foi ao encontro de Wowoka em pessoa na sua residência de Mason Valley entre os Paiute. A impressão que trouxera do encontro fora totalmente negativa e, de volta ao meio dos Kaiowa, Apiatan denunciava Wowoka como tratante e impostor[63]. O fato é que o conselho de Anadarko assinalou para os Kaiowas o desaparecimento da Ghost-Dance, ao passo que os outros grupos não deram fé às acusações de Apiatan[64].

Mas, voltando ao Peiotismo, é verdade que a prática de pagar uma mercê em troca dos serviços rituais ao sacerdote oficiante e aos portadores do rito representou um válido incentivo à difusão do culto. Ele se propagou de aldeia em aldeia, seguindo, em grande parte, a influência de re-

(60) LA BARRE, 1938, pp. 158, 160-61; PETRULLO, 1934, p. 45.
(61) STEWART, 1944, pp. 95, 97.
(62) MOONEY, 1896, pp. 911, 913-14.
(63) MOONEY, 1896, pp. 908-14.
(64) Deve-se ter em mente que, na sua peregrinação a Wowoka, Apiatan fora movido por uma secreta esperança: a de conseguir, através do profeta, entrar em contato com o espírito de um seu filho morto. Quando viu que o profeta não se prestava a tal função, ficou desiludido. Portanto, a sua impressão foi subjetiva, baseada além disso em elementos lábeis e emotivos.

lações pessoais, amizades e parentescos entre portadores e fiéis[65].

Quanto ao fenômeno do mercenarismo sacerdotal, foi encarado despreocupadamente como fenômeno de classe, mais que estreitamente individualista; de fato, com base num culto enfim amplamente aceito por muitas tribos, constituía-se uma nova classe sacerdotal, que era dotada de notáveis privilégios econômico-sociais e que substituía, flanqueava ou ainda se opunha à categoria tradicional dos xamãs-curandeiros[66]. Em resumo, numa sociedade estratificada como a dos índios das pradarias, sujeita à influência da economia monetária introduzida pelos brancos, as novas aspirações religiosas atuaram de tal maneira que alguns indivíduos passaram a tirar, mais ou menos em boa fé, vantagens pessoais das possibilidades que oferecia o novo movimento religioso.

Entre as personalidades particularmente sensíveis a acusações de ambição e de interesse, tínhamos o exemplo significativo de Ben Lancaster, conhecido pelo nome de Chefe Cavalo Cinzento, profeta dos Washo e dos Paiute do norte. São grupos de índios dentre os mais ocidentais, que vivem nos limites entre Nevada e Califórnia, a noroeste do Lago Tahoe. O Peiotismo foi introduzido em seu meio bastante tarde, em 1936, por Ben Lancaster; mas esporadicamente, já era conhecido através de experiências pouco sucedidas de outros profetas como Leo Okio, Raymond Urso Solitário, Johnny Wright e outros. A Leo Okio, o peiote dera a fama triste de falso curandeiro e de especulador. Lone Bear era um alcoólatra, também acusado de explorar indignamente os crentes, de tal maneira que foi preso várias vezes. Johnny Wright se distingue dos outros por ter condenado o abuso pecuniário perpetrado sistematicamente por eles. Acusou e condenou igualmente a Ben Lancaster[67].

Este, na sua obra de proselitismo, se deixou guiar por motivos que certamente nem sempre foram religiosos. Nascido em 1880, em Nevada, durante um longo período e por várias vezes mudou de residência e de profissão, perseguindo, à maneira burguesa e ocidentalizante, a ambição de ganhos fáceis e riqueza. Terminou por ingressar no comércio, viajando por conta de uma firma de ervas medicinais de Cincinnati. Nessas viagens teve ocasião de conhecer e experimentar o Peiote. Daí a conceber o desejo de introduzir, entre os seus compatriotas, o peiote como planta medicinal, o passo foi pequeno. Seus primeiros conversos foram conhecidos e familiares; mas o culto se espalhou bem

(65) STEWART, 1944, p. 94.
(66) Quanto à oposição entre Peiotismo e xamãs, veja adiante, nota 70.
(67) STEWART, 1944, pp. 69-70, 96-7.

depressa — tendo-o como promotor e sacerdote — até 1940, quando entrou em declínio[68]. No entanto, o declínio do Peiotismo washo deveria ser momentâneo. Em 1941-42, um profeta obscuro, fundador do chamado "caminho ao Tipi", dava-lhe novo vigor. Ainda vive hoje[69].

Tudo em Ben Lancaster deixava entrever a figura de um oportunista sagaz e malicioso, trabalhador e ambicioso, que introduziu sua orientação venal e sua prática de comércio no manejo das coisas religiosas. Seu exemplo é significativo. Mostra quão várias foram as tendências individuais nos promotores do Peiotismo[70]. Todavia, não se pode negar que o próprio Ben Lancaster não se limitava — como aliás teria podido fazê-lo — a difundir o uso medicinal e utilitário do peiote; ele, de fato, promoveu e divulgou também a religião peiotista, com seu complexo cabedal de crenças, de culto, de mitos. O fato do proselitismo de Ben Lancaster ter conhecido uma fortuna aparentemente imerecida, e não menor do que a de Wilson e de Elk Hair (tão diversos moralmente dele) denuncia a existência de notável problema histórico; o Peiotismo devia responder a exigências culturais amplamente sentidas e difundidas, por discutível que fosse, em cada um de seus promotores, a boa fé religiosa. Pois uma coisa é certa: entre os sequazes havia boa fé e honestidade de propósitos.

Em conclusão, ao nosso ver, quem acentua demais o fator do interesse pessoal, esquecendo ou subestimando o fator social e religioso, dá do Peiotismo uma avaliação inadequada. Um erro do gênero, por exemplo, comete Omer Stewart, que não obstante se baseie em fundadas e agudas argumentações acerca da importância do fator utilitarista, conclui que a introdução e a influência do Peiotismo dependeram de circunstâncias fortuitas, tais como a desocupação, a personalidade e outros fatores inerentes à figura dos prosélitos[71]. Quanto ao nosso ponto de vista, percebemos uma relação dialética entre indivíduo e sociedade, entre uti-

(68) STEWART, 1944, pp. 70-7, 94.
(69) MERRIAM-D'AZEVEDO, pp. 615-16.
(70) Observe-se que, entre os fatores individualistas, estão incluídas, além das forças positivas de propulsão e de difusão do culto peiotista, as forças opostas, dedicadas a impedir e retardar a difusão do culto. Uma força endógena tipicamente hostil ao Peiotismo era representada pela categoria dos xamãs. Desenvolveram eles uma oposição mais ou menos eficaz ao novo culto, o qual, pondo em contato imediato o indivíduo com os poderes sobrenaturais e excluindo a intervenção dos xamãs, infligia um golpe na sua autoridade tradicional, desacreditando de sua eficácia (SLOTKIN, 1956, p. 47). Uma oposição obstinada dos xamãs pode explicar, em certos casos, menores atrasos na aceitação da nova religião, como, por exemplo, entre os Ute meridionais estudados por O. Steward (*Am. Anthr.*, 43, 1941-2, pp. 303-8). De fato, estes últimos recusaram o culto em 1916, quando foi acolhido por grupos vizinhos; eles o aceitaram somente 15 anos depois, em 1931.
(71) STEWART, 1944, p. 98.

litarismo e religião, entre sagrado e profano. Os fatores individualistas, familiares, psicológicos são, decerto, importantes, pois concorrem para explicar atitudes diferentes, dentro de um mesmo grupo, de indivíduos ou de setores particulares de pessoas, que aceitam com pequeno entusiasmo, ou sem mais nada desprezam o Peiotismo, quando outros semelhantes seus aderem a ele. Mas, por sua vez, o fator sociocultural tem um papel preliminar e preponderante na própria gênese, no desenvolvimento, na aceitação em larga escala do culto em questão, especialmente se considerado em relação a momento histórico particular e preciso. A nós nos parece que não se pode compreender qualquer das atitudes isoladas e individuais dos prosélitos e opositores sem antes dar uma interpretação histórica, social, cultural das causas que de 1890 em diante difundiram o Peiotismo entre os índios das pradarias; se não se descobre de quais exigências coletivas era ele expressão e realização[72]. No quadro geral, poder-se-á inserir sucessivamente a consideração de atitudes particulares de indivíduos ou de setores.

Até agora consideramos o Peiotismo especialmente na sua componente individualista, centralizando-o em torno da personalidade dos fundadores e promotores, de Wilson a Rave, de Hensley a Elk Hair, de Koshiway a Lancaster. Todavia embora as figuras dos profetas se diversifiquem entre si por certas características individuais, não podem ser isoladas artificialmente — sem entendê-las mal — da realidade cultural que é seu ambiente comum e que emprestou à sua obra profética os elementos donde tira significado e eficácia. Portanto, na escassez de dados que lhe dizem respeito, ao que parece, podemos até agora fazer algumas observações importantes sobre a relação entre momento individualista e momento sociocultural dentro do movimento peiotista.

---

(72) É verdade que, entre as tribos das várias agências e reservas, são bastante diferentes os percentuais de adesão ao Peiotismo, como se depreende dos dados recolhidos por R.E.L. Newberne (*Peyote*, Lawrence, Kansas, 1925, pp. 33-5) e relatados por Stewart (1944, pp. 122-3). Os percentuais vão da recusa total (p. ex., entre os Sioux da agência de Fort Speck) à adesão de 90% (por exemplo, entre os Omaha da agência homônima). De qualquer modo, falta uma adesão total de incrédulos ou de opositores. Sobre tais diversidades de atitudes influem alternativamente, além do temperamento individual e do ambiente familiar e de grupo, as relações pessoais com o portador do culto, o próprio caráter do portador, o qual pode ter revelado na própria obra de proselitismo o concurso de motivos utilitaristas e de prestígio pessoal ao lado de puros motivos religiosos, dando lugar assim a um adiamento à aceitação do culto por alguns. Quanto aos Delaware, observe-se que até 1952 o Peiotismo encontra adeptos entre seus grupos dispersos aqui e ali, enquanto independentemente são seguidas entre eles as antigas cerimônias pagãs, por exemplo, a cerimônia da Grande Corrida (W. W. NEWCOMB. "The culture and acculturation of the Deleware Indians." In: *An. Arbor.*, 1956, pp. 113-5).

Antes de tudo, é surpreendente a prontidão com que o Peiotismo se difundiu entre as várias tribos dos Estados Unidos até o Canadá Meridional. Por isso, não se creia que sempre era indispensável a intervenção de fortes personalidades proféticas. Também a adesão à nova religião, na maioria dos casos e segundo os magros dados que chegaram até nós, se faz por um processo mais ou menos anônimo de difusão por grupos convertidos, por meio de simples portadores intermediários, dos quais tanto para nós como para os índios só resta o nome[73].

No entanto, isso não influiu sobre o vigor e o entusiasmo das adesões. O que demonstra que o fator individual ligado à ação de homens-guia tem uma importância relativamente pequena, no desenvolvimento do Peiotismo, com respeito a fatores de ordem diversa — cultural, social ou mesmo coletiva — que analisaremos mais adiante: fatores decerto particularmente urgentes, se tão rápida foi a difusão da nova religião.

O movimento de John Wilson e epígonos, nas suas linhas elementares, não se opõe drasticamente à convivência com os brancos, nem a sua cultura tomada globalmente. Por isso, aparece em contraste com o movimento anterior da Ghost-Dance, muito mais hostil explicitamente aos brancos. Tampouco isso tira o valor ao fato de que o Peiotismo estava ligado geneticamente à Ghost-Dance. Antes, diremos logo que tal ligação transcende o episódio biográfico relativo a John Wilson, que da Ghost-Dance passou ao Peiotismo. É certo que no Peiotismo de Wilson, e dos outros profetas faltaram temas religiosos como a crença messiânica num retorno dos búfalos, o puro e simples restabelecimento das formas culturais indígenas, a expulsão dos brancos, que eram os temas fundamentais da Ghost-Dance. Em lugar daquele complexo profético implicitamente repetido, instaura-se no Peiotismo uma temática baseada na convivência dos índios com os brancos, na aceitação de muitos traços cristãos importantes. Em substância, a nova religião apóia-se numa esperança de bem futuro, que se reporta por sua vez à fidelidade ao novo credo. O novo "caminho" dos índios é, em suma, diferente tanto do antigo "caminho" do paganismo originário — em relação ao qual o Peiotismo tem um papel inovador — quanto do moderno "caminho" dos brancos, frente ao qual ele ergue a bandeira de um verdadeiro autonomismo cultural.

Concluindo, as duas observações ora feitas, isto é, de um lado a pronta e extraordinária difusão do Peiotismo, de

(73) O processo de difusão do culto, com várias listas de nomes de portadores locais, é ilustrado por LA BARRE, 1938, pp. 112-23. Dados sobre a difusão recente são oferecidos em STEWART, 1944; BRANT, 1950.

outro a sua temática comparativamente contraposta à da Ghost-Dance, se reportam à exigência de determinar historicamente o terreno social, político, cultural no qual o movimento peiotista medrou tão facilmente; as exigências peculiares que nele vieram a encontrar expressão, a diferente estrutura das relações entre índios e brancos que, se num primeiro tempo justifica o nascimento da Ghost-Dance, num segundo origina o Peiotismo. Na verdade, trata-se, nos dois casos, de um profetismo voltado para a espera de um próximo passado a restaurar (a Ghost-Dance), e respectivamente de um profetismo renovador de toda a cultura (o Peiotismo). Pode-se dizer que a Ghost-Dance está voltada nostalgicamente para o passado, e o Peiotismo enfrenta decididamente o futuro. Teremos ocasião de voltar a estes problemas. Todavia, diremos que a propagação mais ou menos geral do Peiotismo entre as tribos norte-americanas, especialmente onde se faz de forma indireta, isto é, nas regiões do norte, denuncia uma condição de fato, que é considerada em seu justo valor. O fato é que o terreno cultural se apresentava predisposto, amadurecido por um vigoroso desenvolvimento da nova religião[74].

Morfologia do Peiotismo. Doutrina, ritual, visões, mitologia

A religião do peiote é formalmente considerada pelos índios como a versão local do Cristianismo, e portanto eles se declaram cristãos. Eis o que diz o profeta Hensley sobre as relações entre Peiote e Jesus: "Lemos na Bíblia que Cristo anunciava o advento de um Consolador (*João*, 14, 16, 26). Há tempos chegou um Consolador para os brancos, mas nunca chega para os índios: até que Deus foi enviado na forma deste santo remédio... Ele foi dado exclusivamente aos índios, e Deus nunca pretendeu que os Brancos tivessem algum lugar aqui"[75]. Nestas palavras, encontramos uma aguda expressão daquele espírito exclusivista e pan-indianista ("foi dado *exclusivamente* aos índios", os brancos não devem ter nele "qualquer lugar") com que os Peiotistas haviam assimilado o Cristianismo dos missionários. Trata-se de um Cristianismo que, embora respeite a civilização branca, tem contra ela sérias reservas e afirma a autonomia cultural dos grupos indígenas contra as tentativas de desculturação realizadas pelos brancos.

(74) A nossa interpretação do Peiotismo como fenômeno fundamentalmente sociocultural é compartilhada por BARBER, 1941; SLOTKIN, 1956, p. 35. De resto, pertence à literatura clássica do Peiotismo: cf. LA BARRE, 1938, p. 113; PETRULLO, 1934, pp. 16, 25-6; LA BARRE, *Am. Anthr., 48.4* (1946), pp. 633-35.
(75) A. HENSLEY. *Letter to the Commissioner of Indian Affairs.* Bur. of Indian Affairs, Peyote Correspondence, 1908, cit. in SLOTKIN, 1956, p. 46, nota 3.

Mas é hora de considerar rapidamente de que forma se revela a união do Cristianismo com o "paganismo" no Peiotismo e em que consistem o ritual, a mitologia, o conteúdo das visões.

Na forma assumida na última parte do século XIX e conservada até hoje, o Peiotismo consiste num culto noturno e coletivo no qual, através da oração, da contemplação e da comida do peiote, os adeptos recebem uma revelação sobrenatural que consideram originária de Deus. Os princípios fundamentais, teológicos e morais estão enunciados nos artigos do ato de fundação da Native American Church, ou Igreja Peiotista. "O objetivo da Igreja Peiotista — reza o documento — é cultivar e promover, entre aqueles que crêem em Deus Onipotente e seguem os costumes tradicionais das tribos indígenas, o culto de um Pai Celeste; desenvolver, por outro lado, as virtudes morais, isto é, sobriedade, zelo na ação, caridade, retidão, respeito mútuo, fraternidade e união entre os membros das várias tribos indígenas dos Estados Unidos da América: tudo isso mediante o uso sacramental do peiote"[76].

Acredita-se basicamente que Deus colocara uma porção do Seu Espírito Santo no peiote e o concedera aos índios. Comendo ritualmente o peiote, o índio toma em si o Espírito de Deus da mesma maneira que o branco fiel a Cristo assume em si aquele Espírito em virtude do pão e vinho consagrados. O peiote tem para os índios eficácia ao mesmo tempo medicinal e espiritual[77]. É de fato considerado panacéia para qualquer mal, e a sua eficácia terapêutica provém — na fé dos crentes — da sua virtude purificadora que aproxima o homem de Deus mediante visões ou alucinações sobrenaturais.

Por isso, na ideologia peiotista Deus ocupa um lugar eminente, e ao lado dele estão colocados o Espírito Santo, de visível derivação cristã, e o próprio Jesus. Mas, enquanto o papel de Deus é estável e organicamente fixado, os papéis de Jesus e o Espírito Santo não são sistematizados. Estes últimos são admitidos como expoentes — embora cristianizados no nome — dos "espíritos de guarda" ou de "heróis culturais" ou de outras forças-espíritos, que entraram na religião pagã[78]. De resto, mesmo anjos e demônios da escatologia cristã encontram fáceis correspondências em outros seres místicos de tradição pagã, mais ou menos personificados, como espíritos malignos, espíritos dos pontos cardeais e outras forças-espíritos da natureza. De fato, eles são reconhecidos ao lado de seres místicos como o Pássaro-raio, a Mãe dos homens, a Lua, o Sol, o Fogo, os quais

(76) LA BARRE et alii, 1951, pp. 582-3.
(77) LA BARRE et alii, loc. cit.

passam todos incontaminados da velha mitologia religiosa para o Peiotismo, e aí se unem com elementos como o Espírito-Peiote, mais recente mas sempre de origem pagã[79].

Se o papel do Pai Celeste no Peiotismo é, assim, bem radicado e formalmente sistematizado — ao contrário de Jesus e do Espírito Santo — isso deve relacionar-se com o papel originário do Grande Espírito Pai, ou Ser supremo, como figura central também da religião dos índios das Pradarias, sobre o qual o Deus cristão vinha apoiar-se como ao próprio substrato, integrando-se a ele, ao passo que para Jesus e para o Espírito Santo a religião tradicional não oferecia iguais substrato e apoio em figuras ou entes divinos bem delineados.

O poder taumatúrgico do peiote também tem relação com o cabedal tradicional pagão, e isso, tanto pelo caráter mágico de tal ideologia, como porque o peiote entrava diretamente nos ritos pagãos da era anterior ao contato com os brancos. O mesmo cunho iniciático e místico próprio dos ritos, com o centro colocado na revelação de visões sobrenaturais, encontra o próprio apoio cultural nas experiências de iniciação pagã e de cura mágica dos índios. Entre eles eram tradicionais ritos de cura por intermédio dos xamãs, e ritos de isolamento iniciático dos jovens, os quais se entregavam à contemplação e ao jejum para obter visões sobrenaturais[80].

Certamente, estas práticas antigas, que tinham função individualista, se transformavam no Peiotismo em sentido nitidamente social. Em vez de um xamã e de um doente a curar, o rito do peiote é protagonizado por uma coletividade de crentes (eventualmente com os doentes a curar), associados numa refeição coletiva sacramental, solidários na contemplação e na oração. A ajuda sobrenatural originalmente servia para curar o doente; agora, no Peiotismo (ainda permanece este valor religioso), serve sobretudo para dar salvação a toda a comunidade. As visões sobrenaturais

---

(78) Por "paganismo" entendemos convencionalmente as formas religiosas indígenas anteriores ao contato cristão. Paganismo não tem outro significado, de fato, senão aquele histórico de religião que antecede o Cristianismo e à qual o próprio Cristianismo se opõe. É claro, toda forma de "paganismo" é entendida como coroamento, por sua vez, de um processo histórico-religioso culturalmente determinado, de cuja consideração está longe, portanto, todo juízo de valor em sentido negativo, como popularmente, ao contrário, é costume inferir (com efeito, por "paganismo" se entende muitas vezes depreciativamente uma forma religiosa "inferior"). No que diz respeito à religião pagã das forças espirituais, dos heróis culturais, cf. RADIN, 1923, pp. 284 e ss. PETRULLO, 1934, pp. 28-30; R. F. BENEDICT, "The concept of the Guardian Spirit in North America." In: *Mem. Amer. Anthr. Assoc.*, 29 (1923).
(79) SLOTKIN, 1956, pp. 69-70.
(80) R. F. BENEDICT. "The vision in the Plains Culture." In: *Am. Anthr.*, 24 (1922), pp. 1-23; RUTH M. UNDERHILL. "Cerimonial Patterns in the Greater Southwest". In: *Amer. Ethnol. Soc. Monograph XIII*. Seattle (1948), pp. 1-13.

que os participantes conseguem no curso do rito servem para pô-los no caminho de uma religião social, cuja força reside na solidariedade e na união entre os índios. É assim que o Peiotismo se configura como religião de salvação coletiva e social, tendo assumido — em seguida ao contato com os brancos — um valor cultural novo, desconhecido na religião tradicional dos índios. O Peiotismo representa a panacéia religiosa, elaborada por uma cultura viva, contra o risco de desagregação cultural e social a que os índios têm demonstrado não querer ceder.

Como vemos, se vários elementos do Cristianismo acabam sendo aceitos e incorporados ao Peiotismo (Deus, Espírito Santo, moral da fraternidade etc.), isso ocorreu na medida em que puderam ser mediados através de elementos correspondentes do mundo religioso arcaico (Grande Espírito, forças-espíritos etc.), ou mesmo através de particulares exigências locais (fraternidade dos índios): sentindo-se a marca seja do citado mundo pagão, seja das ditas exigências particulares. Com razão, embora com forte dose de simplificação, Paul Radin pôde dizer, acerca do Peiotismo dos Winnebago, que "de novo, nele, havia somente o peiote além de poucos elementos cristãos; todo o resto, ao invés, é típico da cultura tradicional do Winnebago e conforme às suas antigas práticas xamanistas"[81]. Paralelamente, Ruth Shonle afirma que, no fundo do Peiotismo, está a fé aborígine na gênese sobrenatural das visões; assim, a área de difusão de tal crença antiga serviria exatamente para definir a área de difusão do Peiotismo[82]. Opler, a propósito do Peiotismo dos Apaches, diz também que a sua difusão se deve ao fato de já estarem presentes elementos seus nos usos rituais aborígines[83].

Todavia, é útil ver como os vários traços cristãos reelaborados, adaptados, integrados às exigências vitais dos grupos indígenas, se introduziram na cultura local. Já dissemos que o Grande Espírito da religião tradicional, espírito be-

(81) RADIN. *A sketch of the Peyote-Cult of the Winnebago.* 1914. p. 7.
(82) SHONLE, *Am. Anthr.* (1925), p. 59.
(83) OPLER, *Journ. Amer. Folk.* (1936), p. 164. La Barre também insiste sobre as ligações entre Peiotismo e cultura aborígine; cf. 1938, pp. 7, 117. Aqui, ao nosso ver, não parece infundada — embora não seja generalizada e isolada — a chamada "teoria da compatibilidade cultural" (STEWART, *Am. Anthr., 40.3,* 1944, pp. 89-90). Segundo ele, o processo de difusão cultural ocorre na medida em que existem elementos semelhantes "compatíveis" entre elas. Todavia, esta "teoria" é precisada, nos parece, segundo um princípio diferente, isto é, um complexo cultural novo só é aceito se houver condições de inserir — da parte de quem aceita — os elementos da nova cultura sobre o fundo de elementos da cultura aborígine. Assim, mais do que de uma teórica "compatibilidade cultural", falaremos de um princípio ativo de *continuidade dinâmica;* segundo este princípio as transformações culturais ocorrem não por saltos bruscos, mas por processo contínuo de ajuste (v. também SLOTKIN, 1956, p. 35).

névolo, criador do mundo e dos heróis culturais, isento de forma corpórea[84], identifica-se com o Deus judaico-cristão pelos atributos análogos. Jesus, identificado ora com o herói cultural, ora com o Espírito guardião da mitologia tradicional, é reinterpretado, no seu papel de vítima sacrificada, até em função contra os brancos. É o seguinte um dos argumentos de tal reinterpretação: Jesus, rejeitado e morto pelos brancos, teria voltado para proteger os índios, também eles vítimas dos brancos. Conseqüentemente, Jesus é identificado com o Peiote. "O Peiote é uma parte do corpo de Cristo", diz Hensley; ou é o Espírito Santo, ou equivale ao Pão e ao Vinho[85].

Através, assim, de variada confluência e fusão de entes mítico-rituais promiscuamente cristãos e pagãos, o Cristianismo divulgado pelas igrejas ocidentais se dilui numa reinterpretação pagã, que conserva notáveis interesses não precisamente cristãos; de outro lado, isso mostra o limitado alcance do processo de ocidentalização imposto à cultura religiosa local pelos brancos. Somente dentro dos ditos limites — para os quais uma vaga equivalência une Peiote, Espírito Santo, Jesus — é implicitamente reconhecido o princípio da Trindade cristã. Quanto à encarnação de Deus em Peiote-Jesus, cumpre acrescentar que, muito antes que acontecesse tal sincretismo, entre os Kaiowas (onde se iniciou o processo de difusão do Peiotismo moderno) o peiote era considerado encarnação da máxima figura divina local, isto é, do Deus-sol, dada também a forma irradiada do seu broto comestível[86]. Em resumo, o Deus cristão achava um fundo pagão sobre o qual enxertar-se, seja na religião do Sol, seja na figura do Grande Espírito.

Um dos elementos mais significativos do sincretismo cristão-peiotista é dado pela valorização muito particular que os profetas aborígines fazem da Bíblia, onde encontram ampla justificativa da religião do peiote. Vários são os trechos bíblicos tomados como validação oficial do Peiotismo, nos confrontos dos missionários e dos brancos em geral. Sobretudo, as passagens que se referem a uma "erva" criada por Deus[87]. É inútil dizer que a erva citada pela escritura cristã é entendida como uma referência unilateral ao peiote. Mas há um trecho sobretudo, em São Paulo, onde se defende o homem débil de fé contra o forte e se exorta aos fortes que tolerem os fracos. "Ora acolhei",

(84) RADIN, 1923, p. 439; PETRULLO, 1934, pp. 28-30.
(85) SLOTKIN, 1956, pp. 65, 70, 139 nota 6, 116 nota 37.
(86) MOONEY, *Ann. Rep. Bur. Amer. Ethnol.*, 17 (1895-96), I, p. 327; SLOTKIN, 1956, p. 23.
(87) Exemplos destas citações são freqüentes entre os profetas peiotistas. "Deus disse: a terra produza erva pequena" (*Gên.*, I:11); "Deus disse: eu vos dei toda espécie de ervas" (*Gên.*, I:29); "Deus fez toda erva nos campos" (*Gên.*, II:4-5); "Eles comem carneiro assado com ervas amargas" (*Ex.*, 12:8; *Núm.*, 9:11) etc.

diz a Epístola de São Paulo, "aquele que é fraco na fé. Um crê poder comer de tudo (na interpretação indígena, trata-se do homem branco); mas *o outro que é fraco* (o pele-vermelha, segundo a interpretação dos índios) *só come ervas* (isto é, o peiote). Aquele que come não despreze aquele que não come, e aquele que não come (= o branco) não condene o que come, porque Deus o tomou para si" (*Rom.*: 14:1-3). Assim, o texto bíblico chega a oferecer uma defesa eficaz — em linguagem cristã — das instituições religiosas nativas, e em suma do Peiotismo. A isto leva a reinterpretação aborígine do Cristianismo. A passagem em questão é oposta, clamorosamente, às tentativas de repressão religiosa feitas pelos brancos em nome da fé cristã.

É evidente que através das formas cristãs permanece a substância da tradição e a cultura aborígine afirma a sua inalienabilidade; não basta uma proibição legislativa, imposta mecanicamente do alto, para aniquilar uma história cultural, social, religiosa amadurecida durante séculos, e que é enfim o substrato de experiências vitais. Não é por acaso que os Winnebago, nos seus ritos peiotistas, erguem orações ao Criador pagão, os Otó ao Ser supremo Wakan, os Cheyennes a Mayan. Entre os Shawni e os Kickapu, todos estão convencidos de que o peiote existia no mundo muito antes de Jesus. O peiote, segundo eles, foi criado na origem do mundo, ao passo que Jesus aparece há alguns séculos apenas[88]. Portanto, o Peiotismo representa o último elo com o passado tribal, que os estrangeiros brancos tentaram sistematicamente destruir. É por isso que a alguns pareceu superficial e sutil a crosta cristã do Peiotismo[89].

A sessão ritual, salvo as variantes tribais[90] que parecem particulares para nós — ao menos no atual contexto — marginais, se realiza à noite[91] dentro de um *tipi* (tenda tradicional das pradarias) para isso destinado. Os convidados se sentam em círculo dentro da tenda, em torno de uma pequena barragem de terra em forma de ferradura, ou melhor do crescente lunar. Na realidade, a Lua, figura mítico-ritual de herança pagã, conserva uma importância particular no complexo peiotista. Sobre o "altar-Lua" é deposto um "botão" ou broto de peiote; no oco da efígie lunar acende-se uma fogueira de lenha disposta em V. No rito da Grande Lua (de John Wilson) uma cruz é traçada no solo com dois pequenos sulcos cruzados: está ausente no rito

(88) LA BARRE, 1938, p. 166.
(89) LA BARRE, 1938, p. 165.
(90) As variantes remontam à obra fundadora de vários profetas, para os quais veja atrás, parág. *Os profetas.*
(91) O rito normal é semanal, da tarde de sábado à manhã de domingo. Contudo, realizam-se séries especiais de sessões, por ocasião do Natal, e a 1.º de julho, datas correspondentes aos dois Anos Novos pagãos, além das diversas ocasiões determinadas pela decisão individual, pela presença de doentes para curar etc.

da Pequena Lua (de Elk Hair). Alguns cânticos-orações são executados, de cada vez, pelos participantes em torno do sagrado e simbólico "altar" do peiote e da fogueira, com acompanhamento de instrumentos (tambor, cabaça, apito feito de osso de águia). O repasto sacramental do peiote é repetido várias vezes por todos os convidados, com exceção dos doentes (mesmo que se trate de sessões dedicadas a fins terapêuticos)[92].

Segue-se a fase alucinatória, na qual os fiéis se entregam à contemplação das visões produzidas pela planta taumatúrgica. O rito culmina com uma refeição coletiva à base de comidas tradicionais como milho, frutas, carne, às vezes açúcar cristalizado, e água. Um chefe do cerimonial, escolhido entre o grupo ou imposto por vocação ou por instrução recebida, dirige o rito que se realiza com quatro oficiantes principais além do chefe, numa atmosfera de solene concentração e de exaltação, culminando na visão coletiva. Para tornar mais encantada a atmosfera e mais sonhador o estado psíquico dos participantes contribuem os cânticos modulados à maneira de nênias, ora erguendo-se em tons triunfais, ora perdendo-se em dolorosos lamentos[93]. A linguagem, caracteristicamente ritual, resulta de um balbucio de sílabas amorfo e insignificante, cujo valor simbólico é revelado aos fiéis em virtude da experiência estática provocada pelo rito[94].

Tal como no conteúdo teológico e mitológico, também no rito abundam elementos pagãos e tradicionais. Derivam da cultura original, entre outras coisas, a tenda-templo, a postura dos participantes (sentados, não de pé como nas funções cristãs), o "altar" com seu simbolismo lunar, o fogo com seu significado solar, os instrumentos sonoros, o cabedal de objetos sagrados empregados pelo mestre de cerimônias (leque de penas de pássaro, bastão etc.), em parte as datas das funções sagradas (que repetem entre outras as das antigas cerimônias solsticiais[95]. Tipicamente sincretista é o batismo administrado aos adeptos, banhando a fronte com infusão de peiote[96]. De resto, o rito todo recorda formalmente certos antigos; por exemplo, os ritos de segregação com revelações relativas.

Nas *visões* produzidas pela ingestão do peiote se cruzam e fundem de várias maneiras as experiências profanas e religiosas mais antiquadas e tradicionais ao lado de fi-

---

(92) Em regiões onde o peiote não existe em estado fresco originariamente realizavam-se verdadeiras peregrinações para procurá-lo nos locais onde é espontâneo. Hoje é adquirido por meio de comércio. Nestes casos, é consumido em estado seco, ou bebendo-lhe o chá.
(93) SLOTKIN, 1956, pp. 72-4.
(94) B. NETTL, *Journ. Amer. Folkl.*, 66 (1953), pp. 161-64.
(95) RADIN, 1923, p. 388.
(96) PETRULLO, 1934, pp. 28-30; LA BARRE, 1938, pp. 57-92; SLOTKIN, 1956, p. 72.

guras e imagens claramente ditadas pelas influências cristãs. Seres monstruosos, espíritos de mortos vistos em sua beatitude ultraterrena, cores caleidoscópicas, bruxas desmoralizadas e frustradas em seus malefícios, figuras e eventos fantásticos ou simbólicos, paisagens maravilhosas, visões de mulheres despidas e deliciosamente procazes, vozes sobrenaturais; mas às vezes se apresenta a figura de Jesus, ou o "espírito" de Deus[97]. Através das visões abre-se aos prosélitos o "caminho do peiote", que é definitivamente o "caminho cristão dos índios". No entanto, a moral religiosa cristã pregada pelos missionários assume junto aos índios uma função específica própria, unitária, de solidariedade étnico-nacional, base de um programa cultural autonomista. É uma função não destituída de valor polêmico e político antiocidental, mesmo que a polêmica se baseie num princípio de não-aceitação, ou melhor de aceitação condicionada, mais do que de oposição ativa.

Validando os vínculos de solidariedade tribal e intertribal, o rito é entendido pelos Peiotistas como ação religiosa dedicada a salvar a comunidade de um risco iminente, o risco da desculturação e da desagregação social. O tema da salvação coletiva figura, pois, no centro do ritual e encontra expressão nos mitos.

Conhecem-se várias versões do *mito das origens* do peiote. Na versão difundida pelos Kaiowas, o mito narra que dois jovens partiram para uma expedição de guerra ao sul, deixando sozinha a irmã; ela esperou muito tempo e em vão o retorno deles. Convencida afinal de que estavam mortos, entregou-se a um lamento inconsolável, até que caiu ao solo, mergulhada em sono profundo. Em sonhos apareceu-lhe uma visão, ou melhor ouviu uma voz que lhe dava alguns avisos precisos. "Os irmãos que choras como mortos", dizia a voz, "na realidade estão vivos. Quando despertares, encontrarás junto de ti uma coisa que poderá fazê-los voltar": e continuava com instruções particulares sobre o que fazer. Despertando, a moça cavou o solo e encontrou uma planta de peiote, no local que transformara em leito desnudo. Convocou os sacerdotes, anunciou o primeiro rito peiotista, construiu um *tipi* ao lado, em suma, praticou as instruções recebidas. Então, quando os convidados comeram solenemente o peiote e entraram em estado alucinatório, viram os irmãos da moça vagando famintos, perdidos nas montanhas da Serra Madre, no México. O mais rápido possível foi enviada uma expedição de socorro, que os trouxe sãos e salvos para a irmã[98]. Esta

(97) PETRULLO, 1934, pp. 7-13; STEWART, 1944, p. 86; LA BARRE, 1938, pp. 140 e ss.; RADIN, 1950; RADIN, 1923, pp. 404 e ss.
(98) MOONEY. "The Kiowa Peyote Rite". *Der Urquell*, I, 1897, p. 330.

entrou no mito como a "mulher-peiote", ou seja, a heroína fundadora do Peiote e de certo modo identificada com ele.

Na variante delaware que James C. Webber narrou a Vincenzo Petrullo, o núcleo mítico se repete por inteiro, exceto a moldura ligeiramente diferente. Durante as hostilidades entre os Comanches e as tribos do México (o mito precisa a data, cerca de 1860), um grupo comanche foi seguido pelos inimigos. Entre eles se achava uma mulher, que há tempos estava doente e sofrendo. Para não atrasar a retirada dos guerreiros, a mulher foi abrigada dentro de uma tenda e aí abandonada junto com um rapazinho que lhe servisse de ajuda, com a intenção de voltar depois para levá-la tão logo fosse possível. Aconteceu que, neste ínterim, o menino deixou a mulher e fugiu empós dos rastos dos cavalos. Vendo-se abandonada, a mulher, perdendo a esperança de que o rapazinho pudesse ter encontrado ajuda na imensa pradaria, pôs-se diligentemente à sua procura, suplicando ao Grande Espírito que o protegesse. Mas caiu ao solo sem forças. Foi neste instante que em visão lhe apareceu um homem. Pelos traços parecia um grande chefe índio, que lhe advertiu que não se preocupasse com o rapazinho que teria encontrado salvação, nem por si mesma, que seria curada, desde, porém, que ela obedecesse a um compromisso preciso. Devia encontrar uma certa planta de poderes medicinais e comê-la; receberia dela os ensinamentos de uma nova religião. Tudo o que a visão predissera e advertira realizou-se. A mulher encontrou o peiote, comeu-o e então apareceu-lhe numa segunda visão o Peiote personificado. A mulher compreendeu que a primeira visão também era o Peiote. Assim, aprendeu o rito, os cantos, as regras da nova religião que ela fundou entre as pessoas[99].

Significativa é também a versão do mito ditada por Elk Hair (delaware) a Petrullo, que damos aqui em seguida. Junto com um grupo de índios em expedição de caça nas pradarias encontrava-se um menino. Para dar provas de sua valentia na caça, destacou-se dos companheiros e quis caçar sozinho. Foi quando se perdeu e não pôde voltar ao grupo. Inutilmente, seus companheiros procuraram-no por toda a parte, dias e dias. Afinal, angustiada, a irmã saiu na tentativa de encontrá-lo. Sozinha, percorreu uma estrada interminável; o esforço e o desespero, além da fome e da sede, eram tamanhos que ao fim, esgotada toda esperança, rogou a Deus que lhe desse a morte. Prostrada ao solo, a cabeça voltada para o nascente e os pés para o ocidente, ela invocava o fim, quando então sentiu com a mão, na lama, alguma coisa fresca; no mesmo instante, apareceu-lhe um homem que lhe disse: "Por que te preocupas tanto? Olha para

(99) PETRULLO, 1934, pp. 34-7.

mim: todos os teus familiares estão salvos, teu irmão está vivo e salvo; eu olho por todos eles em particular. Depois a imagem humana desapareceu, mas elevou-se uma voz, e era o Peiote, a planta que ela extraíra da lama. Deu-lhe instruções para o novo culto, fê-la "ver" o irmão são e salvo, e enfim ordenou-lhe que divulgasse a nova religião ao seu povo. 'Toma o peiote — concluiu — com ele terás salvação e não te preocuparás mais com o mundo"[100].

A versão winnebago do mito, relatada a Paul Radin pelo profeta Hensley, narra que um caçador índio pertencente à tribo dos Apaches mescaleros, numa expedição de caça, perdeu o caminho de volta. Ele — precisa o mito — andou tanto que estava a ponto de morrer de fome e sede. Caiu de bruços ao chão, desejoso apenas de morrer, os braços abertos para o oriente e ocidente. Mas daí a pouco sua mão tocou um corpo fresco e estranho. Segurou-o e levou-o à boca: era bom, matava a sede e a fome. Um espírito sagrado penetrou nele; uma voz se fez ouvir, dizendo: "Fiz-te sofrer tanto para provar-te a verdadeira religião. Por isso fiz sagrado o alimento que tu comeste. Deu-mo o Pai para entregá-lo à terra e ensiná-lo aos índios"[101]. Totalmente semelhante é a versão narrada a Petrullo por Joe Washington, da tribo delaware; só que, em lugar de um caçador perdido, nela se encontra um guerreiro, único sobrevivente da batalha em que todos os seus companheiros foram mortos. Também ele entregue ao desespero, a ponto de morrer, encontra inesperada salvação no peiote que lhe veio milagrosamente em socorro[102].

Todas as versões do mito concordam na acentuação de temas típicos de uma arcaica religiosidade da terra. Na maioria das versões evidencia-se um elo particular entre uma protagonista feminina, a planta e a terra. A heroína cava e encontra a planta depois de haver dormido de bruços na terra nua. Trata-se de uma "incubação" ritual, pela qual recebe a primeira visão. O nexo morte-renascimento se reconhece facilmente no mito: com a ajuda da terra, da mulher, da planta se realiza uma verdadeira "ressurreição" de homens (ou de um menino) dados já por mortos; realiza-se, além disso, a cura de sofrimentos e doenças. Tais complexos míticos derivam, propriamente, de uma esfera de religiosidade agrícola e de qualquer modo de crenças bastante comuns na civilização de primitivos cultivadores[103].

(100) PETRULLO, 1934, pp. 38-40. Petrullo cita uma outra versão idêntica, colhida entre os Delaware de Anadarko, cf. pp. 40-1.
(101) RADIN, 1923, pp. 398-99.
(102) PETRULLO, 1934, pp. 37-8.
(103) JENSEN, *Das Weltbild einer frühen Kultur*. Stuttgart, 1948; M. ELIADE. *Traité d'histoire des religions*. Paris, 1949, pp. 232-64.

Decerto, poderia parecer um contra-senso o fato de se encontrar, entre culturas que não praticavam o cultivo, um complexo religioso agrário e telúrico particularmente vivo. Com efeito, é verdade que muitas tribos índias das pradarias, quando entraram em contato com os brancos, viviam de uma economia baseada na caça aos búfalos, sem praticar a agricultura. Todavia, mesmo o grupo cultural onde se originou o Peiotismo (com o fundador Wilson), isto é, o dos Delaware, vivia originalmente de um regime econômico misto, dedicando-se os homens à caça, e as mulheres ao cultivo do milho[104]. Aliás, admite-se que também os grupos indígenas conhecidos como exclusivamente caçadores (Dakota, Sioux etc.) deveriam ter, na origem, uma economia sedentária e agrícola, perdida em seguida por exigências do nomadismo venatório induzidas pela aquisição do cavalo dos brancos no século XVII[105]. Portanto, a existência de notáveis sintomas de religiosidade agrária e "lunar" dentro do complexo peiotista encontra a sua razão de ser em recentes e antigas experiências de vida social destes grupos indígenas que exerceram ou exerciam a agricultura; tanto mais que — como foi dito — todo o contexto mítico-ritual deste movimento religioso se formou junto a uma população efetiva e atualmente agrícola.

Vejamos agora como os elementos de caráter agrário do mito correspondiam a outros, paralelos, do rito. Antes de tudo, o centro do espaço sagrado ritual representa — como dizia acima — a lua crescente, retratada em relevo no solo. No mito, em vez da lua, aparece a mulher, ela mesma orientada — como a lua no rito — no espaço cósmico segundo um significado preciso. De fato, a heroína mítica, estendendo-se no solo, assume uma posição de oriente a ocidente que lhe confere caráter cósmico equivalente ao da lua. (O protagonista masculino de algumas versões elude uma interpretação do gênero, mas não tira valor ao estranho comparecimento da protagonista feminina nas outras variantes.)

Prosseguindo no exame das equivalências mítico-rituais, notemos que o peiote no rito é colocado no vértice da lua crescente; assim no mito o peiote toca o corpo da heroína no sono. De resto, a "lua", no rito, é estendida no solo como a mulher do mito quando recebe a visão salvadora. Em suma, no rito um unitário complexo regenerador e salvífico é dado pela lua com a planta e a terra (não é por acaso que os participantes se sentam na terra; na terra está também o túmulo de Jesus ressurreto), e isso tem relação com o fato de que cada um dos ditos elementos possui um ex-

(104) NEWCOMB. *Anthr. Pap. Mus. of Anthr.*, 10 (1956).
(105) V.L. GROTTANELLI. *Principii di Etnologia.* Roma, 1960, p. 147.

traordinário poder vivificante. Lua, terra, planta formam o centro espacial e ideal que os assistentes sentados em círculos fixam intensamente: daí atingem o poder regenerador que inspira as suas visões e revelações. No mito, por sua vez, uma correspondente função regeneradora toca ao trinômio constituído por mulher, terra, planta.

Mito e rito são, portanto, solidários entre si, cada um justificando o outro, recebendo por sua vez um do outro uma luz significativa.

Todas as variantes do mito concordam em colocar no centro um *tema* fundamental, o *da salvação*. O núcleo do mito é constante e imutável: um (ou uma) protagonista colocado numa situação de risco (doença, morte) que envolve também outros indivíduos, e da qual todos acabam por resgatar-se graças ao peiote e à nova religião.

Em conclusão, estamos agora em condições de identificar, dentro do complexo peiotista, dois temas mítico-rituais distintos, isto é, o *tema agrário-lunar,* o *tema da salvação.* O primeiro toma corpo na mulher-peiote que aparece nos mitos, na efígie lunar representada no rito, nas invocações dedicadas ritualmente à lua, no próprio culto visionário do peiote. É um tema de fundo ou substrato. Muito mais universal e atual é, porém, o *tema do risco mortal e da salvação conquistada mediante o peiote.* Núcleo fundamental dos mitos de origem é também o núcleo do culto. As condições de precariedade existencial impostas aos grupos índios, reduzidos a viver nas reservas, erradicados dos territórios de origem e dos antigos hábitos, pouco a pouco destribalizados, prepararam o terreno para esta religião da salvação, à qual as tribos índias se agarraram como o náufrago aos restos do naufrágio.

Trata-se, pois, de uma religião fundamentalmente nativa, já que é fundada em imediatas experiências de vida; enquanto tal, radica-se nas tradições mais ancestrais, é reservada explicitamente aos índios em função de suas insuprimíveis exigências vitais. O Peiotismo representa uma religião muito mais que nativa, isto é, como se costuma dizer, nativista. "O Grande Espírito nos deu o Peiote para ajudar-nos", dizem os índios; "rezo ao Grande Espírito e ao Peiote"[106]. O Grande Espírito e o Peiote são ambos figuras da religião nativa. O tema soterológico, de nenhum modo devido a influências cristãs, é o produto incontaminado e espontâneo da experiência religiosa aborígine, feita nas reservas. O Peiote, pois, não cura somente as doenças do corpo e da mente (se bem que cure também estas); ele não serve para enfrentar apenas o risco de sofrimentos físicos. Auxilia também num risco cultural muito mais vasto. Con-

(106) PETRULLO, 1934, p. 46.

tra a ameaça de opressão cultural e de extinção social dos grupos indígenas como entidades históricas, os índios elaboraram, para sobreviver, a religião salvífica do peiote.

O Peiotismo como resposta cultural ao contato com os brancos

Não existe grupo humano que não reaja às transformações, aos desequilíbrios, às crises que a dinâmica histórica introduz no ambiente físico ou cultural de que o grupo faz parte. Qualquer mudança brusca, qualquer conflito interno e externo produz uma crise; a toda crise a sociedade responde com a elaboração de novas formas e novos centros de equilíbrio no âmbito da própria cultura. Às vezes são crises e impactos tão graves que ameaçam a própria sobrevivência do grupo: o risco é total e vital. Neste caso, são mobilizadas as forças mais ciosas e recônditas da cultura inteira, na elaboração de formas adequadas de redenção. São as forças da vida religiosa. A redenção, em tais casos, é constituída por movimentos religiosos nativistas, guiados pelas figuras mais características de profetas-guia.

Ora, por volta dos meados do século XIX, os índios das pradarias se viram frente a uma catastrófica subversão do seu ambiente territorial, biológico, social, cultural. O fator precipitante, a guerra de secessão que terminou em 1865, produziu o novo impulso expansionista da civilização branca. Como resultado desse impulso, operou-se entre os índios uma radical desorganização da sua vida. Os invasores brancos ocupavam suas terras, os indígenas tiveram de recuar e migrar para territórios ocidentais, diferentes sob todos os aspectos de seus territórios de origem[107]. O antigo equilíbrio econômico foi rompido pela destruição das manadas de búfalos, perpetrada sistematicamente pelos brancos entre 1870 e 1880[108], manadas que outrora constituíam a base da existência tribal. Em nenhum caso, a política de extermínio global, de aniquilação da personalidade individual perpetrada por governos coloniais nas duas Américas, alcança expressões tão extremas como no caso dos índios das pradarias[109]. Para os sobreviventes, feitos prisioneiros dentro das chamadas reservas, no extremo dos recursos econômicos, a experiência foi tão drástica que aos seus olhos parecia quase incrível. James Mooney reevoca de maneira eficazmente dramática a experiência em questão. "Parecia",

(107) SLOTKIN, 1956, p. 12.
(108) CH. HAMILTON. *Cry of the Thunderbird*, trad. ital.: *Sul sentiero di guerra*. Milão, 1956, p. 325; J. COLLIER. *The Indians of the Americas*. Nova York, 1947, p. 225.
(109) COLLIER, 1947, p. 224.

escreve ele, "um sonho doloroso, uma nuvem sobrenatural de trevas que descera para punir os seus pecados, mas a nuvem — pensavam eles — podia dissolver-se desde que rezassem e fizessem sacrifícios. Os anciãos recordavam que de outras vezes também os búfalos haviam desaparecido por algum tempo; mas depois sempre haviam retornado. Nunca acontecera de desaparecerem definitivamente e de todo. Portanto, os búfalos decerto reapareceriam e com eles a prosperidade e a liberdade"[110].

Ao esfacelamento econômico-social juntavam-se as doenças importadas e espalhadas pelos brancos, sobretudo as doenças sociais, isto é, a tuberculose e o alcoolismo. Acrescente-se ainda, para completar o quadro, a política de desculturação formada e assimilação logo em seguida à política de extermínio da primeira fase de ocupação, e enfim a sistemática perseguição religiosa. Um funcionário americano dotado de louvável objetividade, John Collier, admite que "a partir de 1870, o objetivo principal dos Estados Unidos foi dispersar a comunidade de índios das pradarias, destruindo-lhes a religião. Talvez nenhuma outra perseguição religiosa, acrescenta ele, foi tão implacável e conduzida com tanta variedade de expedientes"[111]. Mas será conveniente percorrer sumariamente as várias fases essenciais do acontecimento.

O primeiro ato do choque dramático entre brancos e índios (1865-1870) foi de lutas armadas, de violências colonialistas de um lado, de resistência militar organizada de outro. Prevalece, neste período, a política colonialista de *expulsão* dos grupos indígenas, ou pior, a política racista do *genocídio*. A tenaz resistência indígena devia, porém, logo induzir o governo a voltar atrás no compromisso, adotando a nova política de *segregação*. As comunidades índias eram parcialmente concentradas dentro do chamado Indian Territory, não obstante isoladas nas várias reservas instituídas justamente nessa época (1870-85). Já estamos no segundo ato do drama. Mas dentro das reservas, assim como no próprio âmago da vida tribal, começava a se fazer sentir a interferência política na cultura aborígine. Realizava-se a desautoração dos chefes, a forçada desarticulação dos laços tribais, a imposição de usos e costumes ocidentais, a destribalização, realizada esta últma mercê da instituição de escolas externas[112]. Pelas relações entre índios e brancos iniciava-se assim o terceiro e último ato do drama. É esta a fase, que dura até hoje, caracterizada pela política de *uniformidade cultural* e de *assimilação forçada*. Os caminhos

(110) MOONEY, 1896, p. 906.
(111) COLLIER, 1947, p. 224.
(112) SLOTKIN, 1956, pp. 8-12; LA BARRE, 1938, p. 113.

deste programa político são multiformes e sinuosos. Um momento particularmente significativo é representado pelo *Allotment Act* de 1887. Operava-se com ele um dos mais insidiosos atentados contra a integridade territorial das próprias reservas, e dos núcleos indígenas. O decreto em questão abolia os velhos princípios da propriedade tribal e da inalienabilidade das terras, poderosas forças coesivas da unidade tribal. As terras eram divididas, sem pedir o consenso do grupo, em lotes individuais com direito à compra-venda. Inevitável e prevista conseqüência do *Ato de Loteamento* foi a cessão de terras aos brancos[113]. O processo de pauperização dos índios assumia aspectos cada vez mais trágicos. Os promotores do Ato haviam buscado, segundo eles um objetivo de "civilização" e "cristianização" dos aborígines. Estes escopos não foram alcançados, mas em compensação

(113) Um exemplo dramático das conseqüências oriundas do loteamento das reservas numa atual sociedade de índios é documentado pela pesquisa de campo executada em 1951 por Omer Stewart, junto aos Ute meridionais da reserva de Ignacio (Colorado) (STEWART, 1952). Resumiremos seus resultados. O mapa topográfico da reserva mostra logo no princípio a distribuição extremamente fragmentária e dispersa dos lotes pertencentes aos índios, em confronto com a enorme maioria de lotes que constituem uma compacta propriedade dos brancos. Este é o resultado de uma complexa política pela qual, de um lado, o governo recobrou terras originariamente atribuídas aos índios, consentindo na compra ou ocupação delas por parte dos brancos, de outro lado os próprios índios preferiram vender aos brancos as suas terras concedidas pelo loteamento, já que não estavam em condições de fazer frente às enormes dificuldades inerentes à gestão direta de uma pequena propriedade agrícola, pois se tratava de gente privada de tradições agrícolas e avessa ao sistema de propriedade tribal. Já em 1936, 40% das terras estavam vendidas aos euro-americanos.
Quanto às relações com a civilização moderna, são características da comunidade de Ignacio a grande difusão da tuberculose com conseqüente mortalidade infantil bastante alta, a não-aceitação e o desinteresse dos índios pelas regras de higiene próprias da vida civil moderna. Desinteresse e apatia caracterizam também a atitude dos Ute de Ignacio em relação à terra, que eles cultivam sem empenho, contentando-se em tirar dela o mínimo produto indispensável. Na verdade, suas terras rendem muito menos do que qualquer outra, vizinha delas, cultivada pelos brancos. Preferem entregar-se ao ócio ou ao jogo na cidade. Também escasso é o seu interesse pela vida política e, embora a lei (de 1924) garanta o direito de voto aos índios, eles geralmente não o exercitam. Na realidade, sucumbem ao efeito desmoralizador da desdenhosa atitude que assumem frente à preponderante comunidade branca que os circunda. De fato, os anglo-saxões e os espanhóis do lugar julgam os índios indignos de exercer o direito de voto, já que eles não pagam impostos (a isenção dos impostos, além da instrução e assistência gratuitas, estão entre as poucas "vantagens" da vida nas reservas). A inércia e a apatia destes índios para com a vida civil, política, econômica — enquanto de outro lado tendem a preservar costumes e tradições arcaicos — derivam da humilhação que neles produziu primeiro a espoliação das terras, depois o fraudulento sistema de loteamento, enfim a discriminação racial e o paternalismo administrativo do Indian Service, dedicado a desencorajar muito mais do que estimular a sua iniciativa. Quanto à discriminação racial, basta pensar na resposta dada por um conselheiro local, interpelado sobre a opinião que ele nutre em relação aos índios. Este respondia que "qualquer branco é melhor do que qualquer índio" (STEWART, 1952, p. 87). Sobre a pequena aceitação do Peiotismo da parte dos Ute de Ignacio, especialmente em comparação com os de Towaoc — mais pobres e que tinham menos contatos com os brancos — Cf. OPLER, *Am. Anthr.*, *42.3* (1940). pp. 468 e ss.

verificou-se um fato preciso, a fragmentação territorial das reservas[114].

Ao esmigalhamento da unidade tribal os índios reagiam, fomentando uma nova solidariedade intertribal, também pan-indianista. Para isso contribuíam em certa medida também o uso comum do inglês imposto em lugar das línguas nativas, além das experiências comuns de conflito e adaptação à cultura branca, e por fim a ocidentalização parcial de alguns costumes, coisas todas que se prestavam a formar um terreno comum de entendimento entre grupos heterogêneos, ou totalmente hostis entre si.

Era neste momento e neste terreno que vinha instaurar-se a religião do Peiotismo, reação vigorosa da cultura indígena à política de assimilação e desculturação[115]. Tampouco isso pode ser entendido fora do seu liame dialético-histórico com tal política, e em suma com a forma especial assumida nos Estados Unidos pelo choque entre nativos e brancos.

Mas o Peiotismo é a resposta cultural aborígine não só à política das esferas oficiais americanas, mas também, com ele, ao Cristianismo dos missionários. Este era realmente coligado com aquela. Foram os missionários que espalharam os boatos de orgias peiotistas[116]. Os missionários, católicos ou protestantes, descobriam no proselitismo particularmente eficaz dos Peiotistas um perigo aberto, bem como um inimigo para o Cristianismo. Nunca puderam curvar-se a reconhecer no Peiotismo, segundo a convicção dos índios, uma forma religiosa "cristã". O peiote era simplesmente, para eles, uma "raiz do diabo", um "poder maléfico", uma "dádiva satânica" pela qual a consciência dos índios se deixava horrivelmente aprisionar[117].

Para ter uma idéia da atitude dos missionários frente ao Peiotismo, releiam-se as palavras com que Martin Gusinde, insigne etnólogo e missionário católico, conclui um estudo sobre o assunto. O Peiotismo é para Gusinde um equívoco "sub-rogado" do Cristianismo (*Ersatzreligion*). "Muito tempo passará — ele adverte, como se falasse *ex cathedra* — "até que os adeptos do Peiotismo compreendam e sintam que esta sua religião supletiva deixa sem conforto a mente e o coração." E de repente acrescenta: "Através do diuturno costume e das conversações confidenciais que tive com ele aprendi a ter respeito pelos filhos das prada-

(114) DANIELS. *American Indians*, pp. 43-4; COLLIER, 1947, pp. 226-7.
(115) LA BARRE, 1938, p. 113.
(116) Anônimo, 1923, in: SLOTKIN, 1956, p. 126, nota 14. Já mostramos que esta informação é infundada.
(117) PETRULLO, 1934, pp. 3-4, 14.

rias, já libertos há algum tempo. Como seu sincero amigo, do fundo da alma, volto-me para eles com este auspício: Procurem a verdade e a verdade os fará realmente livres[118]!"

Não obstante certas promessas teóricas falazes[119], continuando um filantropismo por demais abstrato e não fundado culturalmente, o autor demonstra a sua inaptidão em compreender o Peiotismo no seu valor histórico positivo, como expressão de genuínas exigências culturais, bem como da mais verdadeira e autêntica forma de "liberdade" dos índios. Como vemos, o agnosticismo dogmático da interpretação eclesiástica reduz negativamente o Peiotismo a mera expressão de vício e aberração, privando-o em suma da dignidade cultural que lhe cabe histórica e humanamente.

Com efeito, o Peiotismo representa um passo apreciável para a frente dado pela cultura aborígine, no sentido da realização de seu papel positivo — cultural, moral, religioso — no âmbito das civilizações modernas.

A política das igrejas cristãs, informando-se nos princípios acima, só podia ser decididamente repressiva[120], vindo a ser portanto flanqueada, e por sua vez flanqueadora em relação à política cultural do governo, não menos drástica nem menos obtusa do que a primeira para com o movimento em questão. A linha de ação buscada pela administração pública foi desde o início estranhamente autocrática e etnocêntrica: visava a adaptar os povos submissos — no plano político, social, cultural, religioso — à civilização hegemônica branca[121]. Inaugurada pelo Bureau of Indian Affairs no início do século XX, tal político sofreu uma interrupção temporária no período de 1933 a 1945 graças a um comissário excepcionalmente esclarecido, John Collier — de quem já falamos —, que foi o primeiro a inspirar-se, na ação administrativa para com os índios, no princípio liberal do autogoverno. Foi promotor do chamado Indian Reorganization Act, que reconhecia as exigências de autonomia política e cultural dos grupos indígenas, detinha o processo de loteamento das reservas e também favorecia o retorno das terras à propriedade tribal. Em suma, segundo o programa de Collier, deixava-se que os índios vivessem como índios

---

(118) GUSINDE, 1939.
(119) Cf. a resenha de Marvin K. Opler do ensaio de M. Gusinde (*Am. Anthr.*, *42.4*, 1940, pp. 667-69), no qual o autor denuncia a imodéstia cultural de Gusinde e a sua incompreensão do Peiotismo como fenômeno cultural.
(120) B. F. GASSAWAY, in: SLOTKIN, 1956, p. 126, nota 14.
(121) SLOTKIN, 1956, p. 8; RADIN. *The story of American Indians*, pp. 364-65; COLLIER, 1947, pp. 242 e ss.; DANIELS, 1957, pp. 47 e ss., 167 e ss.

e o destrutivo processo de assimilação forçada dava lugar a um lento e natural processo de aculturação[122].

A experiência de Collier durou muito pouco. Já em 1945 a política administrativa americana voltava às tendências autocráticas antes impostas, e voltava ao princípio da assimilação forçada[123].

Pouco antes já se falava daquela particular reação indígena à sistemática desculturação desejada pelos brancos, representada pelo surgimento de uma solidariedade intertribal e pan-indiana. Trata-se de um irredentismo que assume formas políticas bem determinadas. Até que em 1911 nasceu a Sociedade dos Índios da América, por iniciativa de intelectuais índios da Universidade de Ohio. Associações análogas se multiplicaram em tempo rápido; surgia entre outras a conhecida Federação dos Índios da América (em 1934, em Washington), tipicamente nacionalista e, com importância bastante grande, o Congresso Nacional dos Índios da América, fundado em Denver em 1944. As ditas organizações têm caráter pan-indianista, reúne elementos de todos os Estados. Outras organizações de caráter mais estritamente local surgiam no mesmo período[124].

Enquanto se elaboravam estas reações no terreno político, vivos fermentos se manifestavam no terreno religioso, que aqui dizem respeito mais especificamente ao nosso tema. Alguns movimentos religiosos, de que falaremos mais tarde, alimentavam uma ideologia messiânica abertamente contra os brancos, do próprio gênero da antiga Ghost-Dance. Outros — como a Dança do Sonho — ao invés se reaproximavam da religião pan-indianista do Peiote. Mas aqui desejamos falar sobretudo do Peiotismo, em relação com as violentas perseguições religiosas desencadeadas pelos brancos.

A *perseguição antipeiotista* encontrava sua motivação no caráter nativista supertribal do culto, enquanto contraposto à religião do homem branco e à forçada assimilação desejada pelos administradores. Uma justificação especiosa da condenação antipeiotista encontrou-se na pretensa toxicidade do peiote e nos falsos boatos difundidos mais ou menos intencionalmente acerca de práticas liber-

(122) DANIELS, 1957, "Indian Reorganization Act", pp. 47-53 (separata da *Survey Graphic*, 29, 1940, pp. 168-74). Observe-se que a política paternalista e autocrática para com os índios da reserva seguida pelo governo federal e dos estados encontrou longo apoio no preconceito racista corrente na América, segundo o qual os índios não teriam condições nem de autogovernar-se nem de pensar e decidir de maneira autônoma, e que mesmo na esfera afetiva eles nada tinham em comum com os outros seres humanos (F. LA FLESCHE, "Letter to H. C. Phillips", 1916, cit. in: SLOTKIN, 1956, p. 121).
(123) SLOTKIN, 1956, p. 48.
(124) SLOTKIN, 1956, p. 49.

tinas incompatíveis com a moral oficial[125]. Uma carta particular registrada no Registro Oficial do Congresso dos Estados Unidos traz as seguintes declarações: "Pelo que sei, a campanha (dos missionários contra o peiote) não se baseia no dano físico que traz aos índios o emprego do peiote; isto não passa de um pretexto oferecido ao público. Ela se baseia no fato de que o Peiotismo está fazendo mais prosélitos do que os missionários. Em vez de empreender pesquisas, com toda a calma, em torno da 'droga', ou mandá-las fazer por especialistas qualificados, aqueles missionários vêem à praça pública e gritam que os índios são corruptos, que são loucos para usar o peiote, que por isso 'tio Sam' intervém para impedir-lhe o uso... Escrevem sobre os ritos peiotistas coisas tão distantes da verdade quanto a terra está longe do sol"[126].

O primeiro ato da luta antipeiotista teve início em 1888, nas reservas dos Kaiowa, Comanches, Wichita, com o banimento do peiote. Banimentos e repressões se seguiram em ritmo cerrado nas décadas seguintes e nas várias reservas. Faltava uma lei federal contra o peiote, mas os funcionários das respectivas agências aplicaram abusivamente ao peiote a legislação contra as bebidas alcoólicas. A iniciativa antipeiotista, nesta primeira fase, foi principalmente individual. Mas em 1923-1924 o Bureau of Indian Affairs tomou a si a responsabilidade da ação. Editou uma ordem de banimento oficial contra o peiote, contrariando a letra da Constituição e, além disso, passando por cima do Congresso e da autoridade judiciária. É digno de nota o fato de que o governo federal nunca chegou a reconhecer ao peiote o qualificativo de narcótico. Isso, todavia, não impediu que prosseguisse a luta contra a religião índia, da parte do Bureau, que, entre outras coisas, impediu que fossem feitas pesquisas científicas sobre o assunto por especialistas. E ainda é mais significativo o fato de ocorrer isso com o insigne etnólogo James Mooney, autor da grande monografia sobre a Ghost-Dance. Foi-lhe tirada a autoridade do seu "observatório" nas reservas e foi obrigado

(125) H. W. VRUWINCK. *Peyote or Mescal*. U. S. Bureau of Indian Affairs. Peyote Correspondence, 1915, p. 1; IDEM, *Peyote or Mescal as a drug and cult*. U.S. Congress Senate Committee of Indian Affairs, 1937, col. 18310; J. D. REICHARD. "Addiction." In: *Amer. Journ. of Psychiatry*, 103 (1946-47), pp. 721-30.

(126) *Letter to J. V. McClintic, Jan. 2. 1923*. U.S. Congress, Congressional Record 64 (1922-23), Pt. 2, pp. 1362-63, cit. in: SLOTKIN, 1956, p. 126. Observe-se que recentes observações sobre os efeitos do peiote em condição ritual, e da mescalina em laboratório deram resultados díspares. Com efeito, o ambiente e a ocasião social, dentro dos quais se insere a refeição ritual do peiote, para os índios, têm um valor determinante mesmo sobre a sintomatologia da chamada "intoxicação". Nas condições rituais não se pode falar realmente de "intoxicação" (SLOTKIN, 1956, p. 51).

a suspender, sem que nunca mais pudesse retomar, as pesquisas empreendidas sobre o peiote[127].

O zelo iconoclasta do Bureau chegou a influenciar alguns Estados, que elaboraram leis antipeiotistas; mas não teve sucesso na legislação federal, que de fato respeitou também neste setor as liberdades constitucionais.

Banimentos e repressões serviram de estímulo aos índios para organizar-se. Já não bastavam as petições intertribais, os reclamos de garantias constitucionais, as delegações enviadas aos governos, primeiros instrumentos adotados por eles em defesa da própria liberdade religiosa. Aos brancos, politicamente cada vez mais organizados, precisava opor uma sólida organização religiosa. Constituíram-se, pois, os primeiros agrupamentos locais de Peiotistas. Destes nasceram logo verdadeiras associações intertribais. É conhecida, entre outras, a associação dos "comedores de mescal" (*Mescal Bean Eaters*) difundida por volta de 1906 do Oklahoma ao Nebraska. Significativamente ela se constituiu depois como "Igreja da União" (Union Church)[128].

Em suma os índios vinham assumindo por si a típica organização religiosa dos brancos, a "igreja", desenvolvendo-a em função estritamente polêmica e contra a perseguição. A Igreja da União acabava por incorporar as outras associações peiotistas e, em 1918, dava origem à Native American Church[129]. Neste último organismo eclesiástico se fundiram mais tarde as múltiplas comunidades peiotistas do Oklahoma. Através de um lento processo (1933-44) desenvolveu-se com sentido mais decididamente nacional, para tornar-se a Native American Church of the United States, ou Associação Nacional dos Peiotistas dos Estados Unidos. A história mais recente levou (1946-55) à cisão do dito organismo em dois ramos, um para o Okhlahoma (Native American Church) e um para os Estados do Norte (Native American Church of North America).

(127) SLOTKIN, 1956, p. 53.
(128) Estabeleceu-se também em 1911 uma "Sociedade do Peiote" (talvez outra denominação da Union Church), organizada com lojas e com funcionários eletivos. Que o *mescal bean* desta sociedade era o peiote, atestam-no testemunhas do profeta Hensley (RODDY, 1909; in: SLOTKIN, 1956, p. 58, nota 11) e de Th. Prescott. Não se confunde com a planta homônima (*Sophora secundiflora*) objeto de outro antigo culto medicinal ("A.A.", 1957, pp. 75-87).
(129) O profeta dos Otó, Jonathan Koshiway, na reunião intertribal realizada em Cheyenne (Oklahoma), entre representantes peiotistas Otó, Kaiowa, Arapaho, propõe que o novo organismo eclesiástico intertribal assuma a denominação que era própria da "igreja" local dos Otó (que se incorpora a ele), ou seja, "Igreja Primogênita de Cristo" (sobre a qual exercera sua influência o Protestantismo dos Russellistas e dos Latter Day Saints). A assembléia rejeitou tal denominação por causa da explícita referência à religião dos brancos ("Primogênita de Cristo"), e ao contrário estabeleceu o nome, cheio de significado irredentista, de *Native American Church* (LA BARRE, 1938, p. 169).
(130) SLOTKIN, 1956, pp. 57-62.

Existem até hoje, junto com outros agrupamentos locais menores[130].

O insucesso da campanha antipeiotista dos missionários e das autoridades administrativas não podia ser mais gritante. A resistência religiosa dos índios havia quebrado, adotando para si as formas organizacionais dos brancos, a sistemática e obstinada oposição dos próprios brancos. A constituição das igrejas peiotistas americanas corresponde a exigências insuprimíveis de autonomia cultural e religiosa. Mediante a religião do peiote, as tribos índias conseguiam de fato preservar aqueles valores culturais, sociais, religiosos que, elaborados através de um processo histórico de longa duração e muitas vezes dramáticos nos seus eventos, constituíam a única condição, a única garantia de uma vida socialmente aceitável.

Síntese

O movimento peiotista não pode ser entendido fora de sua relação de origem com a Ghost-Dance. E por outro lado nem um nem outra podem ser entendidos senão em relação com o desenvolvimento dinâmico dos fatos que, em dois momentos diferentes, estiveram na origem de ambos.

Se olharmos bem há na Ghost-Dance e no Peiotismo um aspecto comum, isto é, o conteúdo de polêmica mais ou menos ativa frente à cultura dos brancos. Mas trata-se de duas formas polêmicas bem diferentes entre si. O Peiotismo, com seu moderado espírito de emancipação, responde a uma incruenta política de assimilação conduzida pelos brancos. A religião da Ghost-Dance responde a uma política totalmente diferente — de expulsão violenta, de genocídio, de segregação — que caracterizou as primeiríssimas fases das relações euro-ameríndias. A Ghost-Dance era uma religião de libertação, não surda a estímulos de revolta ativa, em cuja linfa não casualmente, a grande revolta militar dos Sioux pudera buscar alimento. O Peiotismo despontou justamente quando o movimento religioso da Ghost-Dance estava sufocado, praticamente quando os índios tiveram de tomar consciência da derrota sofrida na luta contra os brancos. Então, iniciando-se o duro e forçado processo de assimilação, assumiam aspectos novos as crises de relações entre os índios e os brancos, entre o antigo e o moderno, entre tradições populares e ordens impostas do alto. Não se devia mais opor-se de peito aberto à ação armada, mas elaborar novas forças recônditas de resistência, no interior do cabedal cultural oferecido pela tradição, opor-se à tentada assimilação do alto, que para os índios era inaceitável. A religião da Ghost-Dance havia alimentado os espíritos da revolução. Com o Peiotismo se reconhecia a exigência de dobrar-se sobre si mesmo. Era preciso enuclear, dos estratos mais profundos da cultura ancestral, uma nova religião, uma reforma religiosa que, admitindo a coexistência com os brancos e aceitando deles elementos ligados a um novo sincretismo, desse aos índios a convicção de serem eles próprios, de não sucumbirem ao jogo cultural dos recém-chegados.

Na Ghost-Dance havia um culto de libertação que incitava imediatamente à ação. Ela levantava alto o seu grito: "Fora com os brancos!" No Peiotismo, em vez disso, há uma escolha de um caminho próprio para a elevação cultural. O irredentismo se tempera, pois, com o princípio da coexistência e do sincretismo. A do Peiotismo, em suma, é uma escolha na qual se afirma plenamente o valor criativo da tradição; e onde a experiência de contato com a cultura moderna se faz sentir como força propulsiva e renovadora da própria tradição.

Duas diferentes e bem determinadas experiências históricas presidem, pois, as duas formações religiosas diversas: ligadas uma à outra tanto quanto dependem uma da outra aquelas duas experiências históricas. O Peiotismo emana da Ghost-Dance, assim como a paz é fruto da guerra, como da revolução ou da derrota nasce a obra de reconstrução reflexiva.

No Peiotismo não só os traços de cultura moderna a absorver e a incorporar são escolhidos conforme as aspirações genuínas e vitais, como também os elementos de cultura tradicional que se conservam mudam em parte a sua função, em vista das novas exigências ditadas pelo choque com os brancos. Vejamos em síntese quais são os elementos essenciais, de cultura tradicional e mais modernos, que se distinguem nele; e como alguns dos primeiros mudam a função original para satisfazer aspirações imprevistas produzidas pelas experiências históricas mais modernas.

1. Na base do grande complexo religioso de que nos ocupamos se discerne facilmente um substrato pagão que resumiremos com a denominação de *complexo do paganismo índio*. Nele estão incluídos temas essenciais, como o do Grande Espírito, ligado por sua vez ao tema do socorro sobrenatural e da visão: formam o núcleo original das cerimônias religiosas anteriores ao contato com os brancos; o tema mítico-ritual da Lua, da Mulher-Peiote, do Sol etc.; em suma, o chamado complexo religioso agrícola e solar que já analisamos acima. O mesmo papel religioso do peiote torna a entrar neste complexo, pelos vários elementos de religiosidade agrária que se exprimem através das suas figurações míticas e da função cultual da planta. O com-

plexo do paganismo índio nasce das experiências de vida originária dos indígenas das pradarias, e particularmente das antigas, não totalmente desaparecidas experiências agrícolas, às quais se sobrepõem experiências de nomadismo venatório que se tornavam peculiares da cultura local.

2. O *tema mágico-médico da cura* pertence propriamente ao antigo culto do peiote, que resulta relativamente mais recente com relação ao substrato mencionado. Todavia, se funde também ele com o substrato pagão para tornar-se apoio e mediação de novos e recentíssimos elementos de sincretismo pagano-cristão.

O tema da cura assumiu notáveis desenvolvimentos no Peiotismo dos profetas, ressentindo-se do contato com os brancos. O culto mágico-médico do peiote encontrava de fato uma razão especial para a sua difusão na propagação, com a chegada dos brancos, de novas e terrificantes doenças sociais tais como a tuberculose e o alcoolismo. Mais do que toda cura médica, o peiote exercia contra elas a sua eficácia taumatúrgica, aumentando o seu valor religioso. Além disso, desde que a assimilação forçada se iniciou, difundiu-se uma outra doença coletiva mais grave: a ameaça de desagregação da cultura e da própria sociedade índia. O peiote exercia a sua função terapêutica frente a esta suprema desgraça. A religião médico-mágica do peiote, adequando-se às novas exigências culturais, e para enfrentar a catástrofe que impende sobre a comunidade, se configura já como *religião de salvação*. O tema da cura se amplifica num *tema soteriológico*. O peiote salvará os prosélitos da nova religião da aniquilação como entidades históricas e humanas.

3. O tema da salvação se combina, no mais das vezes, com outro tema que se desenvolveu, também ele, do choque da velha cultura tradicional com a cultura dos brancos: falo do *tema do conhecimento místico do bem e do mal*. Os profetas repetidas vezes declaram, de fato, que para eles, desde quando fizeram a experiência com o peiote, o bem se identifica com o luminoso "caminho do peiote", frente ao qual o "caminho" antigo do paganismo tradicional se tinge do obscuro matiz do mal. A origem histórica de tal tema religioso (à parte os dois componentes já vistos, isto é, os tradicionais temas da cura-salvação e da visão) é reconhecida numa experiência determinada. É certo que a religião intolerante da Ghost-Dance já se acabara: a história ratifica a necessidade da simbiose com os brancos. Em suma, o velho caminho da hostilidade armada e do rigorismo tradicionalista já estava condenado. O caminho novo devia encontrar-se na aceitação dos elementos mais oportunos da cultura dos brancos (elementos cristãos), pois à prova dos fatos esta cultura se mostrara inatacavelmente

melhor, pelo menos no que diz respeito ao poder. Em suma, os índios haviam compreendido, do choque com os brancos, que faltava alguma coisa na sua velha cultura, já que eles poderiam ser exterminados e os brancos, ao contrário, saíam sistematicamente vitoriosos. A cultura destes, portanto, devia ter em si alguma coisa de bom, que devia ser incorporado[131]. Da contraposição entre a velha cultura tradicional — que saíra derrotada — e a moderna cultura triunfante dos brancos, nascia entre os índios uma consciência de todo nova do que é bem e do que é mal. Mas, já que a latente hostilidade nutrida contra os brancos impedia que fossem identificados com o bem, este era configurado no "novo caminho" dos índios: que era um caminho, como se dizia, de coexistência e de sincretismo. *No tema do conhecimento do bem e do mal se projeta a dramática experiência de uma cultura ligada rigorosamente à tradição e por isso condenada pela história como "mal", frente à triunfante cultura moderna e cristã trazida pelos brancos.*

4. Um dos temas mais recentes, desenvolvidos em formas cada vez mais complexas e importantes em seguida ao contato com os brancos e às experiências de vida nas reservas, é o *tema da solidariedade social*. Às comunidades erradicadas nos locais e das formas culturais de origem, postas em toda parte frente ao risco de desagregação, uma nova solidariedade, tribal e supertribal, se impôs como reação ativa e imediata. Na religião tradicional o tema da solidariedade se exprimia de modo antiquado através das antigas sociedades de dança e xamanistas[132], mas ele assume uma validez renovada com relação às novas exigências de defesa da própria autonomia cultural.

Um desenvolvimento bastante particular do tema da solidariedade aconteceu, mais recentemente, com a formação de uma verdadeira e própria consciência pan-indianista entre os índios dos Estados Unidos. No campo estritamente religioso, o *pan-indianismo* se concretiza na instituição de autênticos organismos eclesiásticos peiotistas, a igreja do Oklahoma e a dos Estados do Norte. Um aspecto notável do pan-indianismo é dado pelas reuniões intertribais periódicas, de caráter religioso e festivo, que se realizam durante vários dias seguidos, até por uma semana inteira, e nas quais a atividade preeminente se constitui de danças coletivas. São os chamados *powwow*[133]. A forma das danças

---

(131) RADIN. *The story of American Indians.* Nova York, 1944, p. 366.
(132) C. WISSLER. "General discussion of shamanistic and dancing societies". In: *Anthropol. Pap. Amer. Mus. Nat. Hist.,* 11 (1912-16) pp. 853-76.
(133) Sobre as festas *powwow,* cf. NEWCOMB, 1955; MASON, 1944, pp. 61-9. Ao contrário, SLOTKIN, The Menomini Powwow, *Publ. Mus. of Milwaukee, Publ. in Anthropol.,* 4 (1957) se refere à Dream-Dance, chamada Powwow com nome local.

powwow, além da música, representa uma síntese moderna de elementos tribais e americanos; também a este respeito há uma formação culturalmente nova e supertribal, e não a simples propagação de modelos derivados de tribos determinadas. Isto contribui para reforçar a consciência pan-indianista. De fato, a atração particular destas reuniões consiste em que os convidados, se sentem solidários, fora do consórcio dos brancos, para agirem como índios. Não se pode ignorar que, se o primeiro fator de gênese da unidade pan-indiana é certamente representado pela segregação dos indígenas nas reservas — esta espécie de *ghetto* moderno — entre os fatores que cimentam tal unidade deve-se enumerar a atitude dos brancos para com os nativos. Na realidade, os brancos geralmente evitam distinguir, dentro da minoria índia, um Delaware de um Cherokee ou de um Kickapu: para eles trata-se uniformemente de "índios". Não se pode negar, além disso, a ação indireta de estímulo da unidade intertribal que oferecem as escolas e os hospitais, onde os índios se encontram deliberadamente isolados dos brancos; enquanto que, de outro lado, associações políticas, recreativas, de trabalho, de todo tipo, servem de estímulo direto neste sentido. O pan-indianismo representa uma força cultural autônoma, que tende a transformar a cultura índia. Entre os Cherokees e Delaware do Oklahoma foi instituída uma exogamia tribal, pela qual todo indivíduo de cada tribo é obrigado a escolher o cônjuge fora do respectivo círculo tribal. Esta norma traz uma radical transformação na estrutura social original interna, em função de uma nova unidade intertribal que graças à exogamia[134] recebe uma sanção oficial.

Se o pan-indianismo representa a cultura índia do futuro, não se pode negar que ele se desenvolveu sob a proteção do Peiotismo. Portanto, a *unidade supertribal irredentista mas ao mesmo tempo pacífica* representa um tema peculiar do Peiotismo, e enquanto distingue este movimento profético das correspondentes formações religiosas de ambiente oceaniano, onde não se encontra um tema análogo, estabelece uma relação particular entre o próprio Peiotismo e as formações proféticas de ambiente africano, onde se encontra um tema de unificação pan-africana, ligado com uma semelhante experiência de segregação.

5. O *complexo religioso cristão* do Peiotismo corresponde ao de outras formações proféticas. É fruto da pregação missionária, e representa a contrapartida moderna do sincretismo, com respeito ao substrato tradicional pagão. Todavia, daquele substrato ele sai definitivamente influencia-

(134) NEWCOMB, 1955, pp. 1042-44; LA BARRE, 1938, p. 166.

do, e isso em dois sentidos. De um lado, no sincretismo peiotista se realiza uma verdadeira "reinterpretação" pagã e índia do Cristianismo. Jesus se identifica com o Peiote, a fraternidade cristã se transforma em fraternidade pan-indiana antibrancos. Em suma, os traços de Cristianismo pregados pelos missionários são transformados na sua função, em sentido nativista e pan-índio. De outro lado, os elementos cristãos são selecionados através do filtro do paganismo; de modo que em definitivo não é por acaso que se sobressai, entre os elementos cristãos assimilados, a figura de Deus paleotestamentário e judaico, invisível, espiritual, cuja presença é misticamente experimentável através de visões e exaltações rituais. Enquanto continua incerto e nem por isso bem sistematizado o papel de Jesus, da Trindade etc.

Em suma, do monoteísmo judaico-cristão a cultura religiosa dos Peiotistas absorvia a seu modo o elemento teísta, cujo papel correspondia ao papel do Ser supremo, preeminente na tradição ancestral. Mas, fora do dito elemento, os outros traços cristãos ou são transformados na sua função, ou permanecem fundamentalmente inassimilados e acessórios. Mais uma vez se descobre que as religiões primitivas aceitam melhor e mais integralmente uma figura como a do Deus paleotestamentário e judaico — mais condizente com suas exigências — que a figura de Jesus: e isto também devido a aliança especial, entrevista pelos indígenas, entre Cristianismo e Colonialismo.

3. OUTROS MOVIMENTOS PROFÉTICOS AMERICANOS

A. América do Norte

a) Dream-Dance dos Menomini

Historicamente paralelo e ligado ao Peiotismo, pelas origens comuns embora independentes, é um movimento profético nascido, como aquele, da experiência das reservas norte-americanas. Trata-se da *Dream-Dance* ou Dança do Sonho, também chamada *powwow*, fundada em 1879 entre os Menomini do Wisconsin Setentrional.

A Dream-Dance dos Menomini parece ter em comum com as danças powwow de que falamos acima[1], além do

(1) NEWCOMB, 1955; B. S. MASON. *Dances and stories of the American Indian*. Nova York, 1944, pp. 61-91.

nome, a origem histórica. De fato, a Dream-Dance é ela um produto do choque entre índios e brancos. Além disso, na Dream-Dance afirma-se precisamente, mas de forma univocamente religiosa e não mais religiosa e profana como nos powwow, a exigência de união pan-índia.

A Dream-Dance é uma formação religiosa que preconiza a unidade intertribal dos índios sem distinção de origem, o fim de toda hostilidade e luta entre os vários grupos locais. Não faltam motivos, embora atenuados, de polêmica contra os brancos (se bem que se aceite fundamentalmente a convivência pacífica com eles): nenhum membro da religião da Dream-Dance pode fazer parte da Igreja católica[2]; é excluído do rito o uso do inglês, o qual todavia é o idioma preferido nas relações profanas[3].

Slotkin realizou uma pesquisa direta, em 1949-1951, na comunidade menomini de Zoar (apenas 168 indivíduos: verão de 1950). Vale a pena reproduzir-lhe alguns resultados. A Dream-Dance se acha num estado de decadência parcial, por descuido e falta de entusiasmo em relação ao seu grande florescimento ainda vivo vinte anos antes. Todavia, o núcleo de indagação de Slotkin apenas confirma — se bem examinarmos — os dados oferecidos em 1911 por Barrett[4], na sua monografia clássica sobre a Dream-Dance dos Chippewa e Menomini, tanto com relação ao conteúdo ideológico ou ético, quanto escatológico, mitológico, ritual da Dança do Sonho. Trata-se de uma dança que se repete nas estações (as mais importantes são as celebrações de primavera e de outono), ou ocasionalmente (semanalmente — por influência cristã — ou por ocasião de nascimentos, curas etc.), e conserva íntegro o seu conteúdo pagão. É um rito dedicado a estabelecer uma relação imediata entre os participantes e o Grande Espírito, a fim de impetrar — mediante cantos, danças, invocações — a prosperidade, a abundância, o bem-estar. O rito gira em torno do tambor sagrado (há apenas um para cada chefe e grupo de prosélitos, na comunidade de Zoar existem três) que representa e incorpora o Grande Espírito. Do rito emana — como Slotkin adverte sensivelmente — um efeito emocional, sobretudo acentuado pelo vibrante tamborear que domina e exalta os ânimos a um sentido de entusiástica solidariedade[5]. Outro elemento importante de origem pagã é, além do tambor, o cachimbo sagrado, com o qual os participantes, fumando, oferecem fumo aos Espíritos[6]. O subs-

(2) SLOTKIN, 1957, p. 14.
(3) SLOTKIN, 1957, p. 94.
(4) BARRETT, 1911.
(5) SLOTKIN, 1957, pp. 14-5.
(6) Sobre o cachimbo como "altar sacrificial", cf. BARRETT, 1911, p. 265.

trato arcaico de que brotou a Dream-Dance é a Dança da Medicina, peculiar dos índios do Wisconsin e das regiões setentrionais (Winnebago etc.)[7]. A riqueza de referências pagãs da Dream-Dance é denunciada também pela sua organização sacerdotal, que compreende vários oficiantes adequados a papéis representativos e rituais especializados (além do dono do tambor ou chefe-de-cerimônias, existem "oficiais" que representam vários espíritos, "guerreiros" contradistintos pelo cachimbo, o "homem do bastão" que simboliza o pássaro-raio, os oito cantores que simbolizam os espíritos dos pontos cardeais cada um com seu próprio *partner,* o sacerdote agregado ao cachimbo, os "porteiros" que guardam o templo ou "Sala de Dança" etc.)[8].

Mas, em relação à religião pagã tradicional, a Dança do Sonho desenvolveu um caráter próprio e saliente, isto é, o conteúdo de paz, irmandade, solidariedade étnica. Tal nota religioso-social exprime-se no mito, nas prescrições rituais, e na própria distribuição de presentes aos convidados, pois a ela os índios atribuem um notável valor de cimentação social[9]. Mas também o mito das origens da Dança do Sonho confirma o tema da solidariedade intertribal. Foi uma mulher sioux — conta o mito — que fundou a cerimônia entre os Chippewa, antigos inimigos dos Sioux. Não é por acaso que, entre os cantos da cerimônia, há um grupo intitulado "Aperto de mão dos Chippewa com os Sioux": são cantos que celebram a pacificação entre tribos adversas, realizada em nome da nova religião pela sua fundadora.

Eis o que narra o mito (as versões de Slotkin e de Barrett estão de acordo). No curso de um massacre perpetrado pelos brancos contra um grupo de Sioux — estávamos em 1878 — uma jovem, para fugir à morte certa, jogou-se nas águas de um lago, onde foi obrigada a permanecer durante muito tempo escondida — pois os soldados americanos estavam acampados nas proximidades — imersa entre os juncos e privada de todo auxílio. Nesta altura — quando já se achava no extremo das forças — veio a ela uma visão e uma voz do Grande Espírito, que lhe ensinou as formas da nova religião — a Dream-Dance — ordenando-lhe que a divulgasse entre as tribos índias. A Dança do Sonho devia substituir os ritos arcaicos, o seu grande tambor teria suplantado os tambores menores antes

(7) P. RADIN. "The Winnebago tribe". In: *Ann. Rep. Bur. Amer. Ethn., 37* (1915-16), 1923, pp. 388-426; A. SKINNER. "Medicine ceremony of the Menomini, Iowa and Wahpetan Dakota". In.: *Indian Notes and Monographs, 4* (1921); P. RADIN. *The Road of Life and Death.* Nova York (1945), 1953. 2.ª ed.
(8) A "Sala de Dança", edifício de madeira, é elemento recente de evidente influência ocidental. Anteriormente, o rito era realizado ao ar livre, em lugar cercado (BARRETT, 1911, pp. 257 e ss.).
(9) SLOTKIN, 1957, p. 112.

empregados cerimonialmente. As velhas formas religiosas — diz-se no mito — se mostraram inadequadas a manter distantes os espíritos maus. As instruções religiosas dadas pela fundadora giravam em torno do novo cânone ético de união pacífica de todos os índios. A fundadora realizava esta exigência com o primeiro ato formal de pacificação, levando diretamente aos Chippewa — ela, de origem sioux — a nova religião. Seja a tradição das origens, seja a personagem da fundadora aparecem com os traços tipicamente exemplares e intensamente simbólicos próprios dos mitos. Evidentemente, o elemento histórico já é mitigado.

Não podemos, por nossa vez, deixar de relacionar este mito tão original com os mitos de origem da religião do Peiote. As afinidades são múltiplas e relevantes. Têm em comum: um fundador do sexo feminino (quase sempre no Peiotismo é uma mulher mística que recebe a primeira revelação do peiote e divulga a nova religião); o tema do risco mortal e da salvação conseguida em virtude de revelações ou visões; o Grande Espírito no vértice da experiência revelacionista; o aprendizado de uma nova religião, que a fundadora deverá divulgar para a salvação dos índios. Em suma, a Dança do Sonho é, como o Peiotismo, uma religião de salvação. Além disso, como aquele, é uma religião exclusivista, sendo destinada unicamente aos índios. Enfim, é autonomista: já que, fundada pelos índios, continua radicada ao substrato religioso tradicional e junto exprime uma exigência de renovação religiosa segundo formas espontâneas, não impostas pelos brancos.

Decerto, há diferenças entre o Peiotismo e a Dream-Dance. No primeiro há um ritual de caráter contemplativo, no segundo ele é de fundo orgiástico-emocional; o primeiro é um amálgama em que se inseriram, pelo menos formalmente, vários elementos cristãos, enquanto a Dream-Dance continua fundamentalmente fechada a todo desenvolvimento em tal sentido e ignora, em si, a religião dos brancos: o que, segundo nós, não deixa de ter relação com seu atual estado de decadência e desagregação. Ao contrário, o Peiotismo, por sua maior potencialidade evolutiva dada pela relação explícita (em parte polêmica, em parte assimilativa) que tem com o Cristianismo, ainda vive.

Todavia, acima de toda diferença e toda analogia há uma comunhão de função, no Peiotismo e na Dream-Dance, relacionada com uma exigência comum e definitivamente com a igualdade de sua história; ambas as formações acima exprimem o momento de crise e de subseqüente revalidação da cultura religiosa tradicional índia, frente ao contato com os brancos. Os seus mitos de origem são significativos. Neles, através da figura de uma protagonista exemplarmente representativa de toda a cultura, realiza-se o abalo violento e a crise de um passado tradicional inadequado frente a tarefas novas (o grupo de Sioux é massacrado pelos brancos, a jovem sobrevivente está prestes a afogar-se); simultaneamente realiza-se um renascimento quase iniciático da jovem que chegara a uma morte simbólica (imersa no lago), e dela ressurge mulher renovada que "sabe", que vive uma nova vida religiosa. Em substância ressurge, da arcaica cultura enlanguescida e quase extinta pela invasão e prepotência dos brancos, uma cultura religiosa cheia de novas energias. Nasce, em suma, uma religião apostólica, efervescente e vital. Determinada pelo impacto com a civilização hegemônica, tal religião não podia ser e não é o Cristianismo, nem uma sua ramificação. É, ao invés, como todos os movimentos proféticos, um produto genuíno e novo da cultura local, brotado como reação à crise.

A Dream-Dance surgiu no Wisconsin (território centronorte dos E.U.A.), aonde nunca chegara a Ghost-Dance do profeta Wowoka. Era mais ou menos a época em que, mais ao sul, se desenvolvia o Peiotismo em sua forma moderna. Todavia, enquanto a Dream-Dance continuava sendo um fenômeno local, o Peiotismo se difundia amplamente e no Wisconsin competia com a Dança do Sonho. Entre os Menomini há incompatibilidade: os Peiotistas não podem fazer parte da Dream-Dance[10]. Evidentemente, tanto o Peiotismo quanto a Dream-Dance são entendidos como momentos correspondentes de uma dinâmica histórica que não pode deixar de remontar, através da obra dos respectivos profetas a forma mais antiga de Ghost-Dance. Decerto, a fundadora sioux devia ter tido experiência em tal sentido[11]. Para o fundador do Peiotismo, John Wilson, a coisa está bem documentada[12]. Entretanto, de um lado a Ghost-Dance, com sua atitude de revolta contra os brancos, com seu programa de renovação das formas religiosas mais arcaicas, responde a uma primeira fase de choque, violenta e bélica, dos nativos com os brancos. Não é por acaso que a Ghost-Dance anuncia messianicamente um iminente retorno dos mortos, e no seu rito estabelece um contato imediato entre vivos e mortos. Em suma, na Ghost-Dance há a condenação explícita e drástica de todo o mundo dos brancos, um deliberado retorno ao passado (os mortos).

De outro lado, Peiotismo e Dream-Dance se referem a uma fase ulterior do contato com os brancos, a uma fase que se desenvolve nas reservas, e que comporta um ajusta-

(10) SLOTKIN, 1957, p. 14.
(11) BARRETT, 1911, p. 301.
(12) Veja atrás, cap. sobre o Peiotismo.

mento necessário baseado na convivência pacífica. A já longínqua e definitiva derrota militar, a instauração de relações cada vez mais complexas com os brancos, antes olhados como estranhos e adversos, tinham descoberto algumas deficiências da cultura tradicional, quase se mostrara impotente frente à organização militar dos brancos, e não mais adequada às exigências que lhe cabem. A espera de libertação, solicitada pelo Ghost-Dance, se frustrara definitivamente. A crise da religião original, e ao mesmo tempo dos movimentos proféticos de libertação como a Ghost-Dance, desembocava num renovado impulso de vida religiosa. E isto era expressão da vitalidade cultural das gentes aborígines.

Nasciam assim os profetismos de "ajustamento" (alguns falam de "reformismo"[13]) enquanto saíam para sempre fracassados os movimentos nativistas revolucionários e de luta.

Concluindo este breve reexame, importa sublinhar como, no âmbito dos movimentos nativistas e proféticos gerados pelo impacto entre civilizações coloniais e hegemônicas, são distintas duas formas peculiares dialeticamente concatenadas entre si. Há um nativismo ativo e irredentista (segundo Voget, "de despertar" ou *revivalism*), destinado a inspirar — mais ou menos conscientemente (p. ex., Wowoka, inconscientemente, com a sua pregação profética, causou a revolta dos Sioux) — movimentos de libertação e religiosamente dedicados a retomar o passado. Esta forma compreende, com as várias manifestações da Ghost-Dance, também movimentos como o dos profetas dos Delaware e Shawni[14].

Uma segunda forma de nativismo, isto é, a de adaptação ou reformista, visa a realizar — no âmbito de relações pacíficas e de simbiose com os brancos — uma autonomia religiosa indígena. Assim é com o Peiotismo, com a Dream-Dance, a religião de Handsome Lake, o Shakerismo etc. Para concluir sobre a comparação entre Peiotismo e Dança do Sonho, há uma diferença relevante entre eles, que leva a uma e a outra a um destino histórico diferente. O Peiotismo assumiu desde o princípio uma posição decidida e empenhada frente ao Cristianismo, absorvendo-lhe alguns traços, repudiando outros em nítida polêmica. A Dança do Sonho teve desde o início uma posição indiferente em relação ao Cristianismo, ancorando-se em formas religiosas deduzidas da tradição. Por isso, veio decaindo, não podendo reagir frente à penetração cristã.

(13) VOGET, 1951.
(14) MOONEY, 1896, pp. 653-1104.

b) Handsome Lake, profeta dos iroqueses

O choque dos brancos contra os índios da América do Norte produziu um outro grande movimento profético entre os Iroqueses, na região dos Lagos. É o movimento fundado pelo profeta Handsome Lake (*Ganeoda'yo* = grande lago) do grupo dos Seneca em 1799, em seguida a uma revelação que recebera. O culto *Gai'wiio,* ou seja, da "Boa Mensagem" que ele fundou difundiu-se rapidamente dos Seneca da Burnt House, sede de origem, aos Onondaga, Oneida, Mohawk, Cayuga, Tuscarora[15]: em resumo, à maioria dos Iroqueses já unidos na Liga das acima mencionadas Cinco Nações (seis, a partir de 1715, com os Tuscarora), que vivem atualmente em amplas regiões que lhes foram concedidas pelo governo canadense (Ontário) e nas reservas do Estado de Nova York. A Boa Mensagem de Handsome Lake, culto tipicamente sincretista de "ajustamento", ainda é ativo[16], tendo realizado uma síntese nova e original entre a religião tradicional pagã, fundamentada na figura do Grande Espírito criador onisciente que Handsome Lake identifica com o Deus cristão, e o Cristianismo dos quacres, que na época dominavam no ambiente e na própria casa onde se educou Handsome Lake.

A Nova Religião dos Iroqueses — como também é chamado o culto Gai'wiio[17] — surgia na época da revolução americana contra os ingleses. Representava uma resposta cultural aos americanos invasores, expressando a exigência de uma autonomia cultural e religiosa, além de salvação contra os prejuízos introduzidos pela ocupação. Efetivamente, entre os temas essenciais do culto está a campanha contra o uso do uísque e do álcool em geral — assim como no Peiotismo — e a campanha antifeitiçaria, a defesa contra as doenças múltiplas e mortais introduzidas pelos brancos — varíola, doenças venéreas. Para este último tema o culto Gai'wiio encontra seu equivalente nos cultos proféticos de antifeitiçaria da África negra.

Também a Boa Mensagem de Handsome Lake é, portanto, um movimento de salvação, na medida em que tende a realizar, com novos meios religiosos em parte antitradicionais (antifeitiçaria) em parte antieuropeus (campanha contra o álcool), a salvaguarda física, biológica, além de moral, cultural, nacional dos valores existenciais. A religião de Handsome Lake está profundamente ligada à tradição iroquesa, quer no seu conteúdo religioso quer na sua or-

(15) DEARDORFF, 1950, pp. 80, 90.
(16) F. G. SPECK. *Midwinter rites of the Cayuga Longhouse.* Filadélfia, 1949; DEARDORFF, 1950.
(17) DEARDORFF, 1950, p. 80; L. H. MORGAN, 1954, vol. I, pp. 217-48.

ganização que repete a da antiga Liga Federal das Nações Iroquesas. De tal tradição o culto Gai'wiio preserva elementos substanciais; mas ao mesmo tempo representa uma reinterpretação em moldes nativos do Cristianismo quacre. Handsome Lake nasceu por volta de 1735 de uma família seneca, do clã Lobo, numa aldeia próxima a Avon (Estado de Nova York), de onde em 1799 teve de fugir com toda a população para Tonawanda sob a pressão dos invasores brancos, os quais avançavam incendiando casas, campos e povoados. Handsome Lake era um dos chefes (*sachem*) seneca, que faziam parte do conselho (executivo, legislativo e judiciário) da Liga Iroquesa. Já de início os iroqueses haviam assumido em relação aos americanos uma atitude nitidamente hostil por ocasião da reunião de Oswego. As Seis Nações iroquesas então se aliaram (apesar da oposição inicial de Cornplanter e do próprio Handsome Lake, que defendiam a neutralidade, e não obstante a defecção dos Oneida cristianizados e de alguns Tuscarora, que ficaram do lado dos americanos), ao lado das forças inglesas contra os americanos. Cornplanter, ao lado de Brandt e Sayenqueraghta estavam entre os capitães enquanto Handsome Lake combateu como simples guerreiro[18].

A formação de Handsome Lake está ligada à figura de seu meio-irmão Cornplanter. Este, o chefe mais influente dos Seneca, devia tornar-se benemérito logo depois junto ao governo americano da Pensilvânia como negociador dos acordos com os nativos. A esse título, Cornplanter recebeu como concessão para os nativos um território em Burnt House (limites dos estados de Nova York e Pensilvânia), povoado por uma das mais importantes comunidades quacres. A experiência que os nativos tiveram dos Quacres, com seu proselitismo aberto e antidogmático, com seus pregadores que entravam nas famílias, com sua tolerância para com as formas de religião nativa, devia influir positivamente sobre o próprio Cornplanter, que adotava um "missionário" quacre, Simmons, como educador dos filhos, enquanto entre os Seneca os quacres conquistavam adeptos num ritmo crescente[19]. Contemporaneamente, atuavam, na região dos rios Allegheny (Pensilvânia), os missionários morávios, entre os quais surgira nos anos anteriores a figura de David Zeisberger. Este, em 1767, levara sua religião para a zona de West Hickory no baixo Allegheny. Sua recordação era viva na região. É interessante, a propósito, que a figura de Zeisberger entra de forma reconhecível numa lenda que parece um mito das origens da religião da Boa Mensagem. Na verdade conta-se entre os Seneca que

---
(18) DEARDORFF, pp. 82-3; MORGAN, 1954, vol. I, pp. 26, 218 e ss.
(19) DEARDORFF, pp. 81-6.

Handsome Lake costumava retirar-se sozinho dentro de uma canoa ao longo do rio e foi um dia seguido por alguns curiosos. Estes o viram descer da canoa perto de West Hickory e ali entrar numa cabana. Foi visto lá dentro quando se sentava à mesa, enquanto um ancião lia para ele em voz alta um livro. Era a Bíblia, da qual o profeta trouxe inspiração para o seu novo culto; aquele velho era a figuração mítica de Zeisberger, cuja personalidade ficava desse modo incorporada, como a de um divulgador da Bíblia, nas próprias origens do culto Gai'wiio[20]. A influência quacre se fazia sentir por outro lado sobre Handsome seja no que diz respeito à Bíblia e sua avaliação religiosa, seja pela renúncia a vários ritos locais, seja pela luta contra a feitiçaria de alguns, realizada pelo profeta iroquês. Além disso, a religião da Boa Mensagem é marcada, como a dos quacres, pela introspecção moral. "Olhem para dentro!" e "não façam o mal, não falem mal, não pensem o mal!": são os imperativos impostos pelo profeta a seus seguidores. Eles se baseiam na convicção de que uma luz interior, proveniente do Grande Espírito da tradição religiosa nativa, ilumina o homem acerca do bem e do mal, exigindo dele virtudes morais como lealdade, reconhecimento ao Grande Espírito pelos bens recebidos, solidariedade e piedade para com os aflitos, adequado arrependimento e confissão dos pecados e aperfeiçoamento da obra. As más ações induzem castigos ultraterrenos e podem definitivamente provocar, se acumuladas ininterruptamente, o fim do mundo[21]. A Bíblia dos brancos, segundo o ensinamento profético de Handsome Lake, é um bom guia para os homens e é conveniente, segundo ele, que se aprenda a ler e escrever para consultá-la. Todavia, apenas a sabedoria individual pode decidir sobre a própria justiça do texto bíblico[22].

A mensagem de Handsome Lake nos é conhecida através das redações posteriores do chamado "código", compilado pelos seguidores e pregadores por volta de 1900 depois de um período de transmissão oral[23]. A revelação profética ocorreu pela primeira vez a Handsome Lake no dia 15 de junho de 1799. Há tempos ele vivia doente e sofrendo, na casa de Cornplanter. Já tinha abandonado qualquer esperança de sobreviver quando um dia caiu subitamente em transe e ouviu uma voz que o chamava de fora.

(20) DEARDORFF, pp. 87-8, nota 6.
(21) MORGAN, 1957, vol. I, pp. 246-7.
(22) DEARDORFF, pp. 89-90; MORGAN, vol. I, pp. 244 e ss.
(23) A tradução do "código" de Handsome Lake, relatada pelo indígena iroquês Parker (1913), remonta a 1900 por intermédio do seneca Cattaraugus; mas o texto é conservado, pelos próprios Seneca, notavelmente "cristianizado" em relação ao original do profeta, transmitido oralmente por dezenas de anos antes da primeira redação escrita.

Saiu da casa[24] e avistou três figuras ou espíritos com forma humana que, apresentando-lhe alguns ramos e folhas frutíferas, convidaram-no a colher os frutos, com os quais seria curado milagrosamente. Eles o advertiram da parte do Grande Espírito, que deplorava profundamente a intemperança dos homens e sobretudo a embriaguez e o uso de álcool e uísque, a fim de que se fizesse divulgador da nova doutrina de salvação. Mostraram-lhe no caso o lugar paradisíaco destinado aos abençoados, fiéis da nova religião, e o lugar infernal, onde reinava o "maligno" transportando em canoas barris de uísque; este era o lugar de penas destinado aos perversos.

O profeta, reduzido já a condições físicas desesperadoras pela vida dissoluta que levara sistematicamente até então e pelo álcool, restabeleceu-se depois de ter recebido a prodigiosa revelação.

Os três "anjos" anunciavam o iminente aparecimento de um outro personagem, que se mantivera afastado anteriormente e os havia enviado na frente. De fato, numa visão subseqüente apresentou-se ao profeta o Grande Espírito em pessoa, compadecido com os seus sofrimentos. Em estado de transe, viu Ganeoda'yo ir ao seu encontro seu falecido filho e uma sobrinha também falecida, deplorando entre si a intemperança dos vivos. O Grande Espírito impôs-lhe o abandono do álcool ("água de fogo") e lhe transmitiu os preceitos da nova religião. Entre outras coisas, deviam-se abandonar várias danças e festas tradicionais profanas, mas não a Dança do Culto (Worship-Dance) que, segundo uma sucessão do calendário e de estações fixada pela tradição em relação com os trabalhos agrícolas, constituía o núcleo das festas religiosas mais importantes e significativas da cultura iroquesa. Entre essas festas locais as principais a manter na nova religião (e que constituíam assim o seu núcleo cultual) eram a festa do Ano Bom (ou festa do Cão Branco), caracterizada pelo sacrifício de um cachorro branco ao Grande Espírito, a festa dos Morangos, a festa "das Plumas" ou a da colheita do milho, com a Dança de Agradecimento dedicada ao Grande Espírito, a Terra, ao grande antepassado mítico Heno, aos antepassados da estirpe, às Três Irmãs e outras figuras míticas de tradição pagã[25]; finalmente, a festa do "Grão Verde", a do solstício de inverno além de ritos de cura. Trata-se de festas tradicionais de caráter religioso, unidas num grande ciclo ce-

---

(24) A "casa comprida", residência tradicional dos iroqueses, é assumida usualmente como símbolo da Liga Iroquesa, e é conservada pelo profeta como local de culto para os ritos da sua religião. Também aqui, portanto, o novo culto se distingue da religião dos iroqueses chamados "eclesiásticos", ou cristianizados, que em seu lugar têm como sede de culto a "igreja", ou capela.
(25) MORGAN, vol. I, p. 233.

rimonial em relação com o ciclo dos trabalhos de cultivo (milho) e de colheita (morangos), ou com a exigência de curar doentes. A tais festas e à sua conservação aludem evidentemente os emblemas vegetais apresentados ao profeta, numa espécie de sincretismo quacre-pagão, pelos "anjos" mensageiros do Grande Espírito. As cerimônias rituais do ciclo da Casa Comprida desenrolam-se perto do bosque. No culto recorre-se a objetos rituais tradicionais como wampum, matracas. Executam-se oferendas de tabaco e danças rituais com cantos segundo textos e modelos arcaicos[26].

Assim, Handsome Lake fundava a nova religião de cura e de salvação para os Iroqueses, religião que possui traços comuns, pelo valor terapêutico e de salvação curadora além de seu sincretismo, com o Peiotismo e com infinitos outros cultos proféticos. Os Iroqueses deviam sem dúvida encontrar, na Nova Religião, a expressão de exigências coletivas amplamente sentidas, como demonstra a súbita difusão do culto e a sua permanência através dos anos até hoje. De fato, a sociedade iroquesa encontrava-se, na época de Handsome Lake, numa crise muito mais ampla e profunda; a crise era determinada pelas freqüentes guerras contra as tribos indígenas vizinhas, com emprego especialmente de armas de fogo mortíferas, pela guerrilha contra os franceses, pelo alcoolismo, pelas doenças introduzidas pelos brancos e enfim pela guerra e ocupação americana, pela emigração de grande parte da população, que fora induzida pelos missionários jesuítas a colocar-se sob a proteção francesa, na região do São Lourenço. Tais grupos emigrados acabavam por tornar-se depois inimigos de seus ex-compatriotas. Pelas múltiplas causas acima mencionadas a sociedade iroquesa encontrava-se em plena desagregação, a tal ponto que em 1750 a população já estava dizimada, e se encontrava sob a terrível ameaça de total extinção[27].

A religião de Ganeoda'yo respondia a uma necessidade de revigoramento da cultura iroquesa, de renovação social, religiosa, cultural. Seus efeitos salvadores logo se fizeram sentir, dando lugar a um reequilíbrio social, a uma crescente fé em si por parte dos nativos. À medida que o despovoamento cessava pouco a pouco, a civilização iroquesa retomava o seu novo caminho, sobre os trilhos fixados pela nova religião[28].

(26) DEARDORFF, pp. 90-1 (visões do profeta), 93, 103 (culto), 80 (ritos da Casa Comprida); MORGAN, vol. I, pp. 218-20, 224-48 (profecia e culto). Sobre as festas tradicionais, cf. MORGAN, vol. I, pp. 175-216. As festas da Nova Religião são descritas individualmente segundo a ordem cíclica das estações em W. N. FENTON ("An outline of Seneca Ceremonies at Coldspring Longhouse", in: *Yale Univ. Publ. in Anthropology*, 9 (1936) F. G. SPECK. *Midwinter rites of the Cayuga Long-House*. Filadélfia, 1949 (para ritos de cura, ibid., pp. 141-3).
(27) MORGAN, vol. I, pp. 24, 218.
(28) MORGAN, vol. I, p. 222.

O sucessor de Handsome Lake, morto em 1815, foi seu neto Soseha'wa (Johnson) de Tonawanda. Este divulgou a doutrina do fundador, repetindo metodicamente, nas reuniões intertribais ou "internacionais" de Tonawanda, as mensagens que o avô lhe transmitira[29]. O próprio fundador é que começara a transferir a sede central do culto, de Burnt House para Coldspring, depois para Cattaraugus e depois a Onondaga. Mas quando morreu em Onondaga, seus prosélitos levaram para Tonawanda, capital da Confederação iroquesa, os cintos e tiras de wampum que pertenciam ao fundador e aí os depuseram na Casa Comprida local, destinada a tornar-se por isso lugar de culto das relíquias em questão, e centro de todas as "casas compridas" iroquesas, meta ademais de peregrinações rituais por ocasião das assembléias que desde então se realizaram cada dois anos entre os componentes de todas as nações iroquesas. A tais reuniões "internacionais" convergiam pregadores locais (*hata'ha*), dentre os quais um conselho adequado escolhia aqueles que cumpririam o papel de "declamadores" oficiais (*hawanota*) do "código" de Handsome Lake. O sistema de eleição e de representação dos pregadores locais na reunião de Tonawanda coaduna-se em tudo ao sistema antigo eleitoral segundo o qual a tribo da Liga elegia os próprios representantes (*sachem*) aos conselhos periódicos de Tonawanda. A recitação pública da mensagem profética tornava-se, pois, um dos traços característicos do culto iroquês. Todavia, não existe um único texto oficial ou canônico da "mensagem" profética, pois as versões variam de um para outro pregador e de uma época para outra. Eis por que ocorrem, mesmo nos pormenores do culto, variantes locais, que não incidem, não obstante, sobre o significado geral da mensagem salvadora de Handsome Lake[30].

Há variantes, por exemplo, de uma comunidade para outra, na prática da confissão, que para determinadas comunidades é pública e em voz alta e para outras, individual e silenciosa; conforme o caso se reveste de valor mais ou menos explicitamente terapêutico, mágico, punitivo etc. Observa-se em especial, no que diz respeito ao valor reinterpretativo que a Boa Mensagem apresenta diante do Cristianismo, que o sacrifício do cão, inscrito na grande festa de Ano Novo, e instituído pelo profeta como importante elemento cultual, com eventual refeição de carne (canina), é entendido pelos nativos como um equivalente da Eucaristia cristã; com a diferença de que, enquanto os cristãos usam pão e vinho, os indígenas empregam carne e sangue

(29) MORGAN, vol. I, pp. 220-2.
(30) DEARDORFF, pp. 99-100.

animal. É relevante enfim o fato de, mais implícita que explicitamente, se aceitar a componente monoteística paleo-testamentária do Cristianismo (de origem quacre e evangélica) que se introduz na religião tradicional do Grande Espírito, mas de maneira nenhuma a componente neotestamentária. Com efeito, a figura de Jesus está totalmente ausente na religião de Handsome Lake, com exceção dos Cayuga, que identificaram Jesus com o protagonista de um mito local, "o filho sem pai[31]".

É evidente a partir daí que o profeta-fundador, mais que introduzir elementos novos externos, revalorizou e renovou internamente num sentido ético e social a antiga religião iroquesa[32].

O desenvolvimento da Nova Religião iroquesa prossegue, depois da fundação, até os dias de hoje sem mudanças substanciais por parte dos sucessivos pregadores e profetas, sujeitos a visões e revelações. Um fato importante ocorreu em 1820 quando, em conseqüência das pressões das missões evangélicas chegadas entre os Seneca, verificou-se uma cisão, que se revelou irreversível, entre os iroqueses seguidores da igreja evangélica com seus dogmas e sua intolerância e os iroqueses seguidores da Nova Religião ou daquela análoga dos quacres, com a sua tolerância religiosa e o característico espírito antidogmático[33]. Fato que poderia ser importante no destino do novo culto foi a declaração do Presidente Jefferson, o qual aprovou como eficaz e positiva a mensagem do profeta Handsome Lake. Os nativos viram nele portanto o profeta oficial e reconhecido[34]. Quanto às relações entre nativos e brancos, segundo a revelação profética de Handsome Lake, os brancos devem ser acolhidos nos centros habitados pelos indígenas e os filhos destes podem ser instruídos pelos brancos (Quacres). Por outro lado, os indígenas podem e devem ter fé nos antigos costumes de vida[35].

Essencialmente, a Nova Religião pretende ser conscientemente, nas palavras dos seus pregadores, uma religião reservada aos indígenas (iroqueses), baseada no culto tradicional de um Grande Espírito identificado com o Deus mosaico — criador bom, potente, sábio — e no culto dos

(31) DEARDORFF, pp. 100-101; SPECK, *op. cit.*, 1949, pp. 3, 31, 127-8, 141. O "filho sem pai", na mitologia cayuga, representa uma espécie de herói fundador do grande ciclo ritual tradicional, aceito por Handsome Lake, e formado por quatro ritos periódicos: a Cerimônia de Agradecimento ou da colheita, a festa das Penas, a festa das Peles, a Dança do Jogo do Copo. O Filho sem Pai fundou, numa primeira vez, os três primeiros ritos, depois desapareceu; muito tempo depois, voltou do além-túmulo e fundou o último rito e em seguida desapareceu para sempre (SPECK, *op. cit.*, pp. 127-8).
(32) DEARDORFF, pp. 102-3.
(33) DEARDORFF, p. 97.
(34) DEARDORFF, p. 94, nota 7; MORGAN, vol. I, p. 219.
(35) DEARDORFF, p. 91.

mortos[36]. Ela é uma religião distinta da religião dos brancos e quer adaptar-se às exigências culturais particulares dos nativos[37]. Entre as primeiras obrigações impostas pela Nova Religião está a de não vender terras aos brancos. Realmente a sede de dinheiro já levara muitos indígenas a vender as terras, de modo que foram logo reduzidos a viver em reservas limitadas[38]. Além disso, a Nova Religião quer sancionar e reforçar a unidade interna das famílias indígenas, mediante o apelo ao vínculo moral de fidelidade conjugal e responsabilidade para com os filhos[39]. São proibidos os casamentos com os brancos, pois a estirpe iroquesa foi criada pelo Grande Espírito de um modo diferente do daqueles "caras pálidas" e isto deve-se manter[40]. No programa de restauração social e de renovação cultural expresso pelo ensinamento profético de Handsome Lake, há um lugar especial — o que é significativo — para o que se refere ao empenho moral no trabalho. O profeta prega a harmonia na laboriosidade, mas uma contribuição ativa para a superação da crise cultural e social consiste na introdução que ele fez do arado entre as tribos iroquesas (obra das missões quacres). De fato, até então o instrumento tradicional da agricultura iroquesa era a enxada, utilizada exclusivamente pelas mulheres. O arado permanecia mão-de-obra masculina e quando, depois de experiências adequadas, é reconhecido como útil e adotado, a ordem econômica e laborativa da sociedade iroquesa deveria transformar-se substancialmente num sentido moderno e progressista. A seguir se desenvolveu a criação de gado e se estreitaram relações comerciais cada vez mais próximas com as cidades[41].

A Nova Religião de Handsome Lake é um culto autonomista — e nesse sentido nativista — que exprime um "ajustamento"[42] entre a civilização local e a dos brancos. No quadro de tal ajustamento, a civilização religiosa ocidental é aceita e integrada de maneira limitada em certos elementos (paleotestamentários), enquanto outros traços notáveis dela são excluídos, em especial todo o conteúdo neotestamentário. Por outro lado, a religião nativa revive, no culto de Handsome Lake, com vigor renovado e isto se verifica em virtude da "reforma" por ele movida, com seleção de traços arcaicos e renovação dos mesmos tendo em vista novas e modernas exigências de salvação diante dos riscos vitais eminentes sobre a sociedade da época.

(36) MORGAN, vol. I, p. 230.
(37) MORGAN, vol. I, p. 223.
(38) MORGAN, vol. I, p. 230.
(39) MORGAN, vol. I, pp. 227-32.
(40) MORGAN, vol. I, p. 241.
(41) DEARDORFF, p. 94, nota 7, MORGAN, vol. I, p. 219.
(42) DEARDORFF, p. 103.

Três complexos intimamente interligados deixam-se pois entrever no culto da Boa Mensagem, a saber: 1) o complexo religioso nativo tradicional; 2) o complexo quacre-evangélico de recente introdução; 3) o complexo de renovação que, de um lado, determina a seleção e a reinterpretação dos traços novos e, de outro, a seleção e a revalorização dos traços arcaicos.

No complexo nativo tradicional voltam o tema míticocultural do Grande Espírito, o culto dos mortos, o ciclo cerimonial religioso agrário com sacrifício animal e refeição sacramental, o tema de cura mágica que inspira desde as origens a mesma revelação profética, a organização religiosa do culto com centro em Tonawanda, organização que repete o esquema da organização federal da Liga Iroquesa.

O complexo recente, especialmente quacre, é reconhecido pelo aprofundamento ético do conteúdo religioso arcaico, na Bíblia aceita como livro religiosamente significativo, no tema da recompensa e punição ultraterrena, na confissão dos pecados (reinterpretada no entanto em sentido mágico-terapêutico).

Finalmente, o complexo de renovação reveste, de um lado, a antifeitiçaria (comparado ao da Ghost-Dance e dos movimentos proféticos africanos), e de outro lado a campanha contra o álcool encarado como fator de desintegração trazido pelos brancos (veja-se ainda a Ghost-Dance, o Peiotismo etc.), o próprio tema de cura enquanto equivale a "salvar" dos males introduzidos pelo contato ocidental, enfim o tema autonomista antibranco identificável, ainda que em tom moderado, na proibição dos matrimônios com os brancos, na proibição para os brancos de fitar as relíquias sagradas de Handsome Lake nos ritos de Tonawanda[43]. De resto, através da aceitação de importantes transformações culturais como a adoção do arado e da criação de gado, a Boa Mensagem pretende ser uma religião paniroquesa, nacional, e neste sentido contraposta e em polêmica com as formações cristãs "eclesiásticas", impostas pelo exterior, isto é, pelas missões evangélicas.

c) Shakerismo

No ano de 1881 surgia, junto à tribo squaxin de Puget Sound (estado de Washington, a leste de Olympia), uma nova religião, o Shakerismo, a qual anuncia a cura dos males, salvação das penas ultraterrenas através de uma conduta "cristã" e manifestações particulares de caráter emocional e místico-ritual produzidas por intensas crises de frê-

(43) DEARDORFF, pp. 99-100.

mito corporal por parte dos seguidores. Digamos logo que tais manifestações são, de um lado, ligadas à tradição xamanística local e, de outro, são justificadas pelos shakeristas segundo o modelo bíblico da "dança" de Davi diante do Senhor[44].

O fundador do movimento é John Slocum (nome indígena: Squsacht-un), nascido por volta de 1838, da tribo Squaxin. Dele pouco se sabe. Em 1881, em conseqüência de uma grave doença, uma madrugada ele caiu em transe e julgou-se morto, tendo ficado inanimado até a tarde. Ao despertar, ele confirmou ter realmente morrido e ressuscitado, ter realizado uma viagem para o céu, onde lhe apareceram anjos que lhe vedaram a entrada devido a seu mau comportamento. Do céu viu o próprio cadáver, miseravelmente reduzido, e compreendeu como até então se comportara mal. Os anjos ditaram-lhe as normas de comportamento para a nova religião, conferindo-lhe a missão de instruir os homens sobre ela[45]. Diremos neste momento que o tema da autonecroscopia, e o do erro-arrependimento, que já encontramos em outros cultos proféticos, exprimem simbolicamente, neste como igualmente nos outros casos, a condenação de uma cultura religiosa arcaica, exaurida e inadequada relativamente às exigências de renovação, resultante do contato com os brancos e das suas dramáticas conseqüências. Quanto às manifestações de estremecimento, que ocorrem no decorrer dos ritos shakeristas, estes são de tal importância que a eles justamente se deve a denominação corrente do novo culto, dos "tremulantes" (= *shakers*)[46].

Ao lado do fundador, trabalhou, na função de sumo-sacerdote do culto, Louis Yowaluc (Ai yäl), outra personalidade religiosa de destaque.

John Slocum havia experimentado diretamente o Protestantismo na reserva dos Skokomish, onde prestava serviços na igreja local. Todavia, ele fora batizado na Igreja Católica[47].

(44) BARNETT, 1957, p. 335.
(45) MOONEY, 1896, pp. 47-8, 752.
(46) A denominação "Shakers" foi dada aos adeptos de Slocum pela primeira vez por James Wickersham, funcionário oficial, que devia ter conhecido os "Shakers" de origem inglesa, presentes na América, e talvez tenha sido levado a unificar numa única designação dois movimentos de origem diferente e independente, embora semelhantes em múltiplos aspectos, especialmente no "tremor" dos participantes dos ritos. O movimento dos Shakers ingleses foi fundado em 1750 na Inglaterra (em Manchester e Bolton) por Ann Lee, com o nome de "United Society of belivers in Christ's Second Appearing". É um movimento messiânico e milenarista, que em conseqüência de perseguições migrou para a América (1780), mais precisamente para MacLebanon perto de Nova York donde se difundiu para outros lugares (nos E.U.A.) e até hoje conserva prosélitos (MOONEY, 1896, p. 741; DESROCHE, 1957, pp. 72-5; BARNETT, 1957, p. 333).
(47) BARNETT, 1957, p. 348.

A visão reveladora da nova religião se apresentou a John Slocum no decorrer de uma grave doença, quando já estava no limite de suas forças. Logo depois se restabeleceu e sarou completamente: esta experiência determinou os caracteres típicos da sua religião[48]. Depois da visão mandou convocar um conselho tribal ao qual anunciou o novo culto salvífico; mandou construir uma igreja em madeira, onde devia reunir-se periodicamente a multidão dos prosélitos para orar para a divindade. Difundiu-se a notícia de que o profeta realizava milagres, que fazia ressurgir os mortos. Segundo Slocum, a revelação lhe vem diretamente de Jesus, e portanto a sua religião quer, desde o início, ser "cristã". Naturalmente isto não impediu que a autoridade eclesiástica, especialmente com as missões presbiterianas, e os superintendentes oficiais das reservas se opusessem vivamente ao novo culto aprisionando o fundador e seus expoentes máximos[49]. Mas entre os motivos da perseguição encontra-se a rivalidade confessional dos cristãos, uma vez que o Shakerismo segundo os presbiterianos demonstrava uma orientação mais propensa ao Catolicismo.

Quanto à doutrina shakerista, a figura de Cristo lhe é positivamente integrada, enquanto a sua paixão passa a fazer parte do seu cabedal mítico-ritual. O edifício eclesiástico, a cruz, o sinal-da-cruz, a iconografia católica são adotados. O sinal-da-cruz e a oração de agradecimento são repetidas muitas vezes ao dia pelos fiéis, no início e no fim das refeições etc. O aperto de mão, em sinal de bênção recíproca simbólica, a mão direita levantada como sinal distintivo entre os prosélitos, uma mesa de madeira à guisa de altar nos ritos, são outros elementos que entraram no Shakerismo, vindos da cultura dos brancos[50]. Aí existe ainda um conteúdo milenarista, transmitido pela profecia de Slocum, concernente a uma época futura de bem-estar e beatitude: em suma — nas palavras do profeta — uma espécie de "medicina" definitiva[51].

Os acima mencionados elementos de derivação cristã indicam logo de início como o programa do Shakerismo é essencialmente um programa de "ajustamento" à cultura dos brancos.

Com os chamados traços de origem cristã relacionam-se traços de tradição local ou de polêmica mais ou menos implícita contra a cultura dos brancos. Distingue-se um elemento de autonomia na recusa da Bíblia como texto sagrado. Com efeito, uma vez que a revelação provém, para o profeta e para os discípulos, diretamente de Cristo a Bíblia

(48) MOONEY, 1896, p. 752.
(49) MOONEY, 1896, pp. 747, 753, 756-63.
(50) BARNETT, pp. 308-36.
(51) BARNETT, p. 295.

é recusada: representa, para os Shakeristas, um "antiquado livro dos brancos", frente à própria revelação que é, ao contrário, moderna, ademais viva e atual. Uma intensa reação psicomotora, com características sacudidelas da cabeça e dos braços, acompanha a execução dos ritos. Em geral, os participantes, com o rosto voltado para o céu, braços abertos e mãos estendidas, entram num estado especial de intensas vibrações por períodos que variam de alguns minutos a várias horas[52]. Tal crise ritual representa um desenvolvimento particular dos ritos xamanísticos próprios já das sociedades "pagãs" secretas *Tomahnaus*. No culto em questão os participantes caíam em transe e permaneciam demoradamente com os membros enrijecidos[53]. Por outro lado, o complexo mítico-messiânico da morte e ressurreição do Slocum, enquanto imerge suas raízes nos ritos de morte-renascimento e revelação por obra dos espíritos — como sucedia na iniciação às sociedades secretas — deixa entrever uma influência cristã na figura do profeta que morre e ressuscita[54].

Além da influência cristã sobre o fundo religioso tradicional, reconhece-se no complexo shakerista também uma continuidade de desenvolvimento relativamente à religião do profeta Smohalla, surgida em 1870 e, mais remotamente, com o movimento do profeta Tolmie, chamado "Dança do Profeta", que floresceu na região de Puget Sound por volta de 1834-35[55]. Mas a obra de Slocum, se a observarmos melhor, privada de precedentes históricos ainda mais imediatos e diretos. Pouco antes de Slocum haviam surgido outros movimentos proféticos na região; dentre os mais importantes deve-se enumerar o de Billy Clams e o de Big Bill. Quanto ao último, a sua morte remonta a 1881, ano da revelação de Slocum. Big Bill, tuberculoso, achava-se em condições desesperadoras. Tendo decidido morrer, dependurou-se numa árvore. Todavia, no trespasse teve a visão do irmão morto que o aconselhava a salvar-se para pregar uma nova religião, fundada sobre vários elementos fundamentalmente cristãos (fé em Deus, penitência dos pecados). Bill, salvo da morte, torna-se profeta e anuncia a vinda iminente de um messias salvador dos índios. Portanto, Slocum, que veio logo depois, apareceu como o esperado messias, tendo, além do mais, repetido a experiência simbólica e dramática de morte e ressurreição já provada por Bill[56]. À luz dos fatos acima mencionados o Shakerismo parece o mais efi-

(52) MOONEY, 1896, p. 748.
(53) MOONEY, 1896, *ibid*.
(54) BARNETT, 1957, p. 300.
(55) SPIER, 1935; BARNETT, 1957, pp. 301-7.
(56) BARNETT, 1957, pp. 26-7, 49, 344, 346-7.

caz e fecundo de uma série de movimentos proféticos mais ou menos contínuos e ligados entre si.

Nos confrontos com a religião tradicional, a posição do Shakerismo reelabora alguns de seus elementos essenciais. Entre esses figura o xamanismo. O Shakerismo denuncia e condena os métodos de cura mágica por intermédio de *medicine men* ou xamãs. Nisto convalida e endossa a campanha antixamanista anunciada pela autoridade administrativa. A verdade é que o xamanismo e a feitiçaria pareciam enfim, aos olhos dos profetas inovadores e em parte aos índios em geral, uma única coisa. Basta recordar que o próprio Slocum atribuiu sua própria "morte" (da qual em seguida teria "ressurgido" em posse da revelação) à obra de um feiticeiro xamã[57]. Portanto, o antixamanismo de Slocum encerra-se no quadro, que bem conhecemos, da campanha contra os supostos artífices dos males, agravados depois e por causa do advento europeu. A classe dos *medicine men* de início opõe-se energicamente ao Shakerismo, mas acabou na maior parte das vezes por aderir à nova religião. De resto, a função essencial pela qual surgiu o Shakerismo na prática daquele que foi seu fundador, e sob cujo signo se difundiu rapida e amplamente, é uma função de cura dos males: como tal dá prosseguimento e renova a religião xamanística tradicional[58]. Que, não obstante, seja uma inovação nesse sentido deduz-se do desaparecimento do xamã dos ritos. No Shakerismo um sacerdote dirige o rito, mas qualquer pessoa pode eventualmente substituí-lo. O sacerdote agita uma campainha sobre o doente, enquanto que os presentes ajoelhados seguram uma vela. Trata-se de um rito de expulsão mágico-religiosa das doenças, em que operam conjuntamente em sentido apotropaico o som da campainha, a chama da vela e a oração. Deve-se notar que a campainha e a vela, dois elementos da liturgia católica, são ali reinterpretados em função de uma religiosidade fortemente ligada às exigências mágico-terapêuticas. Uma tal religiosidade deriva diretamente da tradição dos ritos tomahnous, nos quais se realizava uma viagem xamânica ao céu como função justamente de curar os males. O xamã em transe, saído do céu, dele trazia para a terra, segundo a religião arcaica, a alma do doente libertada da ação de qualquer influência maléfica[59].

O leitor já deve ter notado como se entrelaçam na religião shakerista as experiências de origem cristã e outras mais especificamente tradicionais, pagãs: estas e aquelas reelaboradas e fundidas numa nova formação religiosa, li-

(57) BARNETT, 1957, p. 28.
(58) BARNETT, pp. 309-11.
(59) MOONEY, 1896, p. 749.

gada todavia por inúmeros vínculos à tradição. Por sua vez, o tema do Ser supremo, pertencente ao cabedal religioso tradicional, forneceu o veículo sobre o qual se enxertou a religião do Deus cristão. Também o culto do domingo, a oração, a escatologia com inferno e paraíso, anjos e demônios, a idéia de Cristo salvador, a Trindade com o Deus onipotente, Jesus seu filho e a presença Dele (o Espírito Santo), finalmente o conteúdo ético da religião, o antagonismo entre as forças do bem e do mal, o batismo e a confissão dos pecados, constituem outros elementos derivados ou largamente influenciados pela experiência religiosa cristã de que os nativos se apropriaram[60]. Quanto às normas de comportamento, sobressaem-se especialmente as prescrições contra as bebidas alcoólicas, o fumo, o jogo e toda intemperança.

A história do Shakerismo é a história passada e presente, pois ainda é uma formação religiosa bastante viva entre os indígenas do Noroeste. Após o primeiro período, no qual foi submetido a perseguições, obtém em 1892 a aplicação a seu favor de um certo decreto de 1886, no qual se sancionava o direito de cidadania a todos aqueles que possuíssem terra. Doravante cessaram as perseguições e começou a organizar-se a igreja shakerista indígena em bases independentes[61]. Ela se propagou depressa da reserva de Skokomish em todo o ocidente do estado de Washington (tribos Squaxin, Chehalis, Nisqually, Cowlitz, índios do rio Colúmbia). Daí se expandiu num raio muito amplo de tal forma que hoje o Shakerismo indígena é representado por igrejas estáveis em toda a região própria aos índios do Noroeste, no Oregon, na Califórnia e na Colúmbia britânica (Canadá). Entre as personalidades religiosas dos tempos recentes figuram o missionário shakerista Jimmy Jack, que levava a nova religião entre os índios Yurok perto de Klamath (Califórnia); Peter Heck, bispo por trinta anos da igreja shakerista; Annie James, jovem irmã de Mary Slocum[62].

O surgimento do Shakerismo está ligado a uma condição de complexa crise social, cultural e religiosa dos índios de Puget Sound e em geral do Noroeste. Desde 1850 aproximadamente o contato com a civilização branca produzia seus efeitos desagregadores sobre a sociedade e sobre a cultura local. A economia tradicional, baseada na pesca e na colheita, a religião, a estrutura social estavam perturbadas, em parte pela aceitação voluntária de modelos culturais dos brancos, mais ainda pela imposição opressiva de sis-

(60) BARNETT, 1957, pp. 285-307.
(61) MOONEY, 1896, p. 757.
(62) BARNETT, 1957, pp. 3-10, 196-203.

temas de vida estranhos à tradição local. A segregação nas reservas colocava um grave obstáculo à explicação das tradicionais relações sociais com relativa atividade de intercâmbios comerciais entre diversos grupos, já habituais entre as pessoas que contavam, entre as instituições mais notáveis e peculiares, os potlach, grandes reuniões econômicas e cerimoniais de nível intertribal. Acrescentem-se às conseqüências da segregação as proibições, por parte da administração governamental, contra costumes tradicionais de toda espécie: cerimônias religiosas proibidas, práticas xamanistas consideradas ilegais, preceitos matrimoniais e hereditários condenados ou suprimidos com imposição dos sistemas dos brancos. Quanto ao regime econômico, a administração tentava, sem levar na devida consideração as condições ambientais, transformar em agrícola uma sociedade de pescadores e colhedores. Pronunciava-se enfim a separação e a incompreensão entre as novas gerações, iniciadas nas escolas dos brancos, e as gerações antigas. O colapso cultural decorrente de uma crise tão vasta e profunda conduzia ao abuso do uísque, ao jogo, à ociosidade e à corrupção geral[63].

O novo culto de John Slocum é uma resposta cultural a tal estado de crise. Ele suprime a exigência de uma cura totalitária — física, moral, cultural — da sociedade. De resto, exatamente por volta de 1881 se difundia uma série de desastrosas epidemias (varíola, escarlatina, sarampo)[64]. Os sustentáculos dessa religião de salvação são a luta contra toda manifestação de corrupção, a renovação da religião arcaica, o revigoramento, em virtude de experiências altamente emocionais, das suas capacidades salvadoras. Uma ulterior analogia morfológica e histórica entre o Shakerismo e os outros movimentos proféticos da América e da África é a antifeitiçaria.

Enfim, o Shakerismo é um produto religioso típico da vida nas reservas. Se possui analogias notáveis com a religião do Peiote — organização eclesiástica semelhante, a aceitação de complexos religiosos cristãos fundamentais, a posição comum de igrejas supostamente "cristãs" — isto se deve ao fato que ambos representam reações religiosas a uma experiência análoga, a das reservas. Isto justifica enfim seu caráter comum de cultos de "ajustamento". O Shakerismo, assim como o Peiotismo, pretende instaurar uma independência cultural, religiosa, e em certos aspectos, até mesmo social, mas não propriamente política.

O confronto entre Shakerismo e Peiotismo de um lado, e a Dream-Dance de outro, põe em evidência que os dois

(63) BARNETT, 1957, pp. 337-9.
(64) BARNETT, p. 342.

primeiros estão voltados para a realização religiosa de outras formas indígenas de religião "cristã", contrariamente à Dream-Dance, que permanece totalmente independente do Cristianismo. Justamente por isso os dois movimentos acima mencionados puderam desenvolver-se e ampliar-se, ganhar importância e eficácia, enquanto que a Dream-Dance continuava condenada a uma rápida decadência; faltava-lhe, com efeito, a capacidade para renovar-se, por estar mais ligada ao passado que ao futuro. Em suma, não é por acaso que, enquanto o Peiotismo e o Shakerismo florescem nos dias de hoje, a Dream-Dance está praticamente extinta.

Por outro lado, o Shakerismo, ao lado do Peiotismo e a Dream-Dance, contrapõem-se historicamente a movimentos proféticos do tipo da Ghost-Dance, na medida em que neles se realiza uma superação da posição negativamente polêmica e hostil da Ghost-Dance em relação à cultura ocidental. Exprimem e efetuam, diante dos movimentos revolucionários do primeiro período do impacto outras formas de adaptação ativa, no período das reservas, entre a cultura indígena e a ocidental.

d) Isatai, profeta dos Comanches

No quadro dos cultos proféticos dos índios das pradarias, o movimento comanche de 1873, de curta duração, tem um lugar especial. Os comanches, na extremidade sul-ocidental das pradarias e ao sul dos Kaiowa, adotaram como meio de difusão de seu movimento profético a Dança do Sol, já pertencente a outros grupos de caçadores de bisontes, mas num primeiro momento estranha aos Comanches. Estes adotaram pois a Dança do Sol dos vizinhos Kaiowa e Shoshoni como culto ao qual, contudo, atribuíram uma função inovadora. Justamente quando entre os grupos vizinhos predominava a "Dança do Profeta", os Comanches buscavam um itinerário religioso parcialmente autônomo. O fundador do movimento foi Isatai, xamã e guerreiro de extraordinário prestígio e poder. Gabava-se de ser invulnerável aos projéteis dos brancos, assim como de poder ressuscitar os mortos. Conforme suas declarações, havia subido ao céu onde estabelecera contato direto com o Grande Espírito. A doutrina de Isatai baseava-se nos seguintes pontos essenciais, comuns de resto aos outros movimentos religiosos de caráter revolucionário. Os Caddo, os Wicita e outras tribos, que se haviam estabelecido nas reservas submissas às ordens dos brancos, estavam se precipitando em rápida ruína, por despovoamento ou por miséria. Os Comanches teriam também encontrado igual destino se tivessem se submetido às disposições do governo. Ao contrário, enveredando pelo caminho da guerra e exterminando os brancos, teriam reconquistado força e prosperidade. Isatai garantia possuir a capacidade de assegurar para todos os guerreiros a imunidade dos projéteis inimigos e por conseguinte o êxito da luta contra os brancos.

Ao término de uma assembléia em que Isatai anunciou o novo culto profético, ele mesmo dirige os Comanches com alguns Kaiowa e Cheyenne do Sul numa expedição de guerra no sul do Texas contra os brancos caçadores de bisontes, que tinham um quartel-general em Adobe Walls, e estavam munidos com espingardas de longo alcance. O resultado foi desastroso para os atacantes. O profeta perdeu para sempre seu prestígio. Todavia, não se apagou o estopim aceso por ele contra os brancos. Repetiram-se também no ano seguinte ataques cruentos aos fortes americanos nas pradarias do Sul, até quando os Comanches foram debelados militarmente em 1875. Em tal profetismo tinha um lugar importante o complexo religioso dos mortos que teriam voltado em massa por ocasião do advento da nova era instaurada pela caçada dos brancos. Tal complexo tinha sua raiz na religião tradicional local. Mas o ritual era montado sobre a Dança do Sol, de origem externa[65]. O movimento comanche se reaproxima da Ghost-Dance, tendo em comum com ele a revelação do Grande Espírito, o tema dos mortos que retornam e o tema da expulsão dos brancos.

e) Ghost-Dance, seus predecessores e seu desenvolvimento histórico

Uma série de grandes movimentos proféticos acompanharam o evolvimento da luta de liberdade travada heróica mas inutilmente pelos índios das pradarias da América do Norte, na segunda metade do século passado. Costumam ser reunidos sob um denominador comum, a *Ghost-Dance*, ou a Dança dos Espíritos[66]. Com efeito, a Ghost-Dance propriamente dita representa, na terminologia mais correta, aquele filão de movimentos proféticos que se difundiram entre os índios das pradarias entre 1870 e 1890. Outros e inúmeros movimentos, porém, anteriores e colaterais, se lhe assemelham morfologicamente e se equivalem a ele quanto à função religiosa, social e política. Esta denominação comum justifica-se num certo sentido porque aqueles movimentos possuem em comum o tema dos mor-

(65) HOEBEL, 1941.
(66) DU BOIS, 1939, p. 1.

tos e dos espíritos, que voltam quando do advento da nova era iminente. Por outro lado, a denominação geral de Dança, para os cultos nativistas da América do Norte, corresponde à denominação usual antes conferida aos cultos originários e tradicionais no ambiente cultural em questão.

O mais importante entre os antecedentes da Ghost-Dance, segundo Mooney, que delineia as origens, o desenvolvimento e a decadência desta, é o movimento fundado por um profeta delaware anônimo (de Tuscarawas, Michigan) em 1762 como resultado de uma visão. Naquela época, a ocupação do território nativo por parte dos brancos, a imposição por meio desses de hábitos e condições de vida que contrastam com a tradição originária, provocam uma das mais graves crises registradas na história aborígine. O profeta delaware anunciava, no novo culto fundado por ele, a libertação dos brancos mediante luta aberta (deviam-se empregar armas tradicionais, isto é, arco e flecha e não espingardas). Propugnava a fraternidade e união entre todos os índios, a cessação das guerras intertribais que haviam perturbado sua existência, a renúncia à poligamia, ao uso do álcool. Estas constituíam as causas mais graves de desagregação social e cultural para as tribos. Além disso, requeria-se o abandono de usos e costumes adquiridos depois da vinda dos brancos (por exemplo, o fuzil). O antigo "culto da medicina" era definitivamente substituído pelo novo culto, o qual cumpria uma função de cura e salvação de todo mal físico, moral e social. Os ritos de sacrifício arcaicos, as preces ao Grande Espírito foram conservados. A luta cruenta devia endereçar-se contra os invasores ingleses, enquanto que os franceses deviam ser tratados como amigos e aliados.

A revelação desse culto provinha diretamente, segundo as palavras do próprio profeta, do Grande Espírito. A profecia culminava com a anunciação de uma nova era de liberdade, beatitude, fim do domínio dos brancos[67].

No culto do profeta delaware encontram-se em germe todos os temas que, a seguir, inspirarão outros movimentos proféticos, como, setenta anos depois, o do profeta Kanakuk e, depois, de Smohalla, de Tenskwatawa, de Wowoka.

O fermento religioso promovido pelo anúncio feito pelo profeta delaware difundiu-se rapidamente de tribo em tribo. Sob a orientação do conhecido chefe algonquino Pontiac tal movimento inspirou uma grande confederação antiinglesa entre as tribos norte-ocidentais, particularmente de Ohio e dos Lagos (a região costeira já estava perdida para os indígenas). A guerra antiinglesa comandada por Pontiac

(67) MOONEY, 1896, pp. 662-9.

deveria levar à ruína as forças indígenas. O próprio Pontiac seria assassinado traiçoeiramente[68].

Foi depois de quarenta anos que um novo movimento profético surgiu entre os índios das pradarias, fundado pelo profeta shawni Tenskwatawa (Porta Aberta; seu nome original, que depois ele mesmo mudou, era Laulewasikaw). Em 1795 o tratado de Greenville obrigava os Delaware, Wyandott e Shawni a retirar-se para a região a oeste do florido vale de Ohio, ocupado pelos brancos. Em 1805 Tenskwatawa teve sua visão profética em estado de transe, entrava no reino dos espíritos e recebia do Grande Espírito em pessoa as instruções para fundar a nova religião, a qual ordenava o retorno à cultura original, a luta contra a feitiçaria, contra os cultos mágico-médicos arcaicos e contra o álcool, a reconstituição da propriedade coletiva de antiga memória, a proibição de matrimônios com os brancos, o abandono das vestimentas e instrumentos europeus[69].

Apresentaram-se a Tenskwatawa delegações de tribos vizinhas e longínquas, para aprender suas instruções. O profeta era tido como a encarnação de Manabozo, herói-demiurgo da mitologia algonquina[70]. Assim como a profecia do anônimo delaware de 1762 havia promovido e inspirado a ação político-militar do chefe Pontiac, assim também por um processo paralelo o movimento religioso irredentista de Tenskwatawa promoveu a ação política e militar de outra personalidade indígena, Tecumseh, irmão do próprio profeta. Com efeito, Tecumseh dirige com fins políticos abertamente revolucionários a unidade intertribal promovida e fundada entre os índios pelo culto profético. Tecumseh organizou a maior confederação política conhecida na história dos índios das pradarias formada por Shawni, Wyandott, Miami, Sauk, Fox, Creek, Choktaw etc., com o intento de fechar o avanço dos brancos a oeste do vale de Ohio. A ação foi entretanto frustrada e os índios foram batidos pelo General Harrison (1811). É verdade que Tecumseh devia participar sucessivamente, no ano de 1812, da guerra de secessão ao lado dos ingleses[71]. Uma vez mais a realidade havia frustrado a profecia de libertação e um profeta era abandonado. Mas a exigência de profetismo nem por isso se apagou.

Nos decênios sucessivos, numerosos profetas surgiram entre os índios das pradarias, antes de Wowoka com seu grande movimento da Ghost-Dance (1890). Entre os outros destacam-se as figuras de Kanakuk (do grupo Kikapu,

(68) MOONEY, 1896, ibid.
(69) MOONEY, 1896, pp. 670-80, partic. p. 672.
(70) MOONEY, 1896, p. 675.
(71) MOONEY, 1896, pp. 681-91.

1827), Tavibo (Ute, 1870), Smohalla (índios do rio Colúmbia, 1870).

A guerra de independência travada, também em vão, pelos peles-vermelhas contra os invasores brancos encontrava apoio numa fé religiosa profundamente sentida. "O Grande Espírito deu este grande continente ('ilha') aos peles-vermelhas — proclamava em 1810 o chefe guerreiro Tecumseh —; o Grande Espírito colocou os brancos do outro lado do oceano. Ora, esses, não contentes com sua própria terra, vieram até nós, nos enxotaram das regiões costeiras até as regiões dos Lagos. Mas daqui não mais recuaremos"[72].

"Meu pai, o Grande Espírito — acrescentava um pouco mais tarde o profeta Kanakuk — dirige com suas mãos o mundo inteiro. Eu lhe suplico que outros não nos rechacem de nossas terras... Tem piedade de nós (ó Grande Espírito) e faze com que possamos permanecer em nossas terras[73]". Entre os índios da América do Norte predomina a religião do Grande Espírito, ou Ser Supremo, tutor de justiça e protetor de suas gentes. O complexo do Grande Espírito adapta-se e incorpora-se em todos os movimentos proféticos de liberação norte-americanos.

Morto na guerra Tecumseh (1813), na batalha de Thames, a confederação das tribos norte-ocidentais se esfacelou. Entre os outros os Kikapu, com o tratado de Edwardville (1819), cediam o território todo, em Illinois, em troca de uma estreita região a eles concedida no Missouri, sobre o rio Osage. Mas os Osage eram inimigos tradicionais dos Kikapu e assim estes se recusavam a penetrar nas reservas concedidas a eles e se mantiveram por muito tempo dentro de suas aldeias, enquanto uma parte se transferia para bem mais ao sul do Missouri, no Texas, a salvo dos americanos e dos Osage. Quem persuadiu os Kikapu a permanecerem em suas moradas contra a intimação dos brancos foi o profeta Kanakuk, que surgiu entre eles por volta de 1827. Tendo recebido a própria missão profética do Grande Espírito, Kanakuk, a exemplo do profeta Delaware e de Tenskwatawa, pregava, em nome do Grande Espírito, o abandono e a destruição dos instrumentos terapêuticos de caráter mágico (especialmente os "pacotes terapêuticos" tradicionais) e a abstenção das bebidas alcoólicas. Os imperativos morais que o profeta prescrevia ressentiam-se da tradição, ao lado das influências cristãs: não matar, não brigar, não mentir. Ele assegurava que, se os índios tivessem praticado a virtude e a religião pregada por ele, os brancos teriam ainda deixado durante anos o território aos antigos proprietários — os índios — até quando estes tivessem encontrado uma

(72) MOONEY, 1896, p. 681.
(73) MOONEY, 1896, p. 692.

pradaria verde onde pudessem ter uma vida ideal de bem-estar, evitando desse modo os lugares tenebrosos e ameaçadores que os brancos lhes impunham: isto é, o território dos Osage. Um objeto especial, distribuído pelo profeta às famílias indígenas, a saber, um pauzinho trazendo gravado a texto pictográfico das orações a serem dirigidas quotidianamente ao Grande Espírito servia como sinal para a unidade dos prosélitos. Repetia um uso já praticado pelos profetas que o antecederam. Os fiéis se reuniam no sábado, ouviam uma exortação do profeta e depois, levando na mão o bastãozinho das orações, compunham um cortejo circular, em fila única, recitando as orações do texto e dando um aperto de mão em cada um que passava: até que o texto concluía recordando a "casa do Pai", o céu. Então o canto cessava e ultimava-se o rito. Às sextas-feiras realizava-se a confissão dos pecados. As práticas acima mencionadas eram evidentemente inspiradas nas influências das missões católicas. Os penitentes recebiam golpes corporais com uma vara.

Os argumentos religiosos de Kanakuk não puderam ser reconhecidos pelos brancos. Morreu de varíola em 1852 no Kansas (oeste do Missouri), para onde sua gente havia sido obrigada a migrar. Difundiram-se rumores de que ele teria ressurgido no terceiro dia e alguns seguidores, em fiel espera, velaram seu corpo, até que eles próprios vencidos pelo contágio pereceram à sua volta[74].

Por volta de 1870 surge entre os Paviotso (próximos dos Paiute, na Grande Bacia, limites de Nevada com a Califórnia) a Ghost-Dance[75], a qual em uns dois anos se difundiu por todo o ocidente (Oregon, Nevada, Califórnia) dos Estados Unidos. Passando de tribo em tribo, ela se associa a contextos culturais diferenciados localmente, ora assumindo nomes locais e todavia mantendo uma identidade essencial no núcleo central do culto. O núcleo é constituído pelo tema do retorno dos mortos. O profeta, caído em transe, declara ter morrido e ressuscitado; revela a viagem empreendida por ele rumo aos espíritos dos mortos e anuncia seu iminente retorno por ocasião da renovação do mundo. Os profetas são xamãs-curadores. Nessa qualidade, gozam de um prestígio religioso justificado pela tradição cultural.

O fundador da Ghost-Dance dos Paviotso é o profeta Wodziwob, na região de Walker Lake (Nevada Ocidental), no ano de 1869. Mas o movimento começou a propagar-se só em 1871, seguindo dois itinerários diversos e contemporâneos. Aquele para o norte e noroeste levava o culto dos

(74) MOONEY, 1896, pp. 692-700.
(75) DU BOIS, 1939; NASH, 1955, pp. 412-20.

Paviotso de Walker Lake aos Washo (entre a Califórnia e Nevada), a Pyramid Lake e ainda ao norte no Oregon, reserva dos Klamath (Oregon Meridional) e Surprise Valley, entre as tribos Medec, Klamath, Shasta, Karok. Dos Shosta passava ao norte à reserva de Siletz (Oregon), aos Tolowa e Yrok. Um segundo itinerário levava o culto dos mesmos Paviotso de Walker Lake rumo à Califórnia, entre os Achomawi, os Yana, os Wintum e os Hill Patwin[76].

Wodziwob, em transe, viu vir-lhe ao encontro um trem de mortos (o primeiro trem transcontinental fora inaugurado exatamente em 1869) e advertiu que os próprios mortos teriam anunciado sua vinda entre os homens mediante uma explosão. O rito anunciado pelo profeta retomava a dança circular dos Paviotso, na qual homens e mulheres de mãos dadas consumam uma marcha rítmica acompanhada de cantos, cujo texto era ditado pelo próprio profeta em estado de transe. Às vezes a dança se desenvolvia em torno de uma estaca central[77].

Wodziwob tinha como coadjutor um certo Numataivo (= "Índio de pele branca". Mooney traduz o nome Tavibo por "Homem branco"), que se identifica[78] precisamente com aquele profeta Tavibo que Mooney considera pai de Jack Wilson ou Wowoka. Substancialmente, quando Mooney afirmava que a Ghost-Dance de 1870 foi fundada por Tavigo, errava por confundir ou identificar duas figuras distintas, de Wodziwob e de Tavibo (= Numataivo)[79]. A verdade é que mesmo através da pessoa de Numataivo, pai de Wowoka e coadjutor de Wodziwob, a Ghost-Dance de 1890 acaba ligada por parentesco genético com o movimento profético de 1870.

Por sua vez reconhece-se que a Ghost-Dance dos Paviotso de 1870 se insere, também como culto novo e em função de exigências modernas de liberação dos brancos, na antiga religião xamanística própria do grupo[80].

Segundo Mooney, a revelação viera a Wodziwob (para Mooney = Tavibo) durante uma ascensão solitária à montanha, onde se encontrou com o Grande Espírito: este lhe havia revelado estar iminente um cataclisma ou agitação geral do mundo, com conseqüente desaparecimento dos brancos do território. Os brancos serão engolidos pelos abismos que se abrirão na terra e seus bens — edifícios, mercadorias, objetos, instrumentos — ficarão à disposição dos índios, os quais gozarão assim de uma era feliz, livres de toda sujeição. Outras revelações subseqüentes precisavam

(76) DU BOIS, 1939, p. 1.
(77) DU BOIS, 1939, pp. 5-6.
(78) DU BOIS, 1939, p. 3; MOONEY, 1896, p. 701.
(79) DU BOIS, 1939, p. 4.
(80) DU BOIS, 1939, p. 7.

que brancos e índios seriam engolidos igualmente pelo terremoto, mas os índios seguidores do novo culto ressurgiriam depois de alguns dias para viver em prosperidade. Para eles retornaria a caça abundante como antes. O Grande Espírito, junto com os espíritos dos mortos, desceria à terra para instaurar a nova era paradisíaca. A dança circular do novo culto é muito semelhante à dança posterior do profeta Wowoka[81].

Mooney nos informa sobre um episódio muitíssimo significativo e importante, ocorrido nos tempos do profeta Tavibo ou Wodziwob: o encontro entre duas formações proféticas particulares de origem nativista e de origem euroamericana, a religião da Ghost-Dance e dos Mórmons.

Os Mórmons, ou Santos dos Últimos Dias (Latter Days Saints), haviam difundido nas décadas anteriores sua nova religião profética, fundada por Joseph Smith com o nome de United Order, no Missouri (1831). A revelação de Smith fixava no Missouri a sede da Nova Jerusalém, terra prometida, futura cidade do Senhor, onde se reuniriam os fiéis do culto para constituir-se em comunidade unitária. Mas a nós interessa outro ponto da revelação de Smith. Os Santos dos Últimos Dias, segundo a doutrina profética do fundador, deveriam um dia reunir-se com as famosas tribos perdidas de Israel de que falam os textos bíblicos. Tais tribos teriam permanecido até então ocultas em algum lugar de extremo norte, entre os gelos[82].

Ora, os mórmons de Salt Lake City (Utah) acreditaram identificar as míticas tribos perdidas de Israel precisamente com os índios seguidores do profeta Wodziwob. Eles enviaram ao grupo dos Bannock no Oregon emissários seus, convidando-os a se reunir com seus "irmãos" (isto é, os mórmons) e a receber o batismo. Desse modo, diziam, toda doença desapareceria do mundo, uma eterna juventude se instauraria entre os homens, cada um teria uma função própria e um dever prescrito, o reino do Senhor se realizaria[83].

O encontro entre os mórmons e a Ghost-Dance é um fato significativo. De resto, a atitude dos mórmons para com os índios, especialmente em relação à Ghost-Dance, deveria continuar benevolente por muito tempo. Vários mórmons aderiram à Ghost-Dance[84]; o próprio Smohalla acabará por incorporar na sua "religião do sonho" elementos derivados dos mórmons[85]. Finalmente, quando, mais

(81) MOONEY, 1896, pp. 701-4. Mooney sistematicamente adota o o nome de Tavibo, mas nós adotamos, ao contrário, o nome Wodziwob.
(82) DESROCHE, 1957, pp. 75-6.
(83) MOONEY, 1896, p. 704.
(84) MOONEY, 1896, p. 818.
(85) MOONEY, 1896, p. 719.

tarde, em 1892, a Ghost-Dance do profeta Wowoka alcançar seu resplendor, os mórmons de Salt Lake City publi-. carão um manifesto anônimo, no qual se dará por cumprido a profecia de Joseph Smith. Este havia predito na realidade, no ano de 1843, que, quando houvesse transcorrido o octogésimo quinto ano do seu nascimento, o messias desceria à terra e se mostraria corporalmente. Isto deveria acontecer precisamente em 1890. Os mórmons reconheciam portanto no profeta Wowoka a encarnação do Messias[86].

O encontro entre os mórmons e a Ghost-Dance lembra, pela semelhança de significado histórico e cultural, o encontro — paralelo e análogo — que se verifica na África (ver Cap. I) entre o Russellismo e o profetismo nativista africano; encontro que resulta, naquele lugar, no nascimento do movimento Kitawala. Temos, num e noutro caso, um ponto de convergência análogo entre dois movimentos proféticos, um em nível ocidental cristão, o outro em nível nativista e "pagão". Em ambos os casos, os dois movimentos em contato se confundem num mesmo motivo religioso, um motivo de renovação e de salvação, no quadro de um desafio à cultura e à sociedade contemporâneas, vistas nas suas contradições gritantes. Quer o binômio Mórmons-Ghost-Dance, quer o binômio Russellismo-Kitawala, em cada um dos componentes tomam seu impulso na crise global em que a sociedade, de nível colonial e de nível euro-americano, se encontra desde o surgir da idade moderna, até os dias de hoje.

Como os profetismos africanos se inspiraram no Russellismo de origem americana culta, reconhecendo nele a expressão de exigências comuns de renovação, assim, ao contrário, o movimento dos mórmons reconhecia na Ghost-Dance a expressão de exigências comuns de renovação; e nos índios reconhecia as tribos de Israel unidas aos mórmons por laços fraternos. Em suma, os mórmons projetam num tempo anterior, com base no modelo bíblico, a gênese de uma experiência de fraternidade historicamente determinada por uma análoga situação de crise.

Tais pontos de encontro entre profetismos de nível colonial e ocidental, "primitivos" e "cultos" (no sentido convencional), servem para documentar qual o terreno comum de origem do profetismo enquanto tal, terreno determinado por uma condição de crise social, cultural, religiosa, seja em relação a fatos de choque intercultural entre o grupo hegemônico e o subordinado, seja em relação a uma condição opressiva causada por instituições internas (religiosas, sociais, políticas) ligadas à sociedade de origem.

(86) MOONEY, p. 792.

Voltando à Ghost-Dance e aos seus desenvolvimentos ulteriores, vários foram os intérpretes e os propagadores que anunciaram às tribos e aos grupos de índios a nova doutrina libertadora e salvífica. Weneyuga (= Frank Spencer) foi quem a levou para os Washo; ele próprio e depois outros difundiram-na entre os Modoc, os Klamath etc. e na Califórnia Central[87].

No processo de desenvolvimento dos movimentos proféticos de 1870 no Ocidente, podem-se encontrar duas fases históricas distintas, suficientemente diferençadas (Du Bois), isto é, a Ghost-Dance propriamente dita e o culto "da Casa Subterrânea" (Earth Lodge Cult). A diferença entre os dois cultos reside na ênfase dada aos temas constitutivos, mais do que aos temas em si. Enquanto a Ghost-Dance insiste no retorno dos mortos, o culto da Casa Subterrânea acentua o tema do fim do mundo, que ocorrerá logo mediante cataclismas, terremotos e dilúvios. Todavia, os dois motivos supracitados coexistem em ambos os cultos.

Por exemplo, a Ghost-Dance dos Klamath e dos Modoc previa que o Velho Homem Coyote, personagem da mitologia tradicional, traria à terra os mortos e os animais de caça. Isto ocorreria logo, assim que a erva tivesse crescido nos campos. A dança circular com cantos rituais teria o poder de solicitar o retorno dos mortos e também defender os vivos contra os espíritos dos falecidos. Aqueles que, por causa da dança caíam em transe, segundo a convicção e a experiência local, encontravam os mortos, os quais já estavam a caminho para retornar à terra. Uma vez reunidos aos homens, gozariam de uma vida eterna, em companhia dos fiéis do culto. Mas os incrédulos permaneceriam petrificados e os brancos seriam crestados pelo fogo e deles não sobrariam nem as cinzas[88].

Por outro lado, os adeptos do culto da Casa Subterrânea repetem experiências análogas. Caindo em transe por efeito da dança, vão ao encontro dos mortos e apressam-lhes a chegada, pois acreditam numa catástrofe cósmica iminente, com terremoto. O elemento que os distingue da Ghost-Dance comum — da qual seu culto é uma forma particular — consiste em que se protegem do iminente fim do mundo construindo refúgios semi-subterrâneos. São casas típicas, de terra e pau, de planta raramente quadrada (Siletz, Grande Ronde), habitualmente circular, com amplos corredores subterrâneos e nos quais se realizam as danças rituais. O culto da Casa Subterrânea representa uma elaboração da Ghost-Dance e é próprio dos ambientes culturais da Califórnia Central, especialmente dos Pomo, Wintu,

(87) GAYTON, 1930; KROEBER, 1904; NASH, 1955, pp. 414-20.
(88) NASH, 1955, pp. 415-7.

Achomawi, dos quais se difunde até mais ao norte do Oregon[89]. Ocorre amiúde, quer no culto da Ghost-Dance quer no da Casa Subterrânea, que multidões de prosélitos se ponham a caminho numa direção assinalada pelo mito (variável em cada caso em relação à mitologia e escatologia local), por onde se espera, segundo o anúncio profético, que retornem os mortos[90]. Nas reservas (Oregon) de Siletz e da Grande Ronde o culto em questão é conhecido pelo nome de "culto da Casa Quente" (Warm House Cult), porque as danças eram executadas numa casa de planta quadrada com fogo central[91].

Na reserva de Klamath, em 1875-78, desenvolvia-se, a partir do culto da Casa Subterrânea já em decadência, uma "Dança do Sonho" (*Dream-Dance*)[92]. Nesta assume importância especial a experiência de transe e de visões, por parte dos chefes e dos prosélitos comuns do culto. Nas visões aparecem, na maioria das vezes, espíritos dos mortos, que se dispõem em círculo, com os rostos pintados, e dançam e cantam. O culto da Dança do Sonho teve como fundador uma xamã-curador bastante renomado na reserva, o "Doutor George", o qual já anteriormente havia introduzido entre os índios de Klamath o culto da Casa Subterrânea. Na realidade, a Dança do Sonho tem um acentuado caráter xamanístico de cura. A dança é executada em grupo, quando um dos prosélitos ou um chefe do culto recebeu a inspiração através de uma visão. Ela serve para curar os doentes, em torno dos quais justamente se desenvolve[93].

Uma outra derivação do culto da Casa Subterrânea, especialmente entre os Wintu e os Hill Patwin, é o culto Bole Maru (termo composto dos nomes dados pelos Patwin e pelos Pomo ao culto). Nele é abandonado o tema do fim do mundo, e se enfatiza o tema do Grande Espírito e da vida ultraterrena como meta a ser visada pelos fiéis. O desenvolvimento máximo foi alcançado por aquele culto entre os Patwin e os Pomo (Califórnia Central). Este culto representa, no que concerne à Ghost-Dance e aos cultos afins, uma forma de relativo ajustamento nos confrontos da cultura religiosa dos brancos. Os seus profetas condenavam o uso de bebida alcoólica, as rixas, o latrocínio, pregavam um código ético baseado na doutrina de uma re-

---

(89) DU BOIS, 1939, pp. 1, 44, 53, 79-116, 132; NASH, 1955, pp. 420-26.
(90) DU BOIS, 1939, p. 13.
(91) DU BOIS, 1939, pp. 27-31.
(92) A Dream-Dance dos Klamath, Modoc etc. não se confunde com a Dança homônima dos Menomini (veja). De resto, Dream-Dance, Dreaming-Prophet são expressões correntes para as mais variadas formas de profetismos e de profetas entre os índios da América do Norte. De fato, em todos estes profetismos, e junto a todos estes profetas encontram-se acentuadas manifestações de transe e visões (= *dream*).
(93) NASH, 1955, pp. 426-35.

compensa ultraterrena, segundo a qual estaria reservado aos fiéis um reino de beatitude, de prosperidade e de paz no além. O dualismo ético reflete-se portanto num dualismo escatológico, pelo qual a Deus se contrapõe o diabo, ao paraíso o inferno. Deve-se ver nisto a absorção de outros temas pregados pelos missionários[94], ou através de elementos arcaicos de religiosidade indígena.

Uma das formas rituais em que se exprimia o culto Bole Maru é dado pela "dança da bola". Consiste num autêntico jogo de bola, entre duas equipes em linhas contrapostas, uma diante da outra, os homens de um lado, as mulheres do outro e uma fogueira no centro entre as duas linhas de jogadores. Cada jogador segura nas mãos uma bola, feita de trapos enrolados e amarrados em forma de esfera. Cada jogador lança a bola ao seu parceiro do lado oposto, do outro lado do fogo central[95]. Tal jogo ritual, resultante de um arcaico jogo profano enxertado num rito nativista, que pretende revivificar os costumes e práticas sociais antigas em função autonomista e contra os brancos, constitui um exemplo entre outros de um fenômeno consideravelmente difundido, isto é, o renascimento dos jogos tradicionais, já decadentes, em função nativista e como parte de uma religião nova. O exemplo mais notável é o jogo ritual das mãos, introduzido mais tarde pelos Arapaho entre os Pawni e depois difundido entre os Wicita, os Oto e entre alguns Assiniboine e os Cheyennes, como parte do rito moderno da Ghost-Dance[96]. O jogo das mãos da Ghost-Dance ("Ghost-Dance Hand Game") desenvolveu-se de 1892-93 até além de 1900 entre as mencionadas tribos e ainda existia em 1919; mas em tempos mais recentes decaiu, perdendo gradualmente seu significado ritual e reduzindo-se a simples manifestação lúcida. No quadro da Ghost-Dance de 1890 o "jogo das mãos" assumia, contudo, a função de revivificar um traço importante da antiga cultura indígena, de exprimir o esforço dramático de retomar a antiga vida, arruinada ou destruída pelo contato com os brancos. O jogo assim se desenvolvia: duas equipes — desafiante e hóspede — (equipes escolhidas entre as diversas filiações da Ghost-Dance, por exemplo, filiação masculina e feminina, ou então visionários e não-visionários) contrapostas entre si em dois semicírculos, são representadas por dois expoentes, que no centro do espaço circular formado pelos grupos antagonistas compõem um jogo de apostas. Uma — a desafiante — esconde em uma das mãos, depois de oportunas manobras para confundir o adversário, uma

(94) DU BOIS, 1939, p. 133.
(95) DU BOIS, 1939, pp. 133-4.
(96) LESSER, 1933*b*, pp. 322-37.

ficha, depois estende as mãos fechadas para a frente pedindo que o outro adivinhe onde está a ficha. Os pontos a favor da equipe representada pelos vencedores são registrados. O jogo se repete, desta vez com dois desafiantes, cada qual com uma ficha e se o hóspede adivinha sua equipe assume a iniciativa; caso contrário, acumulam pontos negativos. O jogo, no quadro da religião da Ghost-Dance, é precedido por oferecimento de fumo no cachimbo cerimonial, é acompanhado por cantos rituais e desenvolve-se numa atmosfera sacra, com parafernália adaptada às necessidades, em vestes cerimoniais[97]. O local do jogo, que em época antiga — quando o próprio jogo tinha puro valor profano[98] — consistia no orgulho absolutamente esportivo daquele que vence uma competição (havia mesmo em certa época um combate simulado, que veio a desaparecer na versão moderna e cerimonial do jogo), se transformou em sede ritual. Quem vence a partida demonstra estar ligado mais fortemente à religião; superar os adversários quer dizer ser mais fiel que eles à religião da Ghost-Dance[99]. Na realidade, também o jogo das mãos da Ghost-Dance indica uma reelaboração nova, em função de exigências novas (devidas às experiências do choque com os brancos), de uma manifestação cultural mais antiga, a qual é programaticamente retomada e transformada[100] como expressão religiosa do autonomismo antibranco próprio dos cultos nativistas das pradarias norte-americanas.

Aproximadamente na época em que os Paviotso esperavam a prodigiosa aurora da liberdade e renovação do mundo, profetizado por Wodziwob, a noroeste da sua região, entre as tribos do rio Colúmbia (zona centro-oriental dos estados de Washington e Oregon) se desenvolvia o movimento religioso fundado pelo profeta Smohalla. As tribos do rio Colúmbia recusavam-se a evacuar os territórios de seus avós e a se encerrarem nas reservas vizinhas de Yakima, Umatilla, Warmspring, aonde a autoridade governamental pretendia impeli-los. Os índios notavam que os grupos reunidos nas reservas submetiam-se a toda espécie de prepotências da parte dos brancos, com desprezo dos tra-

---

(97) LESSER, 1933*b*, pp. 160-308.
(98) Para o jogo das mãos e outros jogos de azar ou de aposta e de adivinhação entre os norte-americanos, cf. S. CULIN. *Games of North Americans Indians*, Rep. B.A.E. 1902-3), 1907, pp. 267-327. Deve-se ter em mente que o jogo das mãos, como a maioria dos jogos de azar em civilizações primitivas, numa fase ainda mais arcaica tivesse valor ritual, com função vaticinatória e propiciatória (veja M. GRIAULE, *Jeux Dogons*, Paris, 1938, pp. 1-5). Neste sentido (considerando também os fingidos combates executados como ritos originários e depois transformados em jogos) o jogo das mãos da Ghost-Dance representa um retorno à fase ritual mais arcaica do próprio jogo.
(99) LESSER, 1933*b*, p. 311.
(100) LESSER, 1933*b*, pp. 309-21.

tados e garantias oferecidas, a ponto de, em muitos casos, serem obrigados a desalojar-se e procurar novas residências para si, quando os "colonizadores" julgavam conveniente apossar-se das terras das reservas[101].

Smohalla, o profeta visionário (*dreamer prophet*), anunciava a expulsão dos brancos, a ressurreição dos mortos, o retorno da terra aos índios, e derrubada das relações político-militares entre brancos e índios com a vitória dos últimos, tudo isso por inspiração direta do Grande Espírito.

Os efeitos de tais pregações não tardaram a se fazer sentir. Em 1877, o chefe José guiava a insurreição dos Nez Percés, no Idaho (zona centro-setentrional, nos limites com o Oregon), inspirando-se diretamente no profetismo de Smohalla. Repetia-se assim o processo que da mensagem profética leva à revolta político-militar, o processo que se havia verificado, já anteriormente, quer com a revolta dos Delaware sob orientação do Chefe Pontiac em conseqüência da obra do profeta anônimo Delaware, seja com a confederação política e a revolta militar de Tecumseh, fruto da religião profética de Tenskwatawa.

Na verdade, a doutrina de Smohalla não pretendia provocar a luta violenta contra os brancos. Pelo contrário, firmou-se um acordo para que os Nez Percés se retirassem para uma reserva. Não obstante, um ataque desleal dos brancos contra um acampamento indígena e saque de seus animais provocou a imediata reação daqueles. O chefe José, percorrendo em heróica retirada mais de mil milhas em Montana rumo ao Canadá, entreteve o exército inimigo entre junho e outubro de 1877 até que foi obrigado a render-se.

Mas nem por isso o movimento fundado por Smohalla se extinguiu, em 1883, chega aos índios do rio Colúmbia um novo estímulo ao profetismo, devido a uma indiscriminada apropriação de terras por parte de autoridade americana, para a construção da estrada de ferro do Norte-Pacífico.

Examinemos agora mais de perto a mensagem do profeta Smohalla[102]. Smohalla (forma popular do nome Shmoqûla = o pregador) nascera entre 1815-20 na aldeia de P'na perto de Priest Rapids (na confluência dos rios Colúmbia e Snake), na comunidade dos Wanapum, que fazia parte dos índios do rio Colúmbia. Estes são pescadores de salmão e caçadores, da linhagem shahaptian, semelhantes aos vizinhos Nez Percés e Yakima. Smohalla era também

---

(101) Sobre Smohalla e a sua ação profética, em relação com os acontecimentos locais, cf. MOONEY, 1896, pp. 708-15.
(102) MOONEY, 1896, pp. 716-31.

chamado "Montanha Retumbante", em memória da primeira revelação, que recebeu enquanto dormia sobre uma elevação, pela voz da própria montanha. Foi educado nas missões católicas, do que se ressentirá sua nova religião. Tinha combatido (1855-56) na guerra Yakima. Em 1860 ocorreu um episódio que contribuiu indiretamente para consolidar sua fama de taumaturgo e profeta. Já conhecido como xamã-curador, Smohalla teve de sustentar naquele período uma luta cruel de rivalidade com um xamã de outra tribo, de nome Moisés. Smohalla sucumbia no confronto e por pouco não foi morto pelo rival. Ferido no duelo, sangrando, sem sentidos, permaneceu no solo e foi arrastado pela correnteza do rio Colúmbia até que foi afortunadamente salvo por um branco, longe da terra nativa. Lentamente, em terras estranhas, recuperou as forças. Mas, em vez de voltar logo para a pátria, andou pelo Arizona, pela Califórnia e finalmente México, de onde por fim voltou para casa. Começou então a contar que tinha morrido, havia visitado o mundo dos espíritos e soubera assim o que o Ser supremo ou o Grande Chefe Celeste pensava sobre os homens. O Ser supremo deplorava a apostasia dos índios em relação à própria cultura e religião originárias, após o advento dos brancos. As pessoas começaram a crer que realmente o profeta tivesse voltado do reino do além, ainda mais que o julgavam morto efetivamente depois do combate travado. Smohalla era sujeito a crises de transe que se produziam de hora em hora e por isso era chamado "o profeta visionário" ou "do sonho" (*dreamer*). Ao despertar, revelava o conteúdo das visões recebidas no reino dos espíritos e se vangloriava de conhecer as coisas celestes e os movimentos dos astros. Com base num almanaque astronômico, sabia prever os eclipses. Sua doutrina compreendia uma cosmogonia original. No princípio, segundo tal doutrina, existia o Grande Espírito, criador da terra, dos homens, dos animais, das coisas. Os primeiros homens criados pelo Ser supremo foram os índios. Somente mais tarde foram criados os franceses (esse dado cosmogônico refere-se à experiência de contato com os viajantes canadenses da Companhia de Hudson Bay) e os padres. Muito mais tarde vieram os americanos, os ingleses ("os homens do Rei Jeorge") e finalmente os negros. Entre todos somente os índios são originários, segundo a cosmogonia de Smohalla. A terra pertence pois, sem divisão de castas, à coletividade dos índios. "Vocês me pediam para lavrar a terra", afirma Smohalla numa declaração textual. "Deverei então cortar com o cutelo o seio de minha Mãe? Se o fizesse, quando eu morresse ela não mais acolheria meu corpo... Vocês me pedem para cortar erva para forragem", continuava o profeta com palavras significativas, "e vendê-la como fazem os brancos. Como então ousarei cortar os cabelos de minha Mãe?..." E aos brancos, que se interessavam pelas terras nativas, o profeta lança este desafio apocalíptico: "Quero que minha gente fique aqui comigo. Os mortos retornarão à vida, seus espíritos se reencarnarão. Devemos permanecer, pois aqui foi a morada de nossos pais, porque aqui devemos esperar encontrá-los de novo, no seio de nossa Terra Mãe"[103].

Assim, a cosmogonia de Smohalla exprime de modo bastante claro as exigências elementares de vida dos grupos aborígines, ligados à terra por vínculos que vão além da esfera meramente econômica e investem a mais profunda esfera religiosa. A religião da Terra Mãe, como é expressa nas palavras do profeta, pertence ao cabedal cultural das tribos peles-vermelhas, que, contudo, viviam tradicionalmente num regime econômico baseado na caça, coleta e pesca e de modo algum na agricultura. Smohalla opõe nítida recusa às tentativas dos brancos de introduzir a agricultura entre os grupos aborígines. E é importante o argumento utilizado a propósito, argumento primorosamente religioso. O profeta efetivamente considera "sacrilégio" o trabalho da terra, consideração que é própria e peculiar às culturas religiosas primitivas dos cultivadores[104]. Dir-se-ia, portanto, que esse tema do "sacrilégio" e da Terra Mãe, junto com o do retorno coletivo dos mortos — ambos associados no complexo profético de Smohalla — estão a indicar uma experiência agrícola dos índios da América do Norte, experiência antiga e em parte perdida, a qual deveria ter deixado vestígios[105] nesses elementos de religiosidade — culto dos mortos e da terra — aos quais a ameaça exercida pelos brancos havia certamente restituído um valor de premente atualidade.

O movimento profético que em Smohalla encontrava seu fundador estava orientado, como se vê, num sentido hostil no confronto com a cultura dos brancos, tanto que o fundador recusava qualquer contribuição cultural de origem euro-americana. Todavia, o movimento profético abrange manifestações várias e complexas, algumas das quais contradizem a posição pessoal de Smohalla. Por exemplo, um colaborador do próprio Smohalla, Kotai'aqan, propunha a adoção da agricultura e da horticultura, da criação, ainda em escala modesta, e confirma só a obrigação de conservar as formas religiosas arcaicas[106]. Portanto, no próprio movimento profético coexistem duas atitudes heterogêneas para com a cultura européia, uma de recusa e outra de aceita-

(103) MOONEY, 1896, pp. 721, 724.
(104) LANTERNARI, *La Grande Festa,* pp. 389-93.
(105) Sobre o complexo dos mortos que retornam, em relação com a civilização agrícola, *ibid.,* pp. 93-135, 220, 236, 308-19, 411.
(106) MOONEY, 1896, pp. 722-23.

ção parcial. O fato é que a primeira das duas atitudes prevalece na fase profética mais antiga, a qual cria as premissas para a fase ulterior, que se desenvolverá plenamente apenas decênios mais tarde, e na qual os bens europeus serão gradualmente adotados e integrados na cultura aborígine.

Eis então como era o ritual da "religião do sonho" de Smohalla. Os adeptos reuniam-se em procissão diante de um edifício, a antiga "casa do salmão" de tradição local, utilizada como templo. Nele se conservava originariamente peixe seco, dependurado do teto e das paredes. À frente a procissão conduzia uma vasilha retangular de fundo amarelo (cor que queria simbolizar o colorido dos prados), bordas verdes (símbolo das colinas) e uma faixa celeste acrescentada no alto com a figura de uma estrela (símbolo do céu) e finalmente um círculo no meio do retângulo (símbolo do culto, ou seja, da casa do profeta). Tal vasilha representa simbolicamente toda a cosmografia. O rito se desenvolve no interior do edifício sagrado, e compreende recitações de "ladainhas", alternadas entre o mestre de cerimônias e o coro, cantos corais acompanhados por tambor, dança de ritmo variável, cadenciado com uma mímica levemente indicada pelos participantes. Esses se dispõem em filas ordenadas ao longo das paredes internas da casa, tendo ao centro o profeta. Normas precisas quanto ao número das filas, cuidados das vestimentas, atitude ritual, regulamentam a conduta dos participantes. Os ritos se desenvolvem aos domingos (por influência cristã), por ocasião de um evento fúnebre (inclusive o lamento fúnebre segundo o costume arcaico) e finalmente nas duas antigas festas estacionais da tradição local, isto é, a dança primaveril dos salmões, a dança outonal dos bagos, celebrando respectivamente dois momentos vitais para a comunidade, isto é, o início da estação da pesca e o início da estação da coleta dos frutos. A primeira de tais cerimônias — verdadeiro ano novo dos pescadores — se celebra entre outras coisas com uma libação, um banquete cerimonial e inaugurativo dos salmões novos. A exaltação ritual acrescida do canto, da dança e do ritmo dos tambores provoca, amiúde, no decorrer do rito, um estado de transe mesmo nos participantes comuns, com eventuais visões, segundo a prática habitual da possessão coletiva[107]. A religião do sonho pretende também curar, entre outras coisas, os males introduzidos pelos brancos[108].

O movimento de Smohalla difundiu-se logo entre as tribos dos índios do rio Colúmbia. Em síntese, a mensagem

(107) MOONEY, 1896, pp. 726-31.
(108) MOONEY, 1896, p. 724.

desse profeta persegue um escopo restaurador, sendo dedicado ao restabelecimento da cultura tradicional anterior aos brancos. É uma direção comum ao profetismo de Tenskwatawa e, ainda antes, do profeta anônimo delaware bem como de todos os outros profetas do mesmo grupo. Eles adotam em geral uma atitude hostil contra a cultura dos brancos. Nisso deve-se notar a expressão de uma reação violenta e polêmica ao primeiro ataque desencadeado, com graves conseqüências, à cultura aborígine pelos euro-americanos. É a propósito significativo que os profetas acima mencionados reivindicam a obrigação de usar vestimentas tradicionais de pele renegando as roupas européias. Proíbem igualmente o uso de adereços, armas, instrumentos europeus (fuzil, arado), tanto quanto de sistemas econômicos ocidentais (criação, comércio de feno etc.), e até de perderneira. Efetivamente, o anônimo profeta delaware impunha o retorno ao método antigo de acender o fogo por atrito com pauzinhos. Somente depois, transformadas as relações entre índios e brancos, em formas de cooperação pacífica, estabilizado o regime de ocupação dos brancos e de segregação em reservas para os índios, deviam emergir formações religiosas novas orientadas sobretudo — como o Peiotismo, o Shakerismo, a religião de Handsome Lake etc. — no sentido de uma revalorização positiva da cultura euro-americana e de incorporação e integração de seus múltiplos e importantes elementos, agora de modo espontâneo e autônomo.

Contemporaneamente ao movimento de Smohalla, na zona extremo-setentrional do estado de Washington, perto dos limites da Colúmbia Britânica, entre outros grupos de pescadores-caçadores do rio Colúmbia, isto é, os Sanpoil, Spokane, Okanegan, se desenvolvia o culto do profeta Kolaskin (1870-80)[109].

O culto de Kolaskin assemelha-se com a Dança do Profeta, difundida no Noroeste por volta da mesma época; todavia, distingue-se dela — assim como do profetismo de Smohalla — pela ausência de um culto dançado e pelo predomínio de uma personalidade profética como Kolaskin, que se caracteriza por grande ambição política e por uma índole autoritária que se reflete também na organização do culto.

A figura do fundador Kolaskin, como nos foi transmitida, possui os traços característicos comuns aos profetas não só norte-americanos como de todo culto nativista. Nesta figura aparecem estreitamente ligados e fundidos elementos biográficos autênticos com elementos dos quais é difícil

(109) RAY, 1936, pp. 67-75.

dizer se não são produtos do pensamento mítico. Com efeito, a biografia de Kolaskin, especialmente no que se refere à revelação e ao anúncio do novo culto, tem os caracteres precisos de um paradigma mítico, que constitui a seu modo o mito de fundação do novo culto.

Kolaskin, depois de uma vida normal e insignificante até os vinte anos, teria caído gravemente doente, com o corpo inchado e recoberto de úlceras, as pernas enrijecidas, e assim teria permanecido por uns dois anos sem que nenhum remédio o ajudasse, até que teria "morrido". Com efeito, ele caiu em transe e ficou inconsciente por muitas horas. Os parentes prepararam o funeral, pois ele parecia realmente "morto". O caso é análogo, de um lado, p. ex., a Smohalla e, de outro, a John Slocum, fundador do Shakerismo, para não falar de muitos outros profetas. Voltando à consciência, Kolaskin entoou um canto novo e nunca ouvido antes; e às pessoas reunidas ali declarou ter morrido e recebido uma visão, depois da qual se sentia curado da longa doença incurável. O Criador (Quilan-tsuten) lhe havia confiado a mensagem da nova religião, segundo a qual os índios deviam mudar de rumo, afastando-se do álcool, de uma vida de latrocínios e adultérios recitando orações a Deus de manhã, ao anoitecer, em todas as refeições, nas expedições de caça ou outro ato importante. Além disso, a cada sete dias deviam dirigir ao Criador preces e cantos rituais.

Os presentes seguiram logo o exemplo do profeta, levantando preces coletivas. Sua confiança no profeta encontrava confirmação ao vê-lo curar-se pouco a pouco de um mal que parecia incurável[110]. Em Whitestone, entre seus compatriotas sanpoil, Kolaskin obtém um êxito tão entusiástico que é proclamado chefe da tribo.

O culto baseia-se em preces (cujos textos não são conhecidos), aparentemente de um gênero análogo àqueles dedicados outrora aos seres da mitologia pagã[111], em cantos cujos textos são improvisados em estado de transe (no gênero dos cantos que nos ritos de inverno eram entoados pelos Espíritos Guardiães da religião tradicional). A prece e o repouso dominical, o culto do Criador, o relato da paradigmática doença e cura do fundador, com a relativa visão reveladora, estão na base do culto. Faltam-lhe, em compensação, danças, músicas, instrumentos de percussão; faltam manifestações de possessão, freqüentes em outros cultos (Shakerismo, Ghost-Dance etc.). Os assistentes sentam-se quietos no chão, no interior de um edifício constru-

---

(110) Contudo, Kolaskin permaneceu a vida inteira com as pernas parcialmente paralisadas (RAY, 1936, p. 69).
(111) RAY, 1936, p. 70.

do expressamente para o culto, imitação igualmente do culto cristão.

Depois da primeira revelação profética, Kolaskin anunciou numa segunda visão uma futura catástrofe cósmica, com dilúvio, que dali a dez anos destruiria a humanidade. Salvar-se-iam apenas aqueles que tivessem ouvido o profeta, construindo uma grande embarcação. Era preciso, segundo o profeta, erigir uma serraria perto do edifício do culto e preparar a madeira necessária para a embarcação. Todavia, as perseguições dos agentes federais puseram fim a tais preparativos[112]. Nem por isso o movimento de Kolaskin se extinguia. Assim, em 1873, com uma nova profecia, por ele anunciada, de terremotos iminentes, — terremotos que de fato se verificaram, ainda que de importância mínima — cresceu e se fortaleceu. Kolaskin tornou-se na realidade um chefe despótico. Mandou construir uma prisão na qual lançou aqueles que desobedeciam às normas de conduta ditadas por ele. A atitude autoritária do profeta devia provocar ódio e facções entre os adeptos e acabou por perdê-lo. Capturado pelos agentes do governo, Kolaskin foi encerrado numa penitenciária federal. Quando foi solto, renegou o próprio culto e conseguiu retomar o poder de chefe de tribo. Todavia, o culto sobreviveu e extinguiu-se lentamente só em 1930. Como chefe político, Kolaskin combateu a política de ocupação das terras, realizada pelos brancos.

Como no Shakerismo, a campanha contra o álcool (comum também à Ghost-Dance), a campanha contra a corrupção da sociedade indígena encetada por Kolaskin sobre bases religiosas e éticas ao mesmo tempo, justificam-se numa situação de crise geral e de corrupção da própria sociedade, em conseqüência dos efeitos desagregadores do choque com os brancos. O culto de Kolaskin pretende renovar as bases da sociedade no sentido religioso e ético. A figura do profeta centraliza muito bem em si mesma a experiência de doença e cura, a experiência de morte e ressurreição que correspondem paradigmaticamente à condição de corrupção e de ruína da sociedade contemporânea, cujo movimento indica a vida de renovação e do renascimento.

Movimentos análogos, de caráter nitidamente indianista, e orientados para a reforma da sociedade através também de elementos cristãos, não são raros nem em tempos recentes entre os grupos índios dos Estados Unidos. Um exemplo é dado pelo novo culto religioso, surgido por volta de 1927-28 entre os Pome da Califórnia central (zona se-

(112) RAY, 1936, p. 71.

tentrional)[113]. Teve como precursor o xamã de Pit River, Albert Thomas, mas encontrou seus defensores diretos em Maggie Johnson (uma curandeira oriunda dos Miwok ocidentais), Henry Knight e Clifford Salvador, de Middeltown Ranch, perto do Clear Lake (100 milhas ao norte de São Francisco). O culto baseia-se em novas técnicas de cura, recebidas dos fundadores através de revelações e que, enxertando-se nas velhas técnicas xamanísticas tradicionais, renovam-nas apropriando-se entre outras coisas do uso de cigarros americanos, cujo fumo é espalhado sobre o doente com fins terapêuticos. Além disso, o novo culto — no que também se assemelha ao culto de Kolaskin — prega a renúncia ao álcool e ao jogo; condena o latrocínio, as rixas e toda forma de corrupção da sociedade. Por outro lado, esse culto está ligado a um filão profético ainda mais antigo, isto é, ao culto Bole Maru dos Pomo, derivado da Ghost-Dance de 1870.

No quadro dos movimentos proféticos relativos à fase mais arcaica do contato entre índios e brancos, de perspectiva emancipatória e revolucionária, a figura mais eminente é a de Wowoka[114].

Filho do profeta Numataivo[115] ou Tavibo[116] (morto em 1870), Wowoka (= "o Cortador") nasceu por volta de 1856 (em 1860 tinha cerca de quatro anos, segundo Mooney) em Mason Valley (Nevada) entre os Paiute. Adotado pela família de um agricultor local, David Wilson, recebeu o nome inglês de Jack Wilson (ou também John Wilson). Já antes de receber a primeira revelação profética, era famoso como xamã-curandeiro. Jazia doente e febril, quando, em 1886, teve uma visão, em estado de transe. Apenas mais tarde, em 1888, anunciava ao povo dos Paiute a nova religião, a Ghost-Dance, a qual em breve seria eficaz e amplamente difundida entre os Washo, os Bannock, os Shoshoni[117], os Arapaho, os Cheyenne, os Kaiowa, os Sioux, os Pawni, os Cado, em resumo entre os mais diversos grupos de indígenas das pradarias, difundindo-se de ocidente a oriente em direção nordeste[118] e na direção sul entre os Walapai, os Cohonino, os Mohave (Arizona). O culto da Ghost-Dance, apesar das variantes locais, devia conservar em toda parte os temas centrais do retorno dos mortos, da catástrofe e da renovação do mundo, depois da derrota dos brancos[119]. Falaremos adian-

(113) DE ANGELO-FREELAND, 1929.
(114) MOONEY, 1896, pp. 764-76.
(115) DU BOIS, 1939, p. 3.
(116) MOONEY, 1896, pp. 701, 771.
(117) MOONEY, 1896, pp. 802-15.
(118) MOONEY, 1896, pp. 816-914.
(119) MOONEY, 1896, pp. 785-6.

te do caso dos Navaho, os quais não aceitaram a Ghost-Dance.

A revelação de Wowoka fora precedida por um eclipse solar. O profeta caiu em transe, e viu o Grande Espírito (da tradição religiosa mais antiga) comparecer diante dele, acompanhado pelos espíritos dos mortos. O Grande Espírito conferia-lhe a nova missão, de pregar a religião da Ghost-Dance. Os preceitos éticos da nova religião fundamentam-se numa atitude pacífica para com os brancos, dos quais todavia se espera e se preconiza a retirada espontânea. Os seguidores da Ghost-Dance são obrigados a observar certos mandamentos comuns também à ética cristã, como não roubar, não mentir, renunciar à guerra. A execução da dança ritual ("dança dos espíritos") realiza-se a intervalos regulares, em substituição às primitivas festas periódicas de tradição arcaica. Tal rito asseguraria aos seguidores salvação e bem-estar.

O profeta recebeu do Grande Espírito o prodigioso poder de governar o tempo, os elementos, a chuva. Wowoka convidava os índios a usar roupas de corte e feitio ocidental e ele mesmo dava o exemplo[120].

"Abstém-te da guerra, não faças o mal, mas sempre o bem!": são esses os preceitos da religião de Wowoka[121]. O profetismo de Wowoka baseia-se em alguns temas que conhecemos como dominantes nos profetismos africanos (cap. I) e oceanianos (ver adiante): a espera dos mortos que voltam e que são portadores de uma nova era. Os brancos irão embora, arrastados por um vento prodigioso e libertador. As casas, os animais, as propriedades dos brancos passarão para as mãos dos índios. As doenças acabarão, a miséria e a morte também. Deste modo o mito da idade de ouro exprime a necessidade de libertação de um domínio malquisto (dos brancos) e o anseio de um bem-estar perdido: tudo isso numa atmosfera de exaltação mítico-ritual, na qual a espera dos bens concretamente necessários e cobiçados se mescla com a espera de uma idade utópica totalmente irreal. Desse modo a história e o mito apóiam-se no fermento profético de renovação.

Não obstante a atitude cordata e benévola do fundador para com os brancos, — especialmente se a confrontarmos com a dos profetas precedentes —, é notável o fato de que no seu mito quiliástico não haja um lugar efetivo para os brancos e que o advento da era prometida se refira unicamente aos índios, livres uma vez para sempre da ocupação européia. Na palingenesia cósmica, os índios se

(120) MOONEY, 1896, pp. 771-2.
(121) MOONEY, 1896, p. 782; em geral, para a doutrina da Ghost-Dance, *ibid.*, pp. 777-9.

reencontrariam com seus ancestrais mortos. Não é pois de surpreender que tal doutrina, mesmo no seu pacifismo declarado, tenha desaguado logo, num terreno excepcional, em aberto conflito insurrecional. O anseio de renovação, a esperança quiliástica do novo culto deviam dar frutos entre os Sioux, onde uma situação de frustração crônica tornara-se ainda mais grave pelas recentes usurpações dos brancos. A Ghost-Dance tornava-se assim abertamente movimento de libertação, de guerra[122].

Se examinarmos, portanto, a Ghost-Dance em seus concretos desenvolvimentos históricos — e não só nas suas premissas programáticas —, ela nos aparece como o movimento profético de caráter revolucionário, que deu lugar à grande revolta dos Sioux. Sob a égide da religião, tal movimento pretende reconstituir em seus traços vitais a antiga civilização indígena, decadente e em grande parte desaparecida pelo longo processo anterior de colonização. Nisto ela segue o programa religioso de restauração que já era próprio, até mesmo numa escala maior, dos movimentos proféticos anteriores, os quais refluem na Ghost-Dance como na sua expressão própria mais significativa. Não obstante isso, reconhece-se que a Ghost-Dance — e aliás igualmente os movimentos proféticos anteriores — produzem um lento e contraditório processo de absorção de vários elementos da cultura dos brancos, mesmo na esfera religiosa[123].

É verdade que, entre os temas constitutivos da Ghost-Dance, prevalece uma orientação restauradora e arcaica. A restauração das antigas cerimônias, danças, jogos, sociedades religiosas, determinará, segundo a mensagem profética, o advento da idade nova precursora para os índios de todos os bens. É evidente que, nas condições especiais de vida causadas pelo domínio dos brancos, a idade de ouro se configura sob o aspecto de um verdadeiro e próprio retorno ao antigo.

Nos alicerces do irredentismo indígena figura sobretudo, além da alienação das terras por obra dos plantadores brancos, a destruição daqueles rebanhos de bisontes que na civilização originária constituíam a primeira fonte de vida[124]. Eis por que a mensagem profética anuncia, com a vinda dos mortos, também o retorno dos bisontes. Do ponto de vista da tradição religiosa local, a dança dos espíritos pretende restaurar principalmente as antigas danças de primavera, nas quais fora dado um golpe mortal, em 1879, com a destruição dos bisontes necessários em grande número para as

(122) MOONEY, 1896, p. 777.
(123) MOONEY, 1896, p. 783.
(124) LESSER, 1933a, pp. 109-15.

celebrações festivas[125]. A religião da Ghost-Dance retoma a arcaica religião do Grande Espírito e dos mortos, própria da bagagem tradicional local. Os mortos e o Grande Espírito, vindos nas visões aos profetas, foram os arautos da nova religião. Além disso, os participantes, em estado de transe provocado durante a dança ritual, vêem a cidade dos mortos[126].

Deve-se destacar, no culto da Ghost-Dance, o emprego, especialmente entre os Sioux, de uma camisa branca, que os participantes podem envergar, enfeitada de penas e desenhos variegados de inspiração mitológica. Era a chamada "camisa dos espíritos" (*Ghost shirt*) usada por homens e mulheres para a dança e também na guerra pelos combatentes, sob as vestes comuns. A camisa dos espíritos tem, na opinião corrente, poder protetor particularmente eficaz. Segundo Mooney, ela pode ser a adaptação da indumentária branca semelhante, que os mórmons usam durante seus ritos e que teria impressionado a fantasia dos neófitos. Outros objetos sagrados utilizados na "dança dos espíritos" são o arco e a flecha, armas tradicionais simbólicas[127].

Quanto à cerimônia da Ghost-Dance[128], ela se diversifica de grupo para grupo e dura a cada vez quatro ou cinco dias consecutivos. O local do rito, ao ar livre, é muitas vezes marcado por quatro fogueiras, correspondentes aos pontos cardeais (Cheyenne), por uma árvore no centro adornado de penas de águia, pássaros empalhados, pedaços de tecidos coloridos (Sioux, Kaiowa). Entre os Sioux, por exemplo, a cerimônia começa de manhã. As vestimentas, femininas ou masculinas, são tradicionais: um amplo xale longo até o chão; só os indivíduos que receberam um aviso especial numa visão envergam a camisa dos espíritos. Os cabelos são enfeitados por uma ou duas penas de águia. Um traço interessante é que as contas de vidro, bastante apreciadas pelos índios fora das ocasiões rituais, são sistematicamente evitadas no traje de dança. Uma vez que as contas de vidro constituem um produto trazido pelos brancos, a renúncia a elas assume valor polêmico, no quadro de um programa de reintegração da cultura arcaica originária[129]. Assim, apesar do convite do fundador Wowoka de usar vestes ocidentais, a dança dos espíritos é marcadamente orientada contra as formas de vida, de cultura e contra as roupas ocidentais: como para dizer que ela continua nos trajes o programa cultural dos movimentos anteriores.

(125) LESSER, 1933a, p. 110.
(126) LESSER, 1933a, p. 113; MOONEY, 1896, p. 904.
(127) Para a camisa branca, cf. MOONEY, pp. 789-91, 916.
(128) MOONEY, 1896, pp. 915-27.
(129) MOONEY, 1896, pp. 916.

Os adeptos da Ghost-Dance — homens e mulheres —, com o corpo pintado com desenhos simbólicos conformes com o conteúdo das visões recebidas, se reúnem no lugar estabelecido. Formam círculos concêntricos, unidos entre si, cada um cingindo com o braço os ombros dos dois que estão ao seu lado, de modo a formar — todos juntos — quase que um único complexo vibrante, que se abandona ao rito.

Criam-se desse modo as condições mais adaptadas para realizar uma atmosfera exaltada e emotiva, tanto mais que a dança tende a concentrar-se nas horas noturnas. No centro (entre os Sioux, perto da árvore central) ficam reunidos xamãs-curandeiros do grupo, junto com aqueles que há pouco tinham recebido visões. O chefe de cerimônia (isto é, o principal xamã-sacerdote) dá início a um canto coral, que é propriamente uma invocação aos mortos. O canto é ritmicamente escandido pela marcha em círculo dos presentes. Segue-se um perturbador lamento fúnebre, entre gritos sentidos e invocações, não sem a mímica própria do antigo lamento fúnebre tradicional dos índios. É a seguir invocado — com os braços levantados — o Grande Espírito, a quem se pede permissão para tratar com os espíritos dos mortos. Neste momento ocorre a fase culminante do rito, na qual o grupo de adeptos se abandona a uma dança frenética, exaltada, orgiástica. Entre contorsões de membros, gritos convulsos, frementes batidas de pés, levanta-se uma nuvem de poeira através da qual se entrelaçam vozes que invocam: "Pai, mãe, irmão, estou chegando! dai-nos o arco e as flechas". É o grito de invocação dirigido aos falecidos, a quem se pede o retorno à "idade do arco e das flechas". A excitação chega ao paroxismo, até que os fiéis um a um caem em transe ou exaustos. Mas, assim que se refazem, retomam a dança e assim prosseguem muitas vezes ao dia, observando um estrito jejum e tomando todas as manhãs um banho purificador no curso d'água mais próximo[130].

É significativo que a dança, enquanto representa na viva experiência dos participantes o encaminhamento para a catástrofe e a regeneração do mundo — num plano puramente mítico-ritual — representa igualmente o caminho da salvação e cura de qualquer doença[131]. Em suma, cura e salvação se identificam numa experiência global e unitária, comum a infinitos outros cultos proféticos. Não é por acaso que todos os profetas, tanto americanos como africanos, asiáticos, oceanianos, são antes de mais nada grandes curandeiros. Wowoka não constitui exceção, uma vez que a sua religião salva e cura ao mesmo tempo.

(130) MOONEY, 1896, pp. 916-17.
(131) "Eles acreditavam que os doentes participando da dança e entrando em transe, se curariam das doenças" (MOONEY, 1896, p. 917).

Depois de Wowoka, fundador da Ghost-Dance, outras e inúmeras personalidades se tornaram intérpretes e propagadores do culto, de grupo para grupo, entre os índios das pradarias, e cada qual levava sua contribuição individual, de modo que mesmo no próprio movimento profético deve-se levar em conta uma certa variabilidade de orientações.

Para falar apenas de algumas dessas figuras de profetas e apóstolos, citaremos Albert Hopkins, o qual se dizia "messias índio" (1893), iniciador em Pine Ridge (Nebraska) entre os Sioux de um efêmero movimento de ajustamento, sob o lema "união, cultura, paz"[132]. Touro Sentado é uma das mais eminentes figuras de apóstolo religioso e de guerreiro nas regiões meridionais, entre os Arapaho, Cheyenne, Kaiowa, Wichita e Oklahoma etc.[133] Já nos referimos a eles (Cap. 2). A obra de Touro Sentado teve continuidade entre os Arapaho com Coiote Negro[134], outra personalidade sujeita a crises de transes e a visões. Frank White levou a Ghost-Dance aos Pawni[135], Búfalo Negro aos Otó: ambos foram presos e terminaram no cárcere. John Wilson (cf. Cap. 2) divulgou-a entre os Cado[136]. Entre os Kaiowa sucederam-se numerosos profetas: Datekan (1881), Pa'ingya (1887), Búfalo Pobre (1890) e finalmente Apiatã ou Lança de Madeira (1890). Uma derivação ulterior da Ghost-Dance entre os Pawni é constituída pela Dança do Urso, em tempos bem mais recentes[137], enquanto em outras partes, sobretudo entre os Cado, o culto da Ghost-Dance confluía no Peiotismo.

A difusão da Dança dos Espíritos não ocorre sem obstáculos e perseguições. Em muitos casos os profetas foram detidos e encarcerados e o culto perseguido[138]. Mas, apesar dos obstáculos e das contrariedades, ela se afirmou triunfalmente, como já dissemos, até as longínquas regiões do sudoeste dos Estados Unidos.

Neste processo de irradiação para o sudoeste, os Navaho (Arizona, Novo México) constituíram uma barreira. Os índios Navaho constituem um grupo eminentemente refratário à Ghost-Dance. Muitos transformaram esse fato num problema, procurando soluções num ou noutro argumento. A malograda acolhida da Dança dos Espíritos por parte dos Navaho derivaria, para alguns, da ausência de uma verdadeira situação de "privação" (*deprivation*) social e espiritual, admitindo-se que seja esta uma condição de

(132) MOONEY, 1896, p. 893.
(133) MOONEY, 1896, p. 895.
(134) MOONEY, 1896, pp. 897-901.
(135) MOONEY, 1896, p. 902.
(136) MOONEY, 1896, p. 903.
(137) LESSER, 1933*a*, pp. 113-4.
(138) MOONEY, 1896, p. 902.

todo culto profético[139]; outros[140], ao contrário quiseram justificar a atitude negativa dos Navaho na base de seu "temperamento cético" e juntamente com as condições econômicas e gerais do grupo. Com efeito, os Navaho constituem, entre os índios da América do Norte, um caso especial, por causa de sua civilização fundada na desenvolvida e rica criação de bovinos, ovelhas, cabras e cavalos. Todavia, contra tais interpretações genéricas e em parte mecanicistas, observa-se, com W. Hill[141], que os Navaho não só não foram céticos em relação ao anúncio do retorno dos mortos e de uma renovação cósmica que provinha dos grupos vizinhos, seguidores da Ghost-Dance; pelo contrário, o complexo religioso do retorno dos mortos encontrava na sua cultura ressonância especial, que a escatologia tradicional lhes afiançava[142]; em definitivo, sua atitude foi de perplexidade misturada com temor, pela mensagem difundida pela Ghost-Dance. A verdade é que, segundo nossa opinião, nem supostos motivos de "caráter" (ceticismo), nem de medo (dos mortos que voltam), nem finalmente razões de falta de "privação", bastam, tomados isoladamente, para explicar a atitude cultural dos Navaho para com a Ghost-Dance.

O caso dos Navaho demonstra como a história não pode se resolver numa cadeia de causas e efeitos, de premissas e conseqüências mecanicamente determinadas. Nem pode reger-se por uma forma qualquer de previsibilidade constante fixada de modo empírico. Toda forma de profetismo comporta, entre outros, além de certos componentes sociológicos-culturais, um componente individual típico que nunca é esquecido, isto é, a presença ou surgimento ao menos de uma personalidade profética e às vezes de mais de uma. Se é verdade que os dois componentes — sociológico-cultural, de um lado, e individual, de outro — relacionam-se dialeticamente, tanto que o próprio surgimento do profeta é favorecido por determinadas condições históricas da sociedade, todavia é também verdade que os dois componentes, livremente e de um modo totalmente imprevisível, podem agir isoladamente e cada qual independentemente da outra como fatores ativos (pela própria presença) ou limitativos (em caso de ausência).

Em conclusão, no caso dos Navaho, as condições sociológico-culturais podem ter agido contrariamente à adoção da Ghost-Dance; mas outro fator negativo que não se pode esquecer é não ter surgido, entre eles, uma persona-

(139) BARBER, 1941.
(140) MOONEY, 1896, pp. 809-10. Wallis, 1918, p. 140.
(141) HILL, 1941.
(142) L. WYMAN, W. W. HILL, I. OSONAI. Navajo eschatology. In: *Univ. of Mexico Bulletin, Anthropol. Ser.*, 4.1 (1942).

lidade profética idônea para imprimir ao movimento um impulso tal que, mesmo que não fosse facilitado pelas condições gerais, pudesse igualmente encontrar meios para uma propagação eficaz.

O movimento de Wowoka, como todos os movimentos proféticos anteriores, também emana de uma revelação originária do fundador, continuamente valorizada por experiências místicas de possessão ou transe, freqüentes entre seus seguidores. Tal tema místico-profético tem sua raiz na experiência de conflito entre duas culturas em confronto, uma das quais decadente e a outra, hegemônica.

O profetismo, com suas manifestações religiosas coletivas, é exatamente a reação cultural a tal situação de choque, que encontra seu resgate no dúplice e conexo tema escatológico (espera de uma catástrofe cósmica) e de regeneração (espera de um recomeço do mundo no bem-estar e na liberdade).

Ao mesmo tempo, do nível religioso tradicional provêm, para o Ghost-Dance, temas múltiplos e fundamentais: o do retorno dos mortos com intercomunicação entre os vivos e os espíritos — característica central do culto —; o tema mítico dominante do Grande Espírito como fonte de revelação profética; o tema do culto ao ar livre com suas festas periódicas, os costumes rituais e os "sacra paraphernalia" correspondentes (é notável a falta de instrumentos musicais do gênero, ao passo que o tambor é visto na religião de Smohalla e na Dream-Dance); a dança circular (proveniente sobretudo da antiga "Dança do Sol", culto fundamental da religião originária); o emprego cultual da árvore central, das fogueiras etc.; finalmente, o tema xamanístico de cura, todavia reinterpretado em função de exigências novas de salvação.

Por sua vez provém de experiências religiosas de origem ocidental o tema do messias, às vezes denominado Jesus Cristo, mas identificado continuamente com o profeta indígena (Wowoka); e o tema da camisa branca (dos mórmons). Por outro lado, o conteúdo ético, universalista e pacifista não pode, embora fundado na ética tradicional já consideravelmente elevado, deixar de ressentir-se das influências cristãs. O pacifismo e o universalismo intertribal é, portanto, um produto espontâneo, indígena, de superação da cultura arcaica de fundo tribal, que se caracterizava pela hostilidade e guerras entre tribos. Esta superação do velho particularismo político-ético exprime uma nova exigência de unificação intertribal, conseqüente da hostilidade comum contra os brancos.

Em conclusão, como todo movimento profético, a Ghost-Dance elege e integra elementos religiosos tradicionais (internos) e elementos de origem externa, numa formação religiosa *sui generis*, que é uma síntese nova e não mais uma soma aritmética de traços heterogêneos preexistentes. Esta síntese cultural e religiosa exprime experiências recentes. Ela age, no mito e no rito, em função de exigências próprias de uma sociedade em crise. É uma síntese religiosa, que exprime em suma e resgata a ânsia de regeneração do mundo, de liberdade e de salvação.

No profetismo norte-americano, em conclusão, podemos distinguir duas tendências principais, que se resolvem definitivamente em duas fases históricas diferenciadas. Na primeira, de caráter revolucionário e decididamente antibrancos, a tônica recai sobre a nostalgia — não somente sentimental, mas cultural e religiosa — de uma civilização econômica e religiosa desaparecida. A Ghost-Dance, com os movimentos que a antecederam e prepararam até 1870, e depois com os seus desenvolvimentos de 1890 em diante: da chamada Dança do Profeta do Noroeste, à "Dança do Sonho" dos Klamath, do culto da Casa Subterrânea ao culto Bole Maru da Califórnia Central, do profetismo de Isatai dos Comanches ao profetismo de Tenskwatawa, de Tavibo ou Numataivo, de Smohalla e Wowoka etc., todos eles profetismos de tendências retrospectivas e restauradoras, isto é, tendentes a restaurar uma cultura já em crise, ou melhor, a renová-la na base do distanciamento dos brancos e de suas contribuições culturais. Todavia, já nesses movimentos e contemporaneamente em outros independentes, se lançam as bases para uma outra tendência profética, dialeticamente oposta. Esta está mais decididamente voltada para a aceitação da cultura dos brancos — como fator de renovação da cultura tradicional local, — querendo adaptar de modo pacífico a cultura indígena segundo uma visão prospectiva e progressista, sem jamais renegar a autonomia cultural. O Shakerismo, o culto de Handsome Lake com o Peiotismo e o culto do profeta Kolaskin são expressões evidentes de uma exigência profética abertamente renovadora e, assim, livre das posições retrospectivas e nostálgicas dos outros movimentos. Os movimentos há pouco nomeados, chamados reformistas (Voget), ou vitalistas (Worsley, Guariglia, Smith), representam um envolvimento histórico dos outros (de libertação, ou revolucionários). E se nestes já existe o germe cultural daqueles, não é ainda aquela atitude moderna que posteriormente terá pleno desenvolvimento, em relação a dois acontecimentos particulares ocorridos simultaneamente. De um lado, os brancos se consolidavam em amplos territórios e os índios renunciavam a travar uma luta político-militar, entrincheirando-se nas posições de um autonomismo raramente cultural e religioso. De outro lado, os contatos intensificados entre índios e brancos levavam a uma necessidade crescente e ao desejo de bens culturais ocidentais. Entre outros, não se deve negligenciar o fato de que a religião dos brancos era tida, tanto pelos índios como pelos indígenas de outras colônias, como fonte secreta da sua supremacia. Em suma, a religião cristã, na reinterpretação mágico-pagã dada pelos indígenas, aparece como o instrumento de que se valem os ocidentais para afirmar seu próprio poder sobre os grupos indígenas. Daqui nasce uma outra e mais imediata exigência: de apoderar-se daquela religião, na certeza de que ela dará aos indígenas um novo poder maior. Tal exigência encontra expressão até nas primeiríssimas manifestações de sincretismo pagão-cristão. Definitivamente, se os índios incorporam alguns elementos cristãos, como ocorre mesmo nas formas mais arcaicas da Ghost-Dance (por exemplo, o Grande Espírito é identificado com o Deus do Antigo Testamento), isto corresponde à necessidade de se apoderar de elementos religiosos com finalidades autonomistas, ou francamente irredentistas e antibrancos.

Quanto ao conteúdo revolucionário das formas proféticas mais arcaicas, ele se relaciona com as causas que determinam a destruição das estruturas e das formas culturais do tempo antigo. Por isso, a idade de ouro esperada pelos seguidores dos mencionados cultos proféticos se configura segundo um modelo que reevoca um passado a reconstruir, mais que um mundo a renovar, ainda que seja verdade que é sobretudo uma questão de tônica, pois mesmo os cultos revolucionários mais antigos tendem a renovar e não só a restaurar de modo mecânico. O aspecto retrospectivo de qualquer modo está relacionado com a atitude ocidental frente à civilização indígena, atitude destruidora e desconsagradora, que contrasta, por exemplo, com o caráter das relações entre brancos e melanésios. Eles foram caracterizados não por uma verdadeira espoliação de terras, nem tampouco pela destruição de manadas de animais, mas antes por uma antítese em cuja base estão o desnível cultural e a submissão econômica.

O profetismo norte-americano baseia-se originariamente, como o melanésio, polinésio, africano, num complexo religioso comum, próprio de gentes primitivas que vivem de agricultura ou que possuem mais ou menos experiências agrícolas diretas: o complexo dos mortos que voltam coletivamente. Além disso, um outro complexo religioso característico do profetismo norte-americano é dado pela religião do Grande Espírito, na qual se enxerta a religião cristã do Deus Criador único. Do ponto de vista do culto, o complexo das "danças cultuais" está na base das mais diversas manifestações cerimoniais, da Ghost-Dance à Dream-Dance e assim por diante.

Os três complexos acima mencionados — mortos que voltam, Grande Espírito, danças cultuais — fazem parte da bagagem religiosa tradicional e estão presentes também nas novas sínteses religiosas, realizadas por muitos profetas como reação contra os brancos.

B. América Central

a) Jamaica

Na América Central e especialmente na área do Caribe, onde a população negra de origem africana acumulou uma experiência plurissecular de opressão e de dor por intermédio dos escravistas euro-americanos, as condições de vida social, política e cultural prepararam um terreno propício ao florescimento dos mais variados cultos, de fundo nativista ou autonomista. Eles apelam quase sempre para tradições religiosas africanas arcaicas e, até época recente ou mesmo contemporânea, manifestam um vivo protesto político-religioso contra a dominação dos brancos. Outras vezes o protesto provém das classes mais baixas e então se dirige contra a opressão interna das classes média e alta. Em tais casos, os movimentos religiosos voltam-se para a procura de uma via metempírica de salvação, de um lado através da retomada e do revigoramento dos cultos místicos arcaicos fundados na possessão, de outro contemporaneamente através de formas de despertar religioso de fundo afro-cristão, nos quais tem grande importância a esperança de uma felicidade ultraterrena.

Em Jamaica, assim como na área do Caribe em geral, o proletariado urbano oferece algumas das mais interessantes formas de despertar religioso. Nas áreas economicamente mais enfraquecidas, como na zona de West Kingston (compreendendo numerosos distritos da capital da ilha, Kingston) pulula uma multidão de negros, provenientes dos distritos rurais mais longínquos, à procura de pequenos trabalhos mal remunerados, ou desocupados e subocupados. Muitos deles se dedicaram aos ofícios mais humildes, e ainda com maior freqüência a uma vida de expedientes, latrocínio, prostituição, jogo etc. Junto a essas classes, sobretudo, encontram os próprios prosélitos cultos e movimentos religiosos que exprimem a seu modo, e nas formas mais diversas, um protesto global contra as condições de sujeição e opressão mantidas pelos brancos, e pelas classes mais elevadas. Aqui se apresentam movimentos religiosos heterogêneos, segundo neles se acentue o valor de protesto político antibrancos ou de protesto social de classe. Entre as formações religiosas mais significativas, temos, respectivamente, para os dois casos, o culto de Ras Tafari e os cultos afro-cristãos, com formas relativas de despertar religioso[143].

O movimento mais vivo no sentido político e irredentista é recente. Data de 1930 e encontra em nossos dias seus adeptos, tendo considerável importância. É o movimento de Ras Tafari, o *Tafarismo*. Seu fundador é considerado, pelos próprios prosélitos, o mesmo Marcus Garvey, negro de Jamaica, que em 1918 dera origem à United Negro Improvement Association pela insurreição pan-negra na África e América[144]. Na realidade, Garvey é, mais que um fundador do movimento Tafari, um precursor. Ele propugnava certamente por uma migração em massa dos negros americanos para a África, como está no programa do Tafarismo; e os lemas garveyanos "A África aos africanos da África e de fora", "Um só Deus, um só escopo, um só destino!" são repetidos em todas as reuniões dos prosélitos do Tafarismo. Marcus Garvey é evocado e dado como modelo, pelos pregadores, durante os ritos tafaristas. "Garvey — afirma um pregador — é uma figura internacional, ele deu aos negros uma filosofia... Garvey colocou a primeira pedra e as fundações. Ele... foi enviado por Ras Tafari para cortar e limpar[145]".

O principal centro do Tafarismo continua a ser ainda hoje West Kingston, mas grupos tafaristas estão dispersos em outras partes da ilha.

O movimento baseia-se na espera de um mundo de liberdade e de salvação, a ser realizado pelos negros americanos mediante seu repatriamento maciço para as originárias e remotas terras africanas. É interessante o fato que para os tafaristas, que geralmente carecem das mais elementares idéias de geografia africana, a África se identifica idealmente e milenarmente com a Abissínia de Hailé Selassié. Eles falam de fato numa volta à "Etiópia" e para o emprego de tal denominação não pode ter deixado de contribuir, de um lado, o nome bíblico (Etiópia) para "África", de outro a experiência da Etiópia como única nação independente da África que lutou com êxito contra os colonialistas europeus. Tal identificação da África com a Etiópia encontra seu paralelo no vasto movimento das igrejas "etiopistas" sul-africanas (ver Cap. 1). Ora, no nativismo da Jamaica, assim como em certas correntes do movimento etiopista africano, a Abissínia de Hailé Selassié se configura como porta-bandeira do irredentismo negro.

(143) SIMPSON, 1956, pp. 343-408; SIMPSON, 1955, p. 144.
(144) G. MYRDAL. *An American Dilemma: the Negro Problem and Modern Democracy*. Nova York, 1944, pp. 766 e ss. Segundo R. L. Buell (*The native problem in Africa*, Nova York, 1928, p. 730), Garvey teria fundado a Un. Negro Ass. em 1914.
(145) SIMPSON, 1955, pp. 135-141.

Originariamente, o Tafarismo se fundamenta na crença segundo a qual os negros são a reencarnação das antigas tribos de Israel, confinadas nas Índias Ocidentais por culpa de suas transgressões às normas divinas. Os negros são superiores aos brancos, segundo o Tafarismo. A Jamaica representa, nas condições atuais, o inferno, enquanto a Etiópia é o paraíso cujo deus vivo é o Négus. O imperador da Etiópia logo proverá, segundo os fundadores do culto, para que todos os homens de origem africana retornem à pátria. Logo haverá, por meio de Hailé Selassié, a batalha final em Armageddon, contra as forças do mal, e a justiça reinará sobre a terra.

Vale a pena citar algumas passagens do texto de cantos e recitações, com vozes alternadas entre o chefe de cerimônia e o coro, nas reuniões religiosas dos Tafaristas. "Sobre este solo de África o que obtemos?" — pergunta o chefe do coro. — "Escravidão", responde o coro. "Quem se mudou para este solo, da Etiópia?" "Os brancos." E ainda: "Os homens brancos afirmam que somos inferiores, mas são eles que são inferiores. Para nós é chegado o momento de voltar à pátria. Logo voltaremos para a Etiópia e então os brancos serão nossos servidores... Na realidade Davi, Salomão, a rainha de Sabá eram negros. Os brancos afirmam que nós somos perversos: na realidade os ingleses são criminosos e com eles os traidores negros. (Com isto se alude aos nativos das classes médias, aliados dos brancos.) Na Jamaica não existe liberdade — continua a alocução ritual: — aqueles negros que não pretendem retornar à Etiópia evidentemente não desejam a liberdade. Ras Tafari — é sempre um pregador tafarista que continua o discurso — é o Deus vivo. Ele fez os Mau Mau (!) sublevarem-se. Ele grita morte aos homens brancos... O nosso credo é: um só Deus, um só escopo, um só destino; a África aos africanos da África e de fora[146]!"

A religião tafarista não se baseia em visões nem revelações. Os sequazes afirmam ter aprendido a verdade da sua fé por experiência pessoal e direta. Sua posição perante a religião dos brancos, se, de um lado, é implicitamente favorável porquanto eles aceitam a Bíblia, com o princípio monoteísta, de outro, é asperamente polêmica. "Os ingleses nos falam — afirma um outro pregador — do céu para nos fazer compreender que lá em cima brancos e negros serão iguais entre si. Mas na terra os brancos evitam oferecer a nós negros seus bens. Eles só nos trouxeram erros e ruínas." Como já vimos em inúmeros outros cultos irredentistas, também o Tafarismo unifica as autoridades

(146) SIMPSON, 1955, pp. 135-6.

administrativas e missionárias num ódio comum. Os sequazes falam de "agentes de polícia e missionários" como dos piores homens que já existiram. Falam de um único "engano" sofrido juntos por meio "da política e da religião[147]".

As funções religiosas compreendem prédicas do gênero acima mencionado, leitura da Bíblia, cantos rituais. Eles se desenvolvem com reuniões na rua. Um estandarte vermelho, ouro, verde, é símbolo do culto; a fotografia do Négus da Etiópia é presa no alto de um pau. Os grupos tafaristas até hoje existentes em West Kingston (1953) se congregam — cerca de uma dúzia — em volta de outros chefes de grupo ou presidentes. A organização de cada grupo compreende igualmente um vice-presidente, um secretário, um subchefe que colabora com o presidente nas reuniões. Escolhem-se da Bíblia passagens próprias para serem entendidas em sentido nativista antibranco. O fim da Babilônia é compreendida como alegoria do fim iminente do domínio dos brancos. Os cantos convidam ao "despertar do povo de Israel", ao "retorno à Etiópia, terra dos antepassados" e invocam a bênção de Deus sobre Négus, futuro "rei nativo dos negros[148]".

A reinterpretação nativista que os Tafaristas dão da religião monoteísta judaico-cristã emerge de modo desconcertante do texto da prece dirigida a Deus como conclusão de seus ritos. "Livrai-nos, ó Senhor — eles invocam — de nossos inimigos. Quando os nossos inimigos forem mergulhados nos abismos do mar e nas profundezas da terra ou no ventre de um monstro, então a todos nós dai um lugar, ó Senhor, em Teu Reino, para sempre[149]".

Em conclusão, o Tafarismo é um culto nativista de cunho nitidamente irredentista, sujeito — especialmente nos primeiros tempos — a oposições por parte das autoridades administrativas[150]. Ele reconhece um único Deus, que identifica o mais das vezes com o Négus da Etiópia. Baseia-se num texto cristão, a Bíblia, reinterpretando-a em sentido antiocidental. Toda a doutrina cristã com a relativa escatologia é readaptada às situações e às exigências de uma estirpe que ambiciona resgatar-se de uma escravidão plurissecular e de qualquer modo das condições ainda hoje opressivas. Portanto, o paraíso se identifica com a África (Etiópia), o demônio com o homem branco, o pecado é identificado com aquele do antigo Israel, a pena com a longa escravidão na América. O herói fundador do culto é Garvey. Mais longe, remonta à descendência de Davi, Salomão, como antepassados da estirpe do Négus libertador.

(147) SIMPSON, 1955, p. 137.
(148) SIMPSON, 1955, pp. 133, 137-40.
(149) SIMPSON, 1955, p. 140.
(150) **SIMPSON, 1955, p. 144.**

É pois um culto de libertação, não obstante se diferencie dos cultos revolucionários do tipo da Ghost-Dance, dos nativismos africanos e oceanianos, porque em vez da luta ativa, política e militarmente empregada contra o domínio dos brancos, tem como programa simplesmente um "retorno" à pretensa pátria longínqua. Trata-se de um movimento portanto tipicamente *escapista*. Tal caráter deve-se às condições históricas particulares dos portadores, descendentes de antigos escravos negros expatriados por obra dos negreiros europeus, e à situação atual particular das relações com os brancos que não admite nem mais justifica uma luta revolucionária na Jamaica.

O Tafarismo não é o primeiro movimento profético da Jamaica. Já por volta de 1920, um outro movimento, o fundado por Alexander Bedward e comumente chamado de *Bedwardismo*, havia convulsionado a ilha com fermentos e esperanças milenaristas. Operário inculto do distrito de Mona, ex-adepto da igreja wesleyana, Bedward organizou à sua volta um grupo de fiéis, que se ampliou gradualmente por toda a ilha. Ele agia sobretudo como eloqüente pregador e profeta, anunciando como iminente sua subida ao céu tal qual Elias, e o seu sucessivo retorno, ocasião em que escolheria os merecedores para reconduzi-los ao céu. O mundo seria destruído pelo fogo. Bedward era, além disso, um poderoso curandeiro; seu culto foi um culto apocalíptico de cura. Valia-se, para praticar suas curas, de elementos arcaicos como água de rio, imposições das mãos etc., e também da Bíblia. Ele se proclamava Cristo, filho de Deus. Quando sua profecia do fim, anunciada para o dia 31 de dezembro de 1920, foi desacreditada pelos acontecimentos, ele declarou que o Onipotente havia decidido protelar o advento do fim e da regeneração do mundo para os eleitos. Finalmente foi preso e encerrado no manicômio[151].

Um movimento profético nativista anterior se havia difundido na Jamaica em 1861, o chamado *Grande Despertar*. Ainda que os primeiros missionários acolhessem esse despertar religioso com má vontade, ele logo se revelou como "inspirado pelo diabo". Foi uma onda de nativismo com intensos fenômenos de possessão coletiva, de transes e visões, com confissões públicas dos pecados, com danças selvagens, flagelações e práticas sexuais das quais não se possuem dados mais precisos. Tal movimento, substancialmente, propendia para o revigoramento dos cultos nativos africanos: a seu modo, ele era igualmente um "retorno à África", em sentido diverso todavia do Tafaris-

(151) SIMPSON, 1956, p. 337.

mo[152]. Com efeito, tal revivescência da religião originária africana é um dos fenômenos mais destacados e difundidos não só na Jamaica, mas também entre os negros afro-americanos em geral. O fenômeno tem uma história. Na Jamaica, remonta a 1783, quando por meio de um ex-escravo negro, George Lewis, se difunde a religião Batista Nativa, uma típica religião afro-cristã que pouco a pouco devia tornar-se parte integrante da cultura negra local, em competição com o Cristianismo. A religião Batista Nativa devia afirmar-se com maior vigor especialmente entre 1840 e 1865, ano da sublevação indígena de Port Morant: especialmente em relação e por reação à proibição forçada dos costumes, festas, práticas tradicionais pelos missionários[153].

O filão profético e de fermentos religiosos que remonta, na Jamaica, ao "Grande Despertar", ao culto Batista Nativo, ao Bedwardismo e enfim ao Tafarismo, continua até hoje entre os negros da ilha, particularmente das classes sociais mais baixas, mas em formas diversas mesmo entre outras classes. Ainda que a população negra de Jamaica seja uma das mais cristianizadas, aí se encontra efetivamente um intenso renascer de formas religiosas absolutamente pagãs que revelam plenamente sua origem africana e seu espírito africanista. É verdade que aí se difundiram numerosas formações religiosas de inspiração euro-americana. Os movimentos dos Irmãos (Bethren), da Christian Science, do Exército da Salvação, dos Adventistas do Sétimo Dia, da Sociedade dos Amigos, das Testemunhas de Jeová, dos Pentecostais, da Missão-Igreja de Deus, dos Estudantes da Bíblia estão entre os mais importantes e mostram também a seu modo, com a própria difusão, quanto o profetismo e a renovação religiosa constituem exigências vivamente sentidas e vitais entre os nativos[154]. Mas, além dos ditos movimentos de inspiração euro-americana, florescem atualmente, entre os negros da ilha, cultos mais propriamente nativistas, isto é, cultos que exprimem em formas ligadas à tradição local a necessidade de diferenciar-se, como negros, perante a cultura hegemônica dos brancos. Tais são, além dos grupos de Bedwardistas e de Tafaristas já mencionados, o movimento Pocomania e o do Despertar Sionista (*Revival Sion*). Estes são cultos afro-cristãos, com leves diferenças entre si, sendo no segundo mais acentuado o elemento bíblico (com prédicas e comentário das Sagradas Escrituras) no primeiro o canto, as danças estáticas, a magia principalmente de cura e os fenômenos de possessão. Estes cultos, de resto fundados sobre elementos análogos, isto é, sobre um sincretismo afro-cristão comum às

(152) SIMPSON, 1956, pp. 335-6.
(153) SIMPSON, 1956, pp. 334-5.
(154) SIMPSON, 1956, pp. 337-41.

religiões dos negros do Centro e do Sul, se concentram em torno de um complexo mítico de "espíritos" ou mensageiros divinos ou protetores. Estes não passam de figuras bíblico-cristãs, que vieram a identificar-se com outras tantas figuras do politeísmo originário africano ou substituí-los perdendo, contudo, nesse caso as denominações pagãs. Miguel, Gabriel, Samuel, Rafael, Jeremias, Jesus, Jeová (= Deus), Míriam, Satã, Espírito Santo, Moisés, Salomão etc. constituem as figuras mais destacadas dessa espécie de politeísmo reinterpretado em sentido judaico-cristão, ou melhor desse Cristianismo reinterpretado em estilo politeísta. O processo de reinterpretação reclama outros processos análogos próprios dos politeísmos negro-americanos, do Haiti (culto Vodu), de Cuba (culto Santeria), de Trinidad (culto Shango) e, no Brasil, da Bahia (culto Candomblé), de Porto Alegre (culto Batuque ou Pará), do Rio de Janeiro (culto Macumba), de Pernambuco (culto Xangô)[155]. Não obstante, no caso de Jamaica, ao contrário de outros casos, são praticamente ignorados os nomes das divindades africanas (por exemplo, Legba, Damballa, Ogum etc.) que se conservam em pleno vigor, com sua fisionomia própria, nos outros cultos acima mencionados. Certamente, todavia, os seres da mitologia judaico-cristã de Jamaica, no culto Pocomania e do Despertar de Sion, conservam sob a roupagem e a denominação cristã o caráter próprio dos seres divinos da mitologia africana originária (África Ocidental), com atributos próprios e funções pessoais caso por caso. De resto, tais seres são evocados ritualmente, no decorrer das cerimônias religiosas, pelos prosélitos, os quais, segundo uma praxe cultual francamente africana e pagã, permanecem estaticamente possuídos, com crises rituais de convulsões, lamentos, tremores, gritos, presos a uma dança estática e frenética que os leva ao paroxismo e à prostração[156]. Os movimentos Pocomania e de Despertar Sionista mostram-se carregados de outros elementos africanos, que renasceram especialmente nos tempos recentes[157], com função nativista, em suma como protesto cultural e religioso autonomista. Magia terapêutica, exorcismo dos espíritos, sacrifícios cruentos, emprego cultual de pedras sagradas etc.[158] são outros dos elementos de um cabedal religioso, que não só quer sobreviver autônomo diante das tentativas de penetração cristã, mas também envolve o próprio Cristianismo, recriando uma versão sua, em suma, uma reinterpre-

(155) SIMPSON, 1956, pp. 342-5.
(156) SIMPSON, 1956, pp. 352-5, 417-8. Para a reinterpretação do Cristianismo em sentido politeísta, *op. cit.*, pp. 430-3. Veja também o culto Vodu do Haiti adiante.
(157) SIMPSON, 1956, pp. 430-3.
(158) SIMPSON, 1956, pp. 417-30.

tação nativista e pagã, em função de exigências autonomistas.

O culto se realiza em lugar aberto, tendo ao centro a característica estaca tendo em cima, dentro de uma caixinha, a Bíblia, símbolo cristão, duas espadas de madeira, uma escadinha e duas rodas, coisas que representam respectivamente as armas que combatem as forças da destruição, a escada percebida nas visões de Moisés e de Jacó, os dons dos espíritos. Mas o culto pode realizar-se também em lugares fechados, ou igrejas. Entre os elementos cristãos incorporados encontram-se o batismo, ainda praticado com o rito de imersão conforme o antigo culto pagão. Existe além disso uma organização eclesiástica inspirada no modelo cristão. Um ofício particular é o dos "escudeiros", incumbidos entre outras coisas do controle daqueles fiéis que nas crises de possessão entram em convulsões violentas e perigosas[159].

Em conclusão, os movimentos de despertar religioso na Jamaica oferecem uma gama dentre as mais amplas e variáveis, desde um culto de fundo político irredentista como o Tafarismo, até organizações religiosas moldadas segundo as igrejas cristãs, apesar de impregnadas de valores religiosos absolutamente originais e nativistas (culto Batista Nativo, culto Pocomania, Despertar Sionista). Mesmo estas últimas formações religiosas, como as outras mais comprometidas no sentido político, sofreram perseguições e adversidades, principalmente da parte das missões protestantes[160], sinal evidente de sua função implicitamente antiocidental.

b) Haiti

Como se vê, na Jamaica os movimentos religiosos negros modernos acompanham e inspiram os movimentos insurrecionais antiescravocratas — desembocados na revolta de Port Morant em 1865 —, depois denunciam a seu modo a prepotência dos ingleses tanto no campo político-cultural como no religioso, ou pelo menos tendem a afirmar um "caminho" próprio e independente. No Haiti, colônia francesa até 1804, movimentos religiosos nativistas e proféticos acompanharam e inspiraram o movimento de independência do fim do século XVIII, que devia confluir na proclamação da República independente a 1.º de janeiro de 1804. Todavia, mesmo nos dias de hoje o culto Vodu, com seu cunho francamente africano e pagão que subjaz ao verniz sincretista que ele assumiu por influência do Cristianismo, permanece como uma das expressões religiosas

(159) SIMPSON, 1956, pp. 360, 403, 466 e ss.
(160) SIMPSON, 1956, p. 408.

mais características e atuais dos negros haitianos. E isto, não obstante a campanha antivoduísta iniciada oficialmente pelo movimento "La Renonce" até 1941[161].

Outros já disseram que a independência do Haiti é um produto do culto Vodu e que o Vodu é fator supremo da unidade do Haiti[162]. Bem, é verdade que o culto Vodu, religião tradicional dos negros da ilha, ligada às mais remotas raízes africanas das quais foram violentamente separados pelos negreiros, através dos séculos de seu martírio de escravos, representa ainda hoje uma força unitária, e funcionou historicamente como centro de unificação, em torno da qual se polarizaram as forças culturais, políticas, religiosas dos escravos em heróica luta por sua liberdade e independência. Com respeito aos cultos iniciáticos africanos nos quais teve origem o Vodu, a religião negra haitiana, que já havia sofrido o primeiro processo de revolução e transformação em contato com o Cristianismo, sofreu uma segunda e importante transformação em relação à função revolucionária que assumiu na época da luta de independência.

Até o surgimento da colônia francesa na segunda metade do século XVIII, as condições dos escravos tornaram-se cada vez mais insustentáveis, até sob o aspecto religioso. O choque do Cristianismo, intolerante e exclusivista para com os cultos nativos, agravava as condições gerais de vida. Os escravos, tratados como mercadorias e não como pessoas, eram obrigados na colônia a aceitar o batismo dentro de oito dias a partir da chegada. Era-lhes proibido o exercício de qualquer culto que não fosse o cristão[163]. Na realidade, as conversões obtidas sob pressão eram puramente nominais. Os negros observavam de fato suas crenças e tradições de origem, ligadas a práticas mágicas, fetichistas e animistas. Mas, acima de todas as manifestações religiosas locais, vinha-se afirmando há tempos como culto nacional, como produto de união e reelaboração das religiões nativas tribais da África, o Vodu, ligado ao complexo politeísta das origens (próprio das civilizações indígenas da África Ocidental). No culto Vodu canalizaram-se as mais variadas manifestações religiosas próprias dos grupos heterogêneos diversos, que se reuniram na ilha[164].

(161) COMHAIRE, 1953, pp. 106-7.
(162) RIGAUD, 1958, p. 43.
(163) RIGAUD, 1958, p. 47.
(164) RIGAUD, 1958, p. 53. No Vodu do Haiti, há uma componente daomeana predominante. Até hoje o idioma esotérico dos iniciados no Vodu deriva da antiga língua dos fon. Atualmente, no Vodu do Haiti se distinguem três ritos: Rada (do grupo arada) Nagô e Congo (dos grupos homônimos correspondentes). Onde os grupos africanos se encontram misturados, os três ritos são praticados ao mesmo tempo mas de modo diferente. Onde, ao contrário, prevalece um grupo sobre os outros, o ritual relativo dá feição aos outros. Os vários ritos são

No culto Vodu, como nos cultos afro-cristãos da Jamaica e dos negros da América Central e do Sul em geral, se encontram os mais interessantes e quase únicos documentos do choque entre o Cristianismo e uma religião decididamente politeísta em nível etnológico[165]. Os Loa, ou seres divinos do Vodu, representam figuras míticas bem individualizadas em sua fisionomia e função, integradas num sistema primorosamente politeísta. No complexo dos Loa, por influência do Cristianismo, entraram ocasionalmente figuras de santos cristãos, ou como entidades semelhantes aos tradicionais Loa, ou tomando de empréstimo os próprios nomes às arcaicas figuras pagãs das quais tomavam por sua vez algumas características. O culto tem como peculiaridade, do ponto de vista da técnica ritual, a praxe da possessão. No decorrer da dança rítmica, acompanhada por tambores, cantos, invocações corais, mímica ritmicamente escandida, os prosélitos entram em estado de possessão estática. O "deus" penetra-os, "cavalgando-os" e mantendo-os subjugados até à prostração. O processo, por meio da indução, muitas vezes se transmite de um adepto a outros, tornando-se coletivo[166]. É um culto tipicamente escapista, quanto ao seu valor fenomenológico. Nele se opera uma "fuga do mundo", através dos processo de êxtase, e portanto o perdurar, e mesmo o intensificar-se do Vodu (e também dos cultos afins das civilizações negras americanas há pouco mencionados) encontra sua justificação nas experiências de opressão social, cultural e religiosa vividas há séculos pelos negros da América e na exigência de um resgate adequado a realizar-se na única esfera possível, a do mito e do rito, dada a poderosíssima supremacia dos brancos na esfera política e organizacional.

Todavia, como foi dito, o culto Vodu assumiu a seu tempo um papel ativo e combativo na luta de libertação dos negros do Haiti.

Por volta da metade de 1700, difundiu-se e tomou pé o fenômeno do "marronismo". *Marrons* eram os negros fugitivos, isto é, os escravos fugitivos dos cruéis tormentos e dos trabalhos extenuantes a que os submetiam os colonos. Retirados nas montanhas, entre recantos inacessíveis, em

---

praticados em diversos santuários. As diferenças estão na liturgia, nos cantos, nas danças, nos ritmos dos tambores (RIGAUD, 1958, p. 54, nota).

(165) Os outros documentos de um choque entre Cristianismo e politeísmo de nível etnológico são dados pela cultura polinésia (onde contudo existe um ser supremo com o qual se identifica o Deus judaico-cristão: (veja Cap. IV) e das culturas da América pré-colombiana como Astecas, Maias, Incas etc. Para os cultos afro-cristãos dos negros americanos em geral, veja M. HERSKOVITS. "African gods and catholic saints in the New World", in: *Am. Anthr.*, 1937, pp. 635-43.

(166) A. MÉTRAUX. *Haiti: la terre, les hommes et les Dieux*. Neuchâtel, 1957, pp. 58-90.

busca de liberdade, eles deram início à grande revolta de escravos que teve suas primeiras manifestações entre 1758 e 1790 e que seria reforçada subseqüentemente pelo advento dos primeiros ecos, no Haiti, da Revolução Francesa. Os escravos fugitivos mantinham livremente os próprios cultos religiosos em seus lugares de refúgio. O Vodu tornava-se desse modo cada vez mais explicitamente uma religião de libertação. Essa sua nova função é sancionada por um episódio significativo.

Pouco antes de 1758 vinha-se afirmando como poderoso xamã e profeta, em Saint Domingue (nome do Haiti sob a administração colonial francesa), um escravo africano de origem ilustre, educado no Islamismo, de nome Makandal. Este pregava a destruição dos brancos que, segundo ele, se daria mediante envenenamento. Foi preso em Limbé (parte setentrional do Haiti) e queimado vivo em praça pública. A tradição popular se apoderou logo da figura de Makandal, cujo nome foi inscrito no texto das invocações do rito Vodu e que enfim se tornou um Papai-Loa segundo o critério dos santos cristãos, ou dos deuses tradicionais. Difunde-se então, por processo espontâneo, um mito sobre a morte de Makandal. Makandal, no momento em que as chamas da fogueira estavam para fazê-lo sucumbir, teria sido possuído por um Loa. Em tal estado de possessão, lançando um grito agudo ele se teria livrado das amarras e conseguido fugir e salvar-se. Hoje nos templos Vodu se celebra com cantos o nome de Makandal ao lado dos heróis da independência do Haiti: Biasson, Dessalines, Toussaint-Louverture. O mito narra que Makandal era invulnerável, poderoso operador de prodígios. Fiéis ao culto Vodu, os negros encontram em Makandal uma espécie de profeta ou messias, e em seu nome juram vingança, justiça e liberdade[167]. A partir de então, abandonando a língua crioula já em uso, eles voltaram ao idioma africano nativo. Foi nessa ocasião que o culto Vodu, anteriormente obscuro para os colonos ocidentais, surge como culto antieuropeu, não mais clandestino, carregado de instâncias ameaçadoras e prementes contra a administração colonial[168]. O fervor religioso inspirado pelo Vodu guiava e sustentava os nativos na conquista da independência, unificando os grupos de origem mais heterogênea no nome de uma religião comum e de uma necessidade idêntica de liberdade, até quando, depois de mais de um decênio de luta sucessiva entre êxitos e

(167) RIGAUD, 1958, p. 55.
(168) RIGAUD, 1958, p. 56. Justamente a esta época remonta o primeiro relato do culto Vodu que conhecemos, feito por Moreau Saint Méry.

malogros os negros afirmaram vitoriosamente sua independência[169].

O culto Vodu do Haiti é um culto afro-cristão típico de fundo politeísta, xamanista e estático, que se reveste, no curso da história, de uma valência revolucionária e irredentista no molde dos cultos proféticos nativistas das outras culturas. Não é um culto originariamente profético, ainda que tivesse também um profeta, o escravo Makandal, que promoveu a insurreição nacional dos escravos do Haiti, de tal modo o profetismo está ligado aos movimentos de liberação, entre os povos de nível etnológico.

C. América do Sul

a) Tukuna

Entre as populações indígenas brasileiras o choque cultural com a civilização dos brancos deu aí origem, mesmo em tempos recentes ou inteiramente atuais, a manifestações de profetismo.

Os Tukuna vivem da agricultura (mandioca, milho, inhame) e de pesca, na selva e às margens do Amazonas e nas ilhotas ao longo dos canais naquela zona do rio (a oeste da confluência do Rio Japurá), que muda o nome para Rio Solimões. Entre os Tukuna lembra-se ainda, que por volta do princípio do século, uma moça, em território peruano, ditou algumas profecias; em conseqüência, os índios do Peru e do Brasil organizaram uma grande assembléia. Mas os neobrasileiros (= brancos) *civilizados* circundaram a assembléia e com as armas dispersaram os índios, matando alguns deles e capturando a profetisa[170].

Manifestações semelhantes repetiram-se em várias ocasiões, inspiradas por visionários que recebiam dos espíritos imortais, ou heróis míticos da religião tradicional, a missão de profetizar a caçada dos brancos *civilizados*.

O mais notável dentre os movimentos, a que se refere Curt Nimuendajú, data de 1941. Recebeu seu nome do jovem profeta indígena Nora'ne, filho de José Nonato, que vivia às margens do canal de São Jerônimo com mulher e filhos, uma família de índios puro sangue. Nora'ne era ainda rapaz quando começou a receber visões. Enquanto estava concentrado em pescar na sua pequena canoa, no ponto onde (*igarapé*) a selva é inundada pelo rio, apareceu-lhe um homem branco que com ele se entretém. Em seguida a visão se repete mais vezes: era o espírito do herói

(169) RIGAUD, 1958, pp. 56-67. Veja também A. HILL, "Revolution in Haiti, 1791 to 1920", in: *Prés. Afric.*, XX, 1958, pp. 5-24.
(170) NIMUENDAJÚ, 1952, p. 138.

cultural Dyei, ou Tanati (= Nosso Pai), criador dos homens e fundador da civilização indígena[171]. O espírito provinha da sede dos espíritos-heróis, onde se encontram, com toda sorte de riquezas, todos os dons da civilização. Dyei advertia ao jovem que reunisse os índios, mandasse desbastar um amplo terreno e erigisse uma casa para a celebração de certas danças festivas. O espírito anunciava que, quando tais ordens fossem cumpridas, sobreviria um grande dilúvio para exterminar todos os brancos civilizados, poupando entretanto os Tukuna reunidos no local prescrito. Efetivamente, os Tukuna agruparam-se no lugar estabelecido, rapidamente desbastaram um pedaço da selva e puseram-se a construir o edifício para os ritos, quando o superintendente ou "patrão" da região, Quirino Maffra, interveio energicamente, ameaçando-os de mandar exterminá-los e bombardear pelas forças do governo. Com isso Maffra pretendia salvaguardar os próprios interesses do colono branco, pois na realidade os nativos interrompiam os serviços habitualmente prestados aos brancos. Mas sucessivamente Nora'ne reconhecia em suas visões que Dyei negava já sua proteção aos indígenas, porque um deles havia violado um tabu exogâmico. Nessas condições, sob a ameaça das represálias dos brancos, faltando a ajuda do herói-espírito protetor, o movimento se exauriu, os índios se retiraram ainda que depois os ritos religiosos prescritos pelo espírito por intermédio do profeta Nora'ne continuassem a ser praticados.

O profetismo dos Tukuna funda-se numa revivescência dos temas próprios da religião tradicional. Entre estes temas reconhecem-se: o mito apocalíptico, já existente no cabedal mitológico arcaico, no qual se narrava um dilúvio catastrófico nas origens do mundo[172]; a figura do herói cultural protagonista das origens, e que retorna para o fim do mundo; as visões próprias habitualmente dos jovens na iniciação da puberdade. Tal revivescência religiosa representa, no fundo, uma formação nova, em função de uma nova exigência, a de expulsar os brancos civilizados, dominadores. Através do tema da violação do tabu exogâmico e da relativa punição dos indígenas, ela exprime o sentimento de culpa dos indígenas, por terem aceitado elementos da cultura branca, derrogando a tradição dos ancestrais[173].

Quanto à necessidade de liberdade expressa nos profetismos tukuna, é ela produto das duras experiências de submissão escravista e da exploração desumana a que foram

(171) NIMUENDAJÚ, 1952, pp. 121-2.
(172) NIMUENDAJÚ, 1952, p. 141.
(173) Para o profetismo tukuna em geral, v. NIMUENDAJÚ, 1952, pp. 137-40.

submetidos, sobretudo no período entre 1880 e 1920, os índios da Amazônia por parte dos colonos brancos neobrasileiros. Estes organizaram a extração da borracha recrutando no caso mão-de-obra indígena (p. ex., Tukuna) que era tratada como a dos escravos. Nem as condições de escravização estão hoje desaparecidas, pois ainda restam aqui e ali, em muitos territórios — quase um resíduo das instituições escravistas — certas figuras de senhores despóticos ou *patrões*, que oprimem além e acima do controle do governo[174].

b) Tupi-guarani

Os Tukuna (= ticuna) pertencem ao grupo lingüístico aruaque, que, com o Caribe e com o Tupi-guarani, constitui um dos principais grupos brasileiros. Sua civilização religiosa é semelhante em vários aspectos — mitologia, crenças apocalípticas etc. — à dos Tupis-guaranis. Estes incluem-se entre as mais notáveis populações indígenas da América do Sul pelo rico florescimento de profetismos e messianismos.

Os Tupis (do tronco tupi-guarani) ocupam a bacia do Rio São Francisco, no interior do Brasil Oriental. São com eles aparentados, lingüística, étnica e culturalmente, as populações costeiras do grupo tupinambá (tribos dos Caetés, Potiguaras, Tamoios, Temiminós, Tupinambás, Tupiniquins). Estes últimos ocupam aqui e ali faixas costeiras que se estendem desde a zona meridional de São Paulo até o norte na foz do Amazonas. A uniformidade étnico-cultural com os Tupis do interior e sua distribuição caracteristicamente esporádica são justificadas pelo fato de que os Tupinambás descendem de grupos Tupis migrados para a costa em tempos históricos, numa série de vagas que culminaram no século XVI. Esses maciços movimentos migratórios dos Tupinambás constituem justamente um dos fenômenos mais interessantes dentre tantos que se produziram pelos profetismos indígenas, a partir dos primeiros contatos com os brancos. Em parte eles devem ter-se produzido por causas internas, independentes do choque intercultural com os europeus[175] e anteriores a ele.

Outras formações proféticas e messiânicas surgidas até a idade moderna recente entre os indígenas brasileiros são as dos Guaranis (tronco tupi-guarani) nos limites entre Brasil e Paraguai (Brasil Meridional) e em especial da

(174) NIMUENDAJÚ, 1952, p. 9.
(175) PEREIRA DE QUEIROZ, 1958, pp. 25, 28-9; SCHADEN, 1946, p. 54. Veja para as migrações dos Tupinambás, MÉTRAUX, 1957; **IDEM, 1931; IDEM, 1948.**

tribo Apapocuva, protagonista de conhecidos e recentes movimentos proféticos religiosos.

Pertencem enfim ao grande complexo dos profetismos tupis-guaranis os movimentos de fundo místico messiânico, alguns dos quais com traços insurrecionais, registrados no fim do século XIX entre os Chiriguanos, na Bolívia Meridional (perto da cidade de Tarija, nas proximidades com a Argentina). De resto, o complexo profético dos homens-deus — personalidades que se põem à testa dos movimentos místicos de salvação — investe igualmente civilizações sul-americanas de tronco diverso, como, por exemplo, os Arawak ou Aruaque da Guiana Britânica e Holandesa (zona costeira)[176].

Os índios do Brasil, sobretudo os Tupis-guaranis, oferecem um dos mais interessantes documentos de continuidade e persistência no surgimento e renovação dos movimentos messiânicos, da época pré-colonial até a idade colonial e até nossos dias, sempre sobre o fundamento dos mitos messiânicos originários. Interessante é a propósito o processo de transformação sofrido, no significado e na função, dos mitos messiânicos originários em conseqüência dos contatos com os brancos e da desagregação cultural contemporânea operada na sociedade nativa.

Os Tupinambás ocupavam já no século XVI, na época da descoberta do Brasil, a região costeira entre a foz do Rio Amazonas e Cananéia, no sul da província de São Paulo. Eles se reuniram por migrações relativamente recentes, terminadas na segunda metade do século XVI. Tais migrações são quase todas historicamente documentadas, em especial as advindas nas regiões de Bahia, Pernambuco, Maranhão, Pará. Provindo os Tupinambás de um centro comum de origem e tendo invadido a costa, obrigaram as populações locais, os Tapuias (de língua jê) a retirar-se para a floresta. Estes, de fato, na época das primeiras explorações, conservavam com os Tupis uma situação de guerra: alguns grupos tapuias permaneciam espalhados na região costeira, ilhas étnicas em meio a gente de fala tupi[177]. Prova da recente migração dos Tupis da costa é também o fato de que eles conheciam apenas a arte da navegação, não praticavam a pesca, mas viviam de caça e de agricultura. Segundo notícias dadas por Curt Nimuendajú, a migração dos Tupis para o oriente devia-se ao objetivo, que eles perseguiam, de encontrar uma "Terra sem males", pela qual os nativos teriam abandonado as regiões originárias do interior antes da chegada dos portugueses[178]. Métraux

(176) MÉTRAUX, 1931, pp. 87-90.
(177) MÉTRAUX, 1948, pp. 97-8.
(178) NIMUENDAJÚ, 1944, p. 58; PEREIRA DE QUEIROZ, 1958, p. 4.

fala, por sua vez, de ondas sucessivas das tribos tupis-guaranis que teriam se reunido na costa da Bahia durante o século XV movidas pelo mesmo motivo acima mencionado[179]. Na realidade, as ondas de messianismo, em busca de uma "Terra sem males", deviam posteriormente multiplicar-se e reiterar-se no seio das referidas populações. Um jesuíta do século XVI nos informa acerca de um fermento religioso que se propagou entre os Tupinambás da zona do Rio de Janeiro e São Paulo. "Alguns xamãs — assim nos informa a fonte — induzem os índios a abandonar a lavoura e os campos. Eles prometem que a safra virá prodigiosamente por si, que a abundância entrará nas casas, que os inimigos se afastarão espontaneamente, que a velhice cederá lugar à juventude..." Por trás da quimera dessas promessas, efetivamente os índios abandonavam as lavouras e se entregavam a danças noite e dia, guiados por seus profetas[180]. O mesmo sonho de abundância e de bem-estar aliás movia alguns grupos a abandonar o território de origem, a partir em viagem para o desconhecido, à procura de um país prodigioso, o paraíso, onde reinariam a felicidade e juventude eternas. Com efeito, era a mitologia a oferecer aos nativos o modelo do paraíso por eles idealizado. As mitologias dos Tupis-guaranis e dos Aruaques contêm descrições sedutoras da "Terra sem males", nas quais o antepassado primordial ou Herói cultural da tribo retirou-se após haver criado o mundo e ditado leis ao gênero humano. Nessa Terra acabarão, depois de ter sofrido várias provas, os mortos privilegiados, os xamãs, os guerreiros, mas também — segundo a fé indígena — os homens simples, por terem dado prova de coragem e tenacidade[181]. O mais antigo e um dos mais poderosos movimentos migratórios de caráter místico-messiânico registrado diretamente por fonte histórica é aquele no qual vários milhares de Tupinambás por volta de 1539 movimentaram-se da costa do Brasil à procura da "Terra de imortalidade e do perfeito repouso" e em 1549 alcançaram Chachapoyas no Peru, após haver atravessado quase todo o continente sul-americano, em relação à sua máxima extensão. Chegados a Chachapoyas, falaram aos espanhóis de cidades fabulosas, de riquezas imaginárias, provavelmente projeções de seus sonhos místicos. As narrativas dos índios acenderam a imaginação dos espanhóis a tal ponto que foram impelidos à afortunada expedição de Pedro de Ursua à descoberta do Eldorado[182]. Os espanhóis, com efeito, assim como os índios perseguiam a mesma quimera, com a única diferença: en-

(179) MÉTRAUX, 1927, p. 5.
(180) MÉTRAUX, 1957, p. 108.
(181) MÉTRAUX, 1957, p. 109.
(182) NIMUENDAJÚ, 1944; MÉTRAUX, 1948, p. 98.

quanto a expedição espanhola era movida pelo espírito de aventura e de ambição de dinheiro, os índios tendiam a realizar um cobiçado bem-estar[183] para escapar evidentemente à aflição de um perigo iminente. Tal perigo é identificado, pelo menos em parte, com a ocupação européia das terras aborígines; em suma, com a chegada de uma força hegemônica que se impunha por todas as formas sobre a civilização aborígine. Realmente, a longa e venturosa peregrinação dos Tupinambás era incitada por um iminente terror de morte e destruição. Xamãs, inspirados por sonhos e visões, haviam anunciado o iminente fim do mundo. Haviam persuadido seus sequazes a pôr-se a salvo refugiando-se na terra descrita pelo mito como isenta de males e de morte. A tradição recolhida por Nimuendajú da boca de índios atuais narra que os grupos migrados então suportaram toda sorte de adversidades, infortúnios, obstáculos, fome, a fim de conseguir a inalcançável beatitude. Seus xamãs se prodigalizaram em realizar prodígios, procurando alimentos sobrenaturais, tornando os fiéis invisíveis aos inimigos etc. Finalmente, tendo alcançado o oceano sem encontrar o paraíso augurado, alguns grupos desencorajados se puseram a voltar, outros se estabeleceram no local fundando novas aldeias.

O mito do paraíso terrestre como extremo refúgio dos males do mundo difundiu-se entre os nativos da América Centro-meridional, por exemplo, em Cuba, e contribuiu entre outras coisas para a descoberta da Flórida por intermédio de Juan Ponce de León[184].

Os próprios Tupis-guaranis deram pouco a pouco um conteúdo mais explicitamente emancipacionista a seus mitos e cultos milenaristas de origem pré-colonial, em relação à sempre crescente necessidade de liberação da escravidão dos brancos. Se a primeira menção de suas migrações remonta até 1515[185], certamente a migração, à procura da Terra sem males se torna um fenômeno cultural entre os mais peculiares e freqüentes do grupo. Curt Nimuendajú observava em 1912 que a vida, o pensamento, a ação dos guaranis era todavia marcada por uma angústia típica pelo fim do mundo e pela esperança de um refúgio no paraíso terrestre. O itinerário das migrações que se sucederam com esse grande grupo variava a cada feita, seja ao longo das costas brasileiras, seja na direção do ocidente, no interior do continente (por exemplo, nessa direção se orientou a mencionada migração de 1539-40 a Chachapoyas).

Para falar das manifestações dos últimos dois séculos, no ano de 1820 vários grupos Guaranis do sul do Mato

(183) MÉTRAUX, 1957, p. 109.
(184) MÉTRAUX, 1957, pp. 109-10.
(185) SCHADEN, 1955, p. 151.

Grosso moveram-se unitariamente rumo ao oriente, na direção da suposta Terra sem Males, a qual devia encontrar-se no além-mar. Aqueles que alcançaram a costa tiveram de convencer-se amargamente de que não haviam atingido o paraíso sonhado. Alguns descendentes desses grupos residem hoje na região costeira do Estado de São Paulo[186]. Quando em 1912 Nimuendajú encontrou na região alguns grupos indígenas descendentes de antepassados vindos do Paraguai, esses não haviam renunciado a continuar no caminho para o mar que seus progenitores haviam iniciado. O mesmo etnólogo os acompanhou até a Praia Grande, onde se entregaram a danças rituais noturnas, a fim de se tornarem tão leves que pudessem voar para a Terra sem Males[187]. Assim, os Apapocuvas, e com eles outros dois grupos guaranis, os Taniaguás e os Oguareivas, se sucederam no curso do último século na desesperada tentativa de alcançarem a Terra sem Males, movidos pelo temor do fim do mundo anunciado pelos seus xamãs[188].

Também hoje entre os guaranis do Brasil Meridional encontra-se florescente o mito que narra um cataclismo cósmico — conflagração e dilúvio — que teria destruído um mundo anterior ao atual. Tal mito pertence ao cabedal mais arcaico da tradição da tribo. Projetado para o futuro, ele assume, já na tradição originária, um valor apocalíptico preciso. A idéia de uma catástrofe cósmica, que em certos casos foi verossimilmente influenciada pela pregação missionária dos jesuítas (por exemplo, entre os Nhandevas e os Apapocuvas), em outros casos (como entre os Mbiás do Paraguai, resulta isenta de influências cristãs e é original[189]. A Terra sem Males representa a sede do herói cultural (entre os Nhandevas é ele Nhanderykey)[190].

De outro lado, entre aqueles guaranis que não se deixaram induzir à busca inútil de uma terra de bem-aventurança, o mito da futura catástrofe se configura numa espera dos mortos que voltarão à terra ameaçadores e vingativos. Neste sentido, cabe notar a intensa relação que há entre mito apocalíptico e existência real dos índios. Também no caso acima, era verdade, a experiência de vida é marcada pelo mito. Na aldeia de Araribá, onde habitam uma centena de Nhandeva-Guaranis, evidenciou-se recentemente uma psicose difusa, caracterizada por desencorajamento e tédio pela vida, tão grave que se transformou em autêntica tanatomania. A verdade é que estes índios se dedicavam intensamente a certas cerimônias rituais, que deve-

(186) SCHADEN, 1955, *ibid*.
(187) NIMUENDAJÚ, 1944; MÉTRAUX, 1948, pp. 93-4; SCHADEN, 1955, p. 151.
(188) MÉTRAUX, 1948, pp. 93-4.
(189) SCHADEN, 1955, p. 152.
(190) SCHADEN, 1955, p. 154.

riam realizar, segundo a tradição religiosa, uma evasão mística do mundo, um estado de bem-aventurança e perfeição individual (*aguydjé*). No entanto, a religião de evasão, especialmente no caso de indivíduos inclinados ao misticismo, leva a um desejo de morte que, na realidade, é um desejo do paraíso mítico, onde se pode superar a morte[191]. Desenvolvimento particular sofreu o mito do paraíso e da catástrofe conexa, entre as tribos e os grupos que às próprias custas sentiram o desengano da migração sem esperança para a terra prometida. Especialmente nos tempos modernos, à medida que o processo de cristianização e aculturação se ia intensificando, o desengano sofrido encontrava na religião indígena novas justificativas válidas. Eis como alguns Guaranis do litoral explicavam e justificavam a fracassada tentativa de procurar o paraíso no além-mar. "Outrora, quando os homens com plenitude de fé pregavam, quando comiam frutos e mel silvestre, quando alegremente se solidarizavam com os companheiros de tribo e na vida sexual se observava abstinência, numerosos eram aqueles que conseguiam alcançar, através do oceano, o reino do além, o paraíso onde não há mais temor da morte. Hoje — assim continua a admissão significativa — são inúteis os esforços dos sacerdotes xamãs, porque na nossa sociedade não existe mais unidade, mas apenas desagregação e briga"[192]. O malogro da espera milenarista, o insucesso na busca do paraíso são imputados a um sacrilégio perpetrado pelos nativos. Tal sacrilégio consiste, precisamente, na contaminação introduzida na vida tradicional (mitizada como época de pura fé, da simples coleta de frutos e mel etc.) com a entrada de alimentos e outros elementos de origem européia. O advento dos brancos, em conseqüência de novos interesses individualistas que substituíram o antigo espírito tribal, comprometera a unidade solidária do grupo, desagregando tradicionais valores étnicos, culturais e sociais. Enfim, a sua concepção original do mundo sofreu o cunho pessimista da idéia cristã de pecado. Em resumo, a moderna concepção do mito dos Guaranis tem relação imediata com o desenvolvimento cultural e social realizado pelo choque com a civilização dos brancos[193].

Cabe notar, a propósito, que o mito fornece a pauta e o itinerário seja das migrações seja dos novos cultos apocalípticos; mas a raiz dos movimentos migratórios, a causa eficiente da renovação dos mitos apocalípticos são buscadas em motivos de insatisfação, bem como de tensão e conflito dentro da sociedade e da vida atual. Quanto ao tema do fim do mundo com regeneração num reino paradisíaco,

(191) SCHADEN, 1955, pp. 160-1.
(192) SCHADEN, 1955, p. 161.
(193) SCHADEN, 1955, p. 161.

trata-se de tema freqüente em várias formações proféticas — qualquer que seja a forma que assume a catástrofe, por exemplo, a bastante difundida do retorno dos mortos. Estes temas exprimem religiosamente a exigência de romper (fim do mundo) e de renovar (renascimento) o mundo, isto é, a tradição, a história, como resultado de um impulso que, por sua vez, reage a uma situação de crise e tensão, seja a determinada por fatores internos (profetismos pré-coloniais, e eventualmente modernos de ambiente rural, como veremos) ou externos (profetismos emancipacionistas e indigenistas)[194].

Também no passado, como já mencionamos, entre o fim do século XVIII e todo o XIX, os Guaranis foram protagonistas de uma série de manifestações religiosas ligadas à experiência de choque cultural e social índio-europeu.

Uma crônica manuscrita do padre missionário Manuel Mingo nos informa que, em 1795, em torno da cidade de Tarija, ocorreu uma agitação religiosa. Trata-se de um movimento com acentuado caráter emancipacionista, fundado, entre os Chiriguanos, por um messias índio que agia na zona de Mazavi. Acompanhado de um bando de pessoas, fez sua aparição nesta região em 1778. Afirmava ter relações diretas com Deus, ou dizia ser o próprio Deus[195] e anunciava o dia do juízo. Neste dia choveria fogo, os homens seriam petrificados, os rebanhos destruídos, aqueles que não prestassem fé ao novo culto seriam mortos. O profeta tinha uma mulher, que ele identificava com a Virgem Maria. O movimento foi frustrado pela intervenção das forças espanholas[196]. Coloca-se ao lado da série de guerras suscitadas, na América do Sul, pelos homens-deus[197]. Um século depois, em 1892, um episódio semelhante se verificava entre os índios da região de Ivu. Os nativos pegaram em armas para reconquistar a independência, guiados por seus mais valentes chefes (caciques). Os insurretos foram sangrentamente batidos em Curuyuqui (perto da missão de Ivu), onde pereceram seiscentos deles. O chefe dos rebeldes era venerado como deus[198].

No final do século XIX, entre os índios do Rio Icano (região noroeste do Brasil), apresentava-se um messias que se proclamava "segundo Cristo". Uma grande agitação dominava as massas que o seguiam. O messias curava as doenças, advertia os fiéis a parar todo o trabalho nos campos, porque estava para chegar a era do bem-estar em que

(194) PEREIRA DE QUEIROZ, 1958, pp. 16 e ss., 24-9; IDEM, 1956, pp. 133-44; IDEM, 1958, pp. 111-2, 117-20.
(195) MÉTRAUX, 1931, pp. 62, 81.
(196) MÉTRAUX, 1931, pp. 81-5.
(197) MÉTRAUX, 1931, p. 62.
(198) MÉTRAUX, 1931, pp. 85-7.

a terra produziria espontaneamente frutos abundantes. Acabou sendo preso[199].

Também os Chiriguano, tribo guerreira que habitava os sopés dos Andes e fora cristianizada pelos franciscanos, algumas dezenas pegaram em arma contra os espanhóis, atendendo a um apelo de um messias salvador, Apiawaiki. Mas os fuzis dos dominadores logo puseram fim à aventura[200].

Os *homens-deus,* poderosos xamãs locais, se apresentam aos índios como chefes religiosos e hegemônicos, encarnações de um herói cultural do mito indígena[201], anunciadores de uma era de renovação e de uma nova religião. Eles se opõem mais ou menos sistematicamente ao domínio dos brancos, fazendo-se intérpretes da reação nativa contra os ultrajes e as humilhações sofridas da parte dos portugueses e espanhóis, leigos e missionários. Os homens-deus vêm, pois, criar em torno de si outros focos de resistência contra os brancos, fundando uma unidade de novo tipo entre aldeias e tribos, frente a um opositor comum. Os homens-deus, chamados *pajés* segundo as fontes originais, se vangloriam de poderem conferir aos prosélitos longevidade e até imortalidade, e de curar doentes. Representam figuras institucionais de sacerdotes-xamãs, cuja origem é indubitavelmente anterior à época colonial e mergulha no cabedal religioso originário local, com o seu fundamento xamanístico. No entanto, a conquista dos brancos teve, por certo, o efeito imediato de incrementar o número e a difusão destes homens-deus[202]. Na realidade, os homens-deus da América do Sul correspondem substancialmente, na sua função histórica, aos profetas negros da África e aos profetas índios da América Setentrional, com os quais compartilham a natureza de curandeiros poderosos, inspirados taumaturgos, vaticinadores de eventos extraordinários e da miraculosa renovação do mundo. Correspondem, por outro lado, também, aos profetas do mundo oceânico e asiático e são todos fundadores de novos cultos e anunciadores de uma época nova, livre de opressão política, cultural e social.

Retomaremos, nesta altura, algumas das manifestações religiosas que, até os séculos XVI e XVII, ocorreram entre os Tupis-guaranis, por meio de homens-deus, algumas das quais, porém, já foram mencionadas anteriormente, a propósito dos movimentos migratórios de fundo apocalíptico e milenarista do século XVI.

Os cultos religiosos fundados por vários pajés implicam uniformemente o abandono dos trabalhos à espera de

(199) MÉTRAUX, 1957, p. 111.
(200) MÉTRAUX, 1931, pp. 62-4; IDEM, 1957, p. 111.
(201) MÉTRAUX, 1931, pp. 62-4.
(202) MÉTRAUX, 1931, pp. 65-7.

uma era feliz. Dos cultos particulares sabe-se muito pouco, somente que se baseavam em danças noturnas e diurnas e se ligavam aos mitos dos heróis culturais, que teriam trazido consigo para a terra do repouso eterno riquezas e bens inauditos. Destes os índios se teriam apoderado seguindo os preceitos cultuais ditados por seus pajés.

Claude d'Abbéville[203] nos informa sobre a atividade de um destes profetas-messias. Nos últimos anos do século XVI, cerca de oito a dez mil índios da região do Rio de Janeiro se puseram em marcha para seguir um "profeta", um mestiço de índio e português (o caso dos profetas mestiços não é excepcional). Nutriam assim cega confiança nele, de modo a suportar de bom grado a fadiga do longo caminho. O chefe proclamava ter nascido, não da união entre homem e mulher, mas da boca de Deus. Deus o teria enviado à terra para fundar uma nova religião. Segundo a fonte de informação, ele realizava prodígios, proporcionando alimento e bebida aos seus sequazes, e arrastava consigo os habitantes das aldeias por onde passava. A onda destes nativos fanatizados chegou até perto de Pernambuco, do Maranhão, e chocou-se enfim com a resistência dos montanheses da Serra de Ibiapaba[204]. O profeta morreu; fome e doenças dizimaram os fiéis.

Note-se, entre outras coisas, que os prodígios atribuídos ao profeta, particularmente de dar alimento e bebida aos fiéis, repetiam o modelo mítico dos prodígios atribuídos aos heróis (*piaye*) da mitologia apapocuva-guarani[205].

Mal acabara o êxodo destes índios quando na região de Pernambuco aparecia um movimento análogo de evasão, tendo por meta a Terra sem Males, tendo à frente um outro profeta ou homem-deus[206].

Até agora, falamos dos homens-deus dos Tupinambás e seus movimentos conexos messiânicos e migratórios. Entre os Guaranis do Paraguai, existiam figuras de homens-deus, totalmente distintas dos xamãs comuns. Estes últimos tinham a prerrogativa de se comunicar com os espíritos; mas os homens-deus se apresentavam aos seus sequazes como filhos do espírito, sem pai terreno, donos de uma sabedoria particular e taumatúrgica, vaticinadores do futuro, autores de todo tipo de prodígios e práticas mágicas. Vangloriavam-se de uma natureza divina e afirmavam ter criado céu e terra e de poder trazer chuva. Padre Lozano (fonte de 1875, relativa ao século XVI) conta que um destes messias, vindo da costa do Brasil para Loreto, proclamava-se

---

(203) CLAUDE D'ABRÉVILLE. *Histoire de la mission des Pères Capucins en Isle de Maragnon et terres circonvoisines.* Paris, 1614, citado in MÉTRAUX, 1931, pp. 67-70.
(204) MÉTRAUX, 1931, pp. 69-70.
(205) NIMUENDAJÚ, 1914, pp. 354-64.
(206) MÉTRAUX, 1931, p. 70.

dominador da morte e das mulheres, senhor das messes, capaz de aniquilar com um sopro o universo que ele mesmo criou. Com efeito, estes profetas-messias apenas assumem sobre si mesmos as qualidades e os atributos próprios dos antepassados míticos ou heróis culturais, dos quais pretendem ser reencarnações terrenas. Também Nanderuvuçu, herói cultural dos Apapocuva-Guarani, tinha o poder de destruir com um sopro o universo por ele criado. Assim, ele já o destruíra uma vez e depois o criara de novo, e estava meditando — segundo o mito — a ruína posterior[207]. Justamente por isso, como já se disse, os Guaranis antigos e modernos esperam angustiadamente os sinais da anunciada catástrofe. Em conclusão, o messias ou homem-deus brasileiro outra coisa não é que a encarnação do herói cultural do mito local.

Juan Cuara foi outro destes profetas-messias. Originário de Guaíra, onde recebera o batismo, passou a percorrer as aldeias guaranis do Paraná, incitando os índios contra os missionários. "Vocês devem viver — ele admoestava — segundo os antigos costumes, cultivando as danças e as bebidas tradicionais; devem celebrar os mortos, e não prestar culto aos santos cristãos. Em mim — concluía — vocês encontram o seu deus." Outras figuras semelhantes de messias, promotores de cultos nativistas contra os brancos, surgiram e se afirmaram na época seguinte. Um deles prometia, entre outras coisas, o extermínio dos cristãos[208].

Entre as personalidades mais estranhas devemos lembrar Guiravera, que atuou na região entre o Rio Incay e o Rio Ubay, onde fomentou um foco de resistência anticristã. Segundo as fontes da época, realizava prodígios nunca vistos, nos quais troncos de árvore assumiam forma humana; fazia descer do céu demônios transfigurados em anjos, os quais se prosternavam diante dele. Afirmava ser Deus e comunicar-se com o céu através de alguns mensageiros seus. No cortejo, fazia-se preceder de um cacique com a espada desembainhada, e ele próprio caminhava com a dignidade de chefe guerreiro[209].

Entre as personalidades de profetas guaranis, ressaltou Obera (= Esplendor), em cujo culto se fundem elementos cristãos e tradicionais. A sua ação desembocou diretamente na revolta. Propugnava ele a destruição dos cristãos. Nativo do Paraná, onde recebera o batismo, logo repudiou a fé católica e pregou um novo culto milenarista. Danças e cantos, abandono do trabalho, glorificação do profeta Obera figuravam na base do culto. Proclamava-se libertador da estirpe guarani, filho de Deus Pai e de uma virgem imacu-

(207) MÉTRAUX, 1931, pp. 71-3.
(208) MÉTRAUX, 1931, pp. 73-4.
(209) MÉTRAUX, 1931, pp. 74-6.

lada, mensageiro de Deus, autor de todo prodígio. Naquela época aparecera um cometa, que desapareceu depois no horizonte. Obera afirmou tê-lo capturado e tê-lo encerrado num vaso para utilizar contra os espanhóis. Ele o faria sair do vaso no dia em que os nativos tivessem exterminado os cristãos. As massas reunidas por Obera logo se constituíram em ameaça crescente para os espanhóis no Paraguai. A insurreição era iminente. Os espanhóis se armaram; o conflito ocorreu em 1579, e terminou com a destruição de Obera e de sua seita[210].

Outro profeta ou homem-deus dos Guaranis foi Rodrigo Yaguariguay, que se dizia deus e pretendia que sua mulher fosse Maria Virgem, sua filha Santa Maria, entendendo assim ter reformado a seu modo a Trindade cristã[211].

c) Colômbia, Argentina, Peru

Entre os fermentos proféticos da América do Sul que podem ser ressaltados por ocasião da chegada dos espanhóis, vamos enumerar os três movimentos religiosos de libertação surgidos em 1546, 1576, 1603 em Quimbaya e Antiochia, na Colômbia. Nestes cultos o retorno coletivo dos mortos constitui um dos temas mais relevantes, e lhes atribui um caráter tipicamente apocalíptico[212]. Outro movimento profético que resultou do contato espanhol na Colômbia é o fundado pelo mestiço Luis Andrea em Cartagena, em 1613. Nele se evidencia uma fusão do culto xamanístico do deus pagão Buciraco com o culto de Cristo e de São João[213].

Na Argentina, é significativo o episódio do profeta Solares, que, por volta de 1870, na província de Buenos Aires, quando uma estiagem prolongada produzira carestia e fome, começou a realizar milagres e curas, de modo que às massas angustiadas ele pareceu um salvador. Solares proclamava que chegara o momento em que os indígenas seriam libertados dos estrangeiros europeus e das autoridades administrativas: logo depois, a terra se abriria, mostrando a seus olhos estupefatos uma cidade maravilhosa. Prometendo tornar os fiéis imunes aos fuzis das forças do governo, guiava as massas fanáticas à revolta. A carnificina terminou tragicamente com a prisão e o linchamento de Solares[214].

Juan Santos Atahualpa, entre os profetas indígenas, ocupa um lugar eminente. Seu prestígio ele fundava sobretudo na autoridade política e na antiga tradição glo-

(210) MÉTRAUX, 1931, pp. 76-9.
(211) MÉTRAUX, 1931, p. 79.
(212) ECKERT, 1951.
(213) ECKERT, 1954.
(214) MÉTRAUX, 1957, p. 112.

riosa dos Incas. Esteve entre os primeiros expoentes e intérpretes peruanos da grande tragédia dos índios americanos.

Em 1742, os Campas — habitantes das florestas ao longo das vertentes orientais dos Andes (Peru Central) — insurgiram-se contra o governo espanhol, instigados por Santos Atahualpa, um quíchua da província de Cuzco. O seu sucesso, entre as pessoas de outra região que não a sua, prova o imenso prestígio de que gozava a civilização incaica. Impregnado desta, Santos ousava pretender para si o trono imperial do Sol, ademais numa sede que estava além dos confins do antigo império.

A cristianização dos Campas, pelo menos no sentido formal, se iniciara em 1635, com as primeiras missões franciscanas, as quais, continuando no seu proselitismo e na obra de colonização, nos meados do século XVIII estavam prestes a realizar o amplo projeto de uma estrada de comunicação entre o Peru e o Atlântico; foi quando de repente este obscuro índio de Cuzco, Santos Atahualpa, que estivera a serviço de um jesuíta que o educara e conduzira consigo à Espanha, pôs por terra todos os seus planos.

Apresentou-se aos Campas da aldeia de Qusopango como fugitivo perseguido pela polícia espanhola do Peru, que o acusava de crime; e conseguiu convencer o chefe local de ser um autêntico descendente dos soberanos incas; e ao seu nome acrescentou o apelativo Apu Inca. Segundo afirmações suas, seus familiares teriam sido raptados pelos espanhóis, mas ele conhecia os tesouros escondidos dos Incas, e o revelaria logo que subisse ao trono que o esperava. Dizia-se filho de Deus, que viera pôr fim à escravidão, bem como aos cansaços molestos das plantações e das fornalhas dos brancos. Os incrédulos seriam exterminados; aos fiéis choveriam nas mãos as infinitas riquezas e os produtos dos espanhóis. Santos Atahualpa anunciava para logo a reconstituição do império inca, o fim da era de dominação espanhola. O que atraía de modo particular em seu programa era a libertação dos nativos do pesado jugo de servidão aos missionários e às autoridades espanholas, entre os quais estavam os trabalhos nos campos de coca e nos moinhos manuais. Nisto Santos contava igualmente com o apoio dos negros e dos mestiços.

Quanto ao programa religioso de Santos, é digno de nota que ele preconizasse o nascimento de uma igreja cristã indígena com os próprios padres de origem índia. Isso deve ter sido determinado por uma experiência do profeta: durante uma etapa de sua viagem à Europa, se demorara durante algum tempo em Angola e fora surpreendido pela existência de padres cristãos de origem negra. De outro lado, herdava certos elementos religiosos da tradição local índia: entre outras coisas, insistia no caráter sagrado da coca, "planta de Deus", que os índios mastigavam por tradição, e cujo uso era, contudo, condenado pelos espanhóis.

As missões católicas sentiram o perigo que estava incubado no movimento: elas se dissolveram e partiram, enquanto Santos mandava preparar as armas (arcos, flechas, maças) e formava uma guarnição de negros. Nos combates e na guerrilha que se seguiram contra as forças espanholas, os índios resistiram bem, desfrutando habilmente do conhecimento das densas florestas que cobriam os vales que desciam para o Amazonas, onde ao contrário os espanhóis se perdiam. A insurreição geral das aldeias e das cidades do planalto, sonhada por Santos, não ocorreu; mas em 1750 os espanhóis, sem conseguir por as mãos sobre o profeta, tiveram de contentar-se em criar-lhe uma barreira na fronteira, renunciando contudo aos vastos territórios já abertos pela coragem e iniciativa dos missionários. A partir de então, Santos não parou de falar de si mesmo; mas provavelmente continuou a dominar os Campas. Morreu em conseqüência de acidente, morto por um fundibulário que — talvez para pôr à prova a sua pretensa imortalidade — quebrou-lhe o crâneo com uma pedra. Mas os Campas veneraram por longo tempo, até épocas recentes (por um século e meio), a tumba e a memória do profeta: uma figura a sua que, embora na grotesca promiscuidade dos elementos que a formaram, soubera resgatar a sua dignidade cultural, fazendo-os alimentar a esperança de uma sonhada liberdade, e a restauração do antigo reino dos Incas.

O fenômeno Santos não é isolado. Trinta anos mais tarde, entre os índios das Serras, um outro profeta, Tupac Amaru (também ele renovando, no nome, como Atahualpa, um grande chefe inca), desenterrou novamente o sonho de um império indígena no Peru, promovendo uma violenta insurreição que por pouco pareceu realizar o programa restaurativo já propugnado por Santos[215].

Com isto e com os outros múltiplos exemplos recordados, repete-se na América Latina a explosão de fanatismo messiânico produzido ou pelo menos incrementado pelo choque entre uma cultura hegemônica e as culturas nativas. Também aqui, como nos movimentos africanos, da América do Norte, da Ásia e da Oceania, existe uma ânsia de libertação do domínio branco. Também aqui descobrimos a denúncia de uma condição opressiva e a necessidade de redenção econômica, social, religiosa. Por isso é que estes movimentos estão voltados para a espera ansiosa — ora passiva e pessimistamente contemplativa, ora, ao contrário, ativa e engajada — de uma catástrofe regeneradora;

(215) MÉTRAUX, 1942.

por isso, estão em busca de um ideal e mítico reino paradisíaco na terra — com característicos fenômenos de migrações em massa — ou combatem por uma desejada mas absurda restauração (quando a tradição local o auxilia, como no caso do Peru com o império dos Incas) de uma época de triunfante supremacia.

d) Movimentos messiânicos neobrasileiros

Vimos até agora as várias e intermitentes florescências proféticas e messiânicas de ambiente índio na América do Sul. Elas formavam — por assim dizer — uma temática quase constante e comum que marca todo o processo de transformação cultural e religiosa das mais variadas populações indígenas. Entre os negros do Brasil, esta forma de dinamismo religioso, todavia, afirmou-se escassamente, se bem que não se possa negar a existência entre eles de profetismos de vários tipos. É, por exemplo, o caso do inspirado Febrônio, logo preso sem ter obtido um séquito próprio; ou de Lourenço de Juazeiro, adepto e continuador do movimento de Padre Cícero (também ele caçado com seus prosélitos pelas forças do governo que desbarataram o movimento); ou o caso de João de Camargo, visionário, curandeiro, que se dizia deus descido à terra, fundador de um culto sincretista católico-espírita africano, que dava lugar a uma igreja separatista; é enfim o movimento do "espiritismo de Umbanda", muito difundido atualmente em todo o sul do Brasil entre negros, mulatos e brancos e constituído da evocação de espíritos de antepassados ameríndios e africanos, e por isso contraposto ao espiritismo kardecista de origem euro-americana (de Allan Kardec)[216]. Aliás, os negros participam, embora com papel de sequazes passivos — isentos em suma de iniciativas originais — dos movimentos proféticos índios.

Outros estudiosos já aduziram argumentos de caráter sociológico e religioso, para tentar justificar a escassez e a ineficiência de iniciativa profética dos negros brasileiros. O grau de integração que os negros conseguiram na sociedade brasileira foi apontado por alguns como razão suficiente do escasso desenvolvimento dos profetismos. De outro lado, o firmar-se dos negros nas formas religiosas tradicionais africanas (culto candomblé, batuque, xangô, vodu etc.), a fiel conservação ou a intensificação destas formas religiosas nativas representam para a cultura afro-brasileira uma saída importante para a necessidade de auto-

---

(216) Sobre o profetismo negro-brasileiro e sobre os problemas ligados a ele, veja BASTIDE, 1950; BASTIDE, 1958; PEREIRA DE QUEIROZ, 1958 (*Présence Africaine*).

nomia cultural e religiosa dos grupos em questão[217]. Todavia, o problema do profetismo entre os negros continua aberto até agora, e longe de estar resolvido[218]. A propósito, queremos observar que a conservação e a intensificação dos cultos afro-americanos é comum também aos grupos negros da Jamaica, Cuba etc. A religião de evasão desenvolvida nos cultos candomblé, xangô e outros congêneres — baseados no sincretismo politeísta-católico, e na mística possessão individual e coletiva — representa certamente um resgate das condições de sujeição cultural e política dos grupos negros, embora seja um resgate escassamente engajado no sentido político, mas antes voltado a um dobramento sobre os valores tradicionais, a um renovado misticismo escapista.

Mas o Brasil é a pátria de outros profetismos modernos e contemporâneos surgidos em ambiente rural, entre populações fortemente compósitas, nas quais os elementos índio, negro, branco se fundem indissoluvelmente com preponderância absoluta da componente branca. O ambiente religioso é oficialmente o católico; embora nestes movimentos não seja difícil reconhecer uma estreita continuidade histórica com os movimentos índios da época anterior, também é fácil reconhecer neles uma analogia de temas fundamentais, entre os quais sobretudo o tema da terra prometida ou paraíso terrestre de realização iminente, o tema do herói ou messias que volta trazendo salvação e liberdade.

De resto, estes movimentos messiânicos se movimentam no terreno católico, professando-se totalmente católicos eles próprios e fiéis ao Papa (por exemplo, Padre Cícero). Contudo, na prática se contrapõem ao Cristianismo oficial e ao mesmo tempo à sociedade constituída, com os seus institutos opressivos de classe, com os chefes políticos locais que eram os grandes proprietários, detentores de um poder arbitrário e despótico. Existem, em tais movimentos, múltiplos elementos de clara inspiração secessionista, antitradicionalista e antieclesiástica; por exemplo, a "guerra santa" proclamada contra as instituições opressivas (o próprio princípio de "guerra santa" é contrário ao Cristianismo oficial), as "cidades santas" fundadas por seus profetas como sedes das comunidades de adeptos (a "cidade santa" do Cristianismo é uma só: Jerusalém), o culto reconhecido aos fundadores, que eram assinalados como sábios curandeiros, como poderosos operadores de prodígios, como "salvadores" e novos enviados de Deus, em suma como messias destinados a ressuscitar depois da morte. Basta recordar a propósito que João Maria, o "santo" fundador do grande movimento de Contestado no sul do Brasil (entre

(217) PEREIRA DE QUEIROZ, 1958, pp. 72-6.
(218) BASTIDE, 1958, pp. 36-7.

as aldeias do Estado de São Paulo, Paraná, Santa Catarina, até o Rio Grande do Sul), nas pregações que fazia de vila em vila no curso de suas peregrinações apostólicas, assegurava que "o seu e não o dos padres era o verdadeiro Catolicismo: que o seu livro santo era o único livro verdadeiro, enquanto o dos padres era herético tal qual a Bíblia dos protestantes"[219] (sic). Lembremos ainda, no tocante ao valor antitradicionalista e antieclesiástico das mensagens proféticas destes "santos" brasileiros, que ainda hoje, mais de um século depois, nas aldeias rústicas do Brasil meridional espera-se confiantemente o retorno de João Maria vestido de salvador; assim como no Brasil do Nordeste, nos lugares onde se difundiu há um século e meio o movimento de Juazeiro, ainda hoje é viva a expectativa do retorno e da ressurreição do Padre Cícero, "santo", profeta, fundador do movimento homônimo[220].

De outro lado, a função principal a que pretendem responder os movimentos proféticos neobrasileiros é derrubar a absurda ordem social do lugar, e nisto se reportam nostalgicamente — como é próprio dos profetismos em geral — às fases próprias da ordem social mais antiga, preconizando a restauração do regime monárquico em lugar do republicano.

Vejamos mais de perto os movimentos messiânicos neobrasileiros e em que ambiente social eles se produziram. Fornecem a fonte as inteligentes pesquisas e indagações de M. Isaura Pereira de Queiroz[221]. São três os movimentos messiânicos de que se tem notícia; trazem o nome respectivamente das localidades escolhidas pelos fundadores para "cidades santas", ou sedes dos adeptos. O movimento de Canudos foi fundado por Antônio Conselheiro, o movimento de Juazeiro pelo Padre Cícero, ambos no Nordeste do Brasil, uma região árida e esquálida, que se caracteriza por secas desastrosas, alternadas com enchentes periódicas, também desastrosas. O movimento de Contestado surgiu por obra do "monge" João Maria, acompanhado por José Maria e depois pela "virgem" Teodora, em outra região totalmente diferente, no extremo sul, montanhosa e cheia de florestas e terras férteis. Os três movimentos nasceram por volta de 1870, mas o seu destino foi diferente. O de Canudos atingia o clímax cerca de 1890, para extinguir-se em 1897, em conseqüência de uma inútil revolta contra o governo; o de Juazeiro, após um período crítico em 1914, afirmava-se vitoriosamente contra o governo federal e contra a igreja

(219) PEREIRA DE QUEIROZ, 1958, pp. 13-4.
(220) PEREIRA DE QUEIROZ, 1958, pp. 13, 16.
(221) PEREIRA DE QUEIROZ, Staden Jahrbuch (1957); IDEM, La Guerre Sainte au Brésil, 1957; IDEM, Staden Jahrbuch (1956); IDEM, Archives de Soc. des Religions, 5 (1958), pp. 7-13, 23-9; IDEM, ibid., pp. 111-20; IDEM, Présence Africaine (1958).

católica — impotentes diante do poder e do prestígio de Padre Cícero — e perdurava até a morte do fundador em 1936. Enfim, o de Contestado atingiu o auge em 1913-1914, desembocando numa insurreição franca, debelada em 1916 pelas forças governamentais que assim punham fim ao movimento. Dos três movimentos, como se disse, restam traços até hoje na atmosfera de messianismo e de expectativa, entre as populações rústicas das zonas de origem.

Os movimentos, surgidos em regiões ecologicamente heterogêneas, possuem um terreno histórico-social-cultural comum, que lhes justifica a gênese e lhes imprime um significado particular e homólogo. "Os movimentos se difundem em regiões", como observa M. Isaura, "de modesta agricultura e criação, raramente zonas de grandes propriedades de cana-de-açúcar e café. A economia destas populações é pois primitiva, pontilhada aqui e ali pela presença de alguns proprietários mais ricos que exercem também um pequeno comércio de gado. Estes proprietários formam a 'elite' dirigente do lugar e representam a verdadeira autoridade local. O seu poder ora nasce da riqueza, ora é ligado à descendência de antigos proprietários de terras da região, ora enfim a razões de prestígio pessoal. A imensidão do território torna difícil à administração governamental a penetração e o controle da justiça no interior. As autoridades administrativas locais dependem, de fato, do apoio do grande proprietário, que se torna a seu arbítrio garantia delas nas vizinhanças. O grande proprietário por sua vez mantém o próprio poder e prestígio alistando verdadeiros e próprios bandos de homens armados, nos quais se alinham — nos períodos de conflitos territoriais e de hostilidade entre grandes famílias — todos os homens da jurisdição do proprietário. Este portanto, e não o governo, é a verdadeira autoridade da região, pois os funcionários do governo só podem permanecer numa vila, enquanto e se estão de acordo com ele, proprietário"[222]. As conseqüências sociais desta situação se contam entre as mais graves.

"Nem justiça nem administração pública têm qualquer eficácia", continua M. Isaura, "já que a lei do grande proprietário e do mais forte é que domina totalmente. A população não tem qualquer garantia contra a opressão dos seus chefes hereditários, plutocratas, déspotas políticos. Esta se acha arrastada nas sanguinolentas contendas que explodem entre as grandes famílias. Faltam médicos para curar doentes; faltam sacerdotes para curar as almas. A situação é agravada por freqüentes vinditas sangrentas, por atos de banditismo, por pequenas revoluções locais, destinadas a suplantar este ou aquele tirano que, com seu poder ilimi-

(222) PEREIRA DE QUEIROZ, 1958 (*Archives*), p. 8.

tado, tornou-se intolerável, com um outro que pretende parecer expoente do povo mas que logo enveredará pelo mesmo caminho do seu despótico predecessor. De outra parte, a população não sofreu contatos culturais de relevo, porque as distâncias e a ausência de vias de comunicação impedem contatos com as regiões mais progressistas do país... A cultura local, formada no período da colonização e estabelecida sob a monarquia, conserva-se relativamente intata"[223].

Tais são as condições gerais das zonas em questão, caracterizadas por um regime econômico, político, social tipicamente opressivo, sob um fundo cultural arcaizante.

Quanto à cultura religiosa do lugar, constitui-se de um "Catolicismo bastardo"[224] cujas características são a sistemática carência de sacerdotes no local, e a difusão de práticas religiosas populares — novenas, procissões, curas mágicas, prodígios etc. — fortemente tingidas de paganismo; finalmente, o surgimento de figuras de "beatos", "monges", "sacristães", "guias-de-orações" etc. de origem e formação leiga (ora são os proprietários que se tornam chefes e organizadores religiosos), considerados como poderosos taumaturgos, curandeiros, batizadores, conselheiros populares, árbitros de contendas, em suma, personagens dotados de enorme prestígio, bastante próximos do papel de xamãs ou profetas inspirados, embora em ambiente católico[225]. De fato, justamente em torno destas figuras de beatos — por assim dizer — se reúnem e tomam desenvolvimento os germes de messianismo ingênitos no Catolicismo popular. Estes beatos acabam tornando-se a reencarnação de um santo e do próprio Cristo. Num quadro social, cultural e religioso deste tipo se desenvolvem os profetismos neobrasileiros. Os fundadores dos movimentos são figuras típicas de beatos, cuja correspondência com os homens-deus da civilização índia é ratificada pelo fato de que eles se qualificam e se reconhecem, às vezes, como reencarnações de Cristo[226]; assim como os homens-deus são reencarnações de um herói cultural tradicional, portadores uns (os beatos) e outros (os homens-deus) de uma época de renovação, de salvação, em suma de um "reinado" do ouro.

Alguns beatos se dedicam a uma pregação itinerante, peregrinando continuamente de aldeia em aldeia; outros, como é o caso dos movimentos que estamos considerando, depois de um período de peregrinação apostólica, se firmam numa sede que escolhem como cidade santa, destinada depois a tornar-se meta de peregrinações e centros de reu-

(223) PEREIRA DE QUEIROZ, ibid., pp. 8-9.
(224) PEREIRA DE QUEIROZ, ibid., p. 9.
(225) PEREIRA DE QUEIROZ, 1958 (Archives), pp. 9-10.
(226) PEREIRA DE QUEIROZ, ibid., pp. 10, 116.

nião dos prosélitos. Os movimentos de Canudos, Juazeiro, Contestado figuram entre as manifestações mais conspícuas e eficientes de um fenômeno muito mais amplo e difuso nos rincões rurais do Brasil. Muitas vezes, de fato, a polícia intervém a fim de dissolver os grupos reunidos em torno dos beatos, antes que se estabeleçam numa sede determinada[227]. Mas os três movimentos mencionados conseguiram estabelecer-se vitoriosamente, e nas respectivas cidades santas os prosélitos acorreram aos milhares.

Antônio Conselheiro foi, significativamente, denominado "Santo Antônio", ou "Bom Jesus", segundo um princípio de identificação com o santo cristão e com o próprio Jesus. Ele pregava contra as aberrações e os delitos que infestavam a região, profundamente conturbada por lutas políticas e por guerras de famílias. Ensinava a redenção dos pecados na dor, o abandono dos bens e das alegrias da terra; anunciava para logo uma catástrofe cósmica com o juízo final; prometia aos sequazes as delícias de uma "cidade santa" onde reinariam paz, bem-estar, concórdia. A cidade santa ideal que ele projetava acabou tomando consistência concreta quando os adeptos se multiplicaram, e ele fundou o centro de Canudos na zona desértica e quase inacessível, à qual acorreram 5 000 fiéis, e da qual ele pessoalmente tornou-se o chefe supremo. Assim, de profeta, Conselheiro transformou-se num verdadeiro messias, salvador dos homens, reencarnação de Cristo.

Mas nas pregações de Conselheiro, junto às advertências de mortificação e renúncia, soavam acentos de clara e ativa revolta contra a sociedade, particularmente contra a instituição que — conforme uma típica ideologia mitizante — teria sido obra do Anticristo, responsável por todos os males sociais do tempo, isto é, a República, instaurada no Brasil em 1889. Portanto, o profeta identificava a anunciada idade do ouro com o advento — antes a restauração — do regime monárquico. A sua ação de organizador religioso representava uma ameaça cada vez mais clara para o governo. Acrescente-se a isso que os adeptos do profeta eram induzidos, para subvencionar a "cidade santa", a fazer contínuas razias às custas dos proprietários de terras e de gado. Chegou-se ao choque, inevitável, com as forças do governo: a corajosa resistência dos rebeldes prolongou por muito tempo a luta, mas afinal o centro de Canudos foi destruído. A derrota fora total, e Conselheiro morreu na miséria pouco antes da destruição final[228].

Se o Conselheiro era originariamente um "beato", e em suma um leigo, Cícero Romão Batista (Padre Cícero), fundador do movimento de Juazeiro (1870), atuou a prin-

(227) PEREIRA DE QUEIROZ, ibid., p. 10.
(228) PEREIRA DE QUEIROZ, 1958 (Archives), pp. 11-2, 115.

cípio como sacerdote católico, exercendo seu ministério na vila de Juazeiro, no interior do Estado do Ceará. Pretendia renovar a religião e, ao mesmo tempo, segundo uma inspiração tipicamente popular e arcaizante, realizar em benefício dos moradores do lugar, nas suas deprimentes condições econômicas e sociais, uma nova via de auxílio e salvação. Começou, portanto, a realizar prodígios, curas milagrosas, a lançar vaticínios, profecias, obtendo um séquito enorme entre as pessoas vizinhas e longínquas. A vila de Juazeiro tornou-se centro estável dos fiéis e desenvolvia-se cada vez mais devido ao número crescente de adeptos, atingindo as proporções de uma cidade: a cidade santa, a Nova Jerusalém. Padre Cícero foi seu chefe, e instituiu uma ordem hierárquica com base religiosa, que se contrapunha inteiramente à sociedade profana; assim, aconteceu ter-se um Estado dentro do Estado.

Em 1914, as relações entre Juazeiro e o governo se tornavam críticas, e a guerra santa era desencadeada pelo Padre Cícero, também no intuito de restabelecer a monarquia, símbolo — na mente dos camponeses brasileiros de então — da idade do ouro. Os adeptos do profeta se impuseram sobre as forças do Estado, sitiaram a capital, cujo governador fugiu. Padre Cícero, vitorioso com os seus, embora não quisesse afastar-se do centro de Juazeiro, tornava-se oficialmente vice-governador do Ceará. Nem Estado nem Igreja nada puderam fazer contra a autoridade do profeta, que doravante tinha incontestavelmente em seu poder as populações rurais do país.

Enquanto no Nordeste se afirmavam os dois movimentos de Canudos e de Juazeiro, no Sul vinha tomando vigor o movimento de Contestado. A figura do fundador pertence em grande parte à lenda. De fato, fala-se de um "monge" João Maria, que de 1835 a 1908, durante 75 anos, teria peregrinado pelas regiões do Sul pregando a nova religião: evidente unificação mítica de vários personagens sucessivos, talvez mesmo pretensamente homônimos. Também João Maria era um prodigioso curador de doenças, e se impôs — tanto quanto Padre Cícero e Conselheiro — como sábio conselheiro, árbitro, vate. Ao contrário dos dois acima, João Maria, temperamento esquivo e alheio a iniciativas de caráter coletivo, acabou por eclipsar-se por volta de 1908, sem dar mais notícias. Mas não se acreditou na sua morte, e antes se deu crédito a tudo que ele anunciava nas suas pregações, isto é, que ao término da sua missão se retiraria para o cume de uma montanha encantada, onde esperaria o momento de retornar ao mundo entre os homens[229]. Assim, ainda hoje é viva a fé na ressurreição de João Maria.

(229) A idéia da ressurreição de um grande personagem morto, e

Poucos anos depois, apresentava-se um novo profeta, curador e pregador, que pretendia ser João Maria em pessoa, reencarnado. Fundava uma cidade santa, Taquaruçu: as pessoas acreditavam que ele fosse realmente o "monge" ressuscitado nas vestes de seu irmão João Maria. José Maria — como se chamou pois o novo profeta — organizou os fiéis e restaurou concretamente, a seu modo, a monarquia — de acordo com o sonho utópico de João Maria. De fato, fez proclamar imperador do "Império Sul-Brasileiro" um proprietário analfabeto, conhecido como pessoa prudente e de ânimo moderado. O ato despertou a reação do governo, que interveio com forças, matou o "monge" e dispersou o movimento. Todavia, o fogo messiânico doravante aceso não estava destinado a apagar-se. Um ano depois, a organização dos fiéis se reconstituiu, desta vez por meio de uma jovem inspirada profetisa, a "virgem" Teodora, que, aos fiéis reunidos na cidade santa, afirmava ter recebido ordens diretamente do espírito do "monge" falecido. A efervescência cresceu, até que a reação do governo, depois de uma luta áspera e alternada, subjugou a insurreição entre 1912 e 1916[230].

Os profetismos neobrasileiros apresentam temas fundamentais comuns, como o do messias, reencarnação de Cristo ou de um santo católico, que vem salvar a sociedade oprimida; ou o do fim e regeneração do mundo. Geralmente, a regeneração é interpretada dentro de um esquema mítico que se liga a experiências sociais particularmente deprimidas e a um almejamento mítico do regime anterior ao republicano (= monárquico) como idade do ouro, de cuja supressão teriam derivado todos os males da sociedade atual. Em particular, os messianismos neobrasileiros se inserem num mundo cultural profundamente ligado ao Catolicismo. Mas o próprio Catolicismo aí é interpretado em formas decididamente paganizantes, dada a importância que assume a figura do profeta como curandeiro e taumaturgo. Em essência, a figura do profeta neobrasileiro, de um lado, como já disse, corresponde à tradição indígena do homem-deus, do qual é uma continuação histórica e religiosa. De outro lado, vincula-se historicamente, pela analogia das condições culturais e de significado e função, aos numero-

---

a espera do seu retorno como salvador presidem também os movimentos sebastianistas, surgidos no Brasil no século XVII e difundidos ulteriormente nos séculos XVIII e XIX. Baseiam-se na crença de que D. Sebastião, rei de Portugal morto na batalha de Alcácer-Quebir, em 1578, não estaria morto, mas retornaria ao meio dos homens. A existência de inúmeros Sebastianistas — embora não-organizados num movimento particular — é assinalada nas províncias do Rio de Janeiro, Bahia e Minas Gerais; mas na província de Pernambuco deram lugar, na metade do século XIX, aos movimentos de Santa de Pedra e de Pedra Bonita (PEREIRA DE QUEIROZ, 1958, *Archives*, pp. 111, 112).

(230) PEREIRA DE QUEIROZ, 1958 (*Archives*), pp. 13-5, 115-6; IDEM, 1957 (*Staden Jahrbuch*).

sos profetas da África negra, que se apresentam também como outros Cristos negros, e aos profetas americanos, oceanianos e de qualquer outra cultura primitiva, que se proclamam Moisés redivivos. Definitivamente, todos eles são na mesma medida identificações de um profeta judaico-cristão portador da nova missão: salvar a sociedade atual de males ingentes que a afligem, realizar uma liberdade tanto mais ampla quanto mais grave se faz sentir a opressão da parte da cultura hegemônica, ou de instituições internas, das quais parece impossível libertar-se unicamente com os meios políticos e militares, isto é, com a insurreição armada.

As manifestações neobrasileiras mostram um outro aspecto do fenômeno messiânico tomado em si próprio, com respeito às correspondentes manifestações nativistas, seja brasileiras seja de outras culturas, de caráter anticolonialista e emancipacionista. Umas e outras atestam que o profetismo mergulha suas raízes em condições de opressão social, política, cultural, religiosa. Mas as primeiras, diferentemente das outras, ampliam o quadro do profetismo enquanto fenômeno religioso e se colocam ao lado daqueles movimentos proféticos nativos (mas não exatamente nativistas) surgidos em conseqüência de situações críticas que nada têm a ver com impactos entre diferentes culturas, mas se originam de conflitos de ordem interna. Já vimos alguns movimentos proféticos originários de conflitos internos, os quais decerto não em todos os casos resultam discriminados em seus elementos: tais são, em parte, os próprios movimentos proféticos de caráter migratório do Brasil no século XVI, o culto do taro, o Culto Koreri da Nova Guiné, que estudaremos mais adiante. Nestes movimentos, a origem comum está na situação de crise interna, e não em conflitos interculturais. Não podem deixar de emparelhar-se a movimentos proféticos e messiânicos de ambiente europeu ou americano moderno, como o Lazaretismo, o Mormonismo, o Russellismo etc., todos promovidos por outras tantas situações de crise social, cultural, religiosa interna.

Em conclusão, a América do Sul oferece, no que diz respeito aos movimentos proféticos de renovação, um panorama dos mais vastos e variados, ao nível seja das culturas indígenas seja de grupos modernos étnica e culturalmente compósitos, com predominante componente européia. Nos cultos proféticos de libertação, freqüentemente de caráter insurrecional, nos cultos mistificantes de salvação e enfim nos movimentos de restauração e de emancipação social (monárquicos), exprime-se a necessidade, da parte do grupo, de sair de uma situação angustiosa e arriscada que subjuga a própria sociedade ou notáveis setores dela, e de estabelecer uma existência livre, independente de toda opressão.

4. MOVIMENTOS PROFÉTICOS MELANÉSICOS

Premissas

As culturas indígenas melanésias, ainda ligadas em grande parte aos modos de vida tradicionais, oferecem com os seus movimentos proféticos modernos alguns dos exemplos mais desconcertantes daquilo que pode produzir o choque entre culturas indígenas e Ocidente.

Nos modernos movimentos religiosos da Melanésia exprime-se com flagrante imediatez e enérgica espontaneidade a necessidade vital de renovação das culturas locais. De outro lado, tais formações absorvem de modo altamente significativo a tradição religiosa local, revalorizando-a e transformando-a em função de experiências e exigências novas, oriundas do choque com os brancos.

A uma análise atenta, se reconhecem aqui os temas míticos e os complexos cultuais típicos de culturas religiosas baseadas em estruturas atrasadas, que vivem de uma agricultura elementar e de pesca, em condições econômicas paupérrimas.

Os cultos proféticos da Melanésia despertaram a mais viva atenção das igrejas missionárias e das administrações coloniais, os quais podem ignorar cada vez menos os impulsos e os fermentos de redenção que se exprimem nos próprios cultos. Não se trata de um sincretismo passivo e incoerente, mas de replasmação ativa e criadora de certos elementos fundamentais da cultura ocidental, por meio das culturas nativas.

Guiados por profetas-messias, os nativos abandonaram mais e mais o trabalho, entregaram-se, em meio a grandes festas, à espera do auspicioso retorno coletivo dos mortos, do êxodo dos brancos, do advento da riqueza, da chegada de mercadorias européias trazidas pelos mortos. Algumas matanças de brancos marcaram, nos primeiros tempos, tais efervescências messiânicas: depois, à medida que se foram estabelecendo novas relações, mais positivas e fecundas de renovação, com os brancos e com os seus produtos culturais, ocorreu um ativo processo de transformação no interior de cada cultura, e instauraram-se formas de simbiose através das quais se integram a cultura nativa e a ocidental.

O pulular e a afirmação dos cultos messiânicos com seu conteúdo milenarista, com a sua ânsia de esperar uma era nova de bem-estar e de liberdade, se justificam como o fruto espontâneo do encontro, antes do choque perturbador, ocorrido *una tantum* entre duas histórias no auge dos seus respectivos e autônomos processos de desenvolvimento; de um lado, a história da cultura ocidental, que de um estádio de agricultura cerealícola chegara ao artesanato medieval e deste à indústria, até a era das máquinas, cujas mercadorias introduzidas entre os aborígines representam o produto extremo; de outro lado, a história da cultura melanésia, que chegara a uma agricultura do pau de escavação, embora metódica e aperfeiçoada. O abismo que se abriu entre os dois níveis diferentes sublevou o terreno da civilização aborígine, de modo a deixar irromper das suas raízes aqueles renovos túrgidos de linfa que são os cultos de libertação.

O nosso interesse é discernir — sob o fenômeno histórico concreto — o fundamento cultural que forneceu aos cultos o terreno onde nascer e que lhes deu um determinado conteúdo mítico-ritual. Trata-se de escavar no cabedal religioso tradicional pagão dos nativos, para procurar aí os germes daquele tema profético muito particular dos brancos identificados como os mortos que retornam coletivamente, que desembarcam do navio, que trazem aos nativos uma infinidade de mercadorias — as mercadorias européias exatamente — e inauguram a partir deste momento uma era de abundância e bem-estar definitivo, encerrando a era tradicional de miséria e sujeição.

Trata-se, em suma, de analisar esse núcleo religioso na sua morfologia, decompô-lo — dentro de uma visão historicista — nos seus componentes singulares e distintos: identificar para cada um deles o nível histórico-cultural correspondente que preside a sua gênese. Ver-se-á, deste modo que, sob o complexo religioso profético da Melanésia se pode descobrir uma completa estratificação histórica: desde uma base estrutural precisa que remonta ao nível histórico-cultural mais arcaico, aos níveis cada vez mais recentes até às últimas décadas atuais do contato ocidental. Somente sobre esta análise preliminar poderá basear-se a obra de síntese historiográfica, à qual cabe definir — como veremos — o que de "novo" se manifesta nos cultos em relação à cultura tradicional nas suas fases anteriores: a qualidade e a quantidade de incremento cultural — em suma — que se verifica neles.

Morfologia dos cultos proféticos da Melanésia

Entre os Orokaiva, um grupo cerrado de fala papua que se espalha da costa até os planaltos interiores da divisão norte-oriental (Nova Guiné), entre Oro Bay e Mambare Bay (Mamba River e Opi River), existe o rito da oferenda de primícias aos mortos, que tem toda a aparência de uma festa anual. Algumas plataformas (*harau*) são construídas para a ocasião, sobre elas são dispostas certas escadas em miniatura a fim de permitir a saída dos espíritos que virão recolher os alimentos lá depositados para eles[1]. De resto, o costume de apresentar oferendas de taro e peixe seco aos mortos sobre plataformas especiais, colocadas em cima das "casas do taro", por ocasião das festas, é característico entre os Orokaiva. Eles julgam que o espírito dos mortos está presente no curso destas festas, chamadas *kasamba*, e que se faz ouvir através de uma espécie de cicio semelhante ao chilreio dos pássaros[2]. As oferendas são apresentadas em pratos. Hoje, as festas *kasamba* têm caráter ocasional; não estão ligadas a uma estação particular ou a uma fase determinada de trabalhos agrícolas; empenham toda a coletividade com danças, banquetes, cantos e são ditadas por uma inspiração momentânea[3]. É conveniente determo-nos

(1) WILLIAMS, 1928, p. 26; 1930, p. 271, pr. 35a.
(2) **WILLIAMS, 1928, p. 41.**
(3) WILLIAMS, 1928, p. 98.

brevemente sobre a origem das festas *kasamba,* sobre a possibilidade de interpretá-las como a transformação recente de uma antiga festa anual de Ano Novo e dos mortos — sob a influência de exigências culturais muito particulares, que foram determinadas nos últimos tempos entre estes povos. Estas manifestações cerimoniais dos Orokaiva se inserem dentro de um complexo cultural que tem uma fisionomia e uma história precisas, o "culto do taro". Trata-se de movimento religioso nascido, há não muito tempo, entre estas tribos, fundado por uma personalidade conhecida e ainda viva na época do relato de Williams, que constitui uma das nossas fontes (1928, 1930) juntamente com a notícia mais antiga de E.W.P. Chinnery (1917). Em 1914, Buninia (Boninia), um nativo da aldeia Taututu da tribo Binandere (= Binandele), teve uma visão na qual seu pai morto voltava a ele, acompanhado de uma legião de mortos com os quais consumia uma refeição de taro e lhe dava as prescrições para fundar o novo culto, dedicado a obter um bom produto[4].

Em outra versão, Chinnery, ao contrário, soube do profeta que teria sido visitado e possuído pelo "espírito do taro" ou "espírito dos alimentos" (*food-spirit*) exatamente enquanto se achava na sua horta[5], finalmente, o profeta descreveu[6] pessoalmente a Williams um sonho em que jovens, representando os "espíritos do taro", se apresentavam à sua frente enquanto ele se recobrava do estado de transe sob a influência da "possessão", e lhe traziam feixes de tubérculos de taro; depois, batendo o tambor, iniciavam a dança que constituía o núcleo do culto que ele deveria fundar. Como quer que fiquem as coisas na multiplicidade das versões, elas concordam todas em atribuir ao taro um papel de primeira importância no culto, e deixam entrever como o espírito dos mortos, diretamente (o pai morto que volta com os outros mortos) ou indiretamente (os jovens do taro, o "espírito do taro"), entra no ato mesmo de fundação do novo culto. A característica deste culto reside em que, do fundador Boninia aos adeptos, todos os sequazes participam em igual medida de um dote especial: caem em êxtase, ou melhor num acesso de convulsões epileptóides violentas, que é ao mesmo tempo um estado de transe. Tal condição particular é intercomunicável, onde se verifica um estado de "possessão coletiva". Os sujeitos mais sensíveis e aptos a tais experiências desconcertantes são reconhecidos como "homens do taro", ou seja, possuídos pelos "espíritos do taro", e exercem uma espécie de autoridade

---

(4) WILLIAMS, 1928, p. 12. É este o relato dado textualmente pelo profeta Buninia a H. Holland, da missão anglicana. Outras versões da visão ele deu a Chinnery e a Williams, respectivamente.
(5) CHINNERY, *Hibbert Journal.* 1917, p. 339.
(6) WILLIAMS, 1928, p. 13.

sacerdotal no círculo dos iniciados ao culto[7]. Este tipo de "possessão", com os efeitos relativos de poroxismo e convulsão, cria um estreito laço entre o culto do taro e outras manifestações culturais relativamente recentes na Melanésia, da "folia Vailala" das tribos Orokolo no distrito do Golfo de Papua (costa sul), que explodiu como movimento religioso antitradicionalista[8] em 1919 (logo depois da grande guerra), ao culto do profeta de Saibai (1913) do Estreito de Torres[9], ao do "profeta de Milne Bay" (1893)[10], e ao outro (1911) da serpente Baigona[11], que pertence aos Orokaiva, e que nos interessa aqui particularmente na medida em que ele próprio constitui o substrato sobre o qual cresce subseqüentemente o culto do taro. A serpente Baigona, o espírito de um morto que se reencarnou, conforme a doutrina dos Orokaiva, teria ensinado a um nativo de Tufi as regras de um novo culto mágico que consiste em curar os doentes mediante certas ervas e certos banhos rituais; os adeptos do culto entravam em crise, manifestando os mesmos sintomas que se verificam no culto do taro, isto é, acessos de convulsões epileptóides e estado de transe. O culto Baigona logo se extinguiu, mas em seu lugar surgiu o culto do taro. Ora, é importante observar que tanto um quanto o outro estão ligados, fundamentalmente, à obra dos espíritos dos mortos: um espírito encarnado e um morto que retorna são os inspiradores respectivamente dos dois cultos, enquanto que ambos apresentam a mesma característica comum de ter sido objeto de inspiração e propagação por meio de uma personalidade determinada. Estes caracteres foram certamente adquiridos, no culto do taro, como legado do culto Baigona anterior.

No que concerne ao problema das relações entre as cerimônias anteriores e os novos cultos proféticos, é evidente que estes trouxeram ao ritual tradicional a influência do seu novo espírito individualista. O espírito profético e possesso do fundador e dos sequazes do culto do taro, que logo se difundiram amplamente[12], determinou por certo uma mudança das condições em que originariamente devia ser celebrada a festa do taro, ou uma festa equiva-

(7) CHINNERY, pp. 449-51; WILLIAMS, 1928, pp. 10-16 e passim.
(8) G. H. MURRAY, 1919-20, pp. 116-18; E. E. WILLIAMS, 1923, pp. 1-72; E.E. WILLIAMS, 1934, pp. 369-79. Os seus profetas ensinavam a abolição dos costumes e das cerimônias tradicionais, a espera de um navio que traria riqueza e seria guiado pelos "mortos que retornam".
(9) A. C. HADDON, 1917, pp. 460-63.
(10) HADDON, loc. cit., pp. 458-60.
(11) HADDON, loc cit., pp. 456-58; WILLIAMS, Orokaiva magic, pp. 7-11.
(12) WILLIAMS, Orokaiva magic, p. 11. Do culto Baigona anterior, Buninia conservou, todavia, o caráter mágico; o próprio Buninia, bem como os seus adeptos, são curandeiros e a sua eficácia está mesclada com a escrupulosa execução das festas kasamba (loc. cit.).

lente. Ora, tudo leva a crer que o núcleo do "novo" ritual não passava de uma reelaboração de ritos festivos já em prática, aos quais se acrescentaram precisamente o elemento profético e o característico histerismo coletivo. De fato, é exatamente da execução das festas *kasamba* que o novo culto espera abundância de produto. "Quanto mais festas se fazem, mais taro se obtém"[13]: é esta a convicção dos adeptos. O culto do taro absorveu as antigas cerimônias religiosas, como se evidenciou ao próprio Williams, quando escreve que de fato "o culto do taro determinou a decadência das (antigas) cerimônias, porque ele se lhes sobrepôs"[14]; tampouco há antagonismo na experiência indígena entre as velhas e as novas formas de celebração[15]. Em resumo, o culto do taro "suplantou as velhas e mais elaboradas cerimônias"[16]. Todavia, é verdade que o culto do taro introduziu alguns elementos, tais como o êxtase, o profetismo, a "possessão coletiva", a influência dominante do profeta ou dos "homens do taro"; de tal modo que o começo e a execução do rito *kasamba* depende exclusivamente de que se verifiquem certas condições psíquicas individuais; é preciso que o "homem do taro" entre numa crise convulsiva característica e estática; somente então se seguirá a festa *kasamba*, com as danças, os cantos, as distribuições de alimentos e os êxtases coletivos. Nestas condições, é o individualismo do possuído que dita lei sobre o dia da festa, que no entanto assume o caráter de "improvisação" inspirada. Todavia, por outro lado, as festas *kasamba* não podem deixar de apoiar-se, dado o seu caráter agrário, numa base originariamente calendarial, com andamento constante em datas fixas. Se as festas *kasamba*, tipicamente agrárias no objeto — oferendas vegetais, acúmulo e exibições da colheita, alegria e cantos para o crescimento do taro, danças e banquetes[17], — igualmente agrárias na sua intenção — que é a fertilidade — se as festas *kasamba*, dizíamos, têm hoje o caráter de improvisação, deve-se reconhecer aí o efeito de uma reelaboração operada sobre um culto agrário mais antigo, conforme uma exigência individualista e profética. Consta ao próprio Williams que algumas técnicas particulares na execução dos ritos, e o próprio nome *kasamba* são modificações de um cerimonial agrário mais antigo, chamado *pona*[18]. De resto, a própria estrutura do rito, o sonho do fundador Buninia, a crença nos "espíritos do taro" denunciam que nos encontramos frente a

(13) WILLIAMS, *op. cit.*, p. 98.
(14) WILLIAMS, *op. cit.*, p. 97.
(15) WILLIAMS, *op. cit.*, pp. 97-8.
(16) WILLIAMS, *op. cit.*, p. 98.
(17) WILLIAMS, *op. cit.*, pp. 39-41.
(18) WILLIAMS, *op. cit.*, p. 39.

uma remodelação de elementos culturais e ideológicos de origem bem mais longínqua; se na consciência do fundador o "culto do taro" nasceu para aplacar os espíritos do taro[19], na consciência dos indígenas, porém, passou a aplacar os espíritos dos mortos[20], os quais superintendem a produção do taro. Em suma, o culto do taro é um desenvolvimento particular do culto dos mortos; baseia-se num substrato de crença segundo a qual os mortos retornam a intervalos de tempo e são aplacados com oferendas[21]. De tal substrato já podemos ver até agora os elementos essenciais. A "reforma religiosa" de Buninia consiste em substituir os tracionais espíritos dos mortos pelos espíritos do taro, e isto como fruto da inspiração ou visão que ele recebeu, ao passo que na sua ação profética e reformadora se patenteiam ligações com certas exigências econômico-sociais novas, base daquele messianismo e daquele conteúdo claramente "milenarista" próprio de seu movimento religioso e comum aos muitos outros movimentos do gênero. Quaisquer que sejam as causas imediatas do nascimento do culto do taro, estão sem dúvida em relação com a provada "inadequação" do antigo ritual tradicional frente às exigências vitais da comunidade. Em resumo, ou por crise de carência ou por nova experiência da cultura dos brancos, o certo é que a tradição cultural pareceu a Buninia insuficiente, e ele fundou um novo culto. Em pouco tempo o novo culto suplantava o antigo.

A profundidade com que o novo culto mergulha as suas raízes na antiga religião agrária dos mortos é clara também a partir do motivo insistente — que ressoa nas declarações dos fundadores (entre eles Yaviripa, o discípulo mais próximo de Buninia), bem como dos fiéis, isto é, que os presumidos espíritos do taro, que visitam os "homens do taro", seriam justamente "espíritos de mortos"; que até aqueles tomados por Buninia como "espíritos do taro" seriam na verdade espíritos de mortos[22]. De resto, a crença essencial dos mortos que retornam, portadores de fortuna e prosperidade, libertadores da miséria, constitui a base de todos os movimentos religiosos renovadores e proféticos de que se falou. A "loucura dos Vailala" tinha seu núcleo de fé no retorno dos mortos, que se configurava na chegada de um navio de brancos europeus trazendo bens

(19) WILLIAMS, *op. cit.*, p. 9.
(20) WILLIAMS, *op. cit.*, p. 27; WILLIAMS, *Orokaiva Society*, Oxford, 1930, p. 266.
(21) A religião orokaiva — segundo Williams — gira em torno da crença nos espíritos dos mortos, e o escopo principal de todo o ritual é justamente aplacar tais espíritos (WILLIAMS, *Orokaiva Society*, 1930, pp. 279, 285-6, 287). Para o complexo religioso do "retorno coletivo dos mortos" na Melanésia, v. LANTERNARI, 1959 (2), pp. 93-137, 411.
(22) WILLIAMS, 1928, p. 30; WILLIAMS, 1930, p. 282.

e felicidade[23]. O motivo do barco europeu, que desembarcará mercadorias e riquezas a serem distribuídas aos nativos e que abrirá uma nova era de prosperidade e bem-estar, abolindo a escravidão moral e psíquica frente aos brancos, figura na base daquele vasto e difuso complexo de movimentos religiosos modernos na Melanésia que formam o "culto das mercadorias" ou *cargo-cult*. O culto das mercadorias, assim como o próprio culto do taro e as outras formas religiosas mencionadas, são o produto indígena de longas e complexas experiências de contato com os europeus; é uma dupla e paralela reação local à propaganda missionária de um lado — com a sua pregação da obra profética e redentora de Cristo, com as suas visões apocalípticas e a espera de uma nova era ou Reino, fim e termo das misérias terrenas — e, de outro lado, à crescente importação da cultura material européia. Cabe notar que aos nativos escapa necessariamente o caráter industrial dos produtos europeus: só vêem neles na realidade o processo produtivo. Vendo-os desembarcar dos navios, distinguem neles prodigiosos tesouros que aumentam milagrosamente, e atribuem-nos a um mundo irreal com que os brancos estariam relacionados. Portanto, as mercadorias provêm, segundo eles, do reino dos mortos e os próprios mortos, fantasmas brancos, são configurados nos portadores europeus de tantas riquezas[24].

Assim, o culto do taro encontra seu lugar natural, embora os motivos de seu surgimento possam ser de origem endógena e não necessariamente ligados ao advento dos brancos, naquele viçoso florescimento de cultos proféticos que nos últimos anos, e com crescente intensidade nos anos do após-guerra, abriram um novo e grande capítulo na história cultural da Melanésia[25]. Que uma festa da estação da

(23) WILLIAMS, 1934, pp. 372, 373 e ss.
(24) Os mortos são representados na Melanésia como brancos: o branco da argila é a cor que se tingem as viúvas em luto, e "homens de argila" (claymen) se denominam os brancos por sua semelhança com a cor do luto (A. DUPEYRAT, *Festive Papua*, Londres, 1955, p. 14).
(25) A literatura sobre o culto das mercadorias (Cargo-Cult) a cada dia se torna mais extensa, em conseqüência da difusão cada vez maior, nos anos mais recentes e atuais, dos movimentos em questão. Os problemas ligados com o nascimento e a difusão destes cultos são numerosos e de vários tipos; além da análise das estruturas religiosas pagãs tradicionais dentro dos cultos modernos — que é o que nos interessa sobretudo — há um complexo problema de política cultural da Igreja para com os indígenas. Além disso, há um problema de política administrativa, que é objeto de interesse particular para os estudiosos britânicos ou americanos (veja adiante, notas). Para uma vasta bibliografia sobre os múltiplos aspectos do fenômeno, até o ano de 1951, vale o que recolheu IDA LESSON, Sydney, 1952. Os trabalhos de conjunto que merecem ser sublinhados aqui são: F. R. LEHMANN, 1935, pp. 261 e ss.; G. ECKERT, 1937, pp. 135-40; G. ECKERT, 1940, XXIII, *i*, pp. 26-41; G. HOELTKER, 1941, pp. 181-219; C.S. BELSHAW, 1950, pp. 116-125; T. BODROGI, 1951, 1-4, pp. 259-90; A. LOMMEL, 1953, *i*, pp. 17-63; J. GUIART, 1951, pp. 227-29; LANTERNARI, 1956; INGLIS, 1957; STANNER, 1958. Documentos de manifestações mais recentes de "Cargo-Cult" se encontram em: K. O. L. BURRIDGE, 1954, 241-254 (relativo ao es-

colheita — um Ano Novo — seja o fundamento do culto do taro não é idéia sem fundamento; mesmo atualmente, estando em vigor a nova religião profética, a colheita é festejada entre os Orokaiva numa atmosfera de solenidade religiosa[26] que encontra sua razão de ser no seu próprio objeto e no fim do ciclo agrário, enquanto que toda imbricação com o culto profético continua absolutamente acessória. Parece que podemos concluir, com razão, que o culto do taro se baseia numa festividade agrária anterior de Ano Novo, que se configura no retorno anual dos mortos. Mas Buninia, adaptando às experiências pagãs a experiência indireta de um Reino cristão pregada pelas missões[27], fez com que o conteúdo religioso de um Ano Novo originariamente anual se transferisse para um plano mais amplo, subtraindo-lhe o vínculo da estação; o culto do taro serve para inaugurar a era de abundância, mediante ritos nem rigidamente periódicos nem sazonais: aí se encontra a ruptura com a tradição. A direção de um profeta-messias é necessária para realizar o intento, pois somente a indeterminada variabilidade da sua inspiração pode substituir com eficiência a ritmicidade precisa dos trabalhos e dos descansos campestres já ordenada de antemão no culto antigo. A experiência que subtende o culto do taro é a de um "grande ano"[28], de uma era que há de revelar-se toda vez que se executa uma festa *kasamba*. Nisso reside a valorização no plano messiânico e cósmico da antiga experiência do Ano Novo indígena[29]. O sincretismo evidente neste culto é comum às múltiplas manifestações de *cargo-cult* na Melanésia; só que, enquanto o produto agrícola indígena ainda continua no centro do profetismo Orokaiva, nas outras manifestações religiosas mais modernas do tipo mencionado ele é suplantado pelas mercadorias européias. Os mortos

treito de Madang, Nova Guiné Set.); R.M. BERNDT, *Oceania*, XXIII (1952); *1*, pp. 40-65; (1952), *2*, pp. 137-158; (1953), *3*, pp. 202-234; R.M. BERNDT, *Oceania*, XXIV (1954), *3*, pp. 190-228; *4*, pp. 255-274; C.S. BELSHAW, *Oceania* (1951), *1*, pp. 4 e ss; F.C. KAMMA, "Messianic movements in western New Guinea", *International Review of Missions*, Londres (1952), *41*, pp. 148-160; A. P. ELKINS, *Social Anthropology in Melanesia*, 1953, pp. 90, 99 e ss., 101; P. LAWRENCE, 1954, I, pp. 1-20 (estreito de Madang, N. Guiné Set.). O trabalho de conjunto mais completo e mais bem assentado sobre o Cargo-Cult melanésio é a bela obra de WORSLEY, 1957.

(26) WILLIAMS, *Orokaiva magic*, p. 37.

(27) No que diz respeito à política religiosa das missões em relação aos indígenas, cf. Rev. A. DUPEYRAT, *Papouaise: histoire de la Mission* (1885-1935). Paris, 1935; F.E. WILLIAMS, "Mission influence in the Keveri of S.E. Papua", *Oceania* (1944), 2, pp. 89 e ss; L.H. HOGBIN, "Native Christianity in a N. Guinea village", *Oceania* (1947), I, pp. 1 e ss.; A.P. ELKIN, *Social Anthropology in Melanesia*, 1953, pp. 6-10.

(28) O mito do "grande ano" na história das religiões antigas foi amplamente ilustrado: cf. M. ELIADE, *Le mythe de l'éternel retour*, Paris, 1940, pp. 83-136. V. também LANTERNARI, 1959 (2).

(29) Para o Ano Novo religioso na Melanésia, cf. LANTERNARI, 1959 (2), pp. 93-138. Sobre as relações entre o Ano Novo melanésio e os cultos proféticos, *ibidem*, pp. 137-8.

não trarão mais aos indígenas tubérculos e frutos vegetais, mas em lugar deles e por ação das experiências culturais mais recentes, trarão machados e facas de aço, tecidos e roupas, carne e fumo dentro de caixinhas, pacotes de arroz, fuzis e outras coisas mais[30]. Com a chegada das mercadorias trazidas do mítico armazém dos mortos (isto é, dos brancos), começará a era nova, chegará o reino cristão sincretistamente revivido pelos nativos na forma que lhes foi dada por suas complexas exigências de alimentos e liberdade. Outras vezes, os profetas do novo culto ensinam, ao contrário, a necessidade de destruir as mercadorias e o dinheiro dos europeus, de retornar aos usos e aos trabalhos tradicionais, reconstituindo os ritos religiosos sufocados pela ação dos missionários; também este é um modo — oposto nas técnicas mais do que na substância — de fundar religiosamente uma era de abastança e bem-estar. O conteúdo irredentista — chamado por outros impropriamente "nacionalista" — é uma das notas dominantes de todos os cultos modernos, qualquer que seja a doutrina profética particular. É bastante aqui referir o que Elkin observa sobre os movimentos proféticos da Melanésia em geral. Diz Elkin que uma análise aprofundada do valor destes movimentos se mostra tudo menos encorajadora para os administradores, pois se destina a trazer à luz a consciência cada vez mais ativa das comunidades indígenas, o seu desejo de autogovernar-se, ao passo que hoje a administração britânica assimilou a política do "deixar em paz os cães que estão dormindo"[31].

Para sair do genérico, vamos dar alguns exemplos de movimentos religiosos deste tipo. Em Buka, nas ilhas Salomão, surgiu em 1931-32 um culto das mercadorias, cujos profetas pregavam um dilúvio iminente — que destruiria os homens brancos — seguido da chegada de uma nave carregada de todo tipo de mercadorias. A gente de Buka devia preparar um armazém que pudesse receber as mercadorias esperadas e rechaçar toda resistência da parte da polícia

(30) LAWRENCE, 1954, p. 1.
(31) A.P. ELKIN, 1953, pp. 154-5. Sobre este aspecto do problema veja também: GUIART, *Oceania* (1951), pp. 81-90; BELSHAW, 1950, pp. 116-25; POIRIER, 1949; ROSENSTIEL, 1954; HOGBIN, 1939, pp. 125-39; BODROGI, 1951, pp. 259-90; este último autor, particularmente, enfrenta o problema do colonialismo e da renovação de consciência política entre os indígenas, sem permitir preconceito ou qualquer interesse administrativo-político, que algumas vezes inquina de fato a pura consideração científica dos fenômenos em questão; como exemplo de aberrações deste tipo, tome-se o ensaio de S.H. ROBERTS, *Populations problems of the Pacific*, Londres, 1927, onde o autor parte da convicção de que existe uma "corrupção inata na raça polinésia", de que os "primitivos são cruéis" e têm "tendências elementares a toda espécie de torpezas" (pp. 28-32, 58-62), e pretende justificar assim — a seu modo — o fenômeno do despovoamento indígena, que tão grande parte desempenhou na determinação das crises psíquicas prepostas aos movimentos de libertação religiosa.

colonial. O navio chegaria quando os indígenas esgotassem as provisões de víveres. Portanto, na expectativa do evento prodigioso, foram abandonados os trabalhos agrícolas. Os chefes do movimento foram presos mas o movimento prosseguiu[32].

Evidenciam-se claramente juntos, neste movimento, o motivo mítico do fim dos brancos — representantes de uma época de sujeição — e o outro tema do início de uma era caracterizada por abundância incalculável de bens. Em 1934, o fermento se repetiu na mesma localidade sob a influência de um novo profeta, Sanop, que pregava eventos semelhantes, e induziu a destruir os rebanhos de porcos, e abandonar os campos na expectativa messiânica. Sanop apresentava-se como inspirado pelo profeta Pako, seu predecessor, que lhe teria aparecido; segundo ele, à chegada do navio os mortos voltariam ao recesso dos vivos; portanto, os indígenas esperavam para oferecer honras às tumbas dos antepassados. Também Sanop foi preso[33].

Em Tanna, nas Novas Hébridas, em 1940, o profeta Menehevi, que se dizia representante de um espírito sobrenatural que usava o pseudônimo de John Frum, fez inúmeros prosélitos pregando a iminente transformação da ilha e das condições dos habitantes: eterna juventude e abundância seriam dadas a eles, mas isso só se realizaria depois que os europeus fossem expulsos, e todo dinheiro importado por eles, até o último tostão, fosse destruído ou restituído aos portadores. Os indígenas deveriam restaurar as cerimônias, as danças, a poliginia, o uso do kava, que os missionários presbiteranos haviam abolido. Seguiram-se vários profetas do mesmo culto, subseqüentemente presos ou encerrados em manicômio. Um deles esteve confinado em Malekula, mas o prisioneiro conseguiu fazer prosélitos entre os habitantes. O culto John Frum teve várias retomadas, de 1941 a 1943, a 1947, e em 1952 ainda estava tão espalhado por todas as ilhas do arquipélago, Ambrym, Paama, Epi e Pentecostes, que a polícia administrativa, mudando de política, se decidiu a libertar os chefes prisioneiros[34]. Entre as conseqüências do movimento pode-se contar a deserção, pelos indígenas, da igreja presbiteriana, o retorno à vida pagã, já sufocada à força pelas missões, as quais porém não conseguiram fornecer as bases adequadas para uma possível renovação cultural e estrutural da sociedade. A profecia anunciava que John Frum, o espírito

(32) "Report to the Council of the League of Nations on the Administration of the Territory of N. Guinea", Canberra, 1933-4, 1934-5; ECKERT, 1937 (1938), pp. 138-9.
(33) ECKERT, 1937, p. 138.
(34) GUIART, Oceania, XXII, 3 (1952), pp. 165-177; Oceania (1952), 2 pp. 81-90; R.P. PATRICK O'REILLY, Prophétisme aux Nouvelles Hébrides: le Mouvement Jonfrum à Tanna (1940-1947), "Le Monde non Chrétien", N.S. 1949, pp. 192-208; J. POIRIER, 1949.

sobrenatural, viria finalmente ao meio dos homens, portador — ele próprio — de uma era de ouro na qual, sem esforço, todo bem material estaria à disposição dos nativos, depois que os brancos houvessem desaparecido totalmente. À parte o significado de revolta contra as especulações mercantilistas feitas pelos brancos em detrimento dos nativos, especialmente na exploração e na preparação da copra[35] — revolta que se reflete no motivo mítico da abolição da moeda européia —, à parte também a hostilidade manifesta contra a incompreensão da igreja presbiteriana para com os problemas vitais da vida nativa[36], o movimento exprime ainda uma vez o mito de renovação regenerativa ao fim de uma época, o advento de bens inesperados, trazidos por um "espírito" que surgirá entre os homens; nele se reconhece o tema mítico da palingenesia anual calendarial da civilização melanésia isenta ainda de toda influência cristã.

Enquanto na profecia de John Frum um ser de natureza pessoal tomou o lugar dos mortos que voltam ao fim do ano, o profeta Tokerau de Milne Bay (Massim, Nova Guiné) anunciara em 1893 o autêntico "Ano Novo" e a verdadeira "festa dos mortos" de uma era cósmica, renovadora da civilização *ab imo*. A mensagem de Tokerau continha o anúncio de um terrível cataclismo — erupções vulcânicas, terremotos, inundações — que provocaria o fim de quem não seguisse o credo profético; mas, logo depois, uma mudança de vento novamente traria — do sudeste — o bom tempo, e as hortas se encheriam de inhame e de taro, as árvores se carregariam de frutos; num navio chegariam os espíritos dos mortos em visita aos familiares; com a sua chegada teria início a era da abundância[37]. A regra que os fiéis do culto deviam seguir era recusar o uso de qualquer objeto feito por europeus. O novo mito messiânico renova, dentro de uma moldura apocalíptica de nítida influência cristã, a festa agrária pagã de fim do ano. Os seus motivos mais típicos — o início da estação chegada com os ventos do sudeste, a colheita das hortas, o retorno dos espíritos, o advento da abundância — todos se renovam

(35) GUIART, *Oceania*, XXII, 3 (1952), p. 174.

(36) Os missionários presbiterianos, partindo da convicção de uma inferioridade inata dos indígenas, não se preocupavam com suas reais necessidades culturais, insistindo e chamando-os sistematicamente à única obrigação de "orar, orar, orar; e cantar, cantar, cantar!" (GUIART, *op. cit.*, p. 172). A motivação subjacente do movimento consiste, diz Guiart, num desejo de educação; os indígenas nada podiam aprender das missões que elevasse o nível da sua vida econômica (*loc. cit.*). O problema de uma necessária educação gradual mediante o aprendizado prático dos processos mentais de causalidade próprios da civilização moderna é entrevisto por Annette Rosenstiel (Long-term planning..., *Human Organization* (1954), 2, pp. 5-10).

(37) CHINNERY HADDON, 1917, pp. 458-60; "Annual Report of British N. Guinea" (1893-94); C.W. ABEL, *Life in N. Guinea*, Londres, pp. 104-114.

num mito sincretista que deixa entrever claramente as suas origens sociais e agrárias.

O motivo dos mortos que voltam no grande dia da renovação do mundo, trazendo todo tipo de bens, reaparece no núcleo da mensagem anunciada pelos profetas Wageba, Anu e Sagaukus de Sabai (Torres Strait) em 1914, conhecidos comumente como os "generais". Eles ordenaram aos seus adeptos que abandonassem todo o trabalho das hortas e se dirigissem juntos ao cemitério para orar aos mortos, possuidores de todo bem, para que se dignassem a retornar e trazer provisão para eles; um dia, um grande navio apareceria na praia da ilha, cheio de espíritos de mortos, trazendo dinheiro, roupas, farinha, machados, facas, todos aqueles bens que — na doutrina dos profetas — originariamente pertenciam, em igual medida, a indígenas e europeus, mas que estes últimos abusivamente haviam subtraído aos indígenas. Então, começaria a era da justiça e da igualdade[38]!

Os mortos também eram aguardados pelo movimento da "loucura" dos Vailala, porque eles, encarnados nos brancos, aportando num navio ou — segundo outra versão — num avião, trariam grandes quantidades de produtos europeus; as pessoas deviam abster-se do trabalho, preparando uma grande festa e acumulando amplas oferendas de frutos vegetais para os espíritos; estes consumiriam as oferendas aprestadas em plataformas especiais. Os próprios profetas do culto haviam recebido inspiração dos espíritos dos mortos e ensinavam a abolição de todos os ritos e objetos sacros tradicionais[39]. Mas examinando bem esta espera da mítica chegada dos mortos, com o anexo tabu do trabalho, a oferenda sobre plataformas, o repasto dos espíritos, a grande festa, percebe-se quanto na realidade os reformadores — contra a aparente iconoclastia — continuavam radicados à tradição cultural anterior com os seus caracteres mais salientes. Todos os elementos rituais acima pertencem, originariamente, à grande festa agrária de Ano Novo[40] que encontrava na sua doutrina uma revalorização. Nem entre a antiga experiência religiosa do retorno dos mortos "em massa" e as recentes expectativas messiânicas há um liame apenas ocasional. As analogias visíveis entre as duas formas de religião não estão apenas em elementos marginais ou acessórios. O próprio núcleo das duas formações religiosas — uma antiga e a outra moderna — continuou intato e, enfim, passou imutado de uma à outra. O movimento dos Vailala influenciou profundamente a ideologia das tribos Orokolo, e mesmo que os promotores das suas primeiras

---

(38) CHINNERY-HADDON, 1917, pp. 460-463.
(39) WILLIAMS, 1934, pp. 370 e ss.; MAIR, 1948, p. 64.
(40) LANTERNARI, 1959 (2), pp. 93-137, 443-44.

fases hajam perecido há tempos, uma idéia retorna com insistência, e por várias vezes se evidencia entre as mesmas tribos, em tempos mais recentes: a idéia de uma chegada dos mortos em massa, no litoral. Em 1936, a costa foi atapetada de barcos festivos na zona de Arihava, porque correu um boato de que os mortos teriam chegado. São — como observa Williams — os brilhos de uma chama que parece às vezes extinta, mas está apenas adormecida, e se reacende a intervalos, mesmo nas tribos que foram surdas ao movimento mais antigo[41].

O dilúvio e a volta dos mortos constituem o conteúdo da mensagem anunciada por Ronovuro, profeta de Espírito Santo (Novas Hébridas) em 1923; os mortos deviam desembarcar na ilha, de um barco carregado de arroz e outras mercadorias; mas, como os europeus opunham obstáculos — segundo o profeta — à chegada dos mortos e das riquezas, os habitantes sob a direção do chefe religioso se levantaram ao grito de "Santo dos Santos!" e uma vítima foi escolhida entre os europeus, na pessoa do plantador Clapcott que foi morto na sublevação[42]. Mas na mesma Espírito Santo as raízes do culto profético eram profundas. Já em 1908, ocorrera uma primeira matança (de Graig); o movimento foi retomado em 1937, e ainda com o chamado "culto nudista", em 1947; sempre o tema central é dado pela espera de um navio trazendo bens[43]. Na embora caótica, ilógica, ou mesmo trágica conduta dos nativos, acima de toda consideração abstratamente humana demasiado fácil e superficial, qualquer estudioso pôde vislumbrar o sinal de um problema vasto e imanente, que não se resolve na punição ou na repressão de atos isolados, e muito menos numa deploração simplista, mas impõe uma justificação histórico-cultural, sobre a qual se baseie a ação de uma política cultural esclarecida. R.R. Marett oferece um exemplo evidente de consciência científica, que merece ser levado em consideração. Os cultos religiosos de libertação constituem segundo Marett, "um sintoma salutar de vitalidade de pessoas que comumente estão dispostas a sucumbir totalmente ao tédio da vida, sob o peso de um excessivo trabalho e da falta de alívio que derivam de nosso domínio"[44]. Andreas Lommel, recentemente, num ensaio que figura entre os mais completos e ricos de reflexão e agudeza em toda a literatura dos cultos proféticos, indicou com muita justeza o significado renovador destes cultos, vendo neles um sinal de fermento vital, que — acrescentaremos — é digno da má-

(41) E.E. WILLIAMS, *Drama of Orokolo*, Oxford, 1940, pp. 123-4.
(42) Rev. E. RAFF, *Appendix*, in E.E. WILLIAMS, *Orokaiva magic*, p. 100.
(43) GUYART, 1951, pp. 227-8; IDEM; *Espiritu Santo (Nouvelles Hébrides)*, Paris, 1958, pp. 197-219.
(44) R.R. MARETT, introdução a WILLIAMS, 1928, p. XI.

xima consideração da parte de uma cultura humanística e democrática como pretende ser a ocidental. "Os homens queriam viver como haviam vivido os seus antepassados. Doravante, esta idéia foi abandonada. O novo modelo é constituído pelos 'brancos', porque os nativos pretendem viver como vivem os brancos, mas sem eles"[45]. "O olhar — ainda é Lommel quem escreve — não está mais voltado para o passado, mas para o presente. É um mundo menor que deseja apoderar-se de um mundo maior de idéias"[46]. Há apenas uma correção a fazer — parece-me — no comentário de Lommel: o olhar dos nativos começa a voltar-se diretamente para o futuro.

Sobre a importância e a complexidade dos problemas político-administrativos ligados aos cultos de libertação da Melanésia, é suficiente o que dissemos: não cabe a nós, neste lugar, examinar de modo mais aprofundado tais problemas.

Viu-se que um dos traços mais característicos dos novos movimentos proféticos é o tabu do trabalho, elevado a uma suprema significação cósmica; somente quem se abstiver do trabalho nas hortas verá a grande era, com seus imensos benefícios para todos. Assim, a seu lugar, vemos que, somente abstendo-se do trabalho no mês ou período da festa de Ano Novo, o ano que se inicia será precursor de um produto abundante[47]. Um outro elemento de Ano Novo projetado em prospectiva cósmica no mito da idade do ouro é — juntamente com o tabu do trabalho — a colheita das hortas; nós o havíamos visto como elemento central na doutrina do profeta de Milne Bay; vamos reencontrá-lo no culto profético de uma localidade não precisada na Melanésia (relatado pelo Anthropological Report para o ano de 1933-1934)[48]. Depois de um período prolongado de trevas e violentos terremotos, chegaria, como revela a profecia em questão, um barco cheio de alimentos em lata, ao mesmo tempo as hortas produziriam uma enorme colheita, e os habitantes celebrariam o advento com grande festa e um banquete coletivo.

O tema do mítico retorno dos mortos ao fim da era atual e no início de uma era de abundância figura no centro da profecia anunciada pelo profeta Marafi, que atuou em 1933 na região de Ega, Lehron, Indania (Markham Valley, Golfo de Huon, Nova Guiné ex-alemã). Este profeta, dizendo estar em relações com Satanás, do qual teria recebido o poder, teria visitado o reino dos mortos, e teria sabido deles o seu próximo retorno ao meio dos vivos, logo

(45) LOMMEL, 1953, p. 57.
(46) LOMMEL, op. cit., pp. 57-58.
(47) LANTERNARI, 1959 (2), pp. 51-63.
(48) ECKERT, 1937, p. 139.

em seguida a um cataclismo de que escapariam apenas os adeptos do próprio profeta; os mortos trariam aos homens arroz, carne e outras coisas. Doravante, não havia mais necessidade de cultivar a terra. Por enquanto, para seguir o credo profético, precisava abandonar o trabalho organizado dos europeus nas plantações ou nas minas; Marafi foi preso[49]. A sua mensagem revela a fusão das antigas experiências e dos motivos míticos tradicionais — retorno periódico dos mortos, chegada de alimentos[50], viagem do mago ao reino dos defuntos — com os temas polêmicos da pregação missionária, como o tema de Satanás e da inspiração diabólica, quando não o motivo da ressurreição dos mortos unido ao de um apocalíptico cataclismo universal. Vale a pena salientar que determinados temas da propaganda religiosa cristã encontraram um terreno extraordinariamente propício à sua difusão em virtude de outros temas religiosos tipicamente tradicionais e pagãos, aparentemente semelhantes na forma, mas de valor e função nitidamente diversos; e primeiro entre todos o tema mencionado da volta dos mortos, núcleo da experiência religiosa pagã de uma festa agrária do ano.

Também entre os Mekeo (Cape Possession, Nova Guiné, Golfo de Papua) se difundiu em 1942 um culto profético, fundado por uma mulher, Filo, que por inspiração recebida em sonho anunciou com grande êxito a chegada de um navio enviado pelos mortos com aquelas mercadorias e aqueles alimentos que até agora os brancos teriam subtraído abusivamente aos nativos; fenômenos de possessão coletiva acompanharam a espera messiânica da multidão[51].

No entanto, o tema do navio que traz de volta à terra os mortos, tema que já havíamos reconhecido como o mais significativo aos propósitos da análise histórico-cultural retrospectiva destes cultos melanésios, é comum a outros cultos particulares. Os Marindanim da Nova Guiné Holandesa meridional, quando viram aparecerem os navios da frota real holandesa, acreditaram que se tratasse de navios provenientes do país dos mortos para fazer colheita de nozes de coco[52]. O retorno dos mortos com alimentos e riquezas era esperado, em 1933, por Upikno, profeta de Gitua (Finschhaven, Nova Guiné) e pelos seus adeptos;

(49) ECKERT, 1940, p. 29.
(50) É evidente como as armas trazidas pelos mortos representam o elemento político e revolucionário da profecia de Marafi, sincretistamente ligado ao tema originariamente agrário e religioso da colheita, enquanto o arroz, as carnes e as outras mercadorias representam a contribuição da então decisiva experiência de contato com os brancos, numa sociedade que na origem conhecia apenas a experiência de um produto anual das roças.
(51) BELSHAW, 1951, pp. 5-8.
(52) N. NEVERMANN, cit. in: G. ECKERT, 1937, p. 139.

com os mortos chegaria para os vivos uma vida de duração interminável[53]. O profeta de Elap-Solop (distrito de Finschhaven), em 1935, dizia estar em comunicação com os mortos e prometia aos prosélitos riqueza e bem-estar[54]. Nos anos de 1937-38, um profeta, Mambu, anunciava aos nativos do distrito de Bogia (Nova Guiné) a chegada dos mortos e a mudança radical das condições de vida. Até agora os brancos haviam desfrutado do trabalho dos nativos. Agora teria chegado a compensação. Os mortos, habitantes no vulcão Manam, e aliados dos nativos na obra de redenção, estiveram nas terras longínquas dos brancos e, assumindo seu aspecto, haviam fabricado as mercadorias; haviam-nas encaixotado e expedido por navios à Nova Guiné, para os nativos. Os brancos, à chegada das mercadorias, arrancam o endereço verdadeiro e certo, substituindo-o pelo próprio. O abuso perpetrado pelos brancos agora será desmascarado; pois os mortos acumularam enormes quantidades de mercadorias na sua residência vulcânica. À sua próxima chegada, trarão toda coisa aos indígenas. O ensinamento se volta igualmente contra os brancos, contra os plantadores, o governo e as missões[55]. Os temas político-sociais estão aqui tão intimamente interligados com os temas mítico-religiosos que chegam a formar uma unidade, pois o mito e a religião nada mais exprimem que as necessidades vitais da sociedade.

Na medida em que o culto tradicional dos mortos permeou o culto novo das mercadorias européias, também se deixa discernir em certos casos mais recentes, registrados por Raymond Firth em Tikopia, nas Ilhas Salomão, onde vive uma civilização nitidamente polinésia. O que segue demonstra que o notável grau de integração cultural vigente em Tikopia não inibe o florescimento de movimentos e atitudes do tipo dos Cargo-Cult. Em 1952, os tikopianos transmitiram a Firth um sentimento difuso de expectativa que tinham incubado. Eles "sabiam" que um deles, um certo Pa-fenumera, morto há vários anos, deveria enviar logo um carregamento de mercadorias; ele viria por mar. Pa-fenumera, em vida, estivera em relações com os brancos; destes últimos ele teria obtido as mercadorias a enviar aos conacionais. As "mercadorias de Pa-fenumera" eram aguardadas com ânsia. Trata-se de um incipiente culto autêntico das mercadorias[56], com a sua nota distintiva, dada pela ligação com a escatologia tradicional.

Outro caso foi a de uma notícia radiofônica, captada por algum nativo no rádio da missão. Anunciava uma tem-

(53) ECKERT, 1940, p. 31.
(54) ECKERT, 1940, p. 30.
(55) HÖELTKER, 1941, pp. 186-191.
(56) FIRTH, 1955, p. 142.

pestade iminente no mar das Ilhas Salomão. A reação foi uma apocalíptica espera do fim do mundo, e os nativos se prepararam para recolher grandes quantidades de produtos dos campos a fim de aprontar uma grande festa antes do fim do mundo[57]. Vemos aparecer novamente o tema da grande festa, projetado num evento catastrófico ou regenerador do mundo; é o tema da festa de fim do ano, colorido porém de novo significado determinado pelo sincretismo apocalíptico.

Aliás, também em outros cultos proféticos os mortos mantêm relação especial com o profeta. Em Kadavu Levu (grupo das Fidji), o profeta Kelevi Nawai, proclamando-se "navio de Cristo", fundava em 1942 um movimento sincretista, baseado substancialmente no culto da sua pessoa. Pregava para seus sequazes a imortalidade; desenvolvia práticas mágicas de curandeirismo; vangloriava-se de saber fazer reviver os mortos (se não o conseguia, a culpa era de algum espírito maligno); convivia com moças escolhidas de antemão, as "Rosas da vida"; e compusera uma espécie de cânon ou "livro sagrado" que lhe foi subtraído pela polícia. De fato, Kelevi Nawai conseguiu desviar da igreja metodista, convertendo a seu culto, a quase totalidade dos nativos[58]. Se o centro de seu credo era o chamamento a Deus, a Jesus Cristo, ao Reino, todavia o traço característico era que se vangloriava de *poder evocar os mortos*[59]. Vê-se portanto que, em manifestações proféticas bastante próximas — embora cismáticas ou sectárias — do credo cristão, o tema da ressurreição ou da volta dos mortos permanece explícito, ou seja, no máximo — em certos casos — substituído definitivamente pelo tema do advento de Cristo trazendo uma era de bem-estar. Destes cultos[60] se particularizam igualmente bem os caracteres e o fundamento estritamente pagão[61].

Difusão dos cultos proféticos

Os movimentos religiosos de libertação na Melanésia seguem um caminho de difusão que não só lhes indica claramente a proveniência, mas sobretudo esclarece a natureza da experiência indígena que lhes determinou o nascimento. Desde quando se verificaram as primeiras chegadas de gran-

(57) FIRTH, *ibidem*.
(58) CATO, 1947, pp. 145-155. O culto ainda estava bastante vivo em 1947.
(59) CATO, *op. cit.*, pp. 155-6.
(60) A. Lommel (1953) recolhe uma longa série de cultos em que o tema do retorno dos mortos está — ao que parece — assentado, ou não documentado (pp. 21-25, 30, 31-46; *passim*).
(61) CATO, *op. cit.*, p. 151. Para os cultos proféticos nas Fidji, veja o Cap. 5. Para o Cristianismo nas Fidji, veja a Conclusão.

des cargueiros europeus, os habitantes das zonas costeiras da Nova Guiné e de todas as ilhas menores foram submetidos a uma experiência nova e traumática. A guerra, especialmente a última, intensificou e tornou mais viva do que nunca esta experiência. Grupos de brancos em número cada vez maior eram vistos descendo de navios desconhecidos, carregando caixas de objetos inimagináveis. O Cargo-Cult nasce como reação à experiência de chegadas de navios europeus justamente nos lugares de atracação. Nas zonas do interior dos Central Highlands da Nova Guiné, somente mais tarde é que surgiram os movimentos cultuais de libertação, pois apenas em 1930 começaram aqui, com o atrasado contato europeu, as "chegadas milagrosas" de mercadorias[62]. Não é por acaso que a fisionomia dos movimentos proféticos das zonas montanhesas está ligada ao elemento "aeroplano"; aqui não são anunciados navios, mas aeroplanos, pelos profetas como portadores da esperada abundância[63]. Interessa-nos particularmente salientar a experiência que viveram os nativos, no momento da primeira chegada de um avião — com as mercadorias e com os brancos —, tal como foi reconstituída por Berndt sobre relatos diretos dos nativos. Em 1930, os nativos dos Altiplanos centrais (zona oriental) ouviram pela primeira vez o ronco de um avião; aterrorizados, prostraram-se ao solo até que ele passou, com medo de serem mortos tão logo erguessem o rosto. Assim que se ergueram, foi feito um sacrifício aos espíritos dos mortos, com a oferenda de gordura de porco derramada no solo, para que chegasse até os mortos[64]. Além disso, todos cobriram o corpo e a cabeça com folhas protetoras contra os influxos mortíferos oriundos do objeto avistado. A singularidade e dramaticidade da experiência assim vivida, logo seguida de outras análogas, dava aos nativos a convicção de que tinha início para eles uma nova era, especialmente quando viram descer dos aparelhos os brancos com as mercadorias modernas. Pois bem, a conduta cerimonial dos habitantes, as folhas de "cróton" escolhidas para proteção, a oferenda feita, repetem exatamente o comportamento tradicional das grandes festas anuais da colheita e dos mortos[65]. Como diz Berndt, "os brancos foram incorporados ao esquema de crenças preexistentes como 'espíritos benévolos' que também poderiam

(62) M. LEAHAY-M.CRAIN, *The Land that time forgot, adventures and discoveries in New Guinea*, Londres, 1937.
(63) BERNDT, 1952, pp. 40-50; MAIR, 1949, pp. 29, 35, 37, 65; para o Cargo-Cult nos Central Highlands, veja também: J. NILLES, 1950, pp. 64-5; REAY, 1959.
(64) BERNDT, 1952, p. 50.
(65) No que toca ao uso das folhas de "cróton" com fins de proteção mágica nos ritos anuais da colheita, veja A. RIESENFELD, "Fruchtbarkeitsriten in Melanesien", *Intern. Archiv. f. Ethnol., 37* (1939), 1-2, pp. 1-30.

tornar-se malévolos, segundo o modo próprio dos espíritos, se não se tomassem as devidas precauções no contato com eles"[66].

Todavia, Berndt não percebe que, além da ligação genérica com as crenças mais antigas e tradicionais, havia um elo inequivocamente preciso com a experiência do retorno dos mortos do Ano Novo pagão. Os brancos que descem do aeroplano e que trazem mercadorias até então desconhecidas são os mortos que voltam, para as tribos dos Altiplanos Centrais, assim como o são para as tribos costeiras os brancos que descem do navio. Para os nativos tem início a era cósmica, já que o evento de que tiverem experiência é de tal forma excepcional e dramático que na vida tradicional só pode ser comparado à emoção da cerimônia anual de fim do trabalho, uma cerimônia porém deslocada desta vez para o quadro de irrepetibilidade que objetivamente o espera. Sob uma luz desta natureza adquire significado, de um lado, a intensidade emocional própria dos cultos proféticos, acompanhados em grande parte de fenômenos de possessão coletiva, de outro lado a particular configuração dos mitos messiânicos e milenaristas que são uma sua característica dominante. A relação cultural, que se estabeleceu entre brancos e indígenas desde o momento da primeira descida de um branco do navio ou do avião, permaneceu marcada, na ideologia que surgiu, pela impressão violenta e pela emoção desconcertante de um contato repentino e milagroso, projetado definitivamente no mito do "milênio" ou "grande ano" iminente; o "grande ano" será a era em que os bens trazidos pelos brancos passarão à posse exclusiva dos nativos ou, segundo os casos, serão repartidos justamente entre ele e os brancos. Os nativos dos Altiplanos Centrais preparam uma grande festa para acolher os espíritos dos mortos que virão, aprontam uma grande casa-armazém na qual serão acumuladas as "mercadorias" que os mortos trarão[67], plataformas são construídas, sobre as quais são colocadas as oferendas vegetais e de porcos, destinadas aos "espíritos"; muitos sonham com a chegada dos mortos e os convidam a entrar nas casas[68], enquanto a comunidade se abandona àquele estado psíquico particular que provoca em cada um uma crise convulsiva totalmente análoga à que se verifica nos sequazes do culto do taro oro-kaiva ou na "loucura" dos Vailala e outros movimentos similares[69]. Alguns indivíduos constroem mesmo uma vereda do cemitério ao "armazém" das futuras mercadorias, como estrada dos "espíritos"[70]. O movimento em questão

(66) BERNDT, 1952, p. 52.
(67) BERNDT, 1952, pp. 53 e ss., 59-65.
(68) BERNDT, *op. cit.*, p. 59.
(69) BERNDT, *op. cit.*, p. 57.
(70) BERNDT, *op. cit.*, p. 62.

atinge seu auge depois de 1947 na região entre Mt. Hagen e o Markham River (Nova Guiné alemã), propagando-se gradativamente para as regiões adjacentes em formas totalmente análogas[71], através de fases alternadas de espera e desengano, de tensão e abandono[72]. Em 1953, na época do último levantamento *in loco* de Berndt, o movimento ainda estava em pleno vigor, passando de um profeta a outro[73]. Em múltiplos casos, os habitantes, na premente espera da chegada dos mortos, correram a preparar aeroportos especiais, decorando-os festivamente, enquanto outras vezes o trabalho dos campos era obrigatoriamente suspenso[74], renovando mais uma vez, mas no clima de transfiguração cósmica, o antigo tabu de trabalho no Ano Novo, vigília da abundância da estação.

Análogos movimentos religiosos se verificaram nas Fidji[75], na Nova Caledônia[76] em Malaita nas Ilhas Salomão[77]. Em Santa Isabel e ilhas contíguas (Salomão), um movimento religioso revolucionário surgia em 1939, obra de um missionário que encorajava os nativos a exigir uma "cadeira" e "normas" favoráveis no Conselho; o convite, interpretado a seu modo, deu origem a um "culto da cadeira e da norma" que provocou motins antieuropeus, ao séquito de uma autêntica cadeira e de uma "régua" de madeira, transformados em objeto de culto[78]. Esta religião, reprimida, reviveu novamente em 1945, e a administração teve de aceitar as exigências dos nativos. Sempre nas Ilhas Salomão surgiu um outro culto, por volta de 1945-46, nitidamente marcado de valor político como o anterior: o culto Masinga, cuja sede era em Malaita; esperavam-se presentes das tropas aliadas; eram construídos edifícios para depositá-los e tomou corpo uma ação de resistência à administração e ainda mais às missões. As reivindicações dos indígenas diziam respeito a melhores pagas para o trabalho prestado aos europeus, instrução, independência, saída dos brancos; em 1950 o movimento ainda estava vivo[79].

A expectativa de imortalidade e de imensos presentes da parte dos americanos constitui o núcleo de um culto messiânico que se desenvolveu em 1944 em Espírito Santo,

(71) BERNDT, *Oceania, XXIII* (1952), 2, pp. 137-158; (1953), 3, pp. 202-234.
(72) BERNDT, *Oceania,* XXIV (1954), 3, p. 191.
(73) BERNDT, *Oceania,* XXIV (1954), 3, pp. 190-228; XXIV (1954), 4, pp. 255-274.
(74) MAIR, 1949, p. 65.
(75) R. ASMIS, *Die Farbigenpolitik der Briten auf den Fidji Inseln,* Kol. Rundschau, 1938, XXIX, p. 84; CATO, 1947, 2, 146-156. Veja cap. 5.
(76) M. LEENHARDT, *Notes D'Ethnologie Calédonienne,* Paris, 1930, p. 44; A. LOMMEL, 1953, p. 36.
(77) A. B. LEWIS, *The Melanesiens,* Chicago, 1945, pp. 37 e ss.
(78) BELSHAW, 1950, p. 119.
(79) BELSHAW, *op. cit.,* pp. 120-1.

Novas Hébridas, o "culto nudista" cuja origem está na matança de Clapcott de que já se falou[80].

Outros movimentos proféticos foram surgindo entre os nativos da Nova Guiné. Entre os papuas tangu (Madang, Nova Guiné Britânica Setentrional), o citado profeta Mambu é até agora considerado fundador do culto que traz seu nome, e que pretende instaurar a era da abundância mediante práticas orgiásticas e sexuais[81]. No mesmo distrito, em 1914, os Garia desenvolveram um culto sincretista pagão-cristão baseado na crença de que os brancos fossem os mortos que haviam vindo trazendo presentes. O culto é representado por uma sucessão de profetas, até anos bem recentes. Oferendas rituais, danças e festas tradicionais acompanham a espera dos mortos portadores da prosperidade definitiva[82].

Os movimentos proféticos da Oceania em geral (Melanésia, Polinésia) coincidem geralmente com civilizações de agricultores e pescadores. Um movimento messiânico surgiu também na ilha de Manus (Ilhas do Almirantado), onde vive uma civilização de puros pescadores que não praticam de modo algum a agricultura. Trata-se de um "culto das mercadorias" (Cargo-Cult), fundado pelo profeta Paliau[83]. Este era oriundo de outra ilha, Baluan, e fizera a guerra como sargento na Nova Inglaterra onde conseguira dos japoneses um notável poder sobre os anciãos da aldeia (Rabaul). Terminada a guerra, ele se dirigiu a Manus e fundou o novo culto. Há razões para crer que, durante a sua estada em Rabaul, Paliau tenha tido notícia do culto fundado pelo profeta Mambu, do qual devia ser a lembrança viva. De fato, Mambu passara em Rabaul os anos de sua formação, antes de divulgar, em 1937, o seu ensinamento no distrito de Bogia em Nova Guiné[84]. Além disso, em Rabaul já havia um movimento profético em 1929[85]. Este caso demonstra que, além dos motivos sociais, culturais e mesmo políticos que dão origem aos movimentos proféticos — motivos de substrato e como tais determinantes — não podem faltar, nem são preteridos, fatos concorrentes e contingentes, de natureza pessoal, como a presença de um "profeta", ou de natureza social, como eventuais contatos e influências de um movimento sobre o outro.

De qualquer modo, também no caso dos ilhéus de Manus trata-se de uma civilização cujas ligações com a terra

---

(80) MILLER, 1948, pp. 330-41.
(81) BURRIDGE, 1954, pp. 241-54. O culto do profeta Mambu estende-se entre Madang e Bogia-Haven, principalmente entre os Banara, os Uligan, os Tangu etc. Cf. HOELTKER, 1941, pp. 181-219.
(82) LAWRENCE, 1954, pp. 1-20.
(83) BERNDT, 1952, p. 153.
(84) LOMMEL, 1953, pp. 39-40; HOELTKER, 1941, p. 184.
(85) LOMMEL, 1953, p. 34.

nativa são estabelecidas por um vínculo determinante de sedentariedade: assim como sedentários são por excelência todos os povos cultivadores da Oceania que já encontramos. Veremos que tal ligação particular com a terra dos antepassados informa os movimentos proféticos, e ao lado deles um tema especialíssimo, o tema do retorno coletivo dos mortos.

Quanto à Nova Guiné Holandesa, única região da Indonésia que, depois da constituição da República Independente Indonésia (1949), ainda se manteve sob controle colonial holandês, as suas culturas indígenas e os movimentos proféticos afins se ligam às culturas e aos movimentos proféticos melanésios.

Entre as formações messiânicas e milenaristas mais recentes da região está o movimento do profeta Karoem, do grupo Muju (nos confins do sudeste da Nova Guiné Holandesa, perto da fronteira da Nova Guiné sob administração australiana). O movimento surge apenas em 1953, quando em Merauke, centro urbano da região aonde acorrem em grande número os Muju das aldeias vizinhas e das florestas próximas para trabalhar nas serrarias e nas empresas dos brancos, Karoem teve uma visão. Foi visitado por um "espírito" que lhe ensinou a maneira como ele poderia conduzir a comunidade dos Muju, bem como aqueles que viviam nos lugarejos tradicionais da floresta e nas aldeias, a uma situação de bem-estar e de riqueza sem precedentes. Os adeptos de Karoem — diz a mensagem profética — logo terão experiência direta de um mundo novo, no qual será uma realidade a emancipação de toda servidão ocidental, e estarão disponíveis aos indígenas grande quantidade de riquezas e mercadorias européias. Surgirá uma cidade inteira, com uma feitoria, uma espécie de casa da moeda para o dinheiro europeu, com negócios e no porto um navio carregado de mercadorias. Todo imposto sobre os salários pagos pelos europeus aos nativos será abolido, bem como toda oferenda às igrejas cristãs. Os mortos ressuscitarão e os coqueiros começarão a caminhar. Assim, o culto das mercadorias, como aparece nos Cargo-Cult da Melanésia, se liga aqui ao tema do retorno dos mortos, tradicional das culturas melanésias, e ao tema apocalíptico do caminhar das árvores. Além disso, surge em plena evidência o tema das riquezas a acumular, que constitui um dos traços da cultura muju. De fato, os Muju, por tradição são levados, para fazer frente às grandes e onerosíssimas festas, quando não para o pagamento devido aos parentes da esposa na ocasião de um casamento, e sobretudo para as exigências de prestígio surgidas de uma sociedade em vias de hierarquização plutocrática, são levados, eu dizia, a acumular riquezas, sob forma de porcos e conchinhas (cauris), apreciados meios de troca. Evidentemente, os materiais da cultura ocidental, as mercadorias, foram inseridos no sistema tradicional de uma riqueza arcaica. Desejam-se acumular as mercadorias européias, tal como se fazia com os bens nativos[86].

Tendo em vista o iminente "milênio", os lavradores e os empregados muju da cidade de Merauke e das missões vizinhas empreenderam, em 1955, uma voluntária "ação de poupança", acumulando parte de seus salários, como que para facilitar o nascimento do "milênio"[87].

Um lugar importante ocupa, no messianismo de Karoem, o tema dos americanos como libertadores. O mito messiânico dos Muju anuncia a iminente transferência dos poderes da rainha Juliana da Holanda para uma certa "Mariana", que representa o espírito de uma americana falecida. Logo a Nova Guiné e a América se unificarão. Este mito da América "libertadora" se reaproxima daqueles análogos que se difundiram na África negra logo em seguida à Segunda Guerra Mundial (cap. I). Os adeptos do culto de Karoem devem observar um tabu ritual particular; isto é, evitar relações sexuais com mulheres locais e indonésias, no aguardo de que o advento do "milênio" traga consigo belíssimas e formosas mulheres americanas e australianas. Quanto aos holandeses, são tolerados, bem como os chineses que vivem na ilha. Todavia, ressalta uma hostilidade aberta aos indonésios e aos euro-asiáticos, naturalmente porque são concorrentes temíveis nas culturas e na economia dos mercados[88]. Por outro lado, nota-se que o recente movimento de Karoem vem logo depois de um período de luta aberta anticolonialista e anti-holandesa feita pelos Muju nos anos anteriores. Em 1942, eles trucidaram um policial holandês, em 1945-46 bandos de Muju atacavam estações de controle do governo[89]. Portanto, o culto de Karoem já representa uma tentativa de "ajustamento" nas relações com os brancos depois de uma fase de ruptura cruenta; embora exprima também claramente uma necessidade de emancipação cultural.

Karoem foi preso pelo governo holandês. Mas em 1955 as suas revelações proféticas se haviam difundido amplamente entre os Muju do interior. As comunidades locais se reuniam numa espécie de sessões espíritas, no intuito de estabelecer contatos diretos com os espíritos dos defuntos, dos quais se esperava e se espera ainda o advento da era nova e regeneradora[90].

(86) Para um satisfatório e sintético relato da cultura dos Muju, e sobre os seus movimentos proféticos, cf. VAN DER KROEF, 1959, pp. 134-46.
(87) VAN DER KROEF, 1959, p. 145.
(88) *Op. cit.*, pp. 143-4.
(89) *Op. cit.*, p. 142.
(90) *Op. cit.*, pp. 142, 145.

Quanto aos fatores sociais, culturais e políticos que presidiram o nascimento do culto profético, são bem individuais na política de desintegração e deculturação perseguida pelo governo holandês e pelas missões católicas. Entre os elementos de tal política citaremos apenas os seguintes. Os Muju, que viviam tradicionalmente, por motivos ecológicos e econômicos, em pequenas cabanas e em famílias espalhadas nas florestas (para estarem mais próximos das plantações de sagu e dos locais de caça e pesca, para criar porcos em estado bravio), foram obrigados à força — e com graves sanções e multas para os transgressores — a reunirem-se em aldeias, para facilitar o controle dos funcionários e postos do governo, e possibilitar a propaganda missionária. As criações de porcos, riqueza e elemento cultural de enorme valor para os Muju, foram destruídos, por pretensas razões de "higiene", porém mais ainda para que não impedissem a atuação das aldeias desejadas pela administração. Entre os Muju foram introduzidos elementos ocidentais como dinheiro e mercadorias (tecidos, sapatos, anzóis de pesca etc.), mas neste meio tempo ignorou-se o problema da educação indígena, tanto que os nativos vêem nas mercadorias européias bens de proveniência ultraterrena, e ademais se lhes proibiu que acumulassem dinheiro, e em particular que visitassem a vizinha cidade de Merauke, a fim de que não sofressem o efeito das "atrações ocidentais". (Não obstante, as transgressões às proibições se multiplicaram.) Finalmente, as missões prolongam ao máximo o período de escola para os jovens nativos, a fim de evitar que "recaiam de volta" na cultura originária. O efeito é mortificador e contraproducente. De fato, o Cristianismo é interpretado pelos indígenas não no seu valor intrínseco e religioso, mas como instrumento para adquirir uma supremacia técnica semelhante à ocidental. Trata-se de uma interpretação absolutamente "mágica" e materialista da civilização cristã. Ao enviar os jovens à escola, os familiares esperam que aprendam dos missionários a arte e a técnica para conseguir a ambicionada supremacia cultural própria dos brancos. É significativa uma declaração de um fiel do culto profético muju. Chegou a dizer que, quando o seu movimento conseguisse realizar uma situação de bens e riqueza semelhante à do mundo cristão, então a religião cristã seria posta de lado[91].

Em conclusão, o culto profético dos Muju, salvo temas particulares oriundos de experiências locais, apresenta a seu modo, tanto quanto os outros movimentos surgidos mais recentemente na região[92], uma reinterpretação pagã da cultura ocidental.

(91) VAN DER KROEF, 1959, p. 141.
(92) VAN DER KROEF, 1958, pp. 357-64.

Entre os mais conhecidos e desconcertantes movimentos nativistas do mundo oceaniano figuram os grandes movimentos messiânicos que explodiram, com vigor de um único impulso revolucionário, entre 1938 e 1943 nas ilhas Schouten (Baía de Geelvink, Nova Guiné Holandesa do noroeste), isto é, nas ilhas Biak, Numfon e Jappen. O movimento nasceu na ilha Supiori com a profetisa Angganitha Menufaoer, prosseguiu com o profeta Stefanus Simopjaref, para logo estender-se às três ilhas maiores, mantido por uma espécie de profetas-guias. Enfim, tornou-se um movimento revolucionário em toda a sua plenitude explosiva, contra os estrangeiros ocupantes que eram então as forças japonesas — e contra toda forma de opressão e servidão. A revolta antijaponesa foi reprimida violentamente e determinou o fim dramático do movimento.

O movimento acreditava numa iminente era messiânica de liberdade e de riqueza, donde a denominação que ele adquiriu, *Koréri* (= Utopia, idade do ouro ou do sonho). O movimento em questão absorve muitos elementos cristãos, e particularmente aceita a figura de Jesus como messias de uma era nova para os indígenas, identificando-o porém com um herói cultural pagão. A religião Koréri, através de sua reelaboração sincretista, revela o fundo tradicional com o herói cultural Manseren Manggundi. Trata-se de uma figura que reúne em si mesmo os traços do antepassado mítico com uma genealogia própria, e do herói cultural fundador e benfeitor. Manseren Manggundi, segundo o mito arcaico, estava de posse de um segredo perdido: o segredo da terra dos mortos, que comportava o conhecimento daquelas que são as fontes ocultas das riquezas e dos alimentos. Manseren Manggundi é justamente o herói aguardado como restaurador de uma era de bem-estar. Ele poderia ter dado à humanidade os bens que possuía, mas não foi reconhecido quando se apresentou aos homens disfarçado primeiro de velho, e depois de jovem regenerado pelo batismo do fogo. Por isso, ele partiu para o ocidente, prometendo, todavia, que um dia estaria de volta[93].

Por isso, os profetas do culto Koréri se apresentam como *konoor*, ou seja, arautos do messias que retorna. Em suma, revivificam o antigo mito messiânico dos Biak, em função de novas experiências opressivas causadas pela ocupação estrangeira. É interessante, a propósito, o fato de que o advento dos brancos (ou de nações poderosas) renova o mito em formas dramáticas e historicamente im-

---

(93) KAMMA, *De messiaanse Koréri Bewegingen*, pp. 39-51. Em outra versão, o herói se chama Manarmakeri: *op. cit.*, pp. 27-38, 52-61. Para o movimento em questão, veja também DE BRUYN, 1949; POS, 1950.

portantes; mas não se deve negar que, antes da chegada de potências coloniais, se haviam formado entre os Biak, por várias vezes, movimentos messiânicos de origem local e interna, inspirados sempre no mito do herói que volta, trazendo um bem-estar tanto mais ambicionado quanto as condições de vida para estes nativos se apresentavam excepcionalmente inseguras e cheias de riscos. Com efeito, o avaro solo das ilhas, e a dificuldade de comunicações devido à conformação geográfica dos territórios, produz tradicionalmente uma vida precária, na qual se faz sentir vivamente a necessidade de trocas econômicas com localidades vizinhas mais produtivas. Portanto, à luz da real existência indígena com as suas duras leis de pobreza e de precisão de alimento, o mito do herói libertador, descobridor da terra secreta onde se criam as fontes de alimentos e riquezas, assume um significado representativo de realização utopista das exigências mais prementes da vida indígena. Os movimentos messiânicos "endógenos" mais antigos remontam, pelo que se sabe, a 1855. Desde então, uns 37 movimentos se desenvolverão nas ilhas, sem qualquer vestígio de contatos com as culturas européias, se bem que elas já estivessem presentes. Com efeito, nenhuma reação ao elemento estrangeiro aparece nos movimentos messiânicos mais antigos das ilhas Schouten, exceto no primeiro deles, em 1855, em que se opõe resistência ao pagamento de tributos locais a Tidore, que dominava politicamente o distrito da Nova Guiné do noroeste. Em todos os movimentos em questão reúnem-se traços que vão aparecer nos movimentos recentes, aos quais todavia a presença de potências estrangeiras colonialistas conferiu novos valores. Os cultos messiânicos destas populações anunciam sistematicamente o retorno dos mortos e do "messias", portadores da era koréri ou "do sonho". A espera é celebrada com festas noturnas de caráter orgiástico, com danças, cantos e práticas mágicas, acompanhadas de visões, fenômenos de psicose coletiva, obsessão e glossolalia[94].

Em conclusão, nos movimentos koréri se encontram, juntamente com os traços locais como o mito de Manserem Manggundi, vários motivos próprios dos cultos proféticos melanésios; entre estes, o tema do retorno dos mortos — identificados com os brancos vindos do ocidente —, os fenômenos de possessão coletiva, o caráter estritamente regionalista, a atitude tipicamente xenófoba — comum aos mais antigos cultos melanésios, — a assimilação e a reinterpretação de elementos religiosos ocidentais, a intensa expectativa de mercadorias européias[95].

(94) KAMMA, *op. cit.*, pp. 95-99.
(95) KAMMA, *op. cit.*, pp. 234-5.

Outros desenvolvimentos messiânicos tiveram e têm hoje os movimentos koréri (ou utopistas), extinguidos temporariamente em 1943. Nas várias regiões da Nova Guiné Holandesa, de Sarmi a Wasirew, Kwasitori, Nimboran, Ormoe, Wisselmeren, estão em vigor até os dias mais recentes ou mesmo até hoje novos e reflorescentes cultos de espera e de ressurgimento messiânico[96].

O contato cultural euro-australiano, em relação com a ausência de um profetismo local

Na Melanésia (e Polinésia), os cultos messiânicos pertencem a civilizações dotadas de estrutura econômico-social com base agrícola, com técnicas de cultivo relativamente primitivas. Alhures, vimos ou veremos cultos proféticos surgidos nos ambientes mais disparatados, entre pescadores (manus), pastores (ceremissos, altaicos), agricultores notavelmente hierarquizados (África) e mesmo entre caçadores superiores como os caçadores de bisontes das pradarias norte-americanas. Todavia, a menos que se trata de civilizações desenvolvidas (como estas últimas da América), não encontramos manifestações proféticas junto à maior parte das culturas de primitivos caçadores e particularmente entre os caçadores inferiores[97].

A Austrália, por exemplo, é um terreno estéril a este propósito, um fato que não se levou em consideração suficiente, nem mesmo se tentou justificar com base na análise histórico-religiosa. Na realidade, a presença dos cultos proféticos entre civilizações de agricultores e a falta deles junto a civilizações de caça não é de modo algum casual. Esta coincidência se ilumina com um significado histórico próprio, toda vez que nos reportamos às experiências que individualizamos na base dos vários cultos messiânicos: de maneira particular, à experiência fundamental que liga a sociedade à terra, à sede dos antepassados. Tampouco é casual a ausência, nas civilizações australianas, do ritual retorno dos mortos e da oferenda de primícias aos defuntos. Trata-se, evidentemente, de todo um capítulo de história religiosa que, por motivos bem determinados, está ausente entre os caçadores australianos e se desenvolve entre os agricultores melanésios; são duas partes intimamente ligadas deste capítulo o retorno anual dos mortos com a correlata oferta de primícias, e o advento da era

(96) *Op. cit.*, pp. 236-39. Cf. também HELD, 1957. Para movimentos proféticos recentíssimos na Nova Guiné Holandesa, cf. Bureau for Native Affairs, 1958.

(97) Por exemplo, os bosquímanes e os pigmeus africanos ignoraram a experiência de cultos proféticos (SCHLOSSER, 1949, p. 400).

de ouro trazida pelos mortos. Mas o processo histórico que as liga é único e contínuo; o capítulo — pelo menos enquanto produto cultural espontâneo — ou falta totalmente — como entre os australianos — ou se desenvolveu por inteiro, como de fato se desenvolveu e se desenvolve até agora na Melanésia, sob os olhos dos contemporâneos.

Se bem olharmos o mundo australiano, também nele vamos encontrar em ação um choque cultural entre civilização indígena e européia. Mas a morfologia e os efeitos de tal choque são substancialmente diferentes de tudo o que se viu no mundo melanésio. Nem podia ser de outro modo, já que a civilização australiana tem características históricas nitidamente diferentes. Poucos indícios bastam aqui para traçar a fisionomia do contato cultural euro-australiano, principalmente na esfera religiosa. Um problema sério surgiu da experiência indígena das missões e, para mostrá-lo, basta citar o que Caroline Kelly observou a propósito de certas comunidades de Queensland e especialmente do New South Wales (comunidades onde são notáveis as relações com as missões e a cultura ocidental). O lamento fúnebre que desde tempos remotos os indígenas executavam junto ao morto é um dos pontos mais arraigados da tradição religiosa local e para os quais estão dirigidos com maior decisão os ataques dos missionários, chegando a vetá-lo formal e rigorosamente. Todavia, na realidade acontece o seguinte: nos funerais, de que sempre participam os missionários, tudo procede segundo a norma oficial. Mas, logo que os missionários se retiram, os indígenas dão início ao lamento, que prossegue até a manhã seguinte. Clandestinamente, eles pintam o corpo e seguem em tudo a "regra antiga", que a proibição missionária não conseguiu erradicar[98]. Pode-se dizer em resumo — observa Kelly — que "se com o termo 'convertido' indicamos aquele que modificou a própria norma antiga de vida, repudiando-a e abandonando-a completamente em favor de uma norma diversa, os aborígines (australianos) não se 'converteram' de fato"[99].

A tradição pagã reage com veemência frente a qualquer elemento — técnico e ideológico — da cultura cristã e européia. O Arnhem Land figura entre as regiões que — com o centro e o oeste do continente australiano — ainda conservam os grupos primitivos mais "puros", ou menos adaptados aos modos europeus[100]. Aqui, na aldeia de Oenpelli, se perpetuam até agora as primeiras impressões

(98) C. KELLY, "Some aspects of culture contact in Eastern Australia", *Oceania*, XV, 2 (1944), p. 149.
(99) C. KELLY, *op. cit.*, p. 148.
(100) A.P. ELKIN, *The Australian Aborigines*, 3.ª ed., Sydney-Londres, 1954, p. 330.

recebidas, cerca de 1925, com a chegada dos brancos, e entraram no cabedal cultural coletivo. O sentimento que domina frente aos brancos é o medo: medo de ser atingidos por eles; medo dos seus policiais; do alimento que oferecem e que é sistematicamente repelido; medo enfim das armas européias; na base de tal atitude está um implícito senso de inferioridade cultural, que se exprime de formas mitigadas. Lá no mundo dos brancos, segundo os indígenas, existe um "homem importante", do qual os visitantes — mesmo os etnógrafos que vieram interrogá-los com fins de estudo — são emissários. "Ele os mandou, dizem os aborígines, e os espera para saber que lá (na Austrália) vai tudo bem[101]". A compensação dos nativos para seu próprio senso de inferioridade se realiza de forma prática no aprender a ler e escrever, como os europeus, mas não a língua européia, mas a língua nativa[102]. Mesmo neste caso, a reação consiste, pois, numa tentativa de reafirmar, defender e consolidar a civilização tradicional, aproveitando porém — no caso presente — o superior modelo europeu. É característico uma espécie de entrincheiramento nas respectivas posições, concedendo aos europeus o pouco na própria cultura que baste para fortificá-la. Nasce, e aí se vislumbra um aspecto positivo do contato, uma consciência cultural absolutamente nova, que outros, não muito bem, ao nosso ver, definiram como "nova consciência de raça" ("race consciousness")[103]. Esta forma de sincretismo inteligente mas passivo corresponde muito bem à política de "inteligente parasitismo" que os indígenas adotaram a respeito do trabalho exigido pelos brancos: a política de oferecer trabalho em troca de mercadorias, como fumo, açúcar, chá, farinha e ferro[104]. Trata-se, tanto no campo prático como no cultural, de uma atitude de preservação, quase de defesa biológica. Na origem deste fenômeno não é difícil reconhecer as drásticas experiências de despovoamento sofridas pelos nativos em seguida à chegada e à ocupação das terras pelos brancos, seja da parte dos plantadores seja dos colonizadores com seus rebanhos de animais e com as suas feitorias[105].

O fenômeno do despovoamento e do pauperismo incidiram de modo determinante sobre as formas da civilização religiosa. Forneceram um tema novo, ou pelo menos um novo desenvolvimento, à mitologia. O tema novo é o

(101) C.H. e R.M. BERNDT, "Oenpelli Monologue: culture contact", *Oceania*, XXII, *1* (1951), pp. 27-29.
(102) C.H. e R.M. BERNDT, *op. cit.*, pp. 32 e ss.
(103) A. LOMMEL, "Modern culture influences on the Aborigines", *Oceania*, XXI, *1* (1950), p. 21.
(104) A.P. ELKIN, *The Australian Aborigines*, 3.ª ed., 1954, p. 324.
(105) A.P. ELKIN, *op. cit.*, pp. 321-2.

do fim do mundo. Se ele existia, antes[106], decerto não tinha a importância que assumiu hoje em algumas de suas manifestações. Andreas Lommel estudou em Kimberley (Austrália do noroeste) o novo culto Kurrangara, já difundido entre as tribos Ungarinyin e Worora[107], mas de recente introdução entre os Unambal. Portanto, entre estes últimos ele pôde colher ao vivo o momento de enxerto dos novos elementos sobre o fundo das antigas formas culturais; assistiu ao processo sincretista em ação. O mito tradicional falava de um herói cultural Nguniai — um antepassado morto —, inventor dos instrumentos técnicos e das leis, fundador da circuncisão. Era o autor dos objetos sagrados do culto: tabuinhas de madeira dotadas de poderes especiais, com as quais se friccionava o corpo dos iniciandos — o culto era proibido às mulheres — para conferir-lhes um poder que mataria os outros se cada iniciado não fosse limpo ao fim de toda cerimônia[108]. O culto iniciático do herói civilizador transformou-se em culto sincretista por volta de 1938, época da pesquisa de Lommel. O protagonista mítico do novo culto é Tjanba, filho de Nguniai; torna-se assim evidente no mito o processo de filiação do culto antigo. Tjanba é o espírito ancestral, que constrói as tabuinhas sagradas Kurrangara. Tjanba, e por seu intermédio as tabuinhas, possuem o poder de espalhar doenças como a lepra e a sífilis. Tjanba distribui os objetos Kurrangara viajando de avião, automóvel, navio. Tem o fuzil e apetrechos de ferro. Pede para si chá, açúcar, pão: nas festas do culto se consomem chá, açúcar, carne enlatada[109]. Tjanba é com toda a evidência o herói sincretista; civilizador como seu pai Nguniai, representa o resquício do mito antigo; provido dos produtos europeus, representa o modelo de europeu que entrou no culto. A sífilis é a desgraça introduzida pelos europeus: Tjanba procura a sífilis. A civilização indígena recebeu golpes mortais da parte dos europeus: o mito de Tjanba anuncia o fim do mundo. Quando os objetos sagrados Kurrangara, trazidos do sul para o norte, chegaram à antiga sede de Nguniai, então ninguém mais produzirá as tabuinhas sagradas, que são obra do mítico pai no mito antigo e agora do filho: conseqüentemente o mundo se acabará[110]. Assim, a personificação mítica da nova civili-

(106) A morte do grupo humano e o fim do mundo forneciam o conteúdo de certos mitos desde os tempos mais antigos. Cf. K. LANGLOH PARKER, *The Euahlayi Tribe*, Londres, 1905, pp. 75-6; R. GLOH PARKER, *The Euahlayi Tribe*, Londres, 1905, pp. 75-6; R. pp. 466 e ss.; R. PETTAZZONI, *Miti e leggende*, vol. I, Turim, 1948, p. 460.
(107) H. PETRI, "Kurangara" *Zeitschrift für Ethnologie*, 75 (1950) pp. 43-51.
(108) A. LOMMEL, "Modern culture influences on the Aborigines", *Oceania*, XXI, 1 (1950), p. 22.
(109) A. LOMMEL, *op. cit.*, p. 23.
(110) A. LOMMEL, *op. cit.*, p. 23.

zação importada de fora carregou-se do significado catastrófico que lhe deram as duras experiências sofridas pelos indígenas na história dos seus contatos com os europeus.

Embora Ronald Berndt haja criticado seriamente certas induções de Lommel sobre a ruína psíquica dos australianos e a suposta incapacidade de gerar que, segundo Lommel, seria produzida pela ruptura do equilíbrio psíquico[111], não atacou, todavia, o valor substancial que Lommel dá ao mito e ao culto em questão. O futuro, muito mais que o passado, interessa agora aos indígenas, e isto é fruto do choque cultural: entretanto — para usar as palavras de Lommel — "o futuro é sentido como terrivelmente escuro, e uma profunda tristeza e apatia são as características salientes da atitude moderna"[112]. O pensamento do fim do mundo oprime profundamente os nativos unambal. Eles esperam a chegada de um último culto novo do Norte, o culto *maui,* e sabem que ele trará mais doenças venéreas, em suma o fim de todos os vivos[113]. O mesmo fatalismo e pessimismo dos unambal, vamos encontrá-los entre os vizinhos Ungarinyin e Worora. Entre estes como entre os primeiros (estudados todos por Helmut Petri na expedição Frobenius de 1938 de que participou também Lommel), o mito do fim do mundo já fornecera o cunho à vida real[114].

É interessante observar que os missionários ficaram deliberadamente alheios ao culto Kurrangara, desde que as cerimônias fossem executadas longe deles[115]. Há nesta atitude um reconhecimento mudo de uma incapacidade estrutural da Igreja de pôr termo ao paganismo imperante, sem que antes seja modificado o fundamento econômico-político-social da vida indígena. Elkin delineou muito bem a ordem em que se faz a assimilação da cultura ocidental pela australiana. Antes de tudo, a assimilação é aplicada na esfera econômica, depois na política, e finalmente na social. A esfera religiosa somente poderá ser atacada[116] no fim. Isto confirma mais uma vez que a religião constitui o reflexo de uma situação histórica bem determinada nos seus fatores econômicos, políticos e sociais. Não pode mudar a primeira, se não mudam as estruturas fundamentais da sociedade.

O sincretismo religioso euro-australiano é condicionado às formas religiosas preexistentes, com a típica mitologia do herói cultural nômade que funda a civilização. Ele se

---

(111) A. LOMMEL, *op. cit.,* pp. 14-20; R.M. BERNDT, "Influence of European culture on Australian Aborigines", *Oceania,* XXI, *3* (1952), pp. 229-235.
(112) A. LOMMEL, *op. cit.,* p. 24.
(113) A. LOMMEL, *op. cit., 1. cit.*
(114) H. PETRI, "Das Weltende im Glauben Australischer Eingeborenen", *Paideuma,* IV, 1950, pp. 349-362.
(115) A. LOMMEL, *op. cit.,* p. 21.
(116) A.P. ELKIN, *The Australian Aborigines,* 3.ª ed., Sydney-Londres, 1954, p. 332.

ressente de modo determinante das condições depauperadoras e de servidão a que reduziu os indígenas a história do contato. Falta entre estes qualquer forma de compensação ativa, no gênero dos cultos proféticos melanésios; também predomina uma atitude recalcitrante de *defesa passiva*, que tem por escopo supremo a sobrevivência étnica dos grupos, os quais vêem no despovoamento gradativo de decênios a realização do fim do mundo.

Tudo isso encontra sua última justificativa histórica no regime seminômade das comunidades nativas australianas. A exploração agrícola e pastoril imposta às terras pelos recém-chegados europeus erradicou os habitantes de seu regime existencial, seja subtraindo-lhes o território de caça[117], seja desagregando o grupo de caça com a convocação dos componentes para os trabalhos sazonais das plantações, mesmo fora do continente, e para os serviços mais variados. Não foi por acaso que a caça dos primitivos, encerrados dentro de limites impossíveis, se voltou, por uma saída natural própria, para os rebanhos de gado miúdo e graúdo dos proprietários europeus, provocando reações hostis de toda ordem e tipo[118]. Destruído sem compensação o primitivo regime de vida seminômade, poucos grupos mirrados restam para caçar os cangurus. A civilização primitiva, perdendo a base econômica, territorial, social em que se apoiava, se desagrega escravizando-se ou assimilando-se, mas ao mesmo tempo tenta a extrema defesa das suas instituições culturais. Daí o caráter passivo e conservador das manifestações culturais mencionadas. Nisso reside a diferença com os agricultores melanésios, cujo centro econômico, territorial, social — portanto o regime sedentário e agrícola em que viviam — não se dissolveu mas resistiu ao contato europeu. Sobre este centro estável encontraram fundamento aquelas formas de resgate cultural que são os cultos proféticos.

Profetismo como produto histórico-cultural: o "tema do messianismo" e o "tema das mercadorias"

Se é verdade, portanto, que os cultos melanésios e os outros cultos modernos análogos de libertação representam,

---

(117) Nas primeiras décadas do século XIX, os criadores de carneiros invadiram o continente de N.S. Wales para o Centro e depois para o Ocidente. "Sequiosos de espaço, os criadores avançaram para as matas sem preocupar-se com os regulamentos do Governo (que tutelavam as populações indígenas), e foram eles próprios denominados 'squatters' com os primeiros colonos que haviam sido deportados para a Austrália" (CH. LUETKENS, *L'Australie, pays de la laine*, Les Cahiers Ciba, 22, 1949).

(118) A.P. ELKIN, *op. cit.*, pp. 322-3

de um lado, uma exigência de "ajustamento" (*adjustment*), como já disse alguém[119], da civilização indígena frente à "moderna"; se, de outro lado, representam movimentos de "contra-aculturação"[120], ou de reação religiosa aos grupos dominantes, dentro de uma situação cultural caracterizada pela miséria[121]; se, enfim, constituem uma tentativa de estabilização cultural e política em sentido autônomo[122]; ou se mais instâncias, juntamente com aquelas mencionadas, estão contidas simultaneamente neles[123], nenhuma de tais instâncias, nem elas todas juntas exaurem o significado histórico-cultural destes cultos. Só se compreende o valor histórico-cultural destes cultos quando são considerados naquilo que realmente são, isto é, um produto cultural determinado historicamente pelas sociedades sedentárias de agricultores, na sua reação com a cultura dos brancos, entendida esta como propaganda religiosa e como introdução de bens materiais. É assim que os cultos proféticos se colocam na história cultural da Melanésia como um desenvolvimento particular da grande festa originária do Ano Novo ou dos mortos, peculiar à mais antiga civilização agrária desta vasta região. A pregação missionária, colocada a reagir na têmpera das tradicionais experiências religiosas, produziu as figuras dos profetas, imitadores pagãos — e segundo uma religiosidade pagã — do Fundador-Pregador evangélico. Aliás, o tema do "messianismo" com a figura correlata do "messias" é a reelaboração, devida ao contato europeu, de um tema já existente nas tradições "pagãs" originárias. Não é o caso aqui de mostrar em quantos e quais casos a mitologia aborígine fornece terreno idôneo ao desenvolvimento do tema messiânico. Pode-se dizer com certeza que os mitos dos "heróis culturais", isto é, dos heróis fundadores de usos e tradições na época primordial (mitos característicos de todas as civilizações oceanianas, e de resto espalhados entre as mais variadas culturas de nível etnológico), comportam

(119) BERNDT, 1954, p. 274.
(120) M.J. HERSKOVITS, *Man and his works*, Nova York, 1949, p. 531 (trad. fr.: *Les bases de l'anthropologie culturelle*, Paris, 1952, p. 234).
(121) LINTON, 1943, p. 238.
(122) F.M. KEESING, *The South Seas in the Modern World*, 1942, p. 78.
(123) "(Os movimentos religiosos de libertação) constituem, essencialmente, uma reação dos indígenas — sem qualquer estímulo direto dos europeus — às novas forças introduzidas pelo contato com o Ocidente. De um lado, eles exprimem a insatisfação dos nativos diante das condições existentes. De outro lado, constituem uma tentativa de estabelecer um ajuste; tal ajuste pretende realizar-se mediante meios dados pela cultura indígena... O fim evidente da atividade (cultural) é o bem-estar da comunidade" (R. FIRTH, *Elements of social organization*, Londres, 1951, p. 111). Firth, na sua aguda análise, salienta como os indígenas, não encontrando meios diretos para realizar seu desejo, se voltam para certas crenças tradicionais; através da intervenção dos antepassados e dos espíritos dos mortos, ou mediante ritos mágicos, eles poderão induzir os navios e também os aeroplanos a trazer as provisões que eles desejam (*op. cit.*, pp. 112-3).

as mais das vezes um desaparecimento final do próprio herói — uma vez realizada a obra de fundação — e um possível ou explicitamente prometido retorno dele como portador de bens e riquezas[124]. Portanto, os cultos modernos vivificam e reelaboram, mas não criam *ex novo* nenhum mito messiânico. Eles vivificam também o magismo arcaico, dando-lhe, como aos mitos messiânicos, nova função e nova importância. As admoestações apocalípticas dos missionários, enxertadas sobre o tronco da antiga religiosidade mágica, deram um conteúdo mais novo às antigas crises xamanísticas, determinando os acessos convulsivos e dissociativos dos chefes e dos adeptos dos novos cultos místicos pagão; determinando também o renovar do retorno coletivo dos mortos. Mas nos cultos proféticos os mortos, embora renovando a sua visita periódica indicada pela antiga experiência de fim do ano, serão sobretudo portadores de bens, e sua visita será última e definitiva; depois virá o século de ouro. No culto das mercadorias, o tema profético propriamente dito, ou do "messianismo", tem raízes historicamente recentes, tendo-se desenvolvido a partir do contato com os primeiros grupos de brancos e particularmente das pregações missionárias do século passado.

Mas nos cultos proféticos melanésios o tema religioso mais recente é outro: o "tema das mercadorias". Dentro do complexo cultural profético, o tema das mercadorias representa um produto, ou melhor uma proliferação religiosa determinada — no terreno oferecido por uma sociedade de agricultores — por um acúmulo de experiências chocantes e superpostas, num estado de miséria cultural e psicológica, que desperta a consciência diante da visão de novas riquezas e dos elementos técnicos provenientes do ultramar. No culto profético das mercadorias ressoa, enfim, a memória das pregações cristãs na sugestão dada pela chegada recente dos produtos industriais: o todo, submetido ao crivo de um ingênuo magismo arcaico, tornado mais ou menos acentuadamente irredentista.

"Tema do retorno dos mortos", da "grande festa", do "navio dos mortos"

O tema sagrado do retorno dos mortos à aldeia se torna operante na festa anual dos mortos — ou Ano Novo

---

(124) Para o complexo mítico do herói que desaparece, e retorna dramaticamente ou promete retornar, cf. R.H. CODRINGTON, *The Melanesians* (1891), New Haven, 1957, pp. 166-7 (Novas Hébridas); ANDERSSON; 1958, pp. 259-62 (ÁFRICA); KAMMA, *De messiaanse Koréri Bewegingen*, pp. 62-85, 229 (N. Guiné Holandesa); S.C. HANDY, "Polynesian Religion", *B.P.B. Mus. Bull.*, 34 (1927), p. 296 (Havaí).

— dos agricultores melanésios. Está ligado, na gênese histórica, à experiência de trabalho da terra. Assim como a aldeia durante o ano sai para o trabalho nos campos e trabalha a terra para saciar a fome, também os mortos, durante a "festa" ou simplesmente de noite, enfim quando os homens descansam, se atiram sobre os vivos e na aldeia, esfomeados. Coletivo é o trabalho: coletivo, com legiões inteiras, é o assalto dos mortos. É uma forma de contrapasso ou vingança da terra, e das suas potências, os mortos que a habitam, contra o "sacrilégio" do trabalho humano.

A ideologia do "sacrilégio" perdura até quando, com a restauração das condições operativas diurnas ou anuais, depois do trabalho, a relação com a terra readquire seu arranjo normal. O trabalho em ato liberta o homem do assalto do medo. Novamente a vida histórica impõe sua lei forte. Quando, porém, com um ano de trabalhos, os elementos de periculosidade se acumularam na consciência coletiva, a entrada na vida profana e normal só pode realizar-se dialeticamente, através da sanção sacral e redentora da "grande Festa". É assim que o tema do retorno dos mortos se liga originariamente ao tema da grande festa mesmo no complexo religioso tradicional, muito mais que nos cultos proféticos mais recentes[125].

A configuração particular assumida pelo culto melanésio "das mercadorias", com o seu tema do retorno coletivo dos mortos, está relacionada, pois, com as experiências tradicionais próprias de uma religião de agricultores. O mesmo tema reaparece, de fato, em grande número de movimentos proféticos africanos, indonésios e americanos, junto a culturas agrícolas, ou junto a culturas (índios das pradarias) de caçadores superiores que tiveram verossimilmente experiências agrícolas no passado, e que de qualquer modo tiveram contatos sistemáticos com culturas agrícolas[126].

Um estudo à parte merece o tema do "navio dos mortos". O tema da chegada dos mortos pelo mar — característico e distintivo dos cultos proféticos melanésios — revela um outro aspecto do processo de enxerto espontâneo entre modernas experiências e uma visão do mundo que pertence às experiências históricas mais arcaicas e tradicionais. É sobre o tronco da tradição funerária pagã, com a sua escatologia e o seu ritual determinados, por sua vez, por precisas experiências histórico-existenciais antigas, que

(125) Para as relações entre os dois temas, cf. LANTERNARI, 1959 (2).
(126) Também K. SCHLOSSER concorda em reconhecer no retorno dos mortos um dos elementos mais recorrentes universalmente dos movimentos proféticos, em ligação com o retorno dos bois na África e dos búfalos na América ("Der Prophetismus in niederen Kulturen", *Zeitschr. f. Ethnol.*, 75, 1950, p. 68).

se enxerta o tema do "navio dos mortos". Até agora ninguém observou com suficiente clareza[127] que o tema moderno do navio dos mortos trazendo as mercadorias miraculosas apenas retoma, desenvolvendo-o, o tema bastante arcaico do "barco dos mortos", pertencente ao cabedal de crenças mais difusas do mundo oceaniano[128]. A idéia de uma destinação transmarina dos mortos a uma ilha próxima — sua residência definitiva — é característica da escatologia não só melanésia, mas polinésia e em parte micronésia e indonésia. Acredita-se que, sobre um "barco dos mortos", embarca o espírito de todo homem, logo que ele se separa do corpo, para ser levado à ilha que lhe foi destinada como sede. O complexo mítico do "barco dos mortos" aparece com freqüência tanto na Melanésia como na Polinésia. Ligados à ideologia do barco e à morada transmarina dos mortos estão múltiplos costumes rituais e fúnebres, entre os quais a sepultura marinha, a sepultura dentro de um "caixão-canoa", o abandono do morto numa canoa no mar à deriva, o afundamento do cadáver no mar. Os costumes rituais acima entram numa ideologia comum, a de enviar os mortos ao mítico país transmarino, a "ilha dos mortos", que é a sua morada definitiva. Ora, a crença na ilha dos mortos reflete a experiência histórica concreta de autênticas navegações em busca de pátria, vindas de terras longínquas. Fixada no modelo do mito, tal experiência deu origem ao tema de um retorno *post mortem* ao país de origem. O mito reflete uma longínqua e agora perdida saudade da terra abandonada, ou melhor a angústia da peregrinação incerta. Portanto, tal complexo mítico remonta às experiências de migrações marinhas próprias e características das civilizações da Oceania.

Dentro da moldura mítica da viagem marinha dos mortos, tomada de empréstimo à tradição cultural pagã, in-

(127) O único autor que entrevê, e põe em notável relevo a relação que existe entre o culto tradicional dos mortos e a chegada das mercadorias européias é Andreas Lommel. "Do culto dos mortos — diz ele — depende toda a vida religiosa tradicional dos melanésios. Para eles não é concebível que as mercadorias, o "Cargo", provenham da Europa, que ignoram: para eles a mercadoria vem, portanto, do mundo dos mortos" (*Zeitschrift für Ethnologie*, 78, 1953, p. 55). Segundo Lommel, a ligação entre culto dos mortos e culto das mercadorias depende, em suma, do fato de que os indígenas não conhecem a Europa, país originário das mercadorias; eles nem mesmo sabem que existe ("Europa..., das ihnen kein Begriff war und auch micht sein konnte", *ibidem*). Para uma compreensão integral da atitude mitologizante dos indígenas frente às mercadorias parece-nos igualmente importante uma outra "inexperiência" que caracteriza a cultura indígena: a inexperiência do processo de trabalho das mercadorias. Tal ausência de experiência nos parece determinante para os objetivos do processo mitopoiético aplicado às mercadorias.

(128) Para detalhes mais precisos sobre os costumes fúnebres ligados à idéia de uma sede ultramarina dos mortos, cf. LANTERNARI, 1956, pp. 77-82. No que toca ao tema mítico-ritual do "barco dos mortos" em relação com a civilização de pescadores e marinheiros, cf. LANTERNARI, 1959 (2), pp. 413-28.

seriu-se o novo conteúdo mítico sincretista, ditado pela recente chegada de europeus e de mercadorias. Os europeus, vindos pelo mar, assumiram sobre si a ideologia daqueles mortos que eram tradicionalmente enviados para o mar, no culto local. Quando, portanto, Georg Eckert observa[129] que o "barco dos mortos" da tradição mítica e cultual oceaniana não era utilizado num retorno dos espíritos à sua pátria entre os vivos, mas somente na viagem de ida para o reino a eles reservado, o autor apenas coloca, sem resolvê-lo, um problema de "contato cultural". Fato é que a nova experiência indígena relativa à chegada dos navios dos brancos reagiu sobre o fundo de crenças religiosas e de uma escatologia anterior, desenvolvendo um motivo novo em parte, mas bem enraizado no substrato pagão.

O tema mítico do barco dos mortos, ligado por nascimento às passadas experiências migratórias e transmarinas dos seus portadores, é peculiar ao profetismo melanésio, ou de qualquer modo oceaniano, e o distingue dos profetismos africanos e americanos, entre os quais de fato não é encontrado. Comum aos profetismos dos três continentes é, porém, o tema de um retorno coletivo dos mortos, porque aquelas civilizações portadoras têm em comum uma estrutura econômica sedentária e agrária.

Síntese

No que diz respeito ao outro aspecto dos cultos modernos melanésios, isto é, a relação entre civilizações indígenas e ocidentais, existe nos cultos messiânicos uma nítida denúncia de uma oposição cultural cujo significado religioso é reportado a duas experiências diversas, a duas atitudes divergentes frente a um mesmo objeto, as mercadorias. O que para os europeus representa o produto final de um processo instrumental, no qual eles mesmos atuam como sujeito consciente ativo, encontra nos indígenas uma consideração claramente diversa, na medida do "dado" bruto e inassimilado, que chega do exterior mas não encontra na consciência coletiva o seu lugar culturalmente mediato. A última raiz de tal divergência, e da caoticidade das reações indígenas às mercadorias européias, reside numa razão histórica elementar embora não ainda bastante valorizada. O fato é que aos indígenas falta a experiência de participação no processo de trabalho das mercadorias, característico, ao contrário, dos europeus e que os próprios primitivos em outro setor bastante diverso possuem amplamente, já que se encontram no ápice do processo de trabalho na agri-

(129) ECKERT, 1938, p. 140.

cultura[130]. A chegada das mercadorias ao meio dos indígenas representa o ponto de encontro e de choque de duas histórias culturais que, nascidas em terrenos totalmente heterogêneos, se desenvolveram de formas absolutamente diferentes e autônomas. O produto final de uma história cultural ligada à era das máquinas encontra-se, com as mercadorias, frente a civilizações que apenas chegaram a uma agricultura aperfeiçoada, mas absolutamente ignorantes dos processos mecânicos e ainda menos industriais[131].

Esta frustrada experiência de participação no processo de trabalho age de forma determinante na fundação de uma ideologia das mercadorias segundo a qual estas pertencem a um reino sobrenatural. É nesta experiência particular, ou fracassada experiência existencial, que encontra sua razão histórica o mito dos mortos que retornam, identificado com a realidade dos europeus que desembarcam. Os europeus assumiram miticamente sobre si o poder sobrenatural dos mortos.

Uma complexa estratificação se encontra no profetismo melanésio. O mais antigo nível cultural que se pode discernir nele é o do *substrato agrário pré-migratório*: ele subentende o tema dos mortos que retornam. A um estágio mais recente pertence *o tema do "barco dos mortos"*, cir-

(130) Veja o meu ensaio "Sulle origini dell'agricoltura", *Annali del Museo Prité*, Palermo, V-VI, 1956. Nesta justificação histórica dos cultos modernos melanésios está implícita também a solução dos complexos problemas culturais neles expressos, além dos problemas político-administrativos relacionados. Se as caóticas crises religiosas e políticas têm a sua origem histórico-psicológica do desnível existente entre a cultura indígena e os elementos de uma civilização imposta do exterior, pode-se concluir que somente uma inserção metódica e concreta dos indígenas no processo de trabalho dos produtos europeus — mas como livres autores e usuários destes — abre o caminho para a eliminação do desnível original e pode gradativamente abolir as causas multiformes do contato. Pode-se ver até que ponto os europeus aceitavam tal princípio fundamental. Ralph Piddington salientou muito bem, a este respeito, os limites da ação dos ocidentais para ajudar o progresso do mundo primitivo. "Poucos administradores e missionários agem — diz ele — no sentido de encorajar os indígenas a progredir na sua estrada; eles insistem muito mais para que o progresso aconteça segundo uma 'linha' européia... O Novo Imperialismo (que é um Imperialismo de idéias e de valores) pretende que a autonomia política e o progresso econômico dos indígenas não se afaste dos limites assinalados pelos interesses ('ideals') europeus; somente dentro de tais limites os nativos são ajudados" (*Journal of Polynesian Society*, 64, 1965, 1, p. 173). O que tem toda a aparência de uma clara denúncia de politiquismo ao enfrentar estes problemas culturais, cuja solução cabe obrigatoriamente aos ocidentais, que provocaram o seu aparecimento.

(131) A. Lommel discerniu muito bem este aspecto particular do contato cultural entre civilização indígena e ocidental. Os indígenas são "Menschen, die immer nur die fertigen technischen Produkte, das 'Cargo', sehen, niemals aber den Arbeitsvorgang, der zur Entstehung der technischen Produkt führt" (*Zeitschr. f. Ethnol.*, 1953, p. 58). Por isso, as maravilhas da técnica européia se apresentam aos indígenas como frutos de um conhecimento "secreto", para apoderar-se do qual muitas vezes o ensinamento cristão é considerado um meio idôneo (A. LOMMEL, *loc. cit.*). No encontro da civilização indígena com a civilização técnica européia a reação local segue um procedimento mítico (A. LOMMEL, *op. cit.*, p. 20.)

cunscrito e característico dos profetismos insulares oceanianos, e que se liga a uma grande experiência migratória interinsular.

Mais recente e atribuível a tempos conhecidos — ao século passado — é o *elemento profético* em si: ele provém da experiência missionária sobre o tronco do magismo arcaico. Trata-se de uma exigência profética imitadora de Cristo, todavia em função de um irredentismo local ou de um milenarismo utilitarista[132]. O profetismo do "Taro-Cult" dos Orokaiva já contém este estágio, enquanto que lhe permanece alheio o último e mais recente influxo cultural dado pelas *mercadorias européias*. O "Taro-Cult" não floresceu a partir desta experiência, que pertence aos últimos decênios de história cultural melanésia e ao "culto das mercadorias" com as suas implicações antieuropéias.

Os cultos proféticos melanésios são importantes na medida em que indicam a dinâmica[133] existente nas civilizações "primitivas", que neles manifestam a inquietude de pessoas que caminham para o progresso, embora através de estradas torcidas e experiências dramáticas, às vezes até trágicas. Estamos em condições de refazer toda a história destes cultos, desde suas raízes mais profundas ao seu desenvolvimento atual, à repressão algumas vezes, mesmo à sua retomada e difusão. Cai por terra definitivamente, frente a este capítulo de história religiosa, o errôneo pressuposto de imobilismo ou fixidez cultural que alguns consideram uma característica das civilizações "primitivas".

Particularmente, os movimentos proféticos melanésios correspondem a um dinamismo interno, onde se pode distinguir — como outros já o fizeram[134] — uma fase mais antiga, de luta e de veemente contraste com os brancos e com a sua cultura; e uma fase mais recente, na qual os bens culturais europeus são olhados com avidez e ambicionados com crescente consciência do seu valor prático-econômico, equanto se procura da parte indígena realizar formas de integração cultural e de coexistência com os bran-

---

(132) Atenção particular às relações entre as "heresias" (isto é, as seitas proféticas) e o trabalho das missões é dada na obra de A.A. KOSKINEN, *Missionary influence as a political factor in the Pacific Islands*, Helsinki, 1953. "Os movimentos proféticos da Oceania constituem — diz Koskinen — a reação local imediata às conversões maciças (do século passado). Tais movimentos indicam sobretudo de que modo o Cristianismo era entendido pelos indígenas" (*op. cit.*, p. 101). O autor insiste sobre o significado antimissionário próprio de tais movimentos, os quais todavia tendem a reivindicar para si, como fazendo parte do patrimônio religioso pagão tradicional, vários elementos da pregação bíblica (*op. cit.*, pp. 102-104).

(133) Nos cultos proféticos a exigência social de libertação, implícita desde o início, emerge cada vez mais forte em todo o seu curso. Outros notaram eficientemente que, de uma fase predominantemente mítico-religiosa, tais cultos acentuaram nos últimos tempos o seu significado político-social (A. LOMMEL, 1953, p. 57).

(134) WORSLEY, 1957, p. 273.

cos, tendo em vista um maior bem-estar. Em suma, a uma fase de polêmica ativa — fase dos "movimentos de libertação" — segue uma fase de "ajustamento", na qual se tende a preservar uma autonomia cultural, embora de formas pacíficas.

Aquela abertura ao progresso, aquela autoconsciente predisposição à conquista de meios cada vez mais capazes de afirmar a própria individualidade cultural *in natura*, já implícita no trabalho e nas técnicas profanas muito mais empenhadas, em tais cultos modernos se tornam explícitas de forma altamente dramática e representativa. Estas pessoas se preparam para repelir em parte uma herança tradicional e elas — como observou Raymond Firth — "se esforçam por realizar o mais rápido possível um gênero de vida que melhor responda às suas exigências, com a consciência de que o abandono formal dos anteriores modos de vida constitui um meio para o fim colimado". Enfim, *os cultos modernos denunciam* ainda uma vez de forma inequívoca — com a sua espera da era do ouro — *a função profana da religião dos "primitivos"*: o conteúdo míticoritual dos vários movimentos religiosos é determinado historicamente pelas exigências existenciais de cada sociedade humana particular.

5. MOVIMENTOS PROFÉTICOS POLINÉSIOS

Quando, nas primeiras décadas do século passado, as grandes congregações missionárias britânicas e francesas deram início à tentativa de cristianizar as populações oceanianas, colocaram implicitamente na Polinésia as premissas de novas formações religiosas pagano-cristãs, que de fato nasceram depois de certo período. Como já disse, uma fase de incubação precede, na verdade, por um processo natural, o surgimento dos cultos de libertação[1]. Somente quando à obra missionária se acrescentaram as anexações e as conquistas territoriais por intermédio dos governos ocidentais[2],

(1) MÜHLMANN, 1955, p. 243.
(2) Cf. CH.A. JULIEN, *Histoire de l'Océanie*, Paris, 1951, pp. 78 e ss., 83 e ss.; A.A. KOSKINEN, *Missionary influence as a political factor in the Pacific Islands*, Helsinki, 1953, pp. 222-224.

é que a resistência indígena assumiu formas concretas religiosas e políticas; somente então amadureceram os cultos de libertação, que forneceram o próprio conteúdo religioso à resistência cultural, política e militar dos nativos. Nos cultos proféticos polinésios se exprime, através de formas peculiares ligadas à tradição local, a exigência vital de liberdade própria dos povos indígenas. A sua primeira característica é o rico conteúdo político; em razão da desenvolvida classe guerreira[3] dos polinésios — muito menos acentuada, ou inexistente entre os melanésios devido à sua estrutura social homogênea — os cultos proféticos polinésios inspirarão e acompanharão lutas cruentas e tenazes travadas contra os brancos espoliadores de terras, contra os exércitos ingleses tutores do governo colonial, contra os chefes locais filiados aos missionários e aos governos. Então, os missionários e o Cristianismo assumiram, na opinião dos indígenas, o valor de expressão política — não mais religiosa — da civilização branca; missionários e religião cristã continuaram implicados na hostilidade geral dos aborígines a toda manifestação de civilização ocidental colonialista.

A fisionomia dos cultos proféticos polinésios se acomoda inteiramente à civilização religiosa tradicional do país; o seu conteúdo ritual e ideológico é interpretado e estudado historicamente não só em relação com o substrato cultural indígena, mas também ao caráter particular do choque cultural dos nativos com o Ocidente. Um dos traços salientes deste último é constituído justamente pela vontade decidida e ativa dos "colonizadores" de apoderar-se das terras para suas próprias plantações agrícolas e criação. Diremos logo que, no âmbito religioso, a nota mais relevante do contato euro-polinésio é representada pela tentativa, determinada espontaneamente na consciência religiosa indígena, mais ou menos facilitada pelos missionários, de enxertar a teologia cristã sobre o tronco da teologia local pagã já existente, com substituição dos nomes divinos pagãos pelos nomes cristãos, com aceitação espontânea de alguns temas doutrinais e teológicos do Judaísmo e do Cristianismo. Acrescentaremos que os temas judaico-cristãos espontaneamente aceitos e incorporados pelos aborígines eram justamente aqueles que diziam respeito a algumas exigências imediatas e vitais da sua cultura.

Tal enxerto espontâneo já comportava por si mesmo um laço com a mitologia, o culto e sobretudo com a consciência religiosa pagã.

A civilização das ilhas Fidji reúne elementos melanésios com outros nitidamente polinésios; floresceu numa zona marginal de trocas entre uma e outra cultura; ressente-se portanto de uma e outra influência, não só na estrutura econômico-social, mas também na vida religiosa. A agricultura das Fidji apresenta caracteres polinésios no emprego dos canteiros com irrigação do taro[4]. Não é por acaso que nas Fidji a hierarquia social é bastante acentuada, com uma aristocracia particularmente desenvolvida e uma realeza do gênero típico das sociedades polinésias[5]. Encontra-se aí uma manifestação ulterior da relação histórico-cultural especial que — como se reconheceu[6] — intervém entre o processo de hierarquização social e o emprego de técnicas de produção (irrigação, terreno em canteiros etc.) que oferecem notável superprodução anual.

Nas ilhas Fidji, muito antes da profecia anunciada por Kelevi Nawai[7] em 1942 em Kadavu Levu, com seu chamamento a Jesus e com a promessa de imortalidade para os adeptos, surgira em 1885 o culto *Tuka* (ou seja, da Imortalidade) por intermédio do profeta Ndungumoi. Ele proclamava ter recebido uma revelação dos ancestrais defuntos e vangloriava-se de conferir aos fiéis a imortalidade (*tuka*), em virtude de certa água que trazia consigo numa garrafa[8]. O profeta oferecia o modelo de uma vida libertina, vivendo com moças que escolhera para si (mais tarde o imitou o profeta Kelevi Nawai). Restabeleceu, contra o ensinamento cristão, as antigas práticas pagãs já abandonadas há cerca de vinte anos, inclusive o canibalismo ritual. De fato, foram executadas práticas canibalistas contra os inimigos mortos durante o conflito que se seguiu entre adeptos do culto e brancos; na realidade, uma verdadeira revolta armada era mantida atrás da pregação profética, que anunciava a renovação iminente do mundo e a expulsão dos ingleses[9]. A revolta é logo dominada pelas forças do governo. Na profecia de Ndungumoi, havia entre os outros elementos já vistos um traço significativo: ele identificava com Cristo ou com Jeová a antiga divindade central do culto fidjiano, Degei (Ndegei). Que Degei fosse proclamado pai dos dois gêmeos divinos identificados com Jeová e Jesus[10], ou que fosse identificado pessoalmente com o

(3) O desenvolvimento da classe guerreira coincide, como se vê no caso dos Arioi do Taiti, com o progresso da aristocracia. Os Arioi são nobres guerreiros (W.W. MÜHLMANN, *Arioi und Mamaia*, p. 139); classe guerreira identifica-se com classe aristocrata.
(4) A.M. HOCART, citado em W.J. PERRY, "The geographical distribution of terraced cultivation and irrigation", *Mem. Proceed. Manchester Liter and Philosoph. Soc.*, 60 (1915-16), pp. 16-17; HOCART, citado em W.H. RIVERS, *Psychology and ethnology*, Londres, 1926, pp. 282-3.
(5) A.M. HOCART, *Caste*, Londres, 1950, pp. 80 e ss., 102. Para as influências polinésias nas Fidji, cf. A.M. HOCART, "Myths in making", *Folklore*, 33 (1922), p. 62.
(6) M.J. HERSKOVITS, *Economic anthropology*, Nova York, 1952, 412-5; V. LANTERNARI, 1959 (2), *passim*.
(7) Cf. Cap. 4.
(8) THOMSON, 1908, p. 141; BREWSTER, 1922, pp. 240-6.
(9) B. THOMSON, *op. cit.*, pp. 144-5.
(10) B. THOMSON, *op. cit.*, p. 142.

Deus cristão e judaico[11], é evidente o processo de enxerto da nova teologia pregada pelas missões sobre a teologia pagã. Eis como na lógica indígena se teria desenvolvido, segundo uma fonte, o processo de identificação: Degei é (como queria a tradição) o deus verdadeiro; na Bíblia o Deus verdadeiro é Jeová; logo, Jeová é Degei[12]. O processo era facilitado na medida em que Degei (= aquele que observa), deus supremo de Fidji, era, como Jeová, criador do mundo, das plantas e dos homens, senão autor, como Jeová, do dilúvio. Incorporava-se numa serpente e vivia numa gruta de montanha[13]. Os temas míticos comuns facilitavam muito mais a assimilação de Degei com Jeová (criador, deus da montanha) do que com Jesus. Aliás, a propensão dos aborígines para o Velho Testamento é comum a outros cultos proféticos polinésios que pretendemos examinar; basta, por ora, dizer a propósito que a propensão à religião de Jeová caminha paralelamente à hostilidade contra a religião de Cristo, enquanto manifestação atual da política religiosa e governamental dos "estrangeiros".

No culto Tuka pregava-se um iminente retorno dos mortos.

Os divinos gêmeos de Degei (assim se dizia) há tempos haviam deixado o país e haviam chegado à terra dos brancos. Lá, como estes últimos lhes desconhecessem o nome verdadeiro, foram chamados erroneamente Jeová e Jesus. Ora, os dois gêmeos estavam prestes a retornar e com eles voltariam todos os mortos, trazendo uma era de felicidade para os indígenas[14].

A fusão do tema do retorno dos mortos com o tema do Deus judaico-cristão (Jesus ou Jeová) identificado com o deus tradicional pagão assinala precisamente a dupla e compósita natureza do culto profético tuka. Faz parte da temática própria do profetismo melanésio o motivo do retorno coletivo dos mortos; entra na temática do profetismo polinésio o motivo do grande Deus bíblico-pagão.

Assim como o culto de Degei coexistia, nas Fidji, com o culto Nanga e o retorno coletivo anual dos mortos, elemento polinésio o primeiro, melanésio o segundo, assim também no culto profético desaparecido pelo recente choque cultural com o mundo dos brancos se manteve a marca inconfundível da compósita cultura local: o retorno dos mortos anônimos ligado com o advento de um deus pessoal, o todo fundido pela atmosfera messiânica de espera e de regeneração.

(11) WATERHOUSE, 1866, p. 303.
(12) WATERHOUSE, loc. cit.
(13) WATERHOUSE, op. cit., p. 356.
(14) B. THOMSON, op. cit., pp. 141, 142.

Entre os cultos proféticos da Polinésia mais significativa está o culto *Mamaia*[15] das ilhas da Sociedade. Ele reelabora em forma pagã elementos cristãos e bíblicos. A sua origem se deve ao descontentamento e à reprovação dos nativos à política dos missionários, os quais, além dos próprios interesses eclesiásticos e religiosos, representavam ou acabaram por representar, na mente dos indígenas, também os interesses imperialistas dos respectivos países[16]. Os missionários, hostilizando a política das anexações, adotavam a política da proteção concedida às dinastias locais, algumas vezes usurpadoras, anterior à sua conversão ao Cristianismo. Nasceram assim dinastias teocráticas, válidos sustentáculos das missões cristãs das quais recebiam diretrizes políticas e culturais. Um motivo ulterior de hostilidade contra os missionários era fornecido pelas exações de tributos anuais para o financiamento da propaganda missionária. Mas o motivo mais imediato da aversão da parte dos aborígines provinha da intransigente política de repressão do paganismo exercida pelas missões através do controle das dinastias locais. Mesmo as formas mais inocentes de cultura pagã, como a tatuagem, o desenho no corpo, as danças, eram rigorosamente proibidas. As sentenças iam da pena de morte para os graves crimes de conspiração, revolta e homicídio, aos trabalhos forçados para quem mesmo levemente tolerasse os costumes pagãos[17]. O recurso a estas últimas penas, excessivas e humilhantes, sancionadas vigorosamente no Edito de Pomare de 1819[18], aplicadas mais tarde em Huahine[19], decerto não ajudava — como reconhece Moerenhout — o triunfo da causa cristã[20]. O movimento Mamaia representa uma forma de protesto cultural, expresso explicitamente pelas profecias de libertação nele anunciadas, seja contra os missionários seja contra os brancos em geral e as influências culturais estrangeiras. Não obstante, a seita Mamaia surgiu dentro da comunidade cristã, os seus prosélitos acreditavam seriamente ser cristãos, pregavam Cristo, liam a Bíblia[21]. Além disso, Cristo representa para eles um messias exterminador dos inimigos, aquele que expulsará os ingleses das terras dos indígenas[22]. A conduta de vida dos Mamaia é, aliás, não

(15) O nome Mamaia, que talvez se relacione com Mamoe (= carneiro), significaria "rebanho de Deus" (W.E. MÜHLMANN, *op. cit.*, 246). Provavelmente uma irradiação da mesma seita religiosa devia ser a seita dos Mamoe (= carneiros) assinalada nas Tuamotu, a leste do Taiti (CAILLOT, 1909, p. 38).
(16) MÜHLMANN, p. 226.
(17) MOERENHOUT, 1837, vol. II, pp. 480-2, 513-4.
(18) J.A. MOERENHOUT, *op. cit.*, vol. II, p. 481.
(19) F. ELLIS, *Polynesian researches*, Londres, 1839, vol. III, pp. 175-214.
(20) J.A. MOERENHOUT, *op. cit.*, vol. II, p. 514.
(21) J.A. MOERENHOUT, *op. cit.*, vol. II, p. 504.
(22) W.E. MÜHLMANN, *op. cit.*, p. 239.

só pagã, mas, no dizer de Moerenhout, homem de idéias liberais totalmente "imoral"[23]. Os profetas do culto se declaram inspirados por Cristo, São João, São Paulo; uma profetisa se inspirava mesmo na Virgem Maria. Estão convencidos de que o paraíso aguarda os adeptos do culto[24]. São estes os elementos cristãos refluídos na seita Mamaia. Mas a realidade é que, por trás do nome do deus cristão, se esconde a experiência, viva e presente na religiosidade indígena, da figura de Oro, o deus dos Arioi com o seu culto agrário e sexual; o paraíso Mamaia não passa de uma réplica do paraíso arioi, feito de festas e prazeres terrenos[25]. Da Bíblia, aliás, tiram elementos de conveniência, sobretudo do Antigo Testamento; e acima de tudo conferiu-se o peso máximo ao modelo de poligamia do rei Salomão, para justificar a restauração do costume pagão análogo, já proibido pelos missionários. Mas todo o cabedal tradicional da religião taitiana volta a aflorar poderosamente no culto Mamaia. O culto de Oro, o divino filho de Taaroa que desce à terra e volta ao céu ao pai, o intercessor dos homens, o deus que desaparece e retorna, encontrava na figura de Jesus, dadas as múltiplas analogias formais entre as duas figuras divinas, uma correspondência graças à qual o elemento pagão ressurgia mais vivo, o novo núcleo cristão era totalmente comprometido e desfigurado. Que o culto Mamaia representa no seu complexo "uma réplica do culto arioi", "uma última tentativa da sociedade indígena de fazer que a própria tradição reaja ao ensinamento dos missionários" é coisa já vista por Mühlmann[26]. A religião Mamaia representa uma forma de sincretismo orientado de maneira unívoca em favor da hereditária religião pagã[27], na medida em que nela predomina o aspecto polêmico antimissionário e anticristão. A restauração da religião tradicional e da genuína cultura local representa o tema central do culto; por isso, ele reivindica em primeiro lugar a expulsão dos brancos[28]. Entretanto, o culto Mamaia não se esgotou na pregação ou na espera passiva; inspirou a ação guerreira dos aborígines, em seu nome se desenrolaram lutas ferozes e cruentas no Taiti e nas Ilhas da Sociedade. Estávamos entre 1830 e 1836. O culto fora fundado em 1828 pelo profeta Teau, devoto cristão de Panavia, ilha a oeste do Taiti[29]. Afastando-se do credo oficial, ele se proclamou Cristo em pessoa. Dizia-se inspirado, tomava atitudes de taumaturgo. O descontentamento latente contra os missio-

---

(23) J.A. MOERENHOUT, *op. cit.*, vol. II, *loc. cit.*
(24) J.A. MOERENHOUT, *op. cit.*, *loc. cit.*
(25) J.A. MOERENHOUT, *op. cit.*, *loc. cit.*, Cf. LANTERNARI, 1959, 2, parte II, cap. 5.
(26) W.E. MÜHLMANN, *op. cit.*, pp. 238, 243.
(27) W.E. MÜHLMANN, *op. cit.*, p. 240.
(28) W.E. MÜHLMANN, *op. cit.*, p. 243.
(29) J.A. MOERENHOUT, *op. cit.*, vol. II, p. 502.

nários lhe proporcionou em breve tempo inúmeros prosélitos, contra os quais as missões passaram a aplicar penas físicas; entre outras coisas, impunham aos "heréticos" que realizassem a nado a volta às costas da ilha, com o risco de serem devorados pelos tubarões. Mas as perseguições deram novo vigor à seita, que se viu repentinamente difundida nos arredores de Taiti, quando os missionários exilaram os chefes principais do novo culto[30]. Isso acontecia em 1828, em seguida à guerra religiosa promovida pelo rei Tamatoa IV contra os pagãos da ilha. Significativamente, a guerra tinha como motivo a destruição do simulacro de Oro e do seu altar em Marae Taputapuatea, santuário central do culto a Opoa[31]. Por intermério dos chefes exilados, a heresia se difundiu não só em Raiatea, onde eles estavam confinados, mas dali a Borabora, Maupiti, Tahaa[32]. Os Mamaia encontraram apoio político e militar na rainha Pomare, convicta e ciosa restauradora das formas de vida pagã, se não do marido dela, o rei Tapoa de Tahaa[33]. Os Mamaia se levantaram em armas contra a parte cristã instigada pelos missionários brancos; a guerra, que durou até 1836, não conseguiu impedir a difusão ulterior do culto, cujo fim está ligado ao conflito bem mais vasto que coloca frente a eles a Inglaterra e a França numa luta de supremacia pelas missões oceânicas. A rivalidade política entre missões protestantes e católicas predominou então sobre a hostilidade religiosa cristão-pagã. Quando "todos os movimentos não-protestantes foram oficialmente banidos" pelo cônsul-pastor George Pritchar, o culto Mamaia também foi abolido, enquanto os missionários picpusianos (franceses), por sua vez, eram expulsos[34].

Se pensarmos na política diuturna e tenaz de repressão exercida pelos missionários nos decênios que decorreram em 1797 a 1828 contra a resistência pagã dos aborígines; se pensarmos na presumida vitória obtida pelos missionários com a supressão, em 1822, da sociedade dos Arioi[35], o surgimento do culto Mamaia parece-nos ser como que a afluência de resistências nunca sopitadas, ainda vívidas e, no fundo, cheias de renovado poder explosivo.

Neste culto, encontram-se elementos e temas comuns aos cultos de libertação não só da Melanésia, como também de inúmeras outras civilizações "primitivas". Nele reencontramos o êxtase ou possessão coletiva dos adeptos, o pro-

---

(30) J.A. MOERENHOUT, *op. cit.*, vol. II, p. 503.
(31) W.E. MÜHLMANN, *op. cit.*, pp. 224-5.
(32) J.A. MOERENHOUT, *op. cit.*, vol. II, pp. 503, 515.
(33) J.A. MOERENHOUT, *op. cit.*, vol. I, pp. 332-341. Os chefes-profetas dos Mamaia eram, nesta guerra, Tavarii, Tutuai e Vaipai (p. 337).
(34) W.E. MÜHLMANN, *op. cit.*, p. 235.
(35) W.E. MÜHLMANN, *op. cit.*, pp. 194, 213.

fetismo com o anúncio da expulsão dos brancos, o tema do messianismo com a mítica ressurreição dos mortos e com a promessa de uma era nova e livre[36]. Entretanto, se reconhecem aí dois elementos peculiares, diferentes em relação aos cultos melanésios: o mordente político ativo, que leva decisivamente à guerra; e a identificação das figuras divinas cristãs com outras figuras pagãs. O primeiro elemento se relaciona com a forte estrutura guerreira da sociedade polinésia, que por sua vez depende do elevado nível de hierarquização que ela alcançou. A aristocracia guerreira dos Arioi no Taiti, mas em geral a aristocracia polinésia dos Ariki com a tendência inata às competições dinásticas própria das classes hereditárias do comando[37] haviam desenvolvido particularmente a exigência e o exercício da guerra na civilização polinésia. À sociedade melanésia, ao contrário, falta em grande parte, neste particular, a chanfradura social, graças à qual os cultos de libertação poderiam fazer alavanca sobre inteiras massas guerreiras e, sobretudo, sobre a direção político-militar dos grandes reis. Portanto, os cultos proféticos melanésios denunciam com vigor as próprias exigências de libertação, mas sem movimentar uma verdadeira organização de guerra. O seu é um conteúdo mais religioso e político que militar.

No que diz respeito ao segundo elemento do culto de libertação Mamaia, a identificação de Cristo com o deus Oro, que comporta o ressurgimento de toda experiência pagã mais empenhada religiosamente, ele por sua vez deve inserir-se no quadro de uma sociedade provida de uma classe sacerdotal hereditária altamente privilegiada; a complexa teologia polinésia é o seu produto cultural imediato. A hierarquia politeísta é espelho e hipóstase da hierarquia social, com um ente divino proeminente sobre os outros (Oro, Tangaroa, Tane, Io etc., cada um por sua vez), que corresponde à figura do rei dentro da hierarquia social.

O sistema teológico polinésio constituiu o veículo por meio do qual pode facilmente verter dentro da cultura local o conteúdo teológico bíblico-cristão, que no entanto, em contato com a ideologia tradicional, converteu-se num sentido nitidamente pagão. Para os cultos proféticos melanésios, na falta, na cultura local, de um verdadeiro sistema hierárquico de divindades antropomorfas, oferecia-se um escasso mordente à absorção das figuras divinas do Cristianismo, enquanto emergia de outro lado o culto dos mortos com traço cultural dominante. Por isso, entre os

(36) W.E. MÜHLMANN, *op. cit.*, p. 242.
(37) Um exemplo de conflito dinástico pode-se ver justamente na guerra feita por Tati, rei cristão de Papara, contra os Mamaia e os pagãos defensores da rainha pagã Pomare do Taiti (MOERENHOUT, *op. cit.*, vol. I, pp. 332-341).
(38) J.A. MOERENHOUT, *op. cit.*, vol. I, p. 475.

cultos proféticos melanésios em primeiro plano encontramos a legião dos mortos anônimos que retornam, não Cristo nem Deus tais como se encontram nos cultos proféticos polinésios.

O tema da guerra anticristã e o tema da identificação teológica de figuras pagãs com Cristo (ou com Jeová) já havíamos discernido no culto do Tuka das Fidji. O tema do sincretismo teológico cristão-pagão retorna em outros cultos proféticos polinésios; repete-se no culto Hapu do Havaí[39].

As missões protestantes americanas haviam feito, das ilhas Havaí, um dos terrenos mais férteis da sua obra de propaganda, valendo-se da conversão dos grandes reis e sobretudo de rainhas como Kaahumanu e Kinau, ambas da família real de Kamehameha[40]. Contudo, quando às rivalidades políticas anglo-americanas pela supremacia das ilhas vem acrescentar-se, em 1827, a intervenção de missões católicas jesuítas chegadas então ao Havaí, o contraste entre missões e missões pôs a descoberto o ainda poderoso substrato de paganismo que se estendia na consciência religiosa dos chamados "convertidos". Em várias ocasiões, as tendências pagãs, apenas sopitadas, tiveram meios de voltar à tona; uma de tais ocasiões, ofereceu-a o novo culto fundado pela profetisa Hapu por volta de 1825.

A mensagem de Hapu, difundida também depois da sua morte por jovens adeptos, anunciava o iminente fim do mundo para aqueles que não seguissem a nova religião. Os deuses que deviam ser adorados eram Jeová e Jesus; depois de morta, Hapu também foi deificada e constituiu com os primeiros a tríade divina. As suas relíquias foram objeto de culto, desenterradas, ornadas à maneira das efígies divinas tradicionais pagãs e fechadas dentro de um recinto chamado "casa do refúgio"[41], que, como santuário dotado de direito de asilo e impenetrável aos guerreiros, representava um elemento típico da antiga religião havaiana[42]. À espera da anunciada renovação do mundo, as multidões erigiram um templo e se puseram a adorar os novos deuses cristão-pagãos, suspendendo toda atividade normal. É verdade que a espera devia resultar frustrada, que o culto se extinguiu naquela ocasião e o templo herético foi entregue às chamas por instigação dos missionários[43], mas os espíritos anticristãos de que os indígenas foram animados seguindo a profetisa Hapu encontraram outros meios

---

(39) J. MACMILLAN BROWN, *Peoples and problems of the Pacific*, Londres, 1927, vol. II, p. 53; J. JACKSON JARVES, 1843, p. 240; A.A. KOSKINEN, 1953, p. 102. Foi-me inacessível a obra de H. BINGHAM, *A residence of 21 years in Sandwich Islands, or the civil, religious and political history of those Islands*, Hartland, 1849, 3.ª ed.
(40) A.A. KOSKINEN, *op. cit.*, p. 43.
(41) JARVES, *op. cit.*, p. 340.
(42) JARVES, *op. cit.*, p. 53.
(43) JARVES, *op. cit.*, p. 240.

de exprimir-se, não obstante as exemplares conversões dos chefes ao protestantismo. A introdução da doutrina e da liturgia católica, pelos jesuítas chegados ao Havaí em 1827, foi um estímulo indireto à recrudescência de costumes religiosos pagãos. As práticas de jejum, as festas e, além disso, o culto das imagens, das relíquias dos santos, as abstinências alimentares prescritas pelos missionários católicos representavam para os indígenas lembranças de correspondentes práticas tradicionais do seu culto pagão, tendo com as católicas comprometedoras afinidades morfológicas[44]. De outro lado, com o descrédito e o ridículo que os missionários protestantes lançavam sobre crenças e práticas católicas[45], criou-se uma situação especial na qual entre forças pagãs e católicas formou-se uma verdadeira coalizão e aliança contra o adversário comum representado pelos protestantes[46], coalizão e aliança semelhante, em tudo, àquela determinada, como dissemos em seu lugar, em Taiti, entre a seita pagã Mamaia e as missões católicas francesas contra as protestantes da Inglaterra. Esta coalizão paradoxal aparece à plena luz no Havaí, quando em 1827 o governador indígena de Oahu (ilha setentrional do grupo das Sandwich), Boki, perseguindo suas ambiciosas miras de poder, torna-se chefe de temível conspiração antiprotestante. Junto com Boki, ex-protestante que na ocasião se tornara papista, se levantaram, contra a rainha Kaahumanu de Havaí e o jovem rei seu filho, as forças unidas dos católicos e dos pagãos ressurgidos[47]. A insurreição não foi avante, por causa da morte inesperada de Boki. Todavia, recrudescências de vida pagã se verificaram toda vez que o freio das leis antipagãs era relaxado; como acontece em 1933 por intermédio do rei Kauikeauli. Nesta ocasião repetiram-se de fato orgias, relações sexuais irregulares, homicídios, destruições de igrejas[48]. Os católicos acreditaram distinguir, nas manifestações acima, sobretudo um significado antiprotestante "bastante lisonjeiro para eles"[49].

Importa-nos ressaltar, a propósito do culto Hapu de Havaí, a importância que assumiu a figura de Jeová — Deus do Antigo Testamento — ao lado da figura neotestamentária de Jesus. Já encontramos Jeová como figura de primeiro plano no culto sincretista Tuka das Fidji, reencontrá-lo-emos em vários outros cultos polinésios. Notou-se até agora que a apropriação do culto de Jeová pelos aborígines corresponde à insistência dos missionários protestantes no ensinamento paleotestamentário. Tal insistência

(44) JARVES, *op. cit.*, pp. 255-6.
(45) JARVES, *op. cit.*, pp. 257-8.
(46) A.A. KOSKINEN, *op. cit.*, pp. 257-8.
(47) JARVES, *op. cit.*, pp. 248, 259.
(48) JARVES, *op. cit.*, pp. 272-5.
(49) JARVES, *op. cit.*, p. 276.

é fruto de uma prudente política religiosa que leva em conta a inacessibilidade prática do conteúdo ideológico do Novo Testamento pela cultura dos indígenas. A lei mosaica, com os Mandamentos ("Leis de Jeová"), o útil modelo de governo teocrático que oferece o reino judaico, a insistente batalha contra o paganismo judaico que sustentaram os fiéis de Jeová ofereciam uma invejável plataforma de propaganda e de persuasão, que não se encontrava nos ensinamentos evangélicos[50]. Veremos adiante como a figura de Jeová e toda a doutrina do "povo eleito" eram destinadas a ser absorvidas em certos casos pela cultura aborígine com um significado bem diferente de uma simples "conversão" religiosa, mas antes de tudo com vistas a reivindicações vitais de liberdade contra os próprios portadores da cultura cristã.

Como em Taiti e nas Fidji, também no Havaí o politeísmo originário local fornecera o pedestal ao culto de Jeová e de Jesus; para estas últimas divindades a religião tradicional oferecia dois protótipos nas figuras respectivamente de Lono e Tane (Kanes), um deus celeste e supremo, o outro progenitor das plantas cultivadas (taro): mas o primeiro deles era chamado, tradicionalmente, "Pai Lono", de quem promanam e descendem todas as coisas[51].

Em Samoa, em torno de 1863, surge um culto fundado pelo samoano *Sio-vili*. Em seu núcleo figurava a espera do iminente fim do mundo e do advento de um messias, *Sisu Alaisa*. De conformidade com a doutrina dos missionários, os adeptos do culto acreditavam num "deus do céu", senhor do universo; seu filho era Sisu Alaisa, alteração do nome de Jesus[52].

O profeta Sio-vili reintegrou os usos pagãos da poligamia e das danças, abolidos pelos missionários; proclamou, além disso, alguns dias festivos. Colaborava com ele uma profetisa-curandeira, que anunciava a próxima vinda de Sisu Alaisa em pessoa. Este viria do mar na crista das ondas, do céu traria consigo alimentos abundantes e todas as coisas que ocorressem aos fiéis. Os incrédulos seriam aniquilados. A multidão, preparando-se para o evento extraordinário, abarrotava a praia da ilha, convocava festas com banquetes de porcos e de taro: todos abandonavam o trabalho, porque doravante todas as coisas seriam trazidas pelo messias. Não obstante a desilusão que sofreu aquela gente que não viu chegar o esperado messias, ainda por vários anos o culto profético encontrou prosélitos[53]. Consta que

---

(50) A.A. KOSKINEN, *op. cit.*, p. 55.
(51) E.S.C. HANDY, "Polynesian religion", *Bernice P.B. Museum Bull.*, 34 (1927), p. 303; "Perspectives in Polynesian religion", *Journal of the Polynesian Soc.*, 49 (1940), 3, p. 320.
(52) PRITCHARD, 1866, p. 206.
(53) PRITCHARD, *op. cit.*, pp. 205-7. O Siovilismo se baseia também ele — como outros cultos congêneres — na "possessão" dos pro-

na antiga religião pagã dos samoanos, além da figura dominante do deus supremo e celeste Tangaloa — criador dos homens e do mundo[54], evidente protótipo do Supremo senhor celeste do culto Sio-vili —, se propagava também a religião de um deus que morria e era pranteado no culto[55]. É assim que no culto pagão-cristão do profeta Sio-vili, o deus judaico se incorporou num deus pai celeste, Jesus em Sisu, filho do primeiro e messias. Encontramos também aqui o desdobramento do cristão Deus Pai-Filho em duas divindades pessoais distintas, cujo modelo é encontrado no substrato religioso pagão.

Numerosos são os cultos pagano-cristãos surgidos em Tuamotu (Polinésia Oriental francesa) como reação local à pregação dos missionários protestantes e católicos, americanos e franceses. Uma "seita" local particularmente difundida é a dos *Kanito* ou *Sanito,* nascida em 1884 da reação indígena à pregação dos missionários americanos que freqüentavam a congregação dos "Latter Day Saints"; o nome Sanito parece ser uma corruptela do inglês "Saint"[56]. A persistência de idéias e práticas religiosas de inspiração pagã é particularmente acentuada nas Tuamotu, onde sob o véu cristão continuaram-se a esconder por muito tempo as convicções tradicionais e entre estas sobretudo o medo dos mortos que voltam[57]. Sob o nome de "Santos" os adeptos Sanito levavam uma vida desabusadamente pagã. Irradiados pelas ilhas Makatea, Ragiroa (Rangiroa), Anaa (as duas primeiras a nordeste, a última a leste de Taiti) e, enfim, por toda a Polinésia francesa[58], eles conservam idéias religiosas pertencentes ao cabedal originário pré-cristão, e antes de tudo a idéia de *pahapa,* pecado cometido pelos pais e que recai sobre os filhos, a idéia de *kaitipa,* espírito dos mortos que volta a aterrorizar e torturar os vivos[59]. Liberdade e dissolução dos costumes, predileção pelas danças embora obscenas[60] são características desta "seita" de cuja teologia, através das fontes, sabe-se apenas, sinteticamente, que era uma mescla de Judaísmo, Protestantismo, paganismo[61]. Pelas fragmentárias notícias que nos revelam a existência das "seitas" pagano-cristãs nas Ilhas Tuamotu na segunda metade do século passado, sabemos

selitos, que por obra do espírito de Jeová ou de Jesus entram em convulsões. O movimento resulta originariamente ligado, através das experiências do seu fundador, com o culto Mamaia (FREEMAN, 1959).
(54) PRITCHARD, *op. cit.,* p. 112.
(55) G. TURNER, *Samoa,* Londres, 1884, p. 21.
(56) B. DANIELSSON, *Work and life on Raroia,* Estocolmo, 1955, p. 100. Para o culto Kanito ou Sanito em geral, cf. CAILLOT, 1909, pp. 33, 34, 38 e ss.
(57) CAILLOT, *op. cit.,* p. 53.
(58) DANIELSSON, *op. cit.,* p. 100.
(59) CAILLOT, *op. cit.,* p. 39.
(60) CAILLOT, *op. cit.,* pp. 33, 34, 40.
(61) CAILLOT, *op. cit.,* p. 38.

também que uma delas, chamada dos "Assobiadores", dedicava-se a ritos públicos de evocação dos mortos. O mago oficiante ficava sentado mudo ao centro de uma assembléia de crentes. Os presentes cantavam hinos e assobios (daí o nome da seita) a fim de evocar os mortos. De repente do alto do tempo ouviam-se outros assobios: era a voz dos mortos evocados, que enchia os presentes de desalento. A linguagem dos mortos era interpretada pelo médium e tinha valor de vaticínio ou de admoestação[62].

Outros grupos pagano-cristãos das Ilhas Tuamotu eram, como já disse, os Mamoe (= Rebanhos), cujo nome concordava com o nome dos Mamaia das Ilhas da Sociedade vizinhas, e finalmente os "Israelitas"[63]. Quanto a estes últimos, seu nome é sintomático especialmente se for enquadrado dentro daquele complexo de crenças difundidas na Polinésia depois da propaganda dos missionários e que se reportam diretamente ao mundo religioso judaico. Já vimos que, nas Ilhas Fidji, o culto Tuka se baseia na equivalência do deus pagão Degei com Jeová, deus do Velho Testamento. Jeová predomina no culto Hapu de Havaí. No culto Mamaia das Ilhas Sociedade, o binômio Jeová-Jesus é identificado com o binômio de deuses pagãos Taaroa-Oro, pai celeste o primeiro, filho que morre e renasce o segundo. Dissemos alhures, a propósito da política religiosa dos missionários, que uma de suas características era uma acentuada insistência sobre os temas teológicos e doutrinários do Antigo Testamento, judaicos enfim, já que, mais que os temas do Novo Testamento, se adaptavam às possibilidades de assimilação próprias da cultura polinésia. Finalmente, o maior e mais importante dos cultos polinésios, o culto *Hau-hau*, que arrastou os maoris da Nova Zelândia à guerra contra os missionários e os britânicos, era cheio de elementos judaicos, e assim contribuiu para consolidar nos polinésios o princípio de uma verdadeira identificação com o antigo povo hebreu. No culto Hau-hau dos maoris, o grande profeta e chefe do movimento era designado pelo título de Tiú, e Tiú significa justamente "Judeu"[64]. O primeiro dos profetas Hau-hau, Te-Ua, proclamava que os maoris eram o novo povo de Deus, a Nova Zelândia a nova Canaã, e Jeová o deus que falava a seu povo da ponta do pau sagrado *niu,* como Jeová falou a Moisés da montanha[65]. O grande profeta era o novo Moisés; maoris e hebreus eram descendentes de um pai comum. Assim como era proibido ao povo hebreu comunicar-se com os "gen-

(62) R.L. STEVENSON, *In the South Sea*, vol. I, Leipzig, 1901, pp. 274-5.
(63) A.C.E. CAILLOT, *op. cit.*, p. 38.
(64) F. VAGGIOLI, *Storia della Nuova Zelandia*, Parma, 1896, vol. II, p. 360.
(65) VAGGIOLI, *op. cit.*, vol. II, pp. 360-1.

tios", o povo maori tinha a obrigação de recusar todo contato com os ingleses, os *pakeha*, que haviam imposto seu jugo sobre o novo povo eleito como o antigo Faraó do Egito sobre os israelitas[66]. Virá o dia, anunciavam os profetas Hau-hau, em que todos os *pakeha* (= brancos) serão expulsos da Nova Zelândia: será o fim e a renovação do mundo. Neste dia os mortos maoris ressurgirão e todos, vivos e ressurretos, darão início a uma época nova. Naquele dia os hebreus virão à Nova Zelândia, e em concórdia fraterna maoris e hebreus, como um só povo, iniciarão uma vida feliz[67].

Não se pense que o suposto parentesco entre hebreus e maoris se esgota no mito; ao contrário, ele encontrou manifestações concretas e evidentes na ação política. Quando, em 1865, se deu a mais grave das manifestações anti-missionárias dos Hau-hau, com o célebre assassínio de Volkner, aconteceu um fato singular. Os Hau-hau capturaram toda a tripulação da goleta em que viajava o ministro anglicano C. Silvio Volkner. Considerado "espião do governo", por causa de suas relações com o governo britânico, o próprio Volkner foi enforcado e seus companheiros foram aprisionados; apenas um foi posto em liberdade logo que se conheceu sua identidade: o Capitão Levy, judeu. "O Deus dos Hau-hau — disseram naquela ocasião os guerreiros adeptos do culto — protege os filhos do povo de Deus[68]." E de fato entre os brancos, enquanto os ingleses eram considerados inimigos, aos hebreus e somente aos hebreus era oferecida ampla hospitalidade.

Trata-se de uma das reações mais típicas do contato religioso e cultural euro-polinésio. É esta a forma mais gritante de aplicação do princípio de afinidade e parentesco cultural com o povo hebraico. Enquanto a convicção de que os maoris, e os polinésios em geral, são uma ramificação das tribos de Judá[69] era valorizada pelos cultos proféticos, ela encontrava seu principal fundamento na própria história política e cultural de que os polinésios se tornaram os protagonistas. Era a história de povos perseguidos, espoliados, saqueados pelos colonizadores, assim como Israel o fora pelo Faraó egípcio ou pelo rei da Babilônia. A história hebraica, apresentada pelos missionários como modelo religioso, tornou-se modelo político, contra a sua vontade e voltando-se contra eles próprios. É estranho

(66) VAGGIOLI, *op. cit.*, vol. II, pp. 358, 363.
(67) VAGGIOLI, *op. cit.*, vol. II, pp. 363, 365.
(68) VAGGIOLI, *op. cit.*, vol. II, pp. 372-3. W. GREENWOOD, "The Upraised Hand, or the spiritual significance of the Ringatu Faith", *Journ. Polyn. Soc., 51.1* (1942), pp. 14-15.
(69) A.A. KOSKINEN, *op. cit.*, p. 101. Entre os Maoris difundiu-se a idéia de que eles representam uma "tribo perdida" de Israel. Os missionários mórmons concorreram para criar esta convicção. Cf. R.W. WINKS, 1953, p. 231.

constatar que, tributários inconscientes de uma ideologia de todo contingente, mítica, ditada aos polinésios pelo próprio choque cultural com o Ocidente, os padres missionários se tornaram defensores, com pretensões científicas, de um real e objetivo tanto quanto singular parentesco não só cultural, mas antropológico entre polinésios e judeus. A respeito, é significativa, como exemplo da confusão característica entre mito e ciência perpetrada pelos ocidentais nas pegadas inconscientes de um mito aculturativo local, a argumentação do Rev. Thomas West, segundo o qual certas semelhanças somáticas justificariam a idéia de uma comunhão de origens entre polinésios e judeus[70].

Mas é preciso reportar mais de perto às origens e ao desenvolvimento do culto Hau-hau, o Pai-marire.

O nome verdadeiro que os adeptos da seita tomaram e que lhe foi dado pelo fundador Te-Ua é *Pai-marire*, isto é, "bom e misericordioso". *Rongo-pai-marire* é a "Boa Nova de Paz" que o fundador anunciava já em 1826, conforme o mais antigo documento Hau-hau. Ao dar tal denominação, Te-Ua desejara corroborar o caráter internacionalmente pacífico da sua religião, que não obstante descambou inevitavelmente para a violência, a crueldade, a guerra.

Hau-hau é, ao contrário, o nome que os brancos deram à seita e aos seus adeptos, devido à expressão repetida com que terminavam seus cantos[71].

O culto Hau-hau constitui o exemplo mais brilhante e significativo de culto profético polinésio, escrito com letras de sangue pela indômita seita messiânica. Guerra e sincretismo teológico bíblico-polinésio são os seus temas fundamentais, os mesmos temas já esboçados como os mais importantes no complexo profético polinésio.

Um dos episódios mais atrozes das guerras coloniais britânicas foi aquele que ensangüentou a ilha setentrional da Nova Zelândia na década de 1860-1870. Mas o culto Hau-hau, que está ligado congenitamente a esta guerra, surgiu em 1865: os primeiros quatro anos foram de incubação[72].

(70) Rev. TH. WEST. *Ten years in South Central Polynesia*, Londres, 1865, p. 253. Veja-se também, para o mesmo preconceito, H. NEVERMANN, *Götter der Suedsee. Die Religion der Polynesier*, Stuttgart, 1947, p. 56.
(71) A expressão final dos cantos, *rire-rire, hau-hau*, era uma invocação de piedade (*rire*) a Deus, numa forma que parece transliterada da fórmula latina *miserere mei*. (Por tudo o que se disse, cf. WINKS, *op. cit.*, pp. 214, 218, 219.) *Hau* significa "vento", e alude ao preceito de Jeová enviado sobre o vento aos homens, do sagrado pau *niu* (*ibid.*, pp. 200-202).
(72) A história do movimento Hau-hau está contida em F. VAGGIOLI, *op. cit.*, vol. II, pp. 356-457. No seu aspecto religioso, o movimento Hau-hau é considerado por R.W. WINKS, *op. cit.*, *Journ. Polyn. Soc., 62.3* (1953), pp. 199-236. Breve resumo histórico está contido em W. GREENWOOD, *op. cit., Journ. Polyn. Soc., 51.1* (1942), parte I, pp. 1-28, com prefácio de J. ANDERSEN, *ibid.*, pp. I-V. Neste

A política do governo colonial da Nova Zelândia vinha-se sujeitando de modo cada vez mais explícito à sede de terras dos colonos brancos, até que em 1860 os maoris tiveram de se convencer definitivamente de que os seus direitos de possuir e vender livremente as próprias terras aos brancos, direitos já reconhecidos no passado com tratados precisos pelo governo, eram vilipendiados pelos ingleses, os quais na realidade pretendiam apoderar-se de todas as terras maoris em desprezo aos tratados[73]. Eis as palavras com que o Padre Felice Vaggioli, um historiador italiano da Nova Zelândia, resume a situação quando do surgimento da luta: "Em 1860, os maoris se convenceram forçosamente de que o governo colonial, alinhando-se contra os seus, fazia valer as suas injustas pretensões com a boca dos canhões e decidira submetê-los ou mesmo esmagá-los. A esta inesperada revelação os maoris conceberam um ódio mortal contra os ingleses e tomaram armas em defesa própria... Depois de quatro anos de luta cruenta, foram expulsos à força das suas pacíficas moradas, viram... entregues às chamas suas aldeias, os fortes, as cabanas e outros haveres e seus meios de subsistência, viram as sacrílegas profanações dos seus cemitérios, viram muitos dos seus morrerem de fome, de frio e de doenças, e todos reduzidos à miséria mais esquálida...; viram que as milícias não tinham nem religião nem consciência nem bons costumes. Fazia quarenta anos — acrescenta o historiador católico — que os mestres da religião protestante lhes diziam que o protestantismo era a única religião do amor, que todos aqueles que a professavam eram respeitados e reverenciados..., que abraçando o protestantismo continuariam sempre intocados, e seus direitos inviolados; que participariam largamente da prosperidade e das riquezas"[74].

Os maoris, que em maioria se haviam entregado — pelo menos de nome — à religião cristã, repudiaram-na em 1864 drasticamente e prepararam a grande insurreição contra as forças inglesas e os missionários britânicos. Nascia em abril de 1864 o culto Hau-hau. A primeira ação da

---

ótimo trabalho, pp. 1-80, são levantados, inteligentemente e sem preconceitos, os problemas inerentes ao contato cultural, a exigência de justificar de forma positiva as instituições dos aborígines longe de todo preconceito escandaloso, a condenação da desbragada política colonial britânica. A religião *Ringatu* é aí apresentada pela primeira vez (a fonte é de primeira mão) como distinta do culto Hau-hau, se bem que historicamente ligada com ele.
Todavia, não pude ter em mãos: S.B. BARBAGE, *Hauhauism*, Dunedin (Nova Zelândia), 1938, além dos seguintes para outros cultos polinésios: F.M. KEESING, *Modern Samoa*, Londres, 1934 (relativo a um culto *Mau* de Samoa); para os maoris, I.L.G. SUTHERLAND, *The Maori People to-day*, Wellington, 1940; para a Oceania em geral: F. KEESING, *The South Seas in the modern World*, Nova York, 1941.
(73) VAGGIOLI, *op. cit.*, vol. II, pp. 310-11. Até então o tratado de Waitangi regulara as relações entre os indígenas e os ingleses.
(74) VAGGIOLI, *op. cit.*, vol. II, p. 357.

seita foi executada quando os soldados britânicos, comandados pelo Capitão Lloyd, invadiram um campo de milho dos aborígines em torno de Taranaki. Os insurretos caíram sobre os ingleses, matando parte deles e parte puseram em fuga. A ação militar dos Hau-hau contra os ingleses em Taranaki não foi empreendida sem uma motivação religiosa. Um mês antes (março de 1864), um grande chefe maori, que caíra sob os golpes dos ingleses, fora mutilado por eles para arrancar-lhe a pele que apresentava abundantes tatuagens ornamentais dignas de apreço. A pele tatuada, tirada do cadáver do chefe maori, foi conservada pelo médico que realizou a "operação". Na tradição religiosa maori, era norma que a mutilação ou a ofensa feita a um grande chefe exigisse vingança de sangue (*utu*)[75].

Assim, foi este o motivo da primeira ação contra os ingleses. Cortaram as cabeças dos mortos, os "rebeldes" extraíram-lhes os crânios e deles fizeram troféus de uso ritual e vaticinatório. A cabeça do Capitão Lloyd, levada de tribo em tribo, seria daí por diante símbolo da união entre Deus e a seita Hau-hau. Os profetas nela buscariam inspiração[76].

Colocava-se deste modo com extrema clareza o programa de um retorno integral aos usos pagãos na esfera religiosa. Prescrevia-se a restauração da teologia maori, do tapu (tabu) e das cerimônias antigas[77]. O fundador do movimento foi Te-Ua, ex-sacerdote (*tohunga*) da religião maori, que depois passara ao Anglicanismo e agora se apresentava ao seu povo como portador de revelações celestes recebidas do arcanjo Gabriel, curandeiro-taumaturgo, profeta da libertação da estirpe maori. Os ritos da nova religião se realizavam em torno de um pau sagrado (*niu*), o qual servia de centro de reuniões, de símbolo divino, de instrumento de comunicação com o Deus[78].

Danças sagradas e cantos-fórmulas (*karakia, waiata*) eram executados com textos ensinados pelo fundador, compostos em grande parte numa língua ininteligível e absurda que, pretendendo a seu modo imitar as várias línguas cultas estrangeiras (inglês, hebraico, alemão, grego, italiano), contribuía, ao lado de vários outros elementos, para levar psicologicamente os adeptos no curso do rito a uma atmosfera emocional, e reduzi-los a um estado de possessão coletiva[79]. A técnica do canto era a tradicional dos maoris, com vozes alternadas e solo (o sacerdote) e coro[80].

(75) J. ANDERSEN, in W. GREENWOOD, *op. cit.*, pp. 1-11.
(76) GREENWOOD, *op. cit.*, p. 8.
(77) VAGGIOLI, *op. cit.*, vol. II, pp. 358-60, 363.
(78) WINKS, *op. cit.*, p. 211.
(79) WINKS, *op. cit.*, p. 211; GREENWOOD, *op. cit.*, p. 13; VAGGIOLI, *op. cit.*, vol. II, p. 360; P.H. BUCK, *The coming of the Maori*, Wellington, 1952, p. 223.
(80) J.M. BROWN, *Maori and Polynesian*, Londres, 1907, p. 223.

A cerimônia *niu* (do nome do pau) era executada toda manhã ("canto da manhã") e mais geralmente todo dia, em volta do pau sagrado, e era dedicada ao seu modo à consecução do êxtase. Sob os três amplos e longos estandartes flutuando presos ao pau, ornados de cruzes brancas — imitação sacral das bandeiras de guerra dos acampamentos militares britânicos, com a cruz dos missionários a mais — o grupo dos fiéis, homens e mulheres, dava início à marcha rítmica em torno, acompanhada do canto, elevando os braços para o céu. De cima do pau divino pensava-se que descesse inspiração, fé e vigor sobre os adeptos-guerreiros. Eficácia particular se atribuía neste sentido aos estandartes, quando se fazia tocar levemente por eles a cabeça e as costas: deste modo o guerreiro recebia corporalmente a virtude emanante de Jeová. A verdade é que, junto com o espírito-vento (*hau*) de Jeová, o pau *niu* representava sincretistamente outros seres divinos de derivação pagã, isto é, Riki e Ruru. O primeiro era deus da guerra, Ruru era a divindade tutelar (*atua*) do fundador Te-Ua, que este transformou em figura dos Evangelhos. Ambos eram representados em minúsculas efígies no alto dos pendões. A marcha circular dos fiéis continuava insistente, com ritmo crescente e frenético até o paroxismo. Muitos eram aqueles que, depois de uma hora desta corrida orgiástica, caíam ao solo entontecidos pelas vertigens, ou se dispersavam caoticamente fora do círculo[81].

A mesma cerimônia se repetia para a iniciação (*pooti*) com que se consagravam os novos prosélitos Hau-hau. Mas aqui se acrescentavam outras técnicas estáticas. O noviço devia sentar-se junto ao pau, fixando intensamente o olhar para cima, numa posição que exigia prolongada tensão física e psíquica. Em conseqüência de tal esforço, do calor do sol, do contínuo girar dos homens, e do canto coral, era fácil ao candidato entrar em estado de semi-hipnose. Erguido nos braços dos assistentes, era lançado ao ar várias vezes até quase perder a consciência. Voltando a si, o noviço era impelido ao redemoinho da marcha[82].

O ritual iniciático, como também os ritos quotidianos do culto Hau-hau, possuem caráter místico e têm como objetivo, de várias maneiras, a obtenção nos prosélitos de efeitos psicológicos tão desconcertantes que chegam a paralisar os centros da razão[83].

Rapidamente o movimento Hau-hau se difundiu em todas as tribos maoris da ilha setentrional.

Foi aceito o nome de Jeová para designar o deus supremo, que na verdade continuou ligado à concepção pagã

(81) WINKS, *op. cit.*, pp. 204-8, 227.
(82) WINKS, *op. cit.*, p. 209.
(83) J.M. BROWN, *op. cit.*, p. 207.

de *atua* ou deus, próprio da religião maori, embora reelaborado por alguns elementos bíblicos[84]. Na realidade haviam tido mesmo no cabedal cultual originário uma grande figura de criador, Tane ou antes — segundo certas escolas sacerdotais — Io. Tane criara o primeiro homem (Tiki), designara para as estrelas e para o sol o seu lugar e suas órbitas no céu; modelara a primeira mulher com barro, infundindo-lhe em seguida a respiração. Algumas escolas sacerdotais acreditavam ao contrário em Io, autor de todas as coisas (Tane, por sua vez, nascera das núpcias de Papa, a Terra, com Rangi, o Céu)[85]. Havia portanto bastantes motivos afins ou comuns na cosmogonia ou na teologia maori e bíblica, para permitir uma fácil absorção de outros temas aparentados com estes.

Jeová penetrava na religião maori com a sua natureza celeste, para quem a inspiração desce sobre os noviços e os fiéis do alto do pau, e com seu temperamento guerreiro, onde é protetor dos exércitos Hau-hau contra os pakeha[86]. Com Jeová entraram no culto Hau-hau alguns traços exteriores bíblico-cristãos: a cruz foi admitida como símbolo de uma linhagem "crucificada" ou oprimida[87], o banho purificatório ritual análogo ao batismo cristão foi adotado para consagrar os guerreiros antes de toda expedição bélica. Com um pé imerso no rio, a pessoa era aspergida pelo sacerdote[88]. De resto, a esquadra de guerreiros era chamada a esquadra dos "Doze" (*Tekua-marua*), qualquer que fosse o número efetivo dos componentes, em obediência à sacralidade bíblica do número doze, para quem doze foram os Apóstolos, doze os filhos de Jacó etc. Em vista disso, os primeiros doze componentes da esquadra eram escolhidos segundo um rito divinatório[89], consagrados solenemente e considerados os expoentes mais valorosos e protegidos por Deus.

Como é evidente a partir de muitos fatores, o culto Hau-hau é fundamentalmente guerreiro. O crente hau-hau era investido de uma tarefa sagrada: lutar até a morte contra os pakeha. A mencionada cerimônia *niu*, marcha ritual em torno do poste sagrado, não é compreendida, a nosso ver,

(84) VAGGIOLI, *op. cit.*, vol. II, pp. 361-2, 363.
(85) P.H. BUCK (Te Rangi Hiroa), *Les migrations des Polynésiens*, Paris, 1952, pp. 243-5.
(86) WINKS, *op. cit.*, pp. 228, 232.
(87) WINKS, *op. cit.*, p. 207.
(88) WINKS, *op. cit.*, p. 212.
(89) A prova divinatória "do escudo" era executada pelo chefe-sacerdote, o qual, imóvel e ereto, em estado de transe entre um círculo de presentes, balançava horizontalmente o escudo entre o polegar e o indicador das duas mãos, invocando Uenuku, deus da guerra. O escudo realizava imperceptivelmente, por ação da tensão do médium, um lento movimento rotatório. Para onde se dirigisse sua ponta toda vez que ele parava, naquele ponto era individualizado o escolhido, e assim por doze vezes (WINKS, *op. cit.*, pp. 211-2). Outros guerreiros eram depois acrescentados sem prova divinatória nem consagração.

a não ser como forma sacralizada e simbólica de marcha guerreira através de cujas provas místicas os fiéis reforçam a fé cega na sua vitória contra os pakeha. Fato é que os Hau-hau, mediante a freqüente reiteração dos ritos, se movem fora do plano da história, no plano religioso da mitopoiese.

Não foi por acaso que, quando o profeta Te-Ua soube que os seus adeptos foram derrotados no ataque contra um reduto britânico de Taranaki, onde uns cinqüenta homens, inclusive o chefe Hepania, caíram valorosamente, ele assegurou, e os adeptos se convenceram disso, que os mortos não tinham aquela fé absoluta no efeito dos ritos, a qual se tornava indispensável[90].

A cerimônia *niu* era, pois, uma simbólica cerimônia de guerra. Não o indica apenas a marcha em torno dos estandartes; mostra-o o gesto ritual dos fiéis que erguem os braços para o céu, e pronunciam a fórmula mágico-religiosa que antecede a batalha *"Hapa, hapa* — eles dizem; — *Paimarire, hau-hau"*, isto é: "Que passem além (os projéteis inimigos), ó bom e misericordioso (Deus)!" Em suma, a invocação é feita ao espírito divino (*hau*) a fim de que proteja os guerreiros das balas dos fuzis ingleses[91].

Erguer as mãos para o céu, gritar a fórmula *"Hapa hapa"* é justamente o que fazem os Hau-hau antes de toda batalha.

Tão compenetrado estava de religião o seu espírito bélico, a tal ponto a guerra para eles estava ancorada na fé, que a vitória podia realizar-se no plano meta-histórico e ao mesmo tempo ser aparentemente (para eles, realmente para nós) contraditada pelos fatos. Um episódio significativo mostra o quanto isso era verdadeiro.

Derrotado o seu grupo, um guerreiro sobrevivente se encaminhou para os inimigos no lugar onde estava implantado o poste sagrado *niu*. Aqui ele deu início, sozinho, ao rito usual, girando em torno do emblemático pau, cantando hinos e fórmulas sagradas. Capturado, é conduzido diante do pelotão de fuzilamento. "Voltei para o seu meio, gritou ele aos ingleses, a fim de que vocês sejam transformados em pedras!" Entregando-se deliberadamente ao inimigo, ele está misticamente convicto de executar em plena realidade a desejada vitória, com o aniquilamento dos brancos. Quando o comandante britânico deu a ordem de "Fogo!", ao seu grito uniu-se o grito triunfante do soldado maori: *"Hau-hau, pai-marire*[92]*!"*

O martírio deste e de tantos outros adeptos hau-hau exprime, além do e mais que o valor militar, a visão religiosa

(90) GREENWOOD, *op. cit.*, pp. 9-10.
(91) WINKS, *op. cit.*, p. 228.
(92) WINKS, *op. cit.*, p. 203.

do mundo dentro da qual eles atuavam e, ocasionalmente, davam a vida.

Era, a deles, uma visão do mundo estreitamente baseada nas formas religiosas pagãs, se bem que revestidas de aspectos cristãos ou antes hebraicos. Não obstante, para a religião maori é novo o tema essencial do culto Hau-hau: o tema do esperado fim do mundo com a renovação total da vida. Mas o fim do mundo é, na realidade, um mito de libertação do jugo dos brancos. Não será um verdadeiro fim como está nas escrituras bíblicas: será nem mais nem menos a expulsão dos ingleses da Nova Zelândia. Os mortos neste dia ressurgirão. Te-Ua, o grande sacerdote-messias, se manifestará no seu pleno poder, novo Moisés[93] e ao mesmo tempo novo Cristo reelaborado em função antieuropéia. A palingenesia bíblico-cristã já pregada aos maoris, perdendo o valor metafísico, teológico e moral que lhe é próprio, concretizou-se numa redenção político-cultural estreitamente aderente a exigências ineludíveis e elementares de existência do grupo. Em semelhante transformação se evidencia o poder de inovação próprio de uma velha cultura pagã altamente integrada nos seus elementos constitutivos, frente à tentativa de introduzir nela autoritariamente elementos religiosos estranhos e em grande parte inassimiláveis. Assim, a religião cristã e com ela os seus representantes missionários atraíram sobre si, da parte dos maoris hau-hau, a mesma odiosidade que eles dedicavam a toda forma de civilização colonialista. Portanto, o aspecto anticristão é confundido na viva luta dos sequazes hau-hau com o aspecto antibritânico. Neste quadro se insere o já citado assassínio de Volkner. A London Missionary Society era considerada pelos Hau-hau "uma organização política, não religiosa"[94]. Neste quadro se insere também o "massacre de Wakatane", com o homicídio do jovem anglicano Fulloon e dos seus companheiros, ocorrido em 1865. Era um "emissário do governo britânico, planejador da destruição da raça maori". Da parte dos ingleses se estava realizando contra os Hau-hau uma verdadeira caça ao homem, tentando com a insídia capturar os profetas do movimento, obrigando com duros ataques armados os grupos "rebeldes" a refugiarem-se nas selvas: mas estes, batidos e expulsos, voltavam incansavelmente à carga[95]. Ao profeta Te-Ua, que por medo se passara aos ingleses, sucedeu Taikomako, a este Te-Kooti de quem voltaremos a falar, e Rua-Kenana, e depois vem Kereopa. Contra a força e a insídia de um lado — os ingleses ofereceram inutilmente um prêmio pela cabeça de Te-Kooti — respondia o outro com a per-

(93) VAGGIOLI, op. cit., vol. II, p. 363; WINKS, op. cit., p. 232.
(94) VAGGIOLI, op. cit., vol. II, pp. 365, 394-5.
(95) VAGGIOLI, op. cit., vol. II, pp. 378 e ss., 383, 390.

tinácia, a coragem e a astúcia. Kereopa, finalmente, traído por um adepto, foi capturado e justiçado em 1872: a guerra acabou. Mas o movimento de libertação maori encontrou mesmo depois um novo expoente no profeta Te-Whiti[96]. No seu culto místico continuava-se a reivindicar a independência e a liberdade frente aos ingleses; o culto perdurou até além de 1892; o profeta é várias vezes preso e libertado.

Tal é em rápidas palavras a história do culto Hau-hau, que é uma história de transformações religiosas e sobretudo de guerras. Mas no fundo também a história do culto Mamaia do Taiti é história de transformações religiosas e de guerras, e o mesmo acontece para a grande maioria dos cultos proféticos da Polinésia. Por isto havíamos reconhecido como típicos do complexo profético polinésio o tema do sincretismo religioso e o da guerra.

De notável alcance histórico nos parece em particular a aceitação de elementos bíblicos: aceitando o deus Jeová, identificando-se com o povo hebraico, os Hau-hau e todos os adeptos de movimentos messiânicos da Polinésia exprimiram neste fato mesmo o seu protesto cultural aos ocidentais. Trata-se de um protesto de liberdade e de autonomia cultural: deseja-se a restauração da cultura antiga local, repele-se a cultura dos "brancos". Todavia, se olharmos bem as coisas, o mesmo protesto é expresso em linguagem cultural ocidental e justamente cristã. De fato, fazendo sua a idéia do Deus nacional judaico, os profetas polinésios e seus adeptos se apresentam claramente aos cristãos como aqueles que idealmente renovam a experiência histórica de Israel, modelo bíblico-cristão de povo perseguido[97]. Deste modo, os movimentos messiânicos são vistos como movimentos religiosos que já denunciam uma parcial e implícita aceitação de certos temas religiosos ocidentais e aprontam efetivamente o caminho para uma futura aceitação eventual do Cristianismo e de outros dados ideológicos ocidentais.

De fato, uma forma maori de religião cristã ou bíblico-cristã penetrou historicamente no tronco da seita Hau-hau é a religião *Ringatu*. Nasceu quando os eventos e o gênio profético de Te-Kooti tornaram realizável uma integração mais completa do credo bíblico na cultura local.

Dissemos eventos e gênio profético; de fato, pela con-

(96) VAGGIOLI, *op. cit.*, vol. II, pp. 506-534; GREENWOOD, *op. cit.*, p. 66.
(97) WINKS, *op. cit.*, pp. 230-1. Os maoris hau-hau gabavam-se de ter um progenitor comum com os hebreus, Sem, enquanto diziam que o progenitor dos Pakeha e dos crisãos era Jafet. Portanto, eles diziam que Jesus era o deus dos descendentes de Jafet e Jeová o deus dos descendentes de Sem (*ibid.*, p. 231; cita BABBAGE, Hauhauism, pp. 33-4). Devia ser sensível, na formação de tal ideologia, o efeito da pregação dos missionários mórmons.

corrência de uns e de outro teve início aquele processo de renovação do culto Hau-hau, que introduziu na religião maori um conteúdo teológica e moralmente elevado, que fez dela, em suma, uma religião "moderna".

O culto Ringatu foi fundado por Te-Kooti entre os Hau-hau que o seguiam, no coração da luta de libertação contra os ingleses na qual — como já dissemos — o próprio Te-Kooti esteve entre os protagonistas. Todavia, a difusão da nova religião foi lenta e cresceu nas décadas seguintes quando, terminadas e reprimidas as guerras anglo-maoris, o processo de absorção e integração da cultura européia chegara a um nível notavelmente adiantado[98]. Então, as exigências religiosas dos maoris vinham conseqüentemente se deslocando para um nível antibelicista, baseado na colaboração explícita e reconhecida com a cultura dos brancos. Sob um substrato histórico-cultural semelhante, doravante amadurecido para uma aceitação mais integral da cultura religiosa européia, alguns eventos pessoais ocorridos a Te-Kooti propiciaram a ocasião para o nascimento do culto Ringatu.

O culto Ringatu é uma interpretação maori das sagradas escrituras cristãs. Baseia-se na reexperimentação imediata e dramática, por intermédio do fundador-profeta, de alguns episódios bíblicos decisivos. Os episódios em questão que Te-Kooti renovou pessoalmente, segundo a sua visão religiosa, na própria experiência de vida, são o exílio e o cativeiro do povo hebraico no Egito, a libertação e o êxodo por virtude de Moisés inspirado por Deus, o retorno a Canaã realizado entre travessias e batalhas cruentas contra os inimigos.

Tudo isso Te-Kooti experimentou em si mesmo, como se o mito bíblico se repetisse nele. E assim como Moisés, chegado à pátria, fundou em polêmica com o paganismo vigente o monoteísmo que devia culminar no de Jesus Cristo, também Te-Kooti de volta das prisões e do exílio fundou a nova religião espiritualista contra o fanatismo hau-hau vivido até então, e profetizou que viria um segundo messias para aperfeiçoar o culto fundado por ele[99].

De fato, para Te-Kooti e para o desenvolvimento religioso da Nova Zelândia foi fundamental o exílio e a prisão nas remotas ilhas Chatham (Wharekauri) a que foi condenado, sem processo e sem provas de culpabilidade. A deportação se seguiu à batalha de Waerenga-a-hika, na qual os ingleses libertaram Poverty Bay da ameaça *hau-hau*. Te-Kooti Rikiranga, até então anônimo personagem militante do lado inglês, foi acusado de ter mantido relações

---

(98) H.B. HAWTHORN, "The Maori: a study in acculturation", *Amer. Anthr. Ass. Memoirs*, 46.2 (1944), pp. 16-20 e *passim*.
(99) GREENWOOD, *op. cit.*, pp. 59-60, 69-71.

com os *Hau-hau* e foi deportado com eles. Disseram alguns, não sem fundamento, que a injustiça britânica criou um novo rebelde[100]. Te-Kooti, no cárcere, meditou sobre a Bíblia e começou a lê-la aos Hau-hau, seus companheiros de prisão. Dessa maneira, concebeu os princípios de uma nova religião baseada sobre as escrituras hebraico-cristãs. Na prisão foi se criando para Te-Kooti e seus companheiros de aventura o mito de sua identificação com os hebreus exilados no Egito, da Nova Zelândia com Sião. Te-Kooti profetizou para logo a libertação com a chegada de uma arca libertadora enviada por Deus.

Aconteceu, na realidade, que a escuna britânica *Rifleman* aportou a Wharekauri em 1868 e os prisioneiros foram encarregados pelos ingleses das operações de desembarque das mercadorias. Aproveitando-se disso, o profeta organizou um minucioso plano de evasão, com perfeito êxito, resultando que os prisioneiros, apoderando-se do navio, zarparam e depois de uma aventurosa e dramática viagem aportaram em Poverty Bay, sob a direção do profeta Te-Kooti.

Teve início aí para ele, com o chamado "massacre de Poverty Bay", uma vitoriosa guerra contra os ingleses ao comando dos seus sequazes hau-hau, que ele não obstante continuava a instruir na nova religião. Substancialmente, Te-Kooti divulgava a Bíblia que ele próprio traduzira, e em especial o Antigo Testamento[101].

A religião Ringatu tira seu nome (Ringa-tu = mãos levantadas) do uso mágico-ritual próprio dos Hau-hau de erguer as mãos para o céu: hábito teologicamente revalorizado por Te-Kooti no sentido de uma simbólica homenagem a Deus. Embora apoiando-se no substrato religioso do hau-hau no que diz respeito à luta contra os ingleses e à valorização da Bíblia, a religião Ringatu se dedica à abolição das crueldades e dos fanatismos existentes entre os adeptos hau-hau. O culto Ringatu, baseado no monoteísmo bíblico, se difundiu particularmente na costa oriental da ilha setentrional. Depois da morte de Te-Kooti (193), foi organizado como igreja oficial e em 1938, na primeira assembléia geral, foi eleito um *poutikanga* (= sustentáculo) ou presidente, assistido por um secretário-geral e por um comitê executivo que convocam de dois em dois anos uma assembléia geral[102].

(100) GREENWOOD, *op. cit.*, pp. 19-20.
(101) GREENWOOD, *op. cit.*, pp. 21-5. Um prêmio foi oferecido pela cabeça de Te-Kooti, mas, em 1883, foi abolido, depois de 15 anos de luta e pregação. Desde então, as relações com o governo se mantiveram normais, com exceção de uma captura temporária em que teve de incorrer devido a uma visita que ele projetara fazer a Poverty Bay, em comemoração do "massacre" (*ibid.*, p. 74).
(102) GREENWOOD, *op. cit.*, pp. 49-52. O *poutikanga* no poder em 1953 era Paora Teramea, eleito em 1938 (WINKS, *op. cit.*, p. 235).

O culto Ringatu se reúne em data fixa. Os convidados vizinhos e longínquos se unem na tradicional "casa das reuniões" (não existem edifícios especiais para o culto) para ouvir e repetir a recitação de cor de textos litúrgicos, executada pelo *tohunga* ou sacerdote. Os textos são poesias de trechos bíblicos oportunamente recolhidos e fixados em torno de temas comuns. Orações especiais são dedicadas aos doentes. Refeições comuns entre os convidados completam as reuniões[103]. As datas celebradas são o sábado, o dia doze de cada mês (conserva-se a sacralidade do número fixada já no culto Hau-hau com a consagração dos chamados "Doze" guerreiros. Doze são, na igreja Ringatu, os componentes do comitê executivo). Além disso celebram-se religiosamente os dois primeiros dias de janeiro e de julho (conservando o duplo Dia de Ano de origem pagã) e mais duas datas imediatamente ligadas — como o velho ciclo ritual pagão — com o ciclo agronômico: o primeiro de junho, antes da semeadura, e o primeiro de novembro (ou dezembro, segundo a localidade), à colheita. São festas de agradecimento e oração pela colheita, de consagração das messes[104].

Nas suas profecias Te-Kooti não só predisse eventos que se verificaram em vida e à sua morte, mas vaticinou obscuramente o advento de um novo messias que surgirá com a estrela oriental, e realizará a obra iniciada por ele[105].

Sobre o fundo paleotestamentário da sua doutrina assoma, numa perspectiva futura e longínqua, a figura de Jesus. No texto de uma profecia ouvem-se vozes celestes que dizem: "Este é o meu Filho amado, segui-o!"[106]. Trechos dos Evangelhos, de resto, são incorporados aos textos litúrgicos.

Mas as orações dos fiéis Ringatu são dedicadas ao Deus-Pai (Jeová), e o dia festivo é sábado e não domingo, porque o fundamento do culto Ringatu, conforme a tradição religiosa difundida na Polinésia pelo contato euro-polinésio, é muito mais judaico do que cristão. Nisso vislumbramos a linha de continuidade, embora através de importantes renovações, que liga a este extremo produto religioso local o culto Hau-hau, e todos os outros cultos proféticos da Polinésia.

O recenseamento de 1936 já dava mais de 500 Ringatu, contra 500 Hauhau (GREENWOOD, *op. cit.*, p. 78).
Embora Te-Kooti proibisse seus adeptos de ter contato com os missionários (anglicanos, católicos etc.), todavia, considerava a Igreja Anglicana estreitamente similar à igreja Ringatu, e admitia definitivamente que se passasse de uma para a outra (GREENWOOD. *op. cit.*, p. 67). De fato, a Igreja Anglicana representa a maioria das organizações religiosas da Nova Zelândia (*op. cit.*, p. 78).
(103) GREENWOOD, *op. cit.*, pp. 41-8, 56.
(104) GREENWOOD, *op. cit.*, p. 61.
(105) GREENWOOD, *op. cit.*, pp. 69-71, 74.
(106) GREENWOOD, *op. cit.*, pp. 72, 75.

Surgem no messianismo polinésio elementos comuns com o messianismo melanésio. O mito do fim e da renovação do mundo, o dos mortos que retornam se repetem de modo vário, nem sempre solidariamente entre si, nos cultos Mamaia do Taiti, Tuka das Fidji, Hapu do Havaí, Sio-vili de Samoa, nos movimentos Sanito e dos "Assobiadores" nas Tuamotu, Hau-hau dos maoris. Em todos os cultos volta a tentativa de restauração da religião tradicional. Os vários elementos e temas mencionados, e além disso a mesma resistência cultural que se manifesta nos movimentos proféticos contra as formas culturais ocidentais, pertencem propriamente ao nível cultural agrário comum à civilização polinésia, à melanésia e a muitas outras civilizações portadoras de cultos proféticos. De fato, a resistência ativa ao prepotente colonialismo econômico, político e cultural dos países europeus é uma característica que pertence indissoluvelmente às civilizações implantadas estavelmente, ligadas estruturalmente ao solo de origem por motivos elementares de existência e de preservação do grupo, por exigências relacionadas indissoluvelmente com o produto e o trabalho da terra.

Ao lado destes temas pertinentes ao substrato genericamente agrário como tal, existem temas próprios do profetismo polinésio, quais sejam, o sincretismo de figuras divinas, e a guerra, que estão ausentes originariamente no profetismo melanésio, salvo em zonas de influência cultural polinésia. A presença ou ausência destes temas está relacionada com o fundo cultural diferenciado e, em definitivo, com a diversa estrutura econômico-social dos dois tipos de civilização. Falta na Melanésia uma autêntica teologia de figuras divinas, porque falta uma complexa e hierarquizada classe sacerdotal. Na Polinésia a diversa estrutura econômica, baseada numa agricultura com grande "sobreproduto" anual, favoreceu o surgimento de uma classe sacerdotal e de uma aristocracia política altamente hierarquizadas, poderosas e hereditárias: o seu reflexo na esfera mítico-ritual é representado por um elaborado desenvolvimento teológico, com uma hierarquia divina dotada de uma figura proeminente sobre todas. Nesta figura divina, que pode variar no nome e nos atributos, encontrou o seu pressuposto e veículo a idéia de Deus hebraico-cristã. Sobre o tronco de Degei, e em seguida de Oro, Taaroa, Tangaroa, Lono, Tane, Io etc. implantaram os seus rebentos as figuras de Jeová e de Cristo, mais do primeiro do que do segundo. Salvo um único caso, não se trata realmente de monoteísmo: no sincretismo teológico se faz sentir a pluralidade originária de figuras divinas, enquanto que uma avaliação estritamente econômica e existencial da religião plasmou os elementos obtidos do mundo bíblico-cristão. Somente o culto Ringatu tornou seu o monoteísmo judaico, na base de um adiantado progresso realizado pela aculturação euro-maori no campo técnico, econômico-social, cultural.

Com o mesmo desenvolvimento hierárquico mencionado da sociedade polinésia também tem relações, por sua vez, o outro tema peculiar do profetismo local: a guerra. Os movimentos religiosos de libertação encontraram, de fato, na Polinésia o que faltava de forma adequada na sociedade melanésia, isto é, uma classe guerreira organizada, que originariamente era uma só coisa junto com a aristocracia, e que enfim encontrara desenvolvimento ulterior e emprego por intermédio das monarquias empenhadas em competições dinásticas.

Na realidade, a uma pesquisa histórico-cultural, o complexo profético da Polinésia apresenta três níveis precisos. O primeiro abarca os temas da renovação do mundo, do retorno dos mortos, da resistência cultural à invasora cultura ocidental. Este nível não é peculiar à civilização polinésia; é comum às civilizações de agricultores, inclusive a melanésia. O segundo, mais recente, contém as figuras divinas bíblico-pagãs, a resistência militar organizada, a guerra totalitária contra as igrejas e os governos coloniais do Ocidente. Este nível pertence à civilização polinésia enquanto dotada de uma sociedade hierarquicamente adiantada, economicamente dotada de técnicas produtivas mais eficientes e seguras, e que chegou — na base de tal substrato econômico-social — a elaborar um autêntico "politeísmo".

O terceiro nível, o mais recente de todos, o único que pode ser datado com precisão, se relaciona com o contato entre nativos e missionários no século passado e à invasão conjunta dos brancos pelas terras oceânicas. Este nível contém como elementos principais o binômio divino judaicocristão (Jeová, Jesus), alguns temas cosmogônicos e teológicos bíblicos, o tema da identificação hebraico-polinésia.

Quase todos os temas do primeiro e segundo nível remontam tradicionalmente à grande festa polinésia de Ano Novo. Aqui reconhecemos em formas sincretistamente reelaboradas o tema da renovação do mundo, o tema do retorno dos mortos, o complexo (teológico ou politeísta) das figuras divinas pagãs. Nele reconhecemos sobretudo o complexo militar e belicoso[107].

Este último complexo, que no Ano Novo tradicional atua religiosamente de forma inibitória, como defesa da comunhão social através dos fingidos combates e da trégua de guerra, irrompe nos cultos proféticos como força ativa inspiradora de imprevistas iniciativas de guerra: iniciativas tanto mais válidas e solidariamente operantes no exterior,

(107) Para esta parte, veja-se LANTERNARI, *La grande festa*, parte II.

quando sobreveio para garantir a unidade da comunhão social contra a ameaçadora presença de um inimigo reforçado com forças de fora: risco supremo para toda a civilização tradicional.

Os cultos proféticos polinésios projetam, por sua vez, os antigos conteúdos religiosos do Ano Novo pagão sobre uma situação novíssima, determinada pelo choque entre civilização indígena e ocupantes europeus.

Não obstante, o que havia de introvertido e defensivo no conteúdo belicoso da religião pagã se descarregou no exterior em função de novas exigências criadas pelo dito choque, inspirando uma vigorosa e organizada luta ofensiva. É a luta sagrada desencadeada pelas civilizações aborígines para a preservação dos antigos valores culturais, religiosos, políticos, que as potências européias vinham e mesmo vêm abolindo mecanicamente, sem substituí-los por algum valor relativamente aceitável.

A partir do exemplo polinésio, e do confronto com os cultos melanésios e australianos (Cap. 4), é evidente que o transplante, aceito de modo espontâneo e sério, de um autêntico monoteísmo não ocorreu no âmbito das civilizações "primitivas" de estrutura econômico-social inadequadamente desenvolvida. É evidente também que, com exceção do monoteísmo, o transplante de figuras divinas como Jeová ou Jesus ocorreu, na medida em que se apoiavam em outras figuras míticas de um politeísmo pagão (Polinésia, Iorubas da África Ocidental, negros afro-americanos) do qual, por outro lado, nos novos cultos sincretistas vêm a refluir e conservar importantes caracteres. Trata-se pois, sempre, de uma reinterpretação "pagã" do monoteísmo judaico-cristão. Por sua vez, a presença de um politeísmo pagão é posta em relação com sociedades hierarquicamente adiantadas e estratificadas, e em definitivo com estruturas econômico-sociais adequadamente desenvolvidas, baseadas numa agricultura notavelmente adiantada[108].

Em outros casos, como entre os agricultores-criadores africanos ou entre os caçadores superiores das pradarias norte-americanas, as figuras divinas de Jeová ou Jesus são aceitas e reelaboradas, porque se enxertam no culto anterior de um Ser supremo, que a eles fornece o próprio modelo. Todavia, também nestes casos, como em qualquer outro, não há um "ficar" estático e infecundo da religião "pagã" anterior ao choque, nem uma servil aceitação da religião européia, mas sim uma série de formações substancialmente "novas". A sua novidade consiste sobretudo num incremento do valor "salvífico" da religião tradicional, e na enérgica afirmação da liberdade.

(108) Para as relações entre politeísmo e sociedades hierarquizadas, cf. LANTERNARI, *La grande festa*, conclusão.

6. MOVIMENTOS PROFÉTICOS DA INDONÉSIA E DA ÁSIA

Indonésia

No curso da última guerra mundial, os indígenas da Indonésia sofreram uma série de convulsas experiências políticas, militares, culturais — a capitulação holandesa, a ocupação nipônica, com a proclamação da República Indonésia, subseqüente reocupação holandesa — que deram origem a reações vastas e profundas na arcaica civilização daquele grande arquipélago. Muito antes que se determinassem reações político-sociais conscientes e organizadas, foi a vida religiosa, por ser a mais sensível à grave crise da existência, a primeira a dar sinais de inquietude e de fermentos na maioria caóticos, mas ao mesmo tempo renovadores. Novos movimentos religiosos colocaram, assim, as premissas de transformações radicais, que logo investiram contra toda a base político-social da civilização indonésia.

Durante os anos da guerra, os indígenas sofreram duas ordens de influências ideológicas, em contraste recíproco entre si. De um lado, um grupo pequeno de intelectuais, rigidamente empenhados na luta pela independência, conseguiram durante o período de ocupação japonesa fazer penetrar nas camadas populares as suas idéias emancipacionistas. De outro, agiu a propaganda japonesa, canalizando e forçando esta tendência autonomista no sentido decididamente anti-holandês. Muito fez, em tal direção, o *slogan* nipônico "A Ásia para os asiáticos!" que na realidade significava "a Ásia para o Japão".

Três anos de instigações contra os brancos, a educação militarista imposta pelos japoneses (reuniões, cantos de guerra etc.), o confronto sistemático entre a pretensa superioridade oriental e o declínio do Ocidente, finalmente a proclamação (na verdade fictícia e ilusória) da República Indonésia da parte do Japão contribuíram amplamente para fomentar uma decidida atitude antiocidental entre os ilhéus. E a subseqüente capitulação nipônica, com o retorno dos europeus, determinou um desarranjo radical de toda a cultura local. Abria-se para os nativos uma crise de incomensurável amplitude, devida ao choque entre uma antiga tradição então insuficiente diante de novos problemas, e as novíssimas perspectivas de inovação introduzidas pelos próprios acontecimentos. Tal choque, que não foi compensado por transformações concretas sob nenhuma das potências ocupantes, levava a uma explosão de forças desordenadas e caóticas, nas quais a tradição indígena pagã mais arcaica, que remontava ao estrato cultural originário, confusamente se entremeava com elementos islâmicos de espera apocalíptica, e se encaminhava para formas de exaltação coletiva das mais variadas, a fenômenos de profetismo, de messianismo, de milenarismo. Era a reação a um estado de tensão e de conflito, que a sociedade indígena não conseguia superar no momento. Em tal crise a nota dominante era uma experiência de incerteza, de vazio, de frustração. Em suma, vinha-se criando um estado de ansiosa *expectativa*, sobretudo em Java e em Samatra. O que esperavam as populações locais, ninguém saberia dizê-lo[1], mas eram postas as condições mais adequadas para o surgimento de movimentos messiânicos ou proféticos em geral.

Na verdade, vários grupos de indígenas, guiados por alguns promotores, puseram-se a percorrer ao longo e ao largo os campos e as cidades, numa espécie de exaltação

(1) VAN WULLFTEN PALTHE, 1949, pp. 1-2.

coletiva sem objetivo preciso. Sabia-se de fato, segundo a doutrina dominante entre tais populações, que o advento do Mahdi ou messias seria precedido de movimentos espetaculares de multidões[2].

Nutridos pelo sentimento anti-holandês — que buscara motivos no próprio conflito entre nações hegemônicas, no choque entre estas e a cultura local, e enfim na política persecutória do governo colonialista[3] — estes movimentos começaram logo a assumir um desenvolvimento político concreto, até a provocar a revolução (1945-1949).

É dessa maneira que o messianismo islâmico toma corpo nos movimentos javaneses de Hizbul Waton e de Sabillera. Trata-se de grupos muçulmanos guiados por funcionários de mesquita, por místicos e fanáticos inspirados, que se reúnem ao exército da República Indonésia. Em inúmeras ocasiões (por exemplo, em Malang, Java Oriental), eles dirigem seus ataques contra minorias estrangeiras de europeus e chineses, numa autêntica "guerra santa" conduzida cegamente, não sem graves atrocidades (muitas vezes circuncisam as vítimas, antes de matá-las).

O messianismo islâmico sobreviveu com as suas manifestações violentas também em pleno regime de independência. Entre 1949 e 1952, o governo da República Indonésia continuou empenhado em domar o movimento Darul Islam em Java (zona ocidental). Ele se propunha instaurar uma teocracia muçulmana, de conformidade com os anúncios proféticos dos tempos antigos, e com o modelo sugerido por numerosos mahdis indonésios[4].

É interessante notar que tais movimentos radicavam profundamente na cultura local, como de resto já está implícito nos contínuos apelos à tradição mahdista. Estes movimentos representam uma revivescência gritante, determinada por condições excepcionalmente críticas, de fenômenos próprios outrora do estrato cultural islâmico anterior ao contato ocidental e, em certos aspectos, diretamente do estrato malês mais arcaico[5]. Além disso, como em muitos outros movimentos messiânicos ou proféticos, é contínuo o liame ideológico e religioso entre profecias antigas e recentes, cuja mensagem mais antiga é reinterpretada e revalorizada em função das esperanças e exigências modernas. Um exemplo concreto deste fenômeno difuso é dado pelas profecias de Jayabhaya.

Entre as mais antigas mensagens proféticas incluídas na história religiosa de Java estão aquelas que a tradição

(2) *Op. cit.*, p. 6.
(3) *Op. cit.*, pp. 9-11.
(4) VAN DER KROEF, 1952, p. 162.
(5) Sobre a estratificação das culturas na Indonésia e a política cultural da Holanda e das missões antes da Segunda Guerra Mundial, cf. KENNEDY, 1942.

atribui ao príncipe do reino de Kadiri (zona oriental de Java), de nome Jayabhaya, entre 1130 e 1160. Java e toda a Indonésia, segundo o seu vaticínio, sofreriam o domínio de uma raça "amarela", depois do que conseguiram para sempre a libertação de todo jugo e opressão. O sinal da iminente libertação seria dado pelo crescimento extraordinário dos caules de trigo e de arroz. Ora, no período da ocupação japonesa estas profecias gozaram de tal popularidade que grupos de pessoas foram induzidos a uma confiante expectativa na completa independência, tão logo cessasse a supremacia japonesa (a raça "amarela" da antiga profecia) sobre a Indonésia[6].

Mas já no período da dominação holandesa aparecera, por sua vez, a ideologia do *Ratu adil*. Com este nome se designava o esperado Príncipe Justo e benévolo, que poria fim aos duros tempos, restaurando a grandeza e a liberdade da era antiga. Fato é que numerosos chefes-profetas, no curso da história colonial da Indonésia, apresentando-se na figura de *ratu adil*, instigaram de tempos em tempos as populações à revolta contra os holandeses.

Em Java a influência do Islamismo nos fermentos messiânicos do século XIX foi particularmente acentuada. Concorreram para isto, entre outras coisas, a ação de numerosos místicos muçulmanos oriundos da Índia ou do Oriente Médio e o despertar islâmico em seguida à chamada "guerra de Java" (1825-30), com a ação profética do príncipe Diponegoro. Entre as manifestações proféticas do gênero mais notáveis figuram as do místico Kjai Hassan Maulani e de Mas Malangjoeda.

Maulani fundou e propagou, em 1842, na região ocidental de Java, um movimento religioso-político, que anunciava uma catástrofe universal iminente e conseqüente libertação de todos os fiéis do regime estrangeiro. O fermento insurrecional que se seguiu levou o governo holandês a exilar o profeta.

Sorte análoga teve Malangjoeda, com as suas profecias incendiárias, em 1887.

Também o príncipe Diponegoro, chefe da rebelião anti-holandesa conhecida como "guerra de Java", se distinguiu pelo cunho nitidamente religioso que deu à própria atividade revolucionária. Diponegoro se vangloriava de restaurar a pureza religiosa e moral peculiar à antiga civilização javanesa.

Neste último caso também é flagrante a continuidade característica das tradições proféticas e messiânicas, dentro de uma dada civilização religiosa. Com efeito, a grande veneração que se conservou até os dias de hoje, da parte

(6) VAN DER KROEF, *ibid.*, p. 161.

dos nacionalistas indonésios, pela figura mítica e exemplar de Diponegoro, com os seus apelativos de "Príncipe Libertador", de "Herói da Liberdade", inserem esta figura até nos últimos e recentes desenvolvimentos da ideologia messiânica javanesa do século XX[7].

Entre o fim do século passado e o começo do atual, em reação às transformações realizadas pelo governo holandês na vida e na cultura das aldeias indonésias, desenvolveu-se um movimento contra-aculturativo e milenarista, pleno de conseqüências sociais e políticas, o movimento saminista. Samin, um camponês de Blora (zona central de Java), pregava a luta contra o capitalismo, o retorno à simples economia rústica pré-ocidental. Anunciava para logo o dia da derrocada da hegemonia branca, o advento de uma era de bem-estar e paz no mundo. Os seus adeptos acabaram por negar qualquer reconhecimento à autoridade administrativa, ocuparam terras e bosques, se recusaram a pagar os tributos e a prestar os serviços impostos.

Samin foi capturado e deportado. Na sua região o movimento cessou, mas em outras plagas, particularmente em Bantam, o ressentimento anti-holandês suscitou análogos movimentos de comoção[8].

Um outro elemento de antiga tradição javanesa (senão de Samatra), e destinado a inspirar e incrementar movimentos nativistas modernos, é dado pela existência de bandos de homens vagando, dirigidos por personagens que se tornaram mais ou menos lendários — Ronin, Ken Angrok e outros. Tais bandos, sob a bandeira de uma cavalaria mal interpretada, realizava às vezes rapinas e crimes. Igualmente no período (especialmente entre 1920-40) da Pax Neerlândica, que introduziu grandes transformações culturais em todo o Arquipélago, suprimindo a caça às cabeças, o canibalismo e as guerras internas, a autoridade colonial, todavia, não conseguiu eliminar o fenômeno do banditismo, contra o qual foram empregadas verdadeiras formações militares. Agora, com base numa pesquisa feita antes de 1940 por um autor que relata o fato (van Wullften Palthe), estamos em condições de definir melhor a natureza destas formações aparentemente bandidescas, que todavia são ricas de elementos religiosos.

Pode-se definir o tradicional "bando" javanês, afirma o autor em questão, como um grupo de inspiração mágico-mística, unido em torno de um chefe ou promotor e que periodicamente organiza, movendo-se de um dado distrito

(7) *Op. cit.*, pp. 161-2.
(8) WERTHEIM, pp. 311-2; VAN DER KROEF, p. 162; G. MC. TURNAN KAHIN, *Nationalism and Revolution in Indonesia*, Ithaca, 1952, pp. 43-4 (sobre o papel do Islamismo "Modernista" na revolução, cf. pp. 44-9).

para um amplo raio de ação, um "rampok", ou seja, uma rapina. Segundo a idéia dos nativos, o chefe é dotado de misterioso poder, é um "inspirado", cujo nome, estrutura física e data de nascimento se revestem de significados ocultos. Por sua vez, os adeptos têm acesso ao movimento com base em inspiração pessoal, na medida em que são "possuídos" misticamente. A unidade dos membros é sancionada por cerimônias comuns, por um código de honra comum; mas o vínculo mais representativo é constituído pela posse, da parte dos vários componentes do grupo, de um *ilmoe* comum, ou símbolo sagrado, cujo uso opera ações mágicas. O *ilmoe* pode ser ou um amuleto, ou uma fórmula, uma palavra: obtida depois de meditação (*tapa*), ou por presente ou por herança. Graças a ele, o grupo que está em expedição de rapina se torna invisível e invulnerável, enquanto a vítima permanece paralisada, ou cai diretamente presa de sono. Os membros do grupo têm firme convicção de que toda perda sofrida, todo ataque da polícia assinalado resultam de uma transgressão, da parte de alguém, às normas precisas que regulam o justo emprego do *Ilmoe*, ou são devidos à execução imperfeita do plano de ação, com respeito aos modos indicados por especiais e obrigatórios ritos divinatórios, executados preliminarmente. De outro lado, a gente comum não classifica tais bandos simplesmente como criminosos e bandidos, mas o olham com respeito e temor reverente. A idéia fundamental destas organizações é restaurar, numa sociedade cheia de conflitos e em plena crise, a antiga ordem e a antiga lei que estão faltando[9]. É interessante que estas organizações são religiosamente inspiradas, e na sua constituição refluem elementos salientes da cultura religiosa tradicional, quais sejam, as antigas sociedades secretas, as expedições agressivas dedicadas à caça de cabeças, amuletos ou fórmulas mágicas, ritos divinatórios. Ao mesmo tempo se distinguem elementos claramente hindu-budistas (meditação ou *tapa*), não sem algum apelo à ideologia mahdista de influência muçulmana, com a sua espera milenarista aqui utilizada em sentido claramente restaurativo.

Mas a influência mahdista se faz sentir muito mais explicitamente em outras formações religiosas, surgidas até os anos anteriores à guerra. Trata-se de súbitas explosões de misticismo coletivo. Constituíam-se grupos de fanáticos inspirados, que se reportavam aos mitos tradicionais hindus e islâmicos, relativos a uma idade do ouro primordial, que deviam ser restaurados. Alguns indivíduos — muitas vezes do sexo feminino — entravam em crise de possessão ou êxtase (*dikir*), e através de visões que recebiam impu-

(9) VAN WULLFTEN PALTHE, pp. 4, 27-9.

nham-se a multidões inteiras, guiando-as para a realização de um milênio ou reino de beatitude, que era seu anúncio iminente. Multidões de pessoas deslocavam-se para o alto das montanhas a fim de acolher os "deuses" que deveriam descer à terra da sua sede celeste.

Também estes grupos, movidos inicialmente por intentos místico-religiosos de caráter milenarista, acabavam por constituir um sério perigo para a autoridade colonial, dando lugar a agitações não isentas de significado político. Na realidade, a idéia do milênio era identificada cada vez mais conscientemente com a idéia de uma Indonésia livre e soberana. Além disso, a estes movimentos paganizantes se acrescentavam verdadeiros e próprios movimentos mahdistas: gente que pilhava dando lugar a manifestações cruentas e violentas, na espera do novo Mahdi ou messias. Enfim, especialmente depois de 1945, formavam-se grupos cada vez mais numerosos, cuja organização repetia os caracteres parcialmente místicos dos anteriores, mas que decididamente exaltava a "libertação do Ocidente"[10].

Vimos até agora as manifestações de profetismo e de milenarismo em Java. Mas em outras regiões da Indonésia também se verificaram movimentos de caráter messiânico.

Em Bórneo, o movimento *Njuli,* no primeiro quartel do século atual, era baseado na espera apocalíptica do fim do mundo. Depois do que, sobreviria para os vivos uma ordem nova, uma nova era de igualdade e prosperidade.

Nas Célebes (região de Minehassa), por volta da primeira década do século, formava-se o movimento *Mejapi,* rico de elementos religiosos e de cor política. O mesmo caráter tem o movimento *Parhu damdam* (cerca de 1937) dos Batak de Samatra. Seja o culto *Mejapi* seja o culto *Parhu damdam* preparam e anunciam o advento de um milênio, que será introduzido por um Salvador ou Libertador. Este último, que pode ser ligado a algumas figuras da mitologia ancestral pagã, agirá por amor do "povo eleito" e o conduzirá à salvação[11].

Os cultos messiânicos indonésios, também na sua variedade, apresentam uma fisionomia particular que os distingue dos cultos de outras regiões. Falta neles na realidade o momento cristão (e particularmente o complexo organizacional-eclesiástico). De outro lado, tem neles notável relevo o nível islâmico com a sua ideologia mahdista. Em substância, nos ditos cultos podemos individualizar os seguintes temas ou complexos essenciais:

(10) VAN WULLFTEN PALTHE, pp. 30-1, 33-4, 45, 53-4.
(11) VAN DER KROEF, p. 162 (cita em ordem: J. MALLINCKRODT, *Koloniale Studien,* vol. II, 1925, para o movimento *Njuli;* A.C. KRUYT, N. ADRIANI, 1913, para o culto *Mejapi;* G.D. TICHELMAN, 1937, para o culto *Parhu damdam*).

1. o *complexo pagão originário,* que faz parte do cabedal cultural mais arcaico dos grupos antigos, que ressalta em suma ao nível paleomalês. Inclui as manifestações mágico-místicas em geral, o tema das associações religiosas de fundo agressivo, as figuras divinas;
2. o *complexo hindu-budista* com a sua mitologia variada de heróis guerreiros e salvadores, que inspira muitas das revivescências messiânicas e milenaristas dos cultos modernos. Tal complexo pertence ao nível mais recente de derivação hindu, ou genericamente indiana;
3. o *complexo mahdista,* com seu milenarismo de origem muçulmana, de importação ainda mais recente;
4. finalmente, o *messianismo,* como resposta cultural ao choque da sociedade indígena com o colonialismo ocidental. O complexo messiânico moderno, enquanto tal, pertence ao nível recentíssimo, e remonta às experiências anticolonialistas, do século passado aos anos da maior crise, que devia levar, em 1949, à conquista da independência.

Vietnã

Na história religiosa e social da Ásia Sul-Oriental há um outro caso, além da Indonésia, no qual alguns movimentos populares de caráter profético emancipacionista, plenos de valores religiosos bem como político-sociais, levaram à efetiva luta de libertação e à emancipação política: o Vietnã. A história do Vietnã das últimas décadas conhece um florescer de movimentos religioso-políticos ou seitas proféticas, que prepararam o terreno para a conquista da independência. Dois são os principais movimentos em questão, *Cao Dai* e *Hoa Hao.*

Seu desenvolvimento se insere na complexa e intricada história política da outrora Indochina francesa.

Somente em 1954 o Vietnã, depois de lutas anticolonialistas de libertação de um lado, e de hostilidade entre a França e o Vietminh (aliados de diversas maneiras com forças vietnamitas internas) do outro, encontrou uma sistematização política sua, que dura até hoje, com a constituição de dois Estados independentes, a República do Vietminh no norte — na órbita política sino-comunista — e o Vietnã propriamente dito no sul. Em 1954, com efeito, os acordos de Genebra puseram fim à guerra travada longa e duramente entre o exército francês na Indochina e as forças do Vietminh. A linha de trégua do paralelo 17, estabelecida em Genebra pelo armistício, com a reserva de proceder da reunificação nacional do antigo Vietnã (compreendidos o Tonquim, Aname, Cochinchina), tornou-se na realidade uma linha definitiva a separar dois Estados antagônicos: ao norte da linha surgiu a República Democrática do Vietminh (Presidente: Ho Chi Minh), ao sul a República do Vietnã (Presidente: Ngo Dinh Diem). A República do Vietnã foi proclamada por referendo em 1955, depois da deposição do Imperador Bao Dai. Compreende o antigo Anam e a Cochinchina.

As décadas anteriores a estes eventos decisivos são marcadas, no interior da ex-colônia francesa, por uma série de lutas e represálias contra as seitas político-religiosas Cao Dai e Hoa Hao na Cochinchina[12].

O movimento Cao Dai, ou Caodaísmo, apareceu em 1925, mas a sua primeira revelação remonta a 1919. Seu precursor foi Nguyen Van Chieu, um funcionário mandarinal (o estado vigente tinha uma estrutura tipicamente feudal), mas o apóstolo e divulgador foi Le Van Trung. Em 1919, Nguyen Van Chieu teve uma visão em que lhe apareceu o espírito de Deus (Cao Dai), que lhe ordenou que anunciasse a nova religião aos homens. Um olho aureolado de raios solares devia ser o símbolo, para significar a onividência e universalidade de Deus. Outra visão se repetiu em 1925 ao mesmo Chieu, diante de um grupo de funcionários, entre os quais estava Le Van Trung, obscuro comerciante que chegara à beira da derrocada financeira, em conseqüência de tacanhas operações. Foi uma visão coletiva que induziu Trung a converter-se à nova religião, tornando-se logo o seu profeta mais ardoroso. Enquanto Chieu, de índole tímida e reservada, se retirava para a vida privada, Trung assumia o papel de ativo e combativo sacerdote do Culto Cao Dai. Fundou uma poderosa organização eclesiástica, instituiu capelas de culto, além de uma grande catedral, criou missões de evangelização. Ao término de 1926, os fiéis ascendiam a cerca de 20 000. A sede central do culto, antes em Go Ken, perto de Tai Ninh, foi transferida em seguida para Long Thanh (fronteiras entre Cochinchina e Camboja), onde passou a residir.

O Caodaísmo (em vietnamita: Dai Dao Tam Ky Pho Do = "Terceiro Perdão de Deus", ou Cao Dai = "Alto Palácio" = "Deus Reinante") é um culto espiritualista — na medida em que se baseia em visões e outras formas de inspiração extática — e sincretista, pois é fruto de componentes budistas, taoístas, cristãs. Segundo o Caodaísmo, Deus já concedeu por duas vezes aos homens a absolvição e o perdão coletivo dos pecados; no Ocidente, por intermédio dos dois profetas de Deus, Moisés e Jesus, e no Oriente através dos dois outros profetas Buda Sakyamuni e Lao Tsé. Nestas duas anistias universais, Deus tivera de

(12) Uma outra seita política, isenta no entanto de inspiração religiosa, operou contemporaneamente na Cochinchina: a seita Binh Xuyen (FALL, 1955, pp. 235-253).

assumir forma humana. Agora, pela terceira vez Deus intervinha na vida da humanidade, concedendo o terceiro perdão. Mas nesta ocasião Ele se apresenta em puro espírito, privado de formas humanas. Desta forma apareceu de fato a Chieu e a Trung, na sua inspirada revelação. Os profetas Cao Dai anunciam uma mensagem de "vida, amor, verdade": uma mensagem universal, por uma fé de nenhum modo exclusivista, também por uma religião que se reconhece como essência e núcleo de todas as outras religiões universalistas tais como o Budismo, o Taoísmo e o Cristianismo. De fato, o Caodaísmo pretende sublinhar aquele liame comum que existe entre as múltiplas religiões, validando-as como partes de um conjunto harmonioso.

Na grande catedral do culto caodaísta se vêem, ao lado de efígies, figuras de Confúcio, Cristo, Buda, Lao Tsé etc; em meio a imagens de olhos divinos, que se repetem ao infinito.

A complexa hierarquia eclesiástica repete o modelo católico. Existem nela organismos administrativos, executivos, legislativos e de controle, não sem uma organização assistencial para os membros inválidos da seita, e uma organização militar. O organismo principal é o Cun Trung Dai, à testa do qual está o Giao Tong, o papa espiritual da igreja caodaísta; mas o papa espiritual não é vivo: é o espírito do santo e filósofo vietnamita Ly Thai Bach, de quem o grande sacerdote Trung não é mais que o substituto temporário.

Não obstante o caráter universalista dos seus princípios, o Caodaísmo pretendia afirmar-se como religião nacional vietnamita. Deve-se ver, nesta tendência, a origem da sua eficácia emancipacionista e do seu anticolonialismo que levou o Caodaísmo a tornar-se uma força de ruptura com a tradição cultural, social, religiosa, política indígena.

A tendência antifrancesa e libertária tomou consistência no Caodaísmo depois da morte de Trung (1934), sob o seu sucessor Pham Cong Tac, quando particularmente o grupo Tien Thien (uma das subdivisões em que se cindiu o Caodaísmo) pregou uma mensagem messiânica. De acordo com esta mensagem, esperava-se que retornasse do exílio no Japão o príncipe Cuong Dê, herói nacional do Vietnã. A religião Cao Dai se enchia de conteúdo político antifrancês. Na tentativa de eliminar o grupo Tien Thien, a polícia francesa somente conseguiu que se unissem com as forças comunistas.

Com a deflagração da segunda guerra mundial houve um pulular de profecias e mensagens de libertação. A expectativa do retorno de Cuong Dê e da eliminação do jugo francês no Vietnã tornou-se mais intensa e concreta. Tac, o grão-mestre do culto, foi deportado para Madagáscar, e com ele os seus mais próximos auxiliares. Os caodaístas invocaram abertamente a intervenção do Japão. Apareceram então grupos paramilitares (os "Cabelos brancos", as "Forças voluntárias do interior") que, em 1945, com a derrota francesa na Europa, conseguiram se afirmar e, depois de aliar-se com as forças comunistas do Vietminh, puderam negociar uma trégua, obtendo a devolução dos prisioneiros exilados.

Se, de um lado, a exigência de emancipação se fizera valer de maneira frutífera contra a França — em 1949 é concedida a independência ao Vietnã, ainda sob o imperador Bao Dai, — de outro lado, no período de 1947 a 1954, se fez valer alternativamente uma exigência análoga de emancipação frente ao Vietminh, que não mostrava particular favor pelas seitas independentes vietnamitas. Outras vezes os grupos Cao Dai apoiaram, de fato, o movimento nacionalista Bao Dai contra o Vietminh. Mas quando, com a vitória comunista de Diem Bien Phu e o desastre francês pôs termo à luta, o grande chefe caodaísta endereçou um apelo conjunto a Ho Chi Minh e a Bao Dai, expoentes das forças opostas, invocando moderação e regozijando-se com a libertação do país.

Na realidade, o Cao Dai esteve entre as forças que contribuíram para a transformação do Vietnã de uma estrutura feudal, como imperava até as primeiras décadas do século, ao papel de estado independente unitário[13].

O movimento Hoa Hao (propriamente: Phat Giao Hoa Hao), mais recente que o Caodaísmo — ele apareceu em 1939 —, conta hoje um milhão e meio de fiéis, limitados à zona do delta do rio Mekong, na antiga Cochinchina. A doutrina Hoa Hao tem suas raízes na pregação profética de Phat Tay An, que por volta de 1830 anunciara o fim do império vietnamita "por meio de pessoas vindas do oeste". A profecia, que sobreviveu ao profeta e se difundiu em toda a Cochinchina, fomentou as revoltas de 1875 e posteriormente de 1913, que por pouco não derrubaram a administração francesa na zona de Mien Tay. Um foco revolucionário latente continuou a aninhar-se entre os indígenas da região, e bastava uma centelha para reacendê-lo.

Huynh Phu So, fundador da seita Hoa Hao, propiciou a ocasião para uma retomada dos movimentos de libertação. Nascido em 1919 na aldeia de Hoa Hao (daí o nome da seita), melancólico e doentio, depois dos primeiros estudos juvenis foi mandado a um médico-mago na

(13) Para o movimento Cao Dai, cf. FALL, pp. 237-43; G. GOBRON, 1949; TAC, 1953. O Caodaísmo, das classes administrativas, proprietárias (de terras), cultas, se propagou à classe rural. Em 1938 contavam-se 300 000 adeptos (Lê THANH KHÔI, *Le Viet-Nam: histoire et civilisation*, Paris, 1955, pp. 449, 456-7). Veja também: NGUYEN TRAN HUAN, 1959.

zona de Sete Montes, onde aprendeu, além da magia e das práticas de curandeirismo, a doutrina profética de Phat Thay. Voltando, sempre doente, à aldeia nativa em 1939, uma tarde, enquanto passeava junto ao altar da família, So sentiu-se prodigiosamente curado do seu mal tenaz, e voltou completamente são ao meio dos familiares espantados, aos quais começou a pregar a doutrina budista. Um novo profeta tinha surgido.

A doutrina de So é — se assim se pode dizer — um Budismo "reformado". Contra o luxo imperante nos usos rituais — e para o que as pessoas pobres se endividavam a fim de observar escrupulosamente o culto divino dos mortos — So pregava o retorno à simplicidade dos costumes religiosos. Sem templos ou pagodes, sem estátuas divinas nem instrumentos sagrados, o culto Hoa Hao pretende tornar à oração nua, abolindo a pompa das aparências. Ele se limita a oferendas simbólicas de água (possivelmente da chuva), de flores, de incenso: para significar, respectivamente, limpeza, pureza e para expulsar (incenso) os espíritos maléficos. As oferendas são dedicadas a Buda, aos mortos, aos heróis nacionais.

O profeta So reage contra o formalismo sacerdotalista do Budismo e do Taoísmo, contra a grandiosidade exterior dos cultos fúnebres e em geral de toda e qualquer forma cultual, proibindo a venda de meninas para o casamento, a luta, o jogo, o uso do álcool e do ópio. As quatro orações rituais quotidianas dos adeptos Hoa Hao são, respectivamente, dirigidas a Buda, ao Reino do Senhor Iluminado, aos parentes vivos e defuntos, a todos aqueles que ainda devem libertar-se das trevas da ignorância. Particularmente a segunda oração, dedicada ao Reino do Senhor Iluminado, está em relação com a profecia messiânica de tradição budista Mahayana (o Iluminado), mas não isenta de influências cristãs (o Reino), segundo a qual com o advento do Reino em questão se instaurará a paz no universo.

O culto messiânico e profético fundado por So, seja pelo conteúdo inovador e — com respeito à tradição cultual — revolucionário, seja pela personalidade de desprendimento do profeta, dotado de excepcionais virtudes taumatúrgicas e vaticinatórias (era cognominado o "Bonzo Louco") além de rara eloqüência, não tardou a encher-se de valores sociais e políticos.

So predissera a guerra franco-nipônica. O desenrolar do evento produziu o efeito apocalíptico de um fim do mundo. Os rizicultores nativos desertaram em massa dos campos, retiraram-se para os terrenos altos esperando o fim próximo do mundo e relativa regeneração.

Como reação da parte das autoridades coloniais, So é banido. Mas isto lhe vale a conquista de novos prosélitos no lugar para onde fora mandado (região de My Tho e de Cai Bé). Chegou-se a internar o profeta no departamento psiquiátrico do hospital de Cho-Quan, perto de Saigon. Ele converteu o doutor Tam, psiquiatra local encarregado de examinar o "caso clínico" So. (Mais tarde Tam, que se tornara ardente adepto de So, era trucidado pelas forças do Vietminh, em 1949.) Finalmente declarado são de mente, So foi novamente exilado (1941), em Bac Lieu, enquanto seus prosélitos mais ativos eram enviados ao campo de concentração de Nui-Bara. Em Bac Lieu, porém, devia repetir-se, de forma ainda mais flagrante, tudo o que ocorrera no primeiro exílio de So. A sede do Bonzo Louco tornava-se meta de peregrinações de fiéis. Assim, as perseguições das autoridades francesas somente serviram para criar em torno dele a auréola de herói nacional.

Enfim, exilado para o Laos, foi libertado pelos japoneses (1942) que intervieram na guerra.

Profeta de modo algum inclinado a posições humilhantes ou servis, So conservou-se fiel ao programa emancipacionista que marcava na origem o movimento Hoa Hao. Vaticinou a derrota nipônica; porém soube tirar proveito dos japoneses, obtendo armas para o seu movimento. Quando o poder nipônico desmoronou (1945), o movimento Hoa Hao já controlava quase totalmente a região do Vietnã do Sul, ao sul e a oeste de Saigon.

Como acontecia paralelamente ao movimento Cao Dai, também os Hoa Hao entraram em choque com o Vietminh, cujo regime demonstrou para com eles uma incompreensão que se assemelhava à já mostrada pela administração francesa. Foram estas as razões que conduziram a hostilidades e encontros cruentos (1945), até que em 1947 (quando So entrara decididamente para a vida política, fundando o Partido Social-Democrata vietnamita, o Dan Xa) o Bonzo Louco foi considerado traidor, capturado e morto pelos chefes do Vietminh.

O assassínio do fundador levou, por reação, a seita Hoa Hao a mudar sua política, colaborando com as autoridades francesas. Repetia-se, pois, um processo análogo ao do movimento Cao Dai. Subseqüentemente, o movimento Hoa Hao foi-se enfraquecendo principalmente por causa de lutas e cisões internas entre os expoentes, em parte ainda ligados aos sistemas daquela sociedade feudal de que se originavam[14].

Concluindo, as seitas político-religiosas do Vietnã do Sul se caracterizam, no seu desenvolvimento histórico, por um crescente papel político e militar, pelo fato mesmo de

---

(14) Para o movimento Hoa Hao a única fonte que me foi acessível foi: FALL, 1955, pp. 243-9, 251-3.

que elas desde a origem se haviam constituído em formas altamente organizadas, com suas próprias forças armadas, que depois, com a acalmia das condições gerais e com a realização da independência, eram integradas no exército nacional. Nos tempos mais recentes, faltando os motivos vitais de emancipação de que nasciam, as seitas se enfraqueceram cada vez mais, também pelo pulular de personalismos e particularismos que as punham em choque (Hoa Hao) com a autoridade constituída.

Nos movimentos Cao Dai e Hoa Hao podemos vislumbrar definitivamente os seguintes temas ou complexos religiosos:

1. Um *tema mágico-médico* (Hoa Hao) e *estático-espiritualista* (Cao Dai) ligado imediatamente à tradição religiosa mais arcaica. É o tema de cura, que informa entre outras coisas a personalidade e a obra profética de Huynh Phu So, fundador do movimento Hoa Hao;

2. Um *complexo messiânico de salvação*, com a expectativa de um herói que voltará para emancipar o país (Caodaísmo) ou de um Reino de salvação e de paz (Hoa Hao); este complexo tem relação com as experiências coloniais dos indígenas e com as suas exigências de libertação de um lado, e de outro com a experiência de um cultualismo formalista imposto tradicionalmente pela classe sacerdotal;

3. Um *tema universalista e pacifista* (Caodaísmo, Hoa Hao), baseado na tradição religiosa budista e taoísta fundida com traços cristãos;

4. Um *complexo organizativo, eclesiástico* (Cao Dai, Hoa Hao), de derivação tradicional (budista e taoísta) e ao mesmo tempo cristã. Este complexo desemboca na formação de organismos militares ativos, com cunho político de tipo nacionalista, conservador, e portanto avesso a qualquer autoridade estrangeira (França, Vietminh).

5. Os temas e complexos religiosos acima mencionados são amalgamados dentro de um grande *complexo sincretista,* o qual tem decerto suas raízes na história religiosa e antiga da Ásia Sul-Oriental, mas que assume também um forte matiz inovador, como força de ruptura com uma tradição colonialista, e portanto como consciente renovação de uma tradição religiosa que a predominância de um formalismo vazio levou ao declínio.

Filipinas

Nas ilhas Filipinas, a ocupação espanhola, iniciada no século XVII e perdurada até 1898, introduzira e difundira o catolicismo entre os aborígines. Todavia, mesmo na época do domínio espanhol, freqüentemente se manifestaram movimentos político-religiosos, entre os indígenas dos campos, de caráter tipicamente herético ou separatista. Os chefes dos movimentos foram, na maioria, ex-sacerdotes dominicanos ou de outra ordem, de origem autóctone. Na realidade, eles haviam assumido uma atitude polêmica em relação ao clero espanhol. Em 1840, o Padre Apolinário de La Cruz fundou, entre os Tagalog (indígenas cristianizados e ocidentalizados da zona de Manilha), uma "Confraternidade de São José", inspirada no autonomismo religioso, cultural e político. "Rei dos Tagalog" era o qualificativo dado ao chefe de tal organização eclesiástica[15].

Em estreita relação com a luta de libertação antiespanhola surgira, em 1892, a sociedade secreta do *Katipunam* ("Altíssima e respeitabilíssima sociedade dos filhos do povo"), articulada segundo um sistema celular em triângulo e organizada para uma luta de sangue contra o domínio espanhol. Para auxiliar a associação político-militar do Katipunan nasceu, em 1897, o movimento religioso *Colorum*. Foi fundado em Tayabas (zona meridional de Luzon), mas logo se difundiu entre as províncias de Tarlac e Nueva Ecija (Luzon), inclusive entre os ilhéus de Mindanao. A seita Colorum está centralizada num culto organizado do Sagrado Coração, em virtude do qual os fiéis julgam adquirir imunidade frente aos fuzis do governo. Os prosélitos esperavam messianicamente o retorno do herói nacional Rizal, que fora fuzilado pelos colonialistas no curso da luta de independência contra os espanhóis (1896). Os chefes do movimento Colorum se diziam inspirados pela visão de Rizal. Eles anunciavam iminente, para os seus prosélitos, o advento de uma era de abundância e de bem-estar, com anulação das dívidas e de toda forma de exploração colonialista: o chamado "Céu prometido", uma nova versão do mito da idade do ouro. O nome do movimento provém, por sua vez, de uma significativa interpretação milenarista e messiânica dada pelos indígenas à fórmula litúrgica *saecula saeculorum*, que eles mesmos ouviam e salmodiavam em coro nas igrejas cristãs. No lugar de culto, ao pé do Monte São Cristóvão, os adeptos afirmavam ouvir uma "voz sagrada" na qual buscavam inspiração. Em concomitância com alguns limitados sucessos militares do Katipunam, os chefes da seita Colorum ordenaram aos adeptos que fizessem uma reunião demonstrativa, bem como uma procissão em direção a Manilha, a capital da ilha. O chefe e profeta, Juan Magdalo, instruiu os prosélitos. A procissão se pôs a caminho, levando à frente um baldaquim sobre o qual estava sentado o "santo" Magdalo, vestido de novo São João

(15) CHESNEAUX, pp. 176-77.

Batista. Seguiam homens e mulheres de uniformes, os homens com longos mantos brancos que queriam imitar o manto dos apóstolos. Os espanhóis, a princípio surpresos com a extravagante manifestação, abriram fogo em seguida e ocorreu uma carnificina. Os sobreviventes (com Magdalo) se puseram em fuga[16].

Quando, em conseqüência da guerra hispano-americana de 1898, os Estados Unidos sucederam ao domínio espanhol no Arquipélago, outros movimentos nativistas apareceram por diversas vezes. Eram a expressão de exigências emancipacionistas que somente mais tarde, em 1946, deviam encontrar reconhecimento da parte do governo, com a concessão da independência às Filipinas. Em 1902, por intermédio dos padres filipinos Gregorio Aglipay e Isabelo de las Reyes (ex-companheiros de armas de Aguinaldo, promotor da insurreição antiespanhola de 1896) surgiu a igreja cristã separatista aglipayana, que ainda hoje prospera nas ilhas Filipinas. Ela se baseia nos dois Testamentos, absorve o princípio cristão da retribuição do bem e do mal, reconhece a divindade de Jesus; todavia, introduz a língua tagalog na liturgia; nas crenças deixa ampla margem à tradição religiosa popular e local; introduz, entre os santos canonizados cristãos, figuras de heróis nacionais da independência filipina como Rizal, Burgos, Gomes, Zamora; observa-se quanto a estes um autêntico culto religioso[17]. Trata-se de uma igreja dissidente (não reconhece a autoridade do Papa), nascida em ambiente cristianizado em reação à política de desculturação da igreja católica. Corresponde às várias igrejas dissidentes de ambiente africano, oceaniano, americano: surgidas todas em análoga situação colonial, e expressões de idênticas exigências de liberdade e de salvaguarda dos valores culturais tradicionais.

Em conclusão, os movimentos messiânicos filipinos desembocam também eles, depois de uma fase de luta aberta contra os europeus, na fundação de uma "igreja" independente, assim como aconteceu na África, América, Oceania. Nestes movimentos reconhecemos um estrato pagão que age sobre o Cristianismo difundido pelos missionários, dando lugar a reinterpretações popularizadoras destes (culto mágico do Sagrado Coração, figura do chefe religioso identificado com o rei etc.); um complexo autonomista às vezes decididamente revolucionário, ou mesmo separatista; um com-

---

(16) CHESNEAUX, pp. 176-7; T.A. AGONCILLO, "The revolt of the Masses. The story of Bonifacio and the Katipunan", *Philippine social Sciences and Humanities Review*, XXI (1956) (Quezon City), pp. 43-4 (Katipunan), p. 195 (Colorum).

(17) CHESNEAUX, pp. 176-8 (cita: ALIP, *Political and cultural history of the Philippines*, Manila, 1950-52); ROBERTSON, 1918; G.F. ZAIDE, *History of the Filipino People*, Manila, 1958, pp. 218-9. Sobre o sincretismo cristão-filipino, cf. J.L. PHELAN, 1959, pp. 78-84.

plexo eclesiástico-organizativo que reage à organizada propagação da igreja católica; um complexo nitidamente messiânico de salvação (Colorum), ligado por sua vez a experiências históricas de luta antiocidental (o herói Rizal).

Japão

No Japão do após-guerra desenvolveram-se inúmeros cultos messiânicos populares. Neles se exprimem e se redimem novas exigências religiosas, que as religiões tradicionais não mais podiam satisfazer, exigências brotadas da grande crise cultural, social, moral e política da guerra e do período de após-guerra. Tais movimentos se enxertam num terreno cultural já caracterizado, no âmbito religioso, pelo sincretismo xintobudista, do qual tiram seiva e substância. Todavia, tais movimentos tendem energicamente a renovar a cultura religiosa tradicional, e por isso representam, como qualquer outro culto nativista e profético, um produto *novo,* brotado do velho tronco da tradição. As religiões tradicionais não conseguiram salvar o Japão, e portanto as novas religiões exprimem, sobretudo, a necessidade de *salvação* que sentem as massas populares japonesas, em seguida à trágica provação sofrida. Não é por acaso que nos cultos messiânicos japoneses a desejada regeneração ou era do ouro se identifica em grande parte com uma era de *paz* universal. A salvação, a paz (depois da guerra) e a purificação interior (da passada "imoralidade") são, pois, os polos em torno dos quais versa, segundo as exigências de um budismo revivificado e renovado, a mensagem messiânica.

Amplamente difundido e florescente entre os indígenas de Hon-shu, a maior ilha do Arquipélago, existe o movimento *Mioshi,* ou da "Divina Doutrina" (também chamado *Tenshô-kodai-jingu-kyo* = "Religião do Deus absoluto onipotente"). De Yamaguchi, onde foi fundado (zona sul-ocidental de Hon-shu), ele se propagou (segundo uma pesquisa feita em 1950-52) para Osaka, Yokohama, Tóquio etc. Ao fundar o movimento, a profetisa Kitmura Sayo tomou o nome de *Ogami-sama* ("Grande-venerável-deusa") e se declarou filha única adotiva do Deus absoluto onipotente, que a enviou para redimir o mundo antes do seu fim iminente.

Ogami-sama concebeu a idéia da própria missão depois de visões reiteradas, que tinha desde a juventude, e das práticas de ascetismo e mortificação coerentes com a tradição budista. Ela se dizia dotada de qualidades taumatúrgicas; era vidente curandeira. Reportando-se à tradição messiânica do Budismo Mahayana. Ogami-sama se apresenta como Redentora prometida e aguardada. O mito budista (mahayama) — amalgamado, por sua vez, com o messianismo indo-irânico — falava de fato de um Redentor, Maitreya, o qual na retomada de um novo ciclo do tempo, quando o mal tiver saturado o mundo, descerá à terra para restaurar o império da lei[18].

A "Divina Doutrina" representa o caminho de salvação para os homens. Através da profetisa, todo indivíduo poderá comunicar-se com Deus, precisamente com 2500 anos antes através de Buda. A religião Mioshi retoma do Budismo toda a doutrina do *karma* (ação como causalidade do destino) e do ciclo de existências ou *samsara*. A catástrofe da guerra, com as suas conseqüências materiais e morais, se deve às transgressões dos homens, então sujeitados por espíritos maléficos que governam o "mundo das trevas", isto é, o mundo da realidade. O homem, embaído pela miragem do sucesso e dos sentidos, saiu do caminho do aperfeiçoamento espiritual que lhe é peculiar. A confissão, a oração, a meditação e o êxtase são os meios de purificação que a nova religião oferece aos homens; dessa maneira se extirparão as seis raízes do mal (pesar-desejo, cobiça-aversão, paixão-desejo de amor).

Continua evidente, na impostação doutrinal e cultural particular da seita Mioshi, e nos elementos da sua *praxis* purificatória, a herança do Budismo, do qual se reconhecem, além dos temas já mencionados, o tema extático e da meditação, o tema da eliminação do desejo, o tema especulativo do mundo como treva.

Especialmente o tema da purificação interior de "erros" e "culpas" morais passadas deixa ver claramente, à luz da comparação, a sua natureza real. Não passa de uma formulação budista "espiritualizada" ou interiorizada do tema de renovação, como se divisa nos cultos proféticos de nível etnológico. Ele, em particular, representa o aspecto polêmico, autocrítico da renovação, isto é, a denúncia lançada contra as formas religiosas tradicionais e oficiais, as quais, tendo em vista as novas exigências de transformação e renovação, resultam "errôneas", ou seja, para os Budistas cheias de "culpa interior".

De outro lado, o Xintoísmo também deixa ver sua herança, através das múltiplas divindades que são invocadas juntamente com o Deus onipotente. A principal oração do rito Mioshi começa assim: "Ó Deus Veraz, Onipotente; ó vós, oito milhões de deuses!, paz ao mundo inteiro, paz ao mundo inteiro![19]..."

Por outro lado, é difícil saber se a confissão, a idéia do fim do mundo, da redenção por virtude de um profeta

---

(18) G. TUCCI, *Asia religiosa*, Roma, 1946, p. 139.
(19) Para o culto Mioshi em geral, v. OLSON, 1953, pp. 78-81.

constituem uma herança budista ou sentiram em parte as influências cristãs.

Já mencionamos que a *paz* está entre os temas relevantes do culto Mioshi. Ela forma também o tema principal de outros cultos.

"Não há ninguém que não aspire à paz e ao bem-estar: é o desejo humano mais natural. Por que, pois, a nossa vida é cheia de guerras e de conflitos? Por que o bem-estar de nosso lar é perturbado? E por que a paz de nossa vida social é destruída?" Com este apelo à paz universal inicia uma das suas numerosas alocuções o atual patriarca (*Shimbashira*) da religião *Tenrikyô*, isto é, daquele que se tornou o movimento profético mais difundido e poderoso do Japão contemporâneo. "Somos todos seres humanos", continua a mencionada alocução, tocando logo em seguida no tema correspondente da fraternidade universal, "... e se nós nos amássemos uns aos outros, o mundo se tornaria luminoso e feliz. A causa dos nossos males é a falta de amor pela humanidade... Devemos amar o gênero humano... Por isso, propagamos ao mundo os ensinamentos de Nakayama Miki, fundador da Religião da 'Sabedoria Celeste', o Tenrikyô"[20].

O Tenrikyô é o mais importante dos inúmeros movimentos religiosos populares surgidos, no século passado, no seio do Xintoísmo, e por ele oficialmente separados depois de 1882 (Shuha Xintó). Estes movimentos são amplamente marcados pelo sincretismo xintó-budista e incorporam também elementos confucianos e cristãos. A história de tais seitas, que têm em comum com o Budismo e o Cristianismo uma figura histórica de profeta-fundador além de um credo de salvação, se contrapõe às sistemáticas tentativas oficiais, por meio da classe sacerdotal e do Estado de sancionar ou restaurar um "puro Xintó" de Estado. Trata-se, portanto, de movimentos nascidos como reação popular ao centralismo sacerdotal e estatal. De resto, toda a história religiosa do Japão, se bem examinarmos, se desenvolve no trilho contínuo (desde os séculos VII-VIII-IX, com os primeiros movimentos sincretistas) de uma polêmica, ou melhor de uma dialética contraposição entre duas tendências bem distinguíveis: a tendência concentradora e organizadora do sacerdócio e da religião oficial de Estado, com os próprios interesses institucionais (onde tal religião oficial, o Xintoísmo, é levada a satisfazer cada vez menos, assim como está, as exigências religiosas populares); e a tendência popular dialeticamente oposta, expressa em reiteradas eflorescências de cultos proféticos de salvação ligados às exigências de vida mais imediatas. Esta última ten-

(20) VAN STRAELEN, 1957*b*, p. 124.

dência leva a amalgamar em formas cada vez mais renovadas o politeísmo da tradição xintoísta, com o milenarismo, o messianismo, a espera de salvação próprios sobretudo do Budismo amidista[21].

Não se trata aqui de refazer a história do movimento Tenrikyô[22]. Surgiu em 1838 da pregação de Nakayama Miki, uma aldeã de Samaïden (prov. de Yamato). Quando ela precisou recorrer a um sacerdote itinerante (yamabushi) para curar uma doença da família, este numa sessão doméstica recorreu a ela como médium para obter a necessária capacidade de curar. Nesta circunstância, Miki teve uma visão: Deus lhe apareceu e ordenou-lhe que pregasse a nova religião, baseada na fé no Deus salvador, onipotente e absoluto. As visões ou revelações prosseguiram. Miki aprendeu as verdades sobre as outras divindades (na realidade, outras dez divindades existem junto ao Deus absoluto, tiradas do panteão tradicional xintoísta), bem como sobre a cosmogonia. Do caos e do barro primordial Deus criou a cópia ancestral, Izanagi-Izanami, a quem deu órgãos, funções, alma; fez que dele nascessem as primeiras gerações humanas, tudo isso recorrendo a vários animais simbólicos, em complicadas operações e transformações mágicas; depois separou céu e terra, os continentes etc. Em tudo isso se discerne a reunião da mitologia xintoísta e cristã; particularmente, o politeísmo xintoísta se funde de modo estranho com o monoteísmo cristão. Mas o amidismo se torna especialmente evidente no tema da salvação, que será obtida pelos homens depois de sucessivas reencarnações, até que todos alcancem quando a conduta humana for perfeita, uma velhice de 115 anos.

O Tenrikyô, para quem segue seus ritos, orações e danças sagradas no templo, mas especialmente as cerimônias mensais no grande templo de Tenri Shi, sede original do culto, limpa a alma das sete "poeiras" (pecados) que a vida ordinária e pecaminosa acumula, isto é, liberta das doenças e dos sofrimentos que Deus concede como punição.

No dia em que toda a humanidade tiver alcançado o estado de perfeição na virtude, do teto do grande templo de Tenri Shi, sob a sagrada coluna Kanrodai[23], choverá suave orvalho (kanro). Então reinará a felicidade, sem mais necessidade de templos nem de orações. Cessarão as

(21) R. PETTAZZONI, *La mitologia giapponese*, Bologna, 1929, pp. 9-22.
(22) Remeto à literatura citada em R. PETTAZZONI, *La confessione dei peccati*, vol. I, Bologna, 1929, p. 202, nota 63; cf. também H. VAN STRAELEN, 1957*b*, do qual tiro também as notícias sobre os desenvolvimentos mais recentes do Tenrikyô.
(23) A coluna Kanrodai do templo de Tenri Shi indica o lugar preciso onde ocorre a primeira revelação da profetisa Miki. Os templos do culto Tenrikyô chegam hoje a 14 000; os pregadores a 90 000 (VAN STRAELEN, 1957*b*, pp. 124, 127).

desgraças e os homens atingirão a idade de 115 anos em que permanecerão para sempre.

Em essência, o Tenrikyô se configura desde a origem como religião de libertação, de cura, de salvação; e é importante que a idéia de salvação tenha sido orientada cada vez mais, com as experiências do após-guerra, no sentido de salvação das dificuldades sociais, econômicas, práticas[24]. O Tenrikyô, surgido como religião popular contra a hegemonia e o institucionalismo do Xintó de Estado, se enriqueceu de renovada energia em seguida às últimas experiências de crise social, cultural, política e religiosa do Japão contemporâneo.

O quadro geral dos movimentos religiosos do Japão moderno está longe de esgotar-se nos cultos mencionados. Entre as classes médias do Japão se desenvolveram, no período de após-guerra, inúmeras religiões novas. Elas se aparentam intimamente com a ideologia xintoísta, de que representam emanações. Do Xintoísmo tradicional conservam, de um lado, o caráter ritualista — com as "festas" características nos templos tradicionais —, o aspecto místico particularmente centrado na experiência de "absorção" do indivíduo dentro da nação imperial. De outro lado, estas seitas modernas mantêm, ou retomam e acentuam o caráter nacionalista. Decerto, as novas formações religiosas não exercem, sobre o comportamento religioso das massas, uma influência semelhante às religiões tradicionais, pois — o que é muito relevante — elas se desenvolvem sobretudo entre as classes médias. Em particular, as seitas em questão mantinham ligações cada vez mais intensas com castas e grupos financeiramente poderosos, dando lugar a associações híbridas mais plutocráticas que religiosas, ou mesmo a verdadeiras facções dotadas de atividade terrorista, nas quais prevalecem interesses totalmente extra-religiosos, de poder, de um lado, e de riqueza, do outro[25].

Este aspecto do desenvolvimento, ou melhor, da involução da vida religiosa na burguesia do Japão moderno, com as novas seitas pseudo-religiosas de inspiração naciolista — aspecto que mereceria um estudo à parte nas suas componentes originárias — exprime a seu modo um momento negativo, ou antes degenerativo de uma condição de crise social e religiosa. O momento positivo correspondente nesta crise pode ser discernido nas formações religiosas populares do culto Mioshi, e em alguns aspectos no culto Tenrikyô. Tal é o complexo desenvolvimento que assumiu a história religiosa dentro de uma sociedade contemporânea em crise: uma sociedade articulada, ou melhor

(24) VAN STRAELEN, 1957b, p. 131.
(25) OGUCHI IICHI, 1955.

uma nação na qual agem, dentro de certos limites, fatores nacionalistas de origem complexa.

Quanto aos cultos *populares* do Japão moderno, neles é visível um amálgama de elementos budistas, xintoístas e às vezes cristãos. Este sincretismo transforma estes cultos em formações messiânicas substancialmente *novas* para a história religiosa nipônica. A sua característica, do ponto de vista histórico-comparativo, é terem surgido de uma crise de ordem interna, em conseqüência das drásticas experiências bélicas e pós-bélicas. O problema que este messianismo pretende resolver não é pois, como na maioria dos profetismos vistos até agora, realizar uma autonomia qualquer frente a uma cultura estrangeira opressiva; não é um problema de *liberdade* frente a terceiros, se bem que continue sendo um problema de *salvação*. Falta, portanto, no culto Mioshi e nos outros cultos populares messiânicos japoneses, o complexo autonomista próprio (pelo menos em grande parte; v. Conclusão) das formações proféticas de nível colonial.

De outro lado, também não se encontra neles aquele complexo que é bastante freqüente em muitos cultos de nível etnológico, e que é característico do Cristianismo e dos vários cultos proféticos do mundo ocidental moderno, ou seja, o complexo do Reino ou da Cidade Santa, entendida como sede e refúgio dos fiéis de uma sociedade oprimida por forças tirânicas (como sacerdotalismo, estatismo, institucionalismo eclesiástico, hegemonia classista etc., segundo as diversas condições histórico-sociais). Evidentemente, no Japão moderno, a condenação religiosa da guerra e das suas conseqüências não acomete — não pode limitar-se a acometer — uma determinada instituição, um grupo particular, ou um setor qualquer da sociedade. É a própria sociedade no seu conjunto que, condenando religiosamente a si mesma, tem necessidade de renovar-se para salvar-se. Que a sociedade japonesa devia efetuar a sua necessária renovação neste sentido, com esta prática, indicava-o, aos profetas das novas religiões, a própria tradição, uma tradição tomada ao Budismo, rica portanto de elementos especulativos, individualistas, introspectivos. Portanto, de conformidade com a dita tradição, a reflexão messiânica dos novos profetas do Japão tende a fazer com que o homem descubra em si mesmo certos valores internos até então ofuscados. Em suma, paz e salvação serão adquiridas mediante uma purificação religiosa dos indivíduos.

Em conclusão, os profetismos japoneses são o produto religioso de um conflito interno da sociedade e, ainda mais, do indivíduo, um conflito que — pelas condições históricas em que se verifica e pelo ambiente cultural em que surgiu

— coloca ao mesmo tempo o homem como indivíduo frente a todo o universo, não somente uma sociedade contra a outra, nem um setor social contra o outro. Tal messianismo, que tem seus precedentes históricos nas mensagens budista e cristã — também elas, quando surgiram, ricas de energia revolucionária —, contém o novo tema da fraternidade e da paz universal. É o produto de uma consciência mais ampla da posição do homem frente ao mundo, uma consciência que foi historicamente adquirida, no Budismo como no Cristianismo, com base numa milenar tradição especulativa (védico-brahmânica ou mesmo judaica), mas sobretudo em conseqüência da ampliação efetiva e concreta dos confins políticos, sociais e culturais do mundo.

O tema da paz e da fraternidade universal assume uma ressonância particular nos cultos modernos nipônicos — como, de resto, em todos os cultos modernos ocidentais euro-americanos — como expressão de uma renovada necessidade de *salvação* da guerra e das suas seqüelas.

Ásia continental

Para a Ásia continental são escassas, em geral, as notícias sobre movimentos religiosos proféticos e nativistas modernos. Surge um movimento *burkhanista* em 1904 entre os caçadores-pastores dos montes Altai (de Burkhan, nome mongol de Buda), fundado pelo profeta Chot (= Chet) Chelpan contra o domínio russo. A russificação política e cultural do território turco-altaico reportava-se, para falar a verdade, ao século XVII. Todavia, até 1866 alternavam-se contrastes de supremacia, nos ditos territórios, entre Rússia e China. Fato é que os altaicos do vale Chuya foram obrigados, até 1866, a pagar tributos ou aos chineses ou aos russos; somente a partir de então o seu território se torna efetiva e unicamente russo.

Como reação a esta tomada de posse definitiva das suas terras por parte da Rússia tzarista, nascia entre os altaicos o Burkhanismo. Ele funde de maneira sincretista elementos de influência lamaísta, budista e cristão, num complexo religioso nativista cujo núcleo fundamental consiste no anúncio e na espera de uma iminente restauração do império dos mongóis. A profecia era baseada numa visão recebida por Chot Chelpan, fundador do movimento. Nela ele vira um cavalo muito branco, montado por um cavaleiro vestido de branco, que anunciava o retorno iminente de Oirot Cã, místico chefe dos turcos altaicos, remoto descendente — segundo a lenda — de Gêngis Cã. Oirot Cã libertaria os altaicos dos russos e restabeleceria o antigo Canato de Oirot.

Aliás, por várias vezes se verificaram análogas profecias e expectativas milenaristas algumas décadas antes. Com efeito, de maio a julho de 1904 ocorreram movimentos de massa na região do vale Chuya. Os habitantes, seguindo o seu profeta, abandonaram as residências e se reuniram num local secreto para os russos e para os nativos cristianizados.

O mítico cavaleiro que apareceu em visão a Chot Chelpan, além de anunciar a libertação política e territorial, pregava as regras e as prescrições do novo culto religioso, tipicamente nativista e totalmente antiocidental.

Os pontos mais relevantes do programa burkhanista são: restaurar as formas significativas do costume religioso tradicional e rechaçar os costumes análogos introduzidos pelos russos. Entre as prescrições estabelecidas pela visão profética estão as seguintes: oferendas matutinas de leite ao céu e às quatro direções do horizonte (rito de evidente origem pagã, ligado ao culto de um Ser e ao uso da oferta de primícias); proibição de ingerir sangue animal, de abater árvores vivas, de oferecer a quem quer que seja cachimbos de fumo, que devem ser substituídos, como ato de amizade, pela oferta de ramozinhos de junípero a queimar; obrigação de colocar diante da casa incenseiros e quatro altares de bétula, de venerar o sol e a lua "como próprios irmãos" (até aqui se trata de conservação de traços religiosos e ideológicos pagãos); proibição de consumir refeições em companhia de um cristão ou de um altaico convertido; término do rito pagão de veneração da "alta montanha branca"; obrigação de destruir (queimar) os tambores dos xamãs, que são objetos de Erlik (espírito maléfico) e não de Deus; proibição de fazer amizade com os russos, pois "são inimigos, declara o profeta, e logo verão o seu fim, a terra se abrirá e eles submergirão nas suas vísceras"; obrigação de entregar o dinheiro russo sem utilizá-lo.

Como vemos, o movimento burkhanista contém em si mesmo elementos fundidos e temas de origem e significado-desaparecidos, entre os quais alguns representam traços selecionados e retomados (ou conservados) pela tradição religiosa pagã (oferendas, queima de incenso, altares de árvores, tabu alimentar do sangue, tabu do abatimento de árvores); outros, ao contrário, anulam a tradição (destruição dos tambores xamanistas, fim do culto da montanha branca); finalmente, temas cristãos (lista dos mandamentos, profecia anunciada com o auxílio de uma irmã "virgem" do cavaleiro branco etc.). O tema messiânico, com o advento do mítico cavaleiro-profeta, pode ser de influência cristã ou budista, mas pode, verossimilmente, fazer parte do cabedal tradicional pagão (retorno de um herói-cavaleiro), embora reelaborado de forma culta[26].

Decididamente, a escolha de elementos tradicionais, a deliberada renúncia a outros traços tradicionais, a aceitação de elementos de origem externa, fazem do Burkhanismo uma religião essencialmente "nova", como novos são e querem ser todos os cultos nativistas. De fato, o Burkhanismo tem como intuito satisfazer exigências totalmente novas de libertação e de salvação de um domínio sentido como estrangeiro e portanto inimigo.

No que diz respeito às relações estabelecidas entre os russos e os povos submetidos depois da expansão ocorrida nos séculos XVI-XVII, temos o testemunho de um caso que demonstra que nem sempre o contato entre culturas ou grupos diversos gera choque e conflito. Trata-se do caso dos tungusi criadores de renas e dos cossacos da Manchúria Norte-Ocidental (região de Chuerhkanho e Dubova). Os contatos que se estabeleceram regularmente até 1870 entre estes dois grupos étnicos e culturais (os tungusi foram submetidos em 1615 pelos cossacos progenitores daqueles que posteriormente se fixaram na fronteira ocidental manchu) não suscitaram conflitos de importância.

Os motivos de tal ausência de conflito podem, comparativamente, ser reconhecidos numa relativa integração econômica estabelecida entre as duas culturas (tungusi criadores de renas, cossacos agricultores) através de feiras periódicas e encontros vários; na sua relativa separação territorial; na ausência de relações de supremacia de um lado ou de outro, enfim na ausência de grave desnível no campo da cultura social e religiosa. Os cossacos, mais cristianizados do que os tungusi, encontram nos últimos certas características da antiga e comum religiosidade pagã (o xamanismo), de que estão em condições de se servirem, embora em contradição com o Cristiansimo que professavam; enquanto os tungusi, também eles já imbuídos de Cristianismo, receberam, através dos cossacos novos traços cristãos, que se acrescentam à sua religião sincretistas[27].

Este caso, ao contrário, salienta a relação existente entre o nascimento dos nativismos, profetismos, messianismos e a condição de sujeição econômico-social-cultural de uma civilização (ou grupo) com respeito a outra civilização, hegemônica e dominadora.

Um importante movimento nativista se desenvolveu,

---

(26) Para o movimento bukhanista, cf. KRADER, 1956. De um movimento totalmente análogo na região de Tanna Tuwa (Mongólia Exterior) em 1904 fala Lowie (1957, p. 89), citando O. MANCHEN-HELFEN, *Reise ins asiatische Tuwa*, Berlim, 1931, p. 96. Apareceu um profeta, que amaldiçoou os invasores russos e ao mesmo tempo ordenou que se queimassem os tambores xamanistas.

(27) LINDGREN, 1938.

até o último quarto do século passado, entre os ceremissos, povo do grupo fínico que habita a região do alto Volga e do Kama (entre os rios Vjatka e Vetluga). É o movimento *Kugu Sorta,* ou da *Grande Vela*[28]. Surgiu como reação religiosa, social e política à dominação tzarista, por volta de 1870. Foi fundado pelos irmãos Jakmanov, na região de Jaransk. Alguns autores crêem discernir, na atitude de protesto dos nativos contra a atividade missionária da Igreja russa ortodoxa no início do século XIX, uma fase preparatória do movimento em questão. É verdade que, no período de 1870-1880, a seita se espalhou do distrito de Jaransk para os de Urzum e de Kazan.

Convém lembrar que os ceremissos foram submetidos por Ivã, o Terrível, até o século XVI, não sem terem oposto dura resistência; desde então, tivera início a sua "conversão" ao Cristianismo, a qual, todavia, durante os séculos, devia manter-se totalmente superficial e, quanto a grupos inteiros, mais nominal que real[29]. Ora, os adeptos do movimento Kugu Sorta se professavam cristãos. Mas, quando se tornou claro que o seu era um Cristianismo mais do que fictício, a própria igreja, e junto com ela o governo tzarista deram início às perseguições (1890). Os sequazes do movimento foram obrigados à força a seguirem o culto eclesiástico, foram privados da propriedade de terra ou de qualquer direito sobre ela, e os chefes deportados para a Sibéria. A seita, em conseqüência, retirava-se para a clandestinidade.

Kungu Sorta é uma denominação dada ao movimento pelos cristãos, pelo fato de que grandes velas de cera de abelha eram acendidas por ocasião das cerimônias, nos locais de culto em aberto. Na verdade, os ritos se realizam nos bosque, sem templos nem sacerdotes. São dedicados, sobretudo, ao Ser supremo celeste (*Jume*), criador onisciente e juiz benévolo, mas também a outros seres da mitologia tradicional pagã. Diante de um abeto ou tília (árvore da oração: *ona pu*) são dispostas uma ou mais "mesas da oração", sobre as quais são colocados recipientes cheios de sementes de plantas alimentícias (trigo, aveia, centeio) e cânhamo. Uma grande vela queima ao centro, outras menores na boca dos recipientes: três dedicadas aos três seres co-criadores (*puireso*), intermediários entre o Ser supremo e o homem (antropomorfos, dispostos em escala, entre o céu e a terra), seis velas dedicadas a outros tantos "anjos" (*sukse*), guardas e protetores das pessoas no decurso da vida (também Deus tem a seus serviços um grupo de anjos contra os quais combate *osal*, o demônio). Outras velas são dedicadas respectivamente à "mãe da vida" (figura

(28) SEBEOK-INGEMANN, 1956, pp. 320-37.
(29) *Op. cit.,* pp. 26-8, 316-19.

mítica feminina pagã) e aos seus seis anjos. Oferendas de alimentos e bebidas são depostas sobre a mesa de orações. As cerimônias se realizam anualmente no solstício de inverno, na saída dos rebanhos (bovinos, carneiros) para os pastos, no seu retorno no outono, na época da semeadura e na colheita de trigo (ou de outras plantas alimentícias), na época da matança dos animais (junho); além disso, toda sexta-feira e nas reuniões coletivas que se fazem a cada sete semanas. Os ritos consistem de orações, oferendas de velas e de alimentos vegetais (comumente os sacrifícios animais são rigorosamente proibidos; somente uma ala da seita pretendeu conservar tal uso, de nítido cunho pagão). Os ritos terminam com um banquete. Os ritos familiares são presididos pelo chefe da família, os coletivos pelos anciãos. As orações são de agradecimento ao Ser supremo, de perdão pelos pecados. O culto é absolutamente anicônico; há uma expressa proibição de adorar efígies. Alguns tabus rituais dizem respeito aos alimentos e às relações sexuais em determinadas condições. Uma proibição particular incide sobre o uso dos remédios; para curar os doentes, o único remédio reconhecido oficialmente é a oração; com efeito, considera-se que toda doença é provocada por feitiço.

Elementos e temas de religião pagã tradicional constituem o estrato mais arcaico do complexo religioso Kungu Sorta. Tais traços e temas parecem evidentes nas formas do culto e na mitologia; assim, o Ser supremo, a "mãe da vida", os vários espíritos ou entes míticos menores (os *keremet* de tradição pagã), os sacrifícios animais (mas somente para a ala da seita que os adotou), as oferendas alimentares, os números sagrados 7, 3, 9; o culto em campo aberto com as árvores "sagradas", o calendário das festas, a sua ligação com os eventos mais importantes da vida econômica etc.[30]

De outro lado, o Cristianismo representa aqui o estrato recente. Ele manifesta a sua influência em elementos com o mundo dos anjos, a escatologia, o culto dos santos (S. Filipe) e de Maria, o batismo. Mas ele próprio sofre reelaborações e reintegrações no sentido pagão. Cristo é considerado um dos profetas de Deus, junto com Maomé; nem um nem outro tem natureza divina[31]. Noé torna-se o juiz dos mortos. Do Cristianismo provém igualmente a doutrina da fraternidade universal.

Embora pratique em seu interior a endogamia, a seita Kugu Sorta é antiexclusivista e tolerante para com as outras religiões, o que a diferencia do cristianismo, exclusivista e

(30) *Op. cit.*, pp. 313-19.
(31) Os ceremissos sofreram longamente a influência dos tátaros muçulmanos, que os haviam submetido em 1236. Posteriormente, os ceremissos se uniram com os tátaros na luta contra os russos.

intolerante. A religião Kugu Sorta admite alguns traços da religião pagã e rejeita outros; e entre estes está o sacrifício animal, um dos fundamentos da religião pastoral dos ceremissos[32]. Os adeptos da seita evitam os objetos da civilização modernos introduzidos do exterior, e sobretudo hostilizam o uso das ferrovias (a "serpente de fogo") e de remédios. Pretendem retomar explicitamente a religião original dos antepassados, mas o espírito da religião pagã é mudado substancialmente. Os ceremissos procuram não mais, ou não só a obtenção, através dos ritos, de prosperidade, bens, riqueza; mas, antes de tudo, atingir uma conduta conforme aos princípios da nova religião, bem como agradar a divindade e obter-lhe o perdão dos pecados[33].

A cosmologia e a escatologia também são reelaboradas em parte. Deus criou o mundo, tirando-o das Plêiades. Chegará o tempo em que ele voltará ao ponto de origem, e então terá chegado a hora do Juízo Final. Os pecadores serão destruídos, os bons — praticamente os adeptos da nova religião — se salvarão subindo em cima das árvores sagradas da oração; continuarão uma vida feliz. Ocorrerá isto no advento da décima era; agora estamos na nona, e são 17 as eras predeterminadas para o ciclo do mundo. A conduta conforme aos ditames da nova religião realizará o advento do Milênio de beatitude.

Em conclusão, o novo culto suscita uma forte coesão social entre os adeptos; inspira-se em algumas prescrições de caráter ético e sobretudo no princípio da fraternidade e da solidariedade, com exclusão de toda hierarquia terrena (sacerdotes). Este espírito de solidariedade e o senso da culpa a expiar (pedindo perdão à divindade) representam, como vimos nos outros movimentos pacifistas (Mioshi), uma formulação ao modo cristão (ou respectivamente budista) de um tema da renovação. Esta se exprime positivamente na nova solidariedade social-religiosa entre os ceremissos, possível produto do culto. Negativamente, ela se exprime na experiência de "culpa" com que parte da tradição anterior continua condenada, porque inadequada. A grande vela, no centro do espaço sagrado, representa significativamente a solidariedade dos prosélitos: a vela é feita com cera colhida e acumulada por todos. A cera, por sua vez, é símbolo da operosa solidariedade — a das abelhas —, em cujo modelo a humanidade deveria inspirar-se[34].

O surgimento do movimento Kugu Sorta está relacionado com as condições de sujeição a que o domínio russo

---

(32) Para as relações entre sacrifício animal e civilizações pastoris, v. o meu volume *La grande festa*, parte III.
(33) SEBEOK-INGEMANN, *op. cit.*, pp. 322-23.
(34) *Op. cit.*, p. 336.

do último quartel do século XIX reduzira os ceremissos. A sociedade indígena vivia sob a crescente ameaça de desintegração e desculturação. O pesado encargo de tributos econômicos, a sistemática opressão das classes rurais provocava (1889) uma revolta logo dominada. As propriedades dos rebeldes foram alineadas. O sistema social e familiar perpetuado pela tradição local entrara em crise. Em tais condições, os ceremissos elaboraram a sua nova religião, ao mesmo tempo nativista e pacifista, baseado no princípio da resistência passiva ao poder hegemônico, e simultaneamente no princípio da consolidação dos liames sociais e culturais no interior da própria sociedade. Assim, em 1907, os adeptos do movimento opunham a sua recusa à obrigação do serviço militar, queimando as armas recebidas e acompanhando a ação com orações a Deus a fim de que aniquilasse todas as armas. Boicotavam os produtos das feitorias e hostilizavam, por princípio, a ordem tzarista e capitalista[35].

É interessante notar, todavia, que com o advento da Revolução de Outubro (1917), enquanto o movimento Kugu Sorta acentuava seu caráter anticapitalista, entrava em oposição também ao novo regime instaurado. Na realidade, o movimento Kugu Sorta, embora no seu desejo de salvação, continuara ligado a uma concepção tradicionalista da sociedade e da vida. O seu pequeno matiz político era a prova disso. O movimento se desenvolvera mais no sentido espiritualista e ascético do que revolucionário e político. Nas relações com a sociedade da época ele cria uma polêmica que, no seu gênero, é uma forma típica de "ajustamento".

Do movimento, que em 1930 ainda vivia e que então se dedicara, segundo certas fontes, a criar uma frente religiosa antibolchevista, não é possível dizer se existe ainda hoje[36]. Do ponto de vista social-político, deve-se admitir que ele contribuiu para a difusão, entre os ceremissos, de uma ideologia panfínica, que preconizava a união dos povos de língua fínica ou ugro-fínica sob a chefia da Finlândia[37].

Também o movimento Kugu Sorta, nas condições particulares em que nasceu e em que subseqüentemente se encontrou, demonstra a contradição implícita em todo processo histórico que comporta — da parte de um grupo hegemônico — a ameaça de desculturação e desintegração de um outro grupo sujeito a ele.

A história religiosa chinesa também tem o seu grande capítulo marcado por um movimento profético de impor-

(35) *Op. cit.*, pp. 320, 335.
(36) *Op. cit.*, pp. 321-22.
(37) *Op. cit.*, p. 337.

tância social e política, o movimento revolucionário dos *Taiping*.

O seu nascimento, na metade do século passado, se dava no momento mais grave e mais crítico da história chinesa. A opressão secular que a nobreza feudal exercia sobre os grupos rurais agravava-se graças ao apoio que lhe dava a dinastia imperial manchu (Tsing), que reinava em Pequim já há dois séculos, representada pela despótica, intrigante e caprichosa imperatriz Yehonala. O lealismo imperial e o formalismo do Confucionismo, há séculos, vinham agravando a cisão entre religião oficial e popular, e provocara o florescimento de seitas religiosas hostilizadas sistematicamente pelo poder religioso[38].

(38) Na China haviam aparecido, em vários períodos, formações ou tendências de caráter popular, dedicadas a satisfazer uma necessidade interior de salvação que o Confucionismo, no seu formalismo burocrático, estava longe de compreender. A salvação, para o Confucionismo, se alcança através da saudação devida ao soberano, ou observando o culto dos antepassados. O aparecimento de formações ou tendências religiosas de caráter popular e "herético" remonta a tempos mais antigos. A religião oficial do Estado sempre as considerava formações "heterodoxas" e contrárias aos princípios religiosos tradicionais, isto é, em resumo à religião de Estado. Os motivos do conflito entre religião oficial e formações religiosas populares, segundo M. Weber, podem reduzir-se, na China, aos seguintes: 1) Os heréticos costumavam reunir-se para praticar coletivamente uma vida conforme aos próprios princípios. Com isso, constituíam associações que, não sendo autorizadas pelo Estado, infringiam a legislação vigente; 2) Os chefes das heresias pregavam a salvação da alma e a recompensa ultraterrena: com isso, defraudavam os crentes, porque segundo o Confucionismo não existe nenhuma recompensa ultraterrena, nem qualquer salvação particular da alma, exceto a realizada implicitamente mediante o respeito ao cânone confuciano de conduta civil e moral; 3) Em terceiro e último lugar, os heréticos recusavam prestar o culto devido aos antepassados, removendo até das suas casas as tabuinhas de madeira tradicionalmente dedicadas a eles (as tabuinhas, guardadas dentro de capelas domésticas, trazem o nome do morto, data de nascimento e morte; cf. H. MASPERO, *Les religions chinoises*, Paris, 1950, vol. I, p. 123). Em certos casos, os chefes heréticos chegavam a abandonar a família para dedicar-se à vida monástica. Ora, para o Confucionismo a observância do culto dos antepassados é essencial a toda a vida de sociedade. Além disso, a vida monástica é nem mais nem menos que uma forma de parasitismo social, enquanto a vida contemplativa em busca da salvação interior é, do seu ponto de vista, um pretexto a fim de evitar as obrigações da vida social e normalmente ordenada. Por tais motivos, portanto, o Estado chinês, que tinha no Confucionismo a sua doutrina oficial, perseguiu as várias seitas populares surgidas no curso milenar da sua história religiosa M. WEBER, *The religion of China*, Glencoe, 1951, pp. 213-19). Um exemplo de tais contrastes é dado pelo "edito sagrado" de 1672, pelo qual se reprimem todas as "falsas doutrinas" (*op. cit.*, p. 215). No quadro da polêmica entre religião oficial e popular (para o Confucionismo, cf. MASPERO, *op. cit.*, vol. I, pp. 85-110) entra a milenar e ininterrupta aversão que de várias formas, às vezes gravemente persecutórias, o Confucionismo exerceu de um lado contra o Taoísmo, religião de salvação, antitradicionalista, antiintelectualista, mistificante, produzida originariamente por ambientes rurais do Sul (G. TUCCI, *Storia della filosofia cinese antica*, Bologna, 1922, p. 46; v. também MASPERO, *op. cit.*, vol. I, pp. 49-63), e de outro lado contra o Budismo que entrou na China vindo da Índia no século I e se difundiu também ele como movimento de salvação em ambientes populares, dado o seu caráter místico completamente discordante do Confucionismo (WEBER, *op. cit.*, pp. 216 e ss.; MASPERO *op. cit.*, vol. II, pp. 65-83, 195-211; os defensores do primeiro Budismo na China foram justamente os sacerdotes taoístas, cf. MASPERO, p. 204).

Um estudo de conjunto e novo sobre os movimentos religiosos e

Mas um último elemento determinante deveria precipitar a situação: a invasão européia. Desde 1842, com o tratado de Nanquim, para a China se fechava, de fato, a época do milenar isolacionismo e abria-se a era da sujeição forçada às potências comerciais e marítimas ocidentais, e principalmente a Inglaterra. O império chinês tivera de ceder ante as forças britânicas, que saíram em campo para proteger os interesses comerciais de uma nação moderna e sem escrúpulos. A Inglaterra encontrava na China a terra virgem, a nação mais populosa do mundo, a imensa reserva de comércio — em regime monopolista — dos seus produtos, e sobretudo do ópio de proveniência hindu. O tratado de Nanquim obrigava a China a abrir ao comércio inglês os cinco portos principais e a ceder Hong-Kong. Semelhantes concessões obtinham, logo depois, os Estados Unidos com o tratado de Wanghia (1844), e a França com o tratado de Wampoa (1844). Iniciara-se para a China a triste fase do colonialismo comercial. Mas a agressão ocidental pusera a descoberto a debilidade do governo manchu, incapaz de resistir aos agressores, responsável também por uma política da ordem e portanto protetora em relação aos europeus, contrária a toda hostilidade da parte dos nativos. A invasão estrangeira se tornara ainda mais odiosa devido aos privilégios que, em virtude dos tratados, as missões cristãs haviam assegurado para si mesmas. A opressão estrangeira, acrescentada à interna de tipo feudal, provocava o nascimento e desenvolvimento de movimentos nacionalistas e emancipacionistas[39].

Estávamos em 1842-44. Em 1850 nascia o movimento religioso dos Taiping. O seu enorme sucesso, embora temporário, justifica-se historicamente porque nele convergia a reação popular contra a múltipla opressão do despotismo manchu, do mandarinato feudal, das potências estrangeiras. O movimento Taiping conseguiu manter em sobressalto a dinastia Manchu durante 14 anos, instaurando um reino Taiping "heterodoxo", oposto ao império "ortodoxo", conquistando para si toda a China Central e Meridional e criando para a dinastia imperial oficial a mais grave ameaça que jamais aparecera.

O movimento Taiping, ou do "Reino Celeste da Paz" (*Paiping Tien Kuo*), foi fundado por Hong Hsiu-chuan, profeta dotado de faculdades excepcionais, sujeito a visões

políticos de caráter revolucionário, dedicados à expulsão das dinastias reinantes e à instauração de uma era milenarista, através dos séculos na China, é o de V.Y.C. SHIH, "Some Chinese Rebel Ideologies", *Touang Pao*, XLIV, 1-3, pp. 150-226. Veja resenha em DUNSTHEIMER, 1957, pp. 133-6.

(39) Para esta parte, e para as relações entre o movimento Taiping e a crise político-social da China, com referência também às relações com as missões, cf. K.M. PANIKKAR, *L'Asie et la domination Occidentale du XV siècle à nos jours*, Paris, 1953, pp. 126-29, 157-61.

e transes, nascido de família outrora nobre e agora da classe rural. Educado na escola missionária protestante, devia afastar-se definitivamente da sua formação, fundando a nova religião. Hong, com convocação à religião popular chinesa do deus celeste, proclamava-se Rei Celeste; ao mesmo tempo, retomando o Cristianismo, se denominava filho de Deus e irmão menor de Jesus, representante do Pai na terra. Para si e para seu filho exigia o direito divino de governar o mundo.

Hong condenava toda crença e prática de caráter mágico, animista ou idolátrico, afirmando a religião de um único Deus universal, aceitando aí a base do monoteísmo e do universalismo cristão. Os livros canônicos da religião nova eram, ao lado do Gênese e do Novo Testamento, o Shih Ching e outros textos confucianos tradicionais. O banho ritual praticado pelos adeptos derivava do batismo cristão, assim como a libação de chá é uma adaptação da eucaristia cristã ao ambiente cultural chinês. Além disso, o ritual se baseia em orações a Deus, na leitura de textos, e em particular do Decálogo (retomado do decálogo de Moisés). "O Pai e o jovem Irmão (Jesus) desceram à terra, estabeleceram o Reino de Deus e atribuíram a mim e ao jovem Senhor (filho de Hong) a missão de administrar o governo do mundo. Pai, Filho e Neto são os Senhores comuns do Novo Paraíso"[40]: assim soa a mensagem de Hong pronunciada em 1860 e com quem se identificava milenaristamente o novo Estado fundado por ele com o Reino de Deus ou Novo Paraíso.

Se ao lado dos textos confucianos Hong aceitava notáveis elementos cristãos, unificando-os sincretistamente, de outro lado renegava outros elementos cristãos como o culto dos santos, das imagens em geral — retomando nisso o Judaísmo — e de Maria. Enquanto no culto Taiping se celebra o sábado e o Natal cristão, admite-se a poligamia; e isto demonstra a evidente "novidade" da religião Taiping, que — como todo culto profético — renova a religião tradicional, mas não se amolda servilmente a qualquer modelo buscado lá fora. A proibição de usar ópio, álcool, fumo se liga à campanha contrária às mercadorias européias, e particularmente contra o uso do ópio, que justamente naquele tempo tão sérios embaraços deveria criar para a política comercial britânica, que levou o governo inglês à ignominiosa guerra do ópio[41].

Do Confucianismo Hong conserva um elemento importante: o culto dos antepassados, com oferendas sobre as tumbas.

(40) PANIKKAR, *op. cit.*, p. 159 (cita HAIL, *Tseng-Kuo-fan and the Taiping rebellion*, Yale Historical Publications, XVIII, New Haven).
(41) PANIKKAR, *op. cit.*, pp. 120-26, e partic. pp. 129-31.

O Rei Celeste do novo império, ou "Paraíso" ou "Reino Celeste", é também sacerdote supremo (imitando nisso a tradição chinesa do rei sagrado). O império dos Taiping é uma verdadeira hierocracia, com distritos próprios de recrutamento para a formação do seu exército de guerreiros-ascetas, com distritos administrativos que funcionam também como paróquias eclesiásticas. O Rei tem em torno de si uma hierarquia de funcionários ("Reis" do oriente, do ocidente, do setentrião e do meridião, além de um "rei" assistente). A forma e as estruturas da nova organização estatal são tiradas das correspondentes do Estado "ortodoxo".

A virtude por excelência dos prosélitos taiping é o valor guerreiro, como convém a uma seita religiosa de caráter revolucionário. Contrariamente à doutrina confuciana, a dos Taiping salienta a penitência e a oração, como instrumentos necessários ao homem para observar aqueles mandamentos que a natureza humana não pode cumprir apenas com as suas forças.

Contrário tanto à magia dos Taoístas, quanto à idolatria budista e ao Catolicismo com o seu culto de santos, o movimento Taiping manifesta as suas simpatias pelo Hebraísmo e pelo Protestantismo, dos quais tira não poucos traços, como o aniconismo (hebraico) e a abolição do culto dos santos (protestante).

Em conclusão, o culto Taiping, como salienta Weber ofereceu à civilização chinesa a oportunidade, que antes disso não se verificara, de absorver substanciais elementos de religiosidade cristã como o monoteísmo e o universalismo, que durante séculos e séculos os missionários se esforçaram em vão por difundir[42]. Mas acrescentaremos que o Cristianismo entrava na China precisamente como espontânea "reinterpretação chinesa", enchendo-se de experiências religiosas tradicionais (taoístas, confucianas, de religiosidade popular em geral) e, ademais, em função política antiocidental, além de antifeudal.

O movimento Taiping surgira nas províncias de Kuang-Tung e Kuang-Si, se estendera ao Honan, e em breve invadira as províncias da China Central e Meridional, constituindo a capital do novo "império" em Nanquim (1853). Chung Wang, o chamado "Príncipe Fiel", foi o principal colaborador de Hong na conquista e na organização do "Reino Celeste"[43]. Contra a grave ameaça dos rebeldes o imperador Tseu-Hi movimentou suas forças e, depois de longa luta, conquistou Nanquim (1864). O Rei Celeste se

(42) WEBER, *op. cit.*, p. 222.
(43) A autobiografia de Chung Wang, publicada paradoxalmente pelo mais severo inimigo dos Taiping, Tseng Kuo-fan, é um documento importante, traduzido para o inglês por W.T. Lay.

suicidou; seu filho, proclamado rei pelo príncipe Chung Wang, teve um reinado efêmero: ele e o lugar-tenente foram capturados e mortos (1864). A revolução fora reprimida. Mas o zelo iconoclasta dos rebeldes deixou os seus traços: bibliotecas imperiais destruídas, ilustres colégios danificados, o pagode de porcelana de Nanquim saqueado. Assim, o fanatismo dos prosélitos taiping pretendera eliminar os sinais da antiga idolatria e da cultura "oficial" confuciana[44]. Com a sua vitória sobre os taiping, a dinastia manchu foi restaurada, até o surgimento da República Chinesa (1911) com a revolução de Sun Yat Sen, que no movimento taiping devia encontrar seu precedente imediato[45].

Dentro do complexo religioso Taiping, o exame histórico tem condições de discernir pelo menos três componentes amalgamadas entre si, correspondentes, por sua vez, a três níveis histórico-culturais distintos.

Primeiramente, é o complexo religioso popular, que ressalta ao nível mais arcaico da história religiosa chinesa, incorporado pelo Confucionismo e conservado até os tempos modernos com o seu cabedal mitológico e ritual na chamada religião popular dos campos[46]. Tal complexo deixa suas pegadas no tema do Rei Celeste, reelaborado todavia segundo experiências de origem cristã.

O estrato confuciano, subseqüente, é reconhecido no cânon dos textos sagrados, na hierarquia dos funcionários reais (reis do oriente, do ocidente etc.), no culto dos antepassados e sobretudo na reinterpretação imanentista e política dada à idéia cristã do Reino eterno e do paraíso. De fato, pretende-se dar ao paraíso uma atuação mundana, através dos fatos e da ação politicamente empenhada; tanto que o Reino ou Paraíso vem a identificar-se com um estado fundado *ex novo*.

O último e mais recente estrato é o cristão, discernível no complexo monoteísta, universalista e na concepção do Reino; todavia é reelaborado, como se disse, em função de um milenarismo tendencialmente imanentista e racionalista, em resumo em estilo confuciano.

Portanto, o complexo Taiping exprime, no âmbito da história religiosa chinesa, um ponto nodal, um momento inovador, no qual antigo e moderno, tradição e transformação são reelaborados em função das exigências vitais de liberdade e de salvação das massas populares.

(44) PANIKKAR, *op. cit.*, pp. 160-1.
(45) Para o movimento Taiping em geral, cf. WEBER, *op. cit.*, pp. 219-24; PANIKKAR, *op. cit.*, pp. 158-61; E.P. BOARDMAN, *Christian influence upon the ideology of the Taiping rebellion*, Univ. of Wisconsin Press, 1952 (este último inacessível a mim); CHESNEAUX, *op. cit.*, pp. 172-74.
(46) MASPERO, *op. cit.*, vol. I, vap. "La religion populaire".

Em alguns países asiáticos de independência recente, como a Birmânia e o Sião, os mesmos movimentos nacionalistas que levaram à conquista da independência se mostraram desde a origem estreitamente ligados à religião local dominante, o Budismo Hinaiana ou do Pequeno Veículo. Tampouco nestes países notavelmente desenvolvidos, a experiência religiosa se desligou da experiência política e social, especialmente durante os períodos de crise mais aguda e de renovação.

A Birmânia, até 1937 administrada pela Inglaterra como região da Índia, depois separada e dotada de um governo semi-autônomo até a concessão da independência (1948), sofreu a influência do movimento de independência indiano. Todavia, distingue-se dele justamente pela sua particular entonação política. Com o Conselho das Organizações Budistas, fundado depois da Primeira Guerra Mundial, o Budismo tornava-se símbolo do nacionalismo birmanês, que era baseado precisamente sobre a unidade religiosa antiocidental. Os vários chefes do nacionalismo birmanês fizeram assim expressamente profissão de fé budista[47].

Se na Birmânia o nacionalismo encontrava no Budismo tradicional a sua expressão religiosa, no Sião acontece algo semelhante, mas além disso com um claro programa de "renascimento" budista (Hinaiana). Ao encaminhar a nação para um processo de renovação cultural e de emancipação política, os reis do Sião, no final do século passado, se proclamavam "defensores da fé budista". Rama VI, (1917-21) em particular, se pôs à frente de um movimento em prol do renascimento do Budismo, e por sua intervenção foi publicado o *Tripitaka*. No seio do Renascimento Budista, o Sião, no fim da primeira guerra mundial, conseguia a sua independência nacional, com a abolição dos direitos de extraterritorialidade, até alcançar (1932) a derrubada da monarquia tradicional e a instauração da República moderna[48].

Os casos acima demonstram como no Budismo, religião de salvação, se acompanharam e encontraram expressão religiosa certas exigências vitais de emancipação política e social. De resto, alhures, na Indonésia, o papel de religião libertadora devia ser representado (além dos movimentos religiosos de caráter mais "primitivo" já vistos) pelo Islã. É de 1908, de fato, o nascimento do movimento nacionalista indonésio *Sarekat Islam*, de tendência religiosa[49].

Se lançarmos uma olhada de conjunto sobre os movimentos proféticos da Ásia e da Indonésia, nota-se como

(47) PANIKKAR, *op. cit.*, pp. 328-9.
(48) *Op. cit.*, pp. 329-31.
(49) *Op. cit.*, p. 332.

falta neles aquela relativa uniformidade de linhas e de desenvolvimentos que havíamos encontrado nos movimentos individuais oceanianos, africanos, americanos, tomados separadamente. Aqui, todos os movimentos têm uma sua configuração particular, distinta, em relação com as heterogêneas e muitas vezes disformes civilizações das quais cada um é uma emanação. É o caso do culto Colorum das Filipinas, que evolui, subseqüentemente, também de modo descontínuo, para uma igreja independentista; o processo é homólogo ao seguido pelos profetismos maoris, africanos, norte-americanos, com passagem de uma fase ativa e pugnaz ("movimento de libertação") a uma organizativo-eclesiástica de "ajustamento". Mas há também os casos como o do culto Kugu Sorta dos ceremissos: típica formação de "ajustamento", ao qual por outro lado falta a fase ativa e pugnaz do culto Colorum. O culto Kugu Sorta tende a um autonomismo cultural e religioso, muito mais que político-militar. No entanto, há também formações proféticas de emancipação, política e militarmente empenhadas, às quais todavia falta um desenvolvimento eclesiástico organizativo imediato[50]; é o caso do Caodaísmo vietnamita e do movimento revolucionário dos Taiping, na China. Tampouco faltam formações de tipo bastante "primitivo", do gênero das melanésias, com um aguardado retorno dos mortos, em sentido milenarista e ao mesmo tempo emancipacionista; é o caso de certos cultos proféticos populares javaneses e indonésios, que revelam nisso o laço genealógico-cultural com os cultos das civilizações oceanianas, aparentadas estruturalmente com as da Indonésia[51]. Assim, finalmente, há formações notavelmente "elevadas", os cultos japoneses, por exemplo, nos quais se fazem sentir temas budistas, reelaborados em sentido pacifista e universalista, em função de exigências novas de libertação interior, depois da crise do após-guerra.

Em definitivo, a heterogeneidade das formações proféticas da Ásia, e a disformidade dos respectivos desenvolvimentos têm relação com as disparatadas origens culturais num e noutro caso; vai-se de civilizações de agricultores ainda substancialmente atrasadas, como a Indonésia e os ceremissos, as civilizações de pastores-caçadores como os altaicos com o seu movimento burkhanista de fundo nostalgicamente restaurativo, até as formações nacionais como

---

(50) Para os recentes desenvolvimentos do Cristianismo na China com a Associação Nacional dos Cristãos Chineses, veja R. PETTAZZONI, "La libertà religiosa nella nuova Cina", *Atti del Convegno sugli con la Cina*, Milão, 1957.

(51) Por motivos de oportunidade e em relação com o seu parentesco genético com os movimentos melanésios, os cultos proféticos da Nova Guiné Holandesa foram tratados no capítulo sobre a Melanésia.

a China e o Sião. As ditas heterogeneidades também têm relações com a natureza distinta do contato e do choque entre cultura subordinada e hegemônica; vai-se de uma vizinhança isenta de aspectos coercivos e, ademais, entre culturas não muito disformes (por exemplo, contato entre tungusi e cossacos), a relações estritamente coloniais de exploração (Indonésia, Indochina, Filipinas, altaicos russificados), ou de subordinação semicolonialista (Sião, China).

Todavia, se em conseqüência disso falta um tema messiânico de união pan-asiática, como acontece às vezes para os cultos norte-americanos ou africanos (não para os oceanianos, por evidentes razões de descontinuidade geográfica), toda formação profética da Ásia, assim como de qualquer outra cultura, testemunha um momento particularmente intenso do desenvolvimento histórico-religioso, cultural e político dos povos junto aos quais surge; e tende a redimir a condição de crise que os transformou em matriz.

CONCLUSÃO

Na história moderna, os movimentos proféticos estão incluídos entre as manifestações mais vivas e dramáticas do choque cultural entre povos de nível diferente. Expressão daquele choque e ao mesmo tempo reação a ele, os movimentos proféticos exercem a sua grande função fronte às civilizações desenvolvidas e modernas, porque contribuem para demolir as barreiras interpostas pelo colonialismo e pelo etnocentrismo das nações ocidentais, e impõem uma revisão e uma atualização dos valores da nossa cultura, dentro de um horizonte humanístico muito mais amplo do que o elaborado no século XIX pela cultura de fundo "nacionalista".

Por certo, os movimentos proféticos têm um indubitável caráter religioso, e diremos logo em que sentido. Todavia, eles reivindicam e pretendem realizar bens de importância vital, bens cuja renúncia parece aos povos incompatível com uma existência digna de ser vivida. São eles a liberdade e a salvação[1]: liberdade de toda sujeição e servidão — a nações hegemônicas ou a adversidades quaisquer que sejam elas —; salvação do risco de perder a própria individualidade cultural, do risco do aniquilamento como entidade histórica.

O estudo dos movimentos proféticos pode ser conduzido, assim como aconteceu até agora, segundo diversas abordagens que, de modo geral, agruparemos dentro de dois métodos fundamentais: o tipológico e o sociológico-histórico. O método tipológico tende à identificação do "tipo" único e universal, isto é, daquele conjunto de caracteres comuns e constantes que, através da realidade variável das manifestações particulares de profetismo, possam aparecer como uma "estrutura" dominante e geral de todas as formações proféticas. Esta tendência, enquanto dirigida à identificação de uma estrutura religiosa do profetismo, responde a uma exigência de caráter fenomenológico. Com efeito, é característica da fenomenologia em geral (e da fenomenologia religiosa em particular) a pesquisa de estruturas universais através da fenomenalidade multiforme da vida religiosa. Podemos, pois, denominar esta tendência particular de *"tipológico-fenomenológica"*[2].

Todavia, de outro lado, a tipologia pode acentuar o momento da distinção contra o da unificação e, assim, dar lugar à *classificação* de categorias e subcategorias de profetismos. Em suma, temos uma *tipologia classificatória* que leva em conta, mais do que a *tipologia fenomenológica*, a variabilidade das formas concretas[3].

Do ponto de vista *tipológico-fenomenológico*, diremos em resumo que todo movimento messiânico comporta a presença de um profeta-guia (ou mais de um), fundador de um culto baseado num mito de origens que, na maioria das vezes, coincide com uma "revelação ou visão" recebida pelo próprio fundador. Tal mito de fundação, por sua

---

(1) O qualificativo de "movimentos salvíficos" (*Heilserwantungsbewegungen*) é dado, de forma consciente e comprometida, aos movimentos proféticos ou nativistas, por G. GUARIGLIA, 1958, p. 184. Já W. WALLIS (1918, pp. 244-71), referindo-se especialmente a profetismos "históricos" e modernos ocidentais, individualizava o valor salvífico como fator central nos movimentos proféticos.

(2) Prevalece um interesse fenomenológico em: WALLACE, 1956; INGLIS, 1957; VOGET, 1956 etc. Todavia, não é possível separar dos ditos autores outros interesses, classificatórios e sociológicos.

(3) Prevalece um interesse classificatório em: LINTON, 1943; M. SMITH, 1959; WALLACE, 1959; GUIART-WORSLEY, 1958; DE QUEIROZ, 1958 etc. Uma classificação tipológica (em 7 tipos) tentou G. GUARIGLIA (1958, pp. 183 e ss.; IDEM, 1959) num trabalho de conjunto que representa a primeira tentativa — depois das antigas de Wallis — de abarcar num único olhar os vários movimentos proféticos de nível etnológico.

vez, se apóia nos mitos das origens e no cabedal mitológico mais arcaico da religião local, de forma que para a "revelação" recebida pelo profeta cooperam, como personalidades míticas de "iniciadores" e inspiradores, de forma vária e determinada segundo as culturas, um Ser supremo (África) ou Grande Espírito (América Setentrional), os espíritos dos mortos (Melanésia, a própria África e América), um herói cultural (p. ex., mito das origens do culto Koréri; dos cultos brasileiros Apapokuva; do Peiotismo e da Dream-Dance).

Todo culto profético comporta, ao mesmo tempo, um mito do "retorno às origens", reprojetado por outro lado numa atmosfera de espera quiliástica voltada para o futuro iminente, muitíssimas vezes no quadro de profecias escatológicas e apocalípticas que anunciam catástrofes, retornos dos mortos, subversão da ordem (eventualmente expulsão dos brancos), fim do mundo e sua regeneração, isto é, início de uma era de opulência e de beatitude.

No mito quiliástico comparece, às vezes, a figura de um verdadeiro messias em forma humana, com função regeneradora e cuja obra, por sua vez, é colocada em relação imediata com a mitologia tradicional das origens, da qual o messias é substancialmente continuador e restaurador. De fato, o messias figura como "recriador" do mundo e, portanto, a sua personalidade é estreitamente aparentada ou identificada — miticamente, não apenas do ponto de vista histórico-religioso — com a figura de um herói fundador, cujo retorno era aguardado (mito Koréri, mito dos Apapokuva), ou de um antepassado de família nobre (Jesus-Adão). Os europeus, às vezes, tomados coletivamente, são os "messias", identificados com os mortos que retornam (Melanésia).

São estas as componentes mais importantes de cada movimento profético, do ponto de vista fenomenológico. Todavia, a abordagem fenomenológica tem o seu limite no fato de que não sai da consideração do fenômeno religioso em si mesmo. No caso em questão, segundo uma visão fenomenológica, o profetismo está longe de ser justificado como fato cultural; tampouco são consideradas as suas relações de *gênese* e de *função* com respeito à sociedade e à cultura.

Dos dois tipos de tipologia que indicamos, o *classificatório* tem o seu limite na função puramente preliminar e instrumental que lhe é própria, já que se a classificação tivesse de ser tomada como fim de si mesma comprometeria a compreensão do fenômeno concreta e historicamente considerado. Além disso, diremos que a classificação, embora seja entendida no seu valor abstrato e esquemático, para nós se resolve totalmente na comparação histórica e na dinâmica interna dos movimentos proféticos.

Do que se disse, é evidente que para nós vale sobretudo o último dos critérios indicados para a interpretação dos movimentos proféticos, isto é, o critério sociológico-histórico[4], dentro do qual e em função do qual se justifica também a análise tipológica (na sua subespécie fenomenológica e classificatória). Aliás, a impostação sociológico-histórica é a única capaz de dar conta, de maneira adequada, da unidade interna — de outro modo inexplicável — que liga os dois elementos mais típicos do profetismo, isto é, a presença de uma personalidade profética e uma função religiosa (-social) de massa. Talvez em nenhum outro fenômeno religioso como no profetismo, a interpretação dialética das relações entre "personalidade" (individual, do profeta) e "cultura" (social, do grupo) encontra uma confirmação mais gritante. Quarenta anos antes W. Wallis ilustrava estas relações com muita clareza.

"O panorama dos movimentos proféticos[5] — são palavras suas — com a correlação entre iniciativa profética e atmosfera social predominante, parece indicar que o indivíduo [profeta] faz parte de uma classe, e é veículo de um objetivo mais alto, o qual investe o seu esforço individual e pessoal. Outra questão é estabelecer se o dito objetivo é concedido ao profeta pelo grupo a que pertence, para cuja salvação ele trabalha. O indivíduo reage a um ambiente seu, que pode ser bastante diferente do ambiente do grupo. Que resposta daremos pois à pergunta, se se trata de iniciativa individual ou de um determinante social?"

"Criamos aqui uma dificuldade irreal — continua Wallis, abarcando o ponto saliente do argumento — quando consideramos a iniciativa individual e a determinante social como mutuamente exclusivas ou, se referidas a uma mesma ação, como conceitos incompatíveis um com o outro. Ao contrário, podem referir-se à mesma ação, assim como o gênio, na sua ação, pode formar a personalidade que mais deve ao ambiente e ao mesmo tempo a mais criativa. Com efeito, podemos afirmar que ele é um e outro. A iniciativa individual é um ato que ao mesmo tempo visa o futuro do grupo..., um ato consagrado à salvação do indivíduo e ao mesmo tempo do seu grupo: metas que podem ocorrer,

---

(4) O método sociológico-histórico tem uma tradição que abarca os nomes de MAX WEBER, 1924; MOONEY, 1891; WALLIS, 1918, 1943; BARBER, 1941; SLOTKIN, 1956; BALANDIER, 1953, 1955, 1957; WORSLEY, 1957; DE QUEIROZ, 1958, pp. 3-30 etc.

(5) Wallis emprega, porém, os termos "messiânico", "messias", em lugar de "profético" e "profeta", que nos parecem mais compreensivos e genéricos. Para nós "messias" é um salvador esperado, que eventualmente o "profeta" anuncia como uma pessoa que está para vir. O profeta pode ser ele próprio "messias" quando (por exemplo, Kimbangu, Matsua etc.), depois de morto, é esperado seu retorno como um salvador, ou quando, e na medida em que o próprio profeta, apoiando-se num mito messiânico anterior, se apresenta como salvador-messias (Cristo Negro, o próprio Jesus etc.).

ambas, no indivíduo... O homem é parte de um sistema gravitacional, de um sistema biológico, e — na mesma medida — de um sistema social. E não se limita a ser parte dele, mas desenvolve também um papel próprio[6]..."

"Em suma, quanto às relações entre iniciativa profética individual e suas imbricações sociais, podemos concluir que em nenhum outro ser como na figura do profeta o indivíduo é ponto de convergência entre passado e futuro. Dele provém o impulso promotor e criativo, voltado para a história no seu momento prospectivo; e nele, em retorno, reflui formadoramente a tradição cultural, que é história no seu momento retrospectivo[7]."

Na realidade, os intensos contatos do último século entre brancos e indígenas, induzidos de modo particular pelos dois grandes conflitos mundiais, promoveram uma série de movimentos religiosos nativistas nas partes mais diversas do mundo. Para isso contribuíram como fatores determinantes, de um lado, o processo intensificado de sujeição dos povos indígenas e, de outro, o fato de que as populações nativas tiveram experiência do próprio desnível econômico e cultural com relação aos portadores da cultura européia.

Portanto, o impacto infligido às chamadas civilizações "primitivas" pelo colonialismo é certamente o fator que, mais do que qualquer outro, determinou as condições idôneas e necessárias ao surgimento dos movimentos proféticos. Todavia, existem também movimentos proféticos que surgiram em reação a experiências opressoras de outra natureza, como, por exemplo, os movimentos salvíficos do Japão contemporâneo, brotados da crise política, social, cultural induzida pela guerra e pelo após-guerra no domínio de uma civilização (xintoísta e budista) empenhada religiosamente. De resto, entre os movimentos proféticos de nível colonial, muitos — particularmente da Ásia — atacam culturas religiosas profundamente islamizadas, budistas, taoístas ou confucianas. Alguns desses movimentos têm suas razões sociais em conflitos de classe, de instituições ou mesmo interiores à sociedade (movimentos Burkhanista e Kugu Sorta, com o seu caráter antitzarista; movimento Taiping com a sua característica antifeudal e antimissionária; além de alguns movimentos brasileiros modernos).

Finalmente, no seio destas mesmas culturas de nível etnológico, encontram-se formações proféticas de renovação, independentes do contato europeu e surgidas de experiências de conflito interno ou a estados de crise determinadas de várias maneiras, nem sempre muito identificáveis por falta de dados. (A dificuldade está na impossibilidade

(6) WALLIS, 1918, pp. 255-57.
(7) LANTERNARI, 1959 (2), p. 463.

de documentar estes movimentos, já que são totalmente anteriores a todo contato ocidental.) É o caso do movimento Koréri (Nova Guiné) nas suas primeiras fases, dos movimentos brasileiros do século XVI, do culto do taro (Orokaiva) etc.

A grande maioria dos movimentos estudados diz respeito a culturas nativas que entraram em contato com civilizações cristãs ocidentais. Trata-se de outras tantas situações de conflito entre religiões nativas e Cristianismo. Deste ponto de vista, e com base na documentação recolhida, podemos dizer agora que as sociedades "primitivas" absorveram do ensinamento missionário, e especialmente do Velho Testamento, uma multiplicidade de elementos nos quais discernimos outros modelos, expressos em linguagem cultural ocidental e cristã, da própria experiência de vida. Em vários casos independentes um do outro, dos maoris da Nova Zelândia aos kikuyu do Quênia, dos bantos da África do Sul aos negros da Jamaica (culto Tafari), aos adeptos da Ghost-Dance (na interpretação dada pelos Mórmons a este movimento), os nativos perseguidos pelos colonialistas europeus encontraram nas perseguições sofridas pelo antigo povo hebreu o protótipo bíblico que os autorizava a declararem-se descendentes das tribos perdidas de Israel[8]. A poligamia de Jacó, Davi e Salomão justificava religiosamente a sua poligamia tradicional, condenada incoerentemente pelos missionários. O mesmo profetismo emancipacionista encontrava seu modelo mais autêntico no Mosaísmo, enquanto que a paixão, a prisão, a captura, o sacrifício sofrido pelos profetas-fundadores individuais tem em Jesus o seu precedente mais válido. Além disso, os nativos encontraram uma validação e autenticação ulterior das próprias posições religiosas nos movimentos messiânicos ocidentais de origem judaico-cristã que chegaram até eles, como o Russellismo na África. Se neste caso são os adeptos de profetas africanos que reconhecem um tipo de parentesco com os prosélitos do profetismo dos brancos, há igualmente o caso oposto e integrante pelo qual os adeptos de um movimento profético de ambiente "culto" — os Mórmons — reconhecem uma autêntica fraternidade com os prosélitos da Ghost-Dance. Deste modo, torna-se evidente a impossibilidade de dividir rigorosamente o mundo "etnológico" do mundo chamado "culto" ou "moderno", pois

---

(8) KENYATTA, p. 282; VANGGIOLI, II, pp. 372-3; SUNDKLER, 1948, p. 72 (seita dos Israelitas). A identificação com o povo perseguido de Israel é comum a todas as formações proféticas polinésias; cf. LANTERNARI, 1957, pp. 70, 77-8. Sobre a independência dos vários cultos proféticos considerados como fenômenos tipicamente "convergentes", em níveis culturais e em territórios mais diversos, cf. LOWIE, 1957, pp. 48, 59, *passim* (igrejas "Sionistas"). Para o culto Tafari e a identificação dos negros com os hebreus, v. cap. 3, América Central; para as relações entre Ghost-Dance e Mórmons, *ibid.*, América do Norte.

há entre eles uma estreita continuidade histórica, e do exame de um emana uma luz clarificadora sobre o outro. Não foi por acaso que os adeptos dos movimentos nativistas encontraram nos profetismos de ambiente culto uma razão mais forte de autenticidade e validade da sua religião.

Se examinarmos direito, esta autenticidade e validade se rege por uma notável correspondência de experiências históricas. Decerto, os negros africanos, os indígenas oceanianos e americanos repetem hoje experiências religiosas — milenarismo, messianismo, profetismo, expectativa de libertação e salvação — que o cristianismo sofreu nos seus primórdios, quando seus mártires ofereciam o sangue não só como testemunhos passivos de uma fé individual, mas também como componentes de uma milícia de Cristo consciente do impulso revolucionário e combativo que emana do próprio martírio. Tampouco se trata de coincidências puramente casuais. Na raiz do cristianismo e — antes ainda — do profetismo mosaico e do messianismo bíblico da época do exílio figuram condições de crise. Quanto ao Cristianismo, a tensão aguda entre estatismo e individualismo, a evidente fratura entre sacerdotalismo e necessidades religiosas populares constituíam, no interior da sociedade, os extremos de um conflito do qual o messianismo de Jesus devia trazer o germe primeiro e bastante necessário, a fim de se impor como religião de salvação dos povos. Mas, por sua vez, o cristianismo vinha inserir-se na tradição messiânica que tinha seu fundador em Moisés e a sua continuação nos profetas do Exílio. Pois bem, o Mosaísmo nascera como produto do choque cultural entre uma civilização de pastores — baseada sobre o culto de um Ser supremo — que vai imiscuir-se entre agricultores e sedentários, e a civilização politeísta de que os últimos eram portadores[9]. O Messianismo exílico surgira, por sua vez, em reação a uma experiência confusa — o exílio — que ameaçou as próprias raízes da existência do povo hebraico.

Trata-se, portanto, de conflito interno (Cristianismo) ou determinado por choques entre culturas heterogêneas (Mosaísmo, Profetas do Exílio), impetre o messias uma salvação ultraterrena (quando o conflito é interno) ou uma salvação predominantemente terrena (se o conflito é oriundo do exterior), certo é que daí resulta que os movimentos proféticos e messiânicos de que a civilização religiosa ocidental foi protagonista nos seus primeiros tempos constituem autênticos precedentes históricos dos movimentos proféticos "nativistas" dos povos coloniais, seja pelas condições

---

(9) A interpretação do profetismo mosaico como produto do choque entre uma cultura religiosa de caráter essencialmente pastoril e uma de caráter fundamentalmente agrícola, já está enunciada na conclusão do meu livro *La grande festa*, pp. 450-1.

de crise de onde nascem uns e outros, seja pelo valor soteriológico de que se imbuem com respeito às crises.

Os povos nativos atualmente voltam a percorrer, portanto, por meio do impacto que sofrem com os brancos, um itinerário religioso que a cultura ocidental percorreu a seu tempo no ato de sua fundação e nos seus primeiros estágios. Certo é que a cultura moderna, na sua roupagem oficial, veio acumulando aquelas antigas experiências entre os registros de uma história longínqua. Todavia, aquela história não perdeu de todo o seu valor antigo, nem conflitos culturais e religiosos deixaram e deixam, até os tempos recentes, de reapresentar em roupagem mais ou menos remodelada revivescências messiânicas e proféticas: basta pensar justamente no Russellismo, no movimento dos Mórmons e Saint Simon ou — para não recuar ao Joaquimismo e aos movimentos heréticos do nosso Medievo[10] — ao Lazaretismo, senão aos vários movimentos de renovação religiosa e social que adornam o mundo cultural de todo país moderno. Eles exprimem, do mesmo modo que entre as sociedades primitivas, uma condição de crise da qual representam ao mesmo tempo o produto e o resgate religioso.

Todavia, convém distinguir — dentro da fenomenologia diversa dos movimentos proféticos — duas formas historicamente heterogêneas, que assinalam o grande florescimento de manifestações deste tipo em terreno etnológico, bem como entre civilizações desenvolvidas. Enquanto uma grande parte de tais manifestações tem as raízes em conflitos interculturais e portanto em fatores de choque de caráter externo, uma outra parte também importante encontra a sua origem em tensões e conflitos de ordem interna, oriundos de contradições inerentes à própria sociedade em que se originam[11].

Bem entendido, a distinção entre origem "interna" e "externa" pretende ter para nós caráter dialético-histórico, e não estático-morfológico, de tal forma estão os dois momentos intimamente ligados entre si no processo concreto. É conveniente deter-nos rapidamente a este respeito.

Na realidade, não existe movimento profético de origem "externa" em que não estejam misturados motivos de crise de ordem interna, assim como reciprocamente a nenhuma formação profética de origem "interna" faltam repercussões decisivas no exterior. Aliás, é suficiente pensar que qualquer impacto *externo* tanto gera crise quanto coloca *internamente* a sociedade na alternativa de uma escolha entre um caminho tradicional superado pelos fatos

(10) COHN, 1957.
(11) BASTIDE, 1956.

e um novo caminho a elaborar *no próprio seio de sua cultura*.

Devemos precisar ainda que, mesmo nas sociedades "primitivas", ao lado das mais numerosas manifestações proféticas surgidas do impacto com a cultura ocidental, não faltam crises e conflitos de caráter interno, refletidos em outras formações proféticas, às vezes mesmo determinando-as. Exemplos de profetismos endógenos junto a sociedades "primitivas" são as formações proféticas africanas contra a feitiçaria que mencionamos, os movimentos messiânicos brasileiros dos Tupi-Guarani anteriores ou apenas subseqüentes à ocupação portuguesa do século XVI[12], o movimento Koréri da Nova Guiné Holandesa nas fases pré-européias[13], o culto profético do taro dos Orokaiva na Nova Guiné Britânica[14].

Finalmente, também no âmbito das formações proféticas que surgiram do impacto intercultural de sociedades indígenas com os brancos, muitas vezes — como vimos — a uma fase de ação imediata e de luta irredentista (Ghost-Dance dos índios das pradarias, Hau-hau dos Maori) seguem-se fases dedicadas à elaboração de religiões salvíficas de tipo contemplativo (Peiotismo), e organizativo-eclesiástico (o próprio Peiotismo, igreja Ringatu dos Maoris, igrejas nativas africanas).

Em conclusão, não são os fenômenos de impacto intercultural com os brancos as únicas e exclusivas raízes dos movimentos proféticos indígenas, porém são eles os fatores altamente preponderantes, em relação com as desconcertantes conseqüências sociais, culturais, religiosas que o impacto induz uniformemente nos grupos inferiores.

Também nas sociedades "primitivas" anteriores ao contato europeu, e no nosso mundo ocidental moderno, ocorrem manifestações históricas de profetismo e messianismo. Estas formas designamo-las como "endógenas". Além de esquematismos do gênero, e com as precisões já feitas com relação ao valor dialético dos termos "interno" e "externo", queremos dizer aqui sobretudo que, se nos profetismos gerados do impacto intercultural *os fatores precipitantes* são de origem externa, nos outros *os fatores precipitantes* são de origem interna.

Motivos de origem externa e interna se entremeiam na formação do profetismo judaico, do Mosaísmo aos profetas do Exílio. De fato, ao impacto intercultural entre duas correntes, a pastoril e a agrícola, se entrelaça o conflito

---

(12) METRAUX, 1948, pp. 97-8; IDEM, 1927; PEREIRA DE QUEIROZ, 1958, pp. 3-30, 111-112. Veja atrás, cap. 3.
(13) KAMMA, s.d. Veja atrás, cap. 4.
(14) LANTERNARI, 1956, pp. 33-42; WILLIAMS, 1928, pp. 12 e ss.; CHINNERY-HADDON, 1917. Veja atrás, cap. 4.

interno entre monoteísmo e politeísmo, entre elementos religiosos "idólatras" e religião "oficial", isto é, sacerdotal.

Não é por acaso que a história religiosa do antigo Israel se desenvolve na continuidade do conflito entre um monoteísmo "oficial" e a idolatria ou politeísmo "popular", conflito que o marca profundamente.

Ora, justamente o contraste interno entre religião "popular" e religião "oficial", entendidas como momentos particulares de um único processo dialético-histórico, se perpetua dentro da história do Cristianismo, herdeiro direto do Judaísmo. Isto não deixa de ter suas relações com o desenvolvimento assumido no mundo cristão pelas instituições eclesiásticas (herdeiras do sacerdotalismo judaico), e com as contradições que daí surgiram, entre exigências institucionais, de um lado, e as exigências religiosas da sociedade no seu todo, de outro.

De outra parte, o mencionado conflito entre momento popular e momento oficial da religião — entendido este último na forma de sacerdotalismo teocrático — preside as próprias origens do Cristianismo e não só dela como também dos vários movimentos proféticos cananeus, do Essenismo à Seita de Qumran. Finalmente, o mesmo conflito marca todo o desenvolvimento histórico do Cristianismo, da Idade Média à Reforma, aos movimentos messiânicos dos tempos recentes e mesmo de hoje. Portanto, nestes vários movimentos proféticos recorrentes convergem e se polarizam, contra a ação eclesiástica imposta "do alto", as exigências religiosas populares, arraigadas de forma urgente, imediata, espontânea nas formas de existência coletiva[15].

Das modernas manifestações de tal conflito religioso o Russellismo é justamente uma delas. A outra é o Mormonismo. O seu encontro com os cultos proféticos de nível etnológico, o íntimo entendimento que se estabeleceu espontaneamente entre estes e ele representam um documento bastante esclarecedor, quase um "espelho" a refletir o valor contraditório que existe na civilização religiosa "moderna". De fato, o conflito entre igrejas missionárias e nações modernas, de um lado, e civilizações "primitivas", de outro, serve para iluminar os limites não só das civilizações "primitivas", mas também da chamada civilização "moderna", com as suas peculiares instituições de Igreja e Estado.

Com efeito, as formações proféticas que nasceram dentro do mundo ocidental moderno, nas suas infinitas variantes, têm todas uma raiz comum no desequilíbrio entre poderosas forças institucionais como a Igreja, o Estado etc.,

(15) Para o conflito entre momento "oficial" e momento "popular" da vida religiosa, veja LANTERNARI, 1954.

e as exigências religiosas espontâneas e não correspondidas da sociedade.

Os profetismos nascidos de conflitos interculturais têm orientações tendenciosamente diversas dos de caráter endógeno. Os primeiros tendem a colocar o caminho da salvação, especialmente na primeira fase em que é mais desenvolvido o impacto, na ação imediata, na luta, na polêmica direta e decidida contra as instituições estrangeiras que hostilmente os enfurecem. É o caso das sociedades "primitivas" que se voltam contra os europeus invasores. É o caso do Mosaísmo, em luta contra os egípcios e os cananeus. É o caso, enfim, dos profetas do Exílio, que condenam apocalipticamente a Babilônia.

Por seu lado, nas *formações proféticas de caráter endógeno,* a via de salvação é buscada através muito mais da ação religiosa, cultural e eventualmente moral do que mediante a ação política externa. São eloqüentes os exemplos do Cristianismo apostólico e dos outros movimentos proféticos mais recentes de origem cristã. Salvar-se significa metodicamente preparar-se para uma existência supraterrena que é a única que pode realizar a plena libertação individual. A salvação se polariza no *escaton* ou fim do mundo, cujo significado se torna, por isso, univocamente positivo, enquanto se proclama a renúncia aos valores imediatos e imanentes de utilidade terrena, daqueles valores que dominam com sua grande carga os movimentos nativistas de nível etnológico.

Este caráter transcendentista distingue, historicamente, o Cristianismo tanto dos profetismos anteriores, quanto das formações nativistas de nível etnológico, ambos plenos de valores religiosos dramaticamente imanentes e dirigidos para a salvação terrena do grupo humano. Não será inoportuno, portanto, procurar comparativamente as razões que favorecem tal subversão de valores proféticos tal qual ocorre no Cristianismo (e de resto nos outros movimentos cananeus).

A propósito, parece determinante o caráter precisamente "endógeno" do movimento profético cristão. Produto de uma cultura urbana altamente hierarquizada, o Cristianismo surgiu e se desenvolveu, como manifestação "popular", do confronto com forças hegemônicas opressoras — o sacerdotalismo judaico, o estatismo romano — brotadas do seio da sociedade de que ele fazia parte integrante. Combatê-las num terreno religioso era possível com uma única condição, isto é, derrubando globalmente os valores da existência social, acrescentando como positivos unicamente os valores supraterrenos.

Em resumo, o programa salvífico do Cristianismo, contra o sacerdotalismo e ao mesmo tempo contra o estatismo, devia basear-se necessariamente numa evasão *integral* da história, na fundação de um Reino que devia efetuar a derrubada, bem como o aniquilamento das superestruturas sociais vigentes.

Parece significativo que uma evasão análoga, embora radical da história se efetive, em formas diferentes, junto a religiões proféticas de nível etnológico. Trata-se sempre de profetismos de "origem endógena" como o Cristianismo. As formações messiânicas Tupi da época pré-colonial do Brasil baseiam-se numa evasão em massa dos territórios de origem, e num coletivo retorno simbólico para uma mística morada paradisíaca, ou "Terra sem Males", situada — de conformidade com o mito tradicional — nas costas do Oceano, ou diretamente além do Oceano. Evidentemente, também neste caso como no profetismo cristão, as forças hostis e opressivas de que se pretendia fugir agiam no interior da própria sociedade. Contrapor-se a elas significava querer fundar uma sociedade nova, numa nova morada. É o caso do Cristianismo. É o caso igualmente do movimento dos Mórmons, dedicados originariamente a fundar uma nova sede isolada da sociedade oficial, exclusiva para os fiéis. Caráter tipicamente "escapista" tem, por outro lado, em nível etnológico, o movimento Tafarista da Jamaica, no qual os negros idolatram, como única libertação possível das atuais condições opressivas, um retorno, enfim apenas mítico, à mãe-pátria longínqua, a África. Esta representa para eles a sede paradisíaca, o Reino, o fim do males. Outras vezes, a morada paradisíaca atua mercê da fundação de uma "cidade santa" que por influência bíblica pode denominar-se "nova Jerusalém". É o caso dos recentes movimentos messiânicos (século XIX) de Canudos, Juazeiro, Contestado no Brasil[16]. Os lazaretos no monte Labro erigiam, ao contrário, uma igreja: a sua função era idêntica[17]. Hong, fundador do movimento Taiping na China, constituía o chamado "Reino celeste" do qual era ele o Rei: realização de um "Novo Paraíso", contraposto ao "ortodoxo" império terrestre que ele tentou, *armata manu,* substituir.

Da nova sede "santa", fundada desta maneira, às vezes se desencadeia a "guerra santa" contra as potências hostis, então consideradas de algum modo *externas* em virtude do isolamento ou distanciamento do grupo fiel ao seu profeta. É o caso dos cultos proféticos brasileiros acima mencionados, do movimento chinês Taiping e do movimento Lazaretista.

(16) PEREIRA DE QUEIROZ, 1958, pp. 11-16; IDEM, 1957 (movimentos do Brasil do século XIX); O'DEA, 1957 (Mórmons); METRAUX, 1927 (movimentos migratórios messiânicos dos Tupis brasileiros).

(17) SEGUY, 1958, pp. 74-5.

Concluindo, qualquer que seja o nível cultural, *os movimentos proféticos de origem endógena* são levados, por sua própria natureza, a realizar uma *radical evasão* da sociedade e do mundo, a fundar num plano de extra-historicidade, em contraposição à realidade vigente, uma sociedade e um mundo próprio, mantendo-se estranhos a toda ação modificadora direta e belicosa; às vezes reduzindo-se talvez a uma posição de pura e simples resistência passiva (movimento Kugu Sorta). Na ação modificadora, na luta social e política os movimentos proféticos deságuam somente quando e porque assumiram uma posição frontal e externa em relação às forças hostis. Em tais condições e nesta fase eles tornam seus aqueles caracteres relevantes dos *movimentos proféticos de origem externa,* tendenciosamente propensos a contrapor, à invasão da potência hegemônica, *a expulsão desta e não a própria evasão.*

Todavia, para uma compreensão correta dos movimentos proféticos não se pode esquecer o fato de que, se os movimentos de origem interna tendem decerto a esta *radical* evasão religiosa do mundo em reação à qual devia surgir o transcendentalismo cristão, de outro lado, o momento da evasão, mesmo que seja em formas menos radicais, está presente indistintamente em todos os movimentos proféticos e ao mesmo tempo o momento correspondente da regeneração do mundo. Se não fosse por isso, não seriam movimentos "religiosos", pois que é uma característica da experiência religiosa em si mesma realizar uma evasão provisória do mundo, em função de uma necessária e angustiadamente aguardada regeneração. No que diz respeito aos movimentos proféticos, a própria instituição de "igrejas", freqüente especialmente na fase organizativa e de "ajuste" (e portanto junto a sociedades já notavelmente hierarquizadas), exprime a exigência, da parte de uma coletividade de adeptos, de "separar-se" da sociedade existente, oficial, profana, para formar uma sociedade a seu modo "fora do mundo". Aliás, a natureza cultural própria dos movimentos proféticos, as suas várias e difusas manifestações supranormais como visões, alucinações, possessão coletiva, glossolalia etc., se justificam precisamente como formas de evasão mais ou menos auto-induzida, obtida em virtude da atmosfera exaltada do rito, plena de potencialidade mitopoiética.

Todavia, examinando bem — e isto é de grande importância — a psicose coletiva, o ritualismo, em suma todas as manifestações de caráter escapista próprios da maioria dos cultos proféticos de nível etnológico (não somente etnológico) têm uma função precisa, uma clara inspiração que não se esgota inteiramente numa simples necessidade de evasão do mundo como tal. Assim, eles concorrem a seu modo e nas formas religiosamente mais idôneas para esta positiva *regeneração do mundo,* que predomina nos pensamentos e nas necessidades dos prosélitos dos vários cultos proféticos.

Em suma, o profetismo em si mesmo, com as suas crises de tipo "escapista", com as desconcertantes experiências individuais e coletivas que lhe são próprias — ritos de cura, transe, revelações, "chamados", visões — de um lado surge e se desenvolve a partir de condições de crise coletiva e social, de outro lado responde a uma necessidade urgente — embora coletiva e social — de redenção cultural, de bem-estar concreto, de liberdade.

Os profetas e seus prosélitos auguram e aguardam sempre, bem como se aprontam para tornar atuais e praticamente experimentáveis aqueles bens vitais — salvação e liberdade — sem os quais a vida é precária.

Particularmente significativo a propósito é o dinamismo próprio dos movimentos nativistas de nível etnológico, no curso das suas fases individuais. De fato, às vezes, uma primeira fase de luta radical e aberta contra governos e igrejas dos brancos dá lugar a uma fase em que, embora na trama de instâncias anticolonialistas e mais ou menos xenófobas, se realiza uma crescente integração de elementos cristãos. Os vários movimentos em questão fazem da Bíblia o seu livro sagrado, constituem igrejas pretensamente cristãs (às vezes mesmo reconhecidas como tais); fazem-se em suma porta-bandeiras de um Cristianismo mais autêntico (do seu ponto de vista) do que o "exportado" pelos missionários. Na realidade, não se trata de "aceitação" passiva, mas de "busca" ativa; note-se que as igrejas nativistas são em grande parte antimissionárias. Não é, pois, um "consenso" excessivo o seu, mas "necessidade" ativa de novos valores religiosos. Fato é que uma parte do transcendentalismo judaico-cristão, com a idéia de salvação supraterrena e de justiça no além, aparece em muitas religiões nativas.

A absorção de tais valores cristãos, apesar da hostilidade antimissionária, tem a sua justificação, que explica o que nele pode parecer à primeira vista contraditório. O fato é que depois das primeiras fases de impacto o elemento estrangeiro se foi insinuando cada vez mais entre as malhas da sociedade, até tornar-se elemento "interno" a ela, e não mais apenas potência externa. Por isso para os nativos a ameaça de opressão cultural-social-política provém agora do próprio seio da sociedade de que fazem parte. Em tais condições, enquanto os elementos da cultura material européia sofrem um lento processo de absorção e integração, não basta mais procurar o caminho da salvação numa luta difícil e impossível. Procuram-se, assim, caminhos novos ou com a fundação de igrejas separatistas, ou através de técnicas escapistas (Peiotismo), ou ainda por meio de um credo transcendental. "Antes nós possuíamos a terra e vocês, a Bíblia; agora vocês tomaram a terra, a nós só nos resta a Bíblia"; já nos referimos a este aforisma denso dos profetas zulus. A Bíblia converte-se num extremo refúgio, num baluarte de salvação.

Assim, da opressão "interna" dos brancos nasce entre os nativos, espontaneamente, aquela "necessidade da Bíblia" que os missionários, em dezenas ou séculos de propaganda, não conseguiram inculcar de fora. O motivo desta "cristianização" de muitos grupos nativos está, portanto, no fato de que a inserção forçada dos brancos na sociedade indígena deu origem a condições fundamentalmente semelhantes àquelas que presidiram à difusão do Cristianismo primitivo no Ocidente.

Como ocorreu outrora aos cristãos primitivos do vizinho Oriente e da antiga Roma, também para os grupos nativos africanos, asiáticos, oceanianos, americanos se faz sentir uma dupla opressão: a do sacerdotalismo militante das missões e do estatismo invasor e autoritário dos governos coloniais.

Até agora estudamos algumas diferenças, determinadas historicamente, entre formações proféticas de tipo ocidental "moderno" (Cristianismo apostólico até o Russellismo, Mórmons, Lazaretismo etc.) e formações proféticas de nível etnológico, entre profetismos de origem externa e interna. Para além das diferenças oriundas de diversas condições históricas e culturais, as várias formações proféticas estão ligadas por um laço indissolúvel. Revelam as condições de crise em que desembocam ou as civilizações coloniais, ou a civilização moderna ocidental. No que diz respeito às relações entre cultura oficial moderna e as chamadas culturas primitivas, as religiões proféticas revelam um limite preciso, inerente à primeira delas, colocado pelo exclusivismo dogmático e autocêntrico dos seus organismos institucionais, como a Igreja e o Estado, em relação a manifestações que visam renovar, transformar, romper a ordem religiosa, social, cultural e política oficialmente constituída.

De seu lado, os cultos proféticos nativistas dos povos de nível etnológico, sejam cultos de libertação propriamente ditos, entregues decididamente à luta, sejam cultos de emancipação visando instaurar formas religiosas novas e autônomas segundo relações de convivência com os brancos, mostram invariavelmente que a história religiosa dos povos nativos e atrasados tem as suas exigências iniludíveis, que nenhuma potência ou instituição hegemônica pode pretender aviltar ou ignorar. No desenvolvimento religioso destas populações não há, em nenhum caso, possibilidades de aquiescências servis. As pretensas conversões são em ampla medida — como admitem de bom grado os missionários mais esclarecidos — muito mais aparentes do que reais e tocam portanto a superfície, não o fundo da vida religiosa.

A este propósito, será suficiente recordar uns poucos exemplos. O missionário protestante Bengt Sundkler chega a dizer o seguinte: "Pode-se demonstrar que grupos e indivíduos (na África Meridional) passaram sucessivamente das igrejas missionárias às etiopistas, destas à igreja sionista e finalmente, através da ponte do Sionismo nativista, voltaram diretamente ao animismo africano, donde haviam saído anteriormente"[18]. O missionário G. Parrinder oferece uma avaliação semelhante das conversões no tocante à África Ocidental[19].

Quanto a ambiente cultural totalmente diferente, a Melanésia, é interessante recolher algumas observações de antropólogos e de missionários, que convergem nas suas conclusões. O Professor Peter Elkin observa que "a obra dos missionários permanece, em sua maioria, na superfície com relação à vida indígena. Salvo poucas exceções, a maioria dos indígenas conservam as crenças e as sanções fundamentais da sua religião de origem; as cerimônias de outros tempos são realizadas e recordadas em segredo, para serem restabelecidas logo que surge a primeira ocasião, ou para constituir, em época de crises psicológicas, o núcleo dos Cultos das Mercadorias (Cargo-Cults)"[20]. Pode ser útil observar que as declarações de Elkin (1953) concordam plenamente com certas admissões de eclesiásticos, que remontam a várias décadas ou antes. O Rev. Lorimer Fison, a propósito da conversão dos habitantes das Fidji entre os quais ele atuava como missionário, em 1884 fazia as seguintes admissões textuais: "Falo de aceitação nominal do Cristianismo não já no sentido depreciativo para com a obra dos missionários, mas simplesmente porque esta é a verdade. A passagem do paganismo ao Cristianismo desta tribo (Wianimala, das Fidji: sede do culto Nanga) não é mais do que uma 'aceitação nominal' em primeira instância. Somente alguns charlatães, na sua pátria, podem falar desta passagem como de uma 'conversão' do povo no sentido teológico. Os missionários no campo, por certo, não falam em termos semelhantes"[21]. As asserções de Fison deviam manter-se válidas ainda durante muito tempo, pois nas Fidji já em 1895 são documentados cultos proféticos[22], e depois, nos tempos recentes, se desenvolveram formas de

---

(18) SUNDKLER, 1948, p. 297.
(19) PARRINDER, 1953, pp. 159-62.
(20) A.P. ELKIN, *Social Anthropology in Melanesia*, Londres, 1953, p. 7.
(21) L. FISON, The Nanga, *J.R.A.I.*, XIV (1884), p. 37.
(22) B.H. THOMPSON, *The Fijians*, Londres, 1908, pp. 140 e ss.

um novo culto profético e sincretista[23]. Aliás, mesmo nas Fidji a situação do Cristianismo, também nos últimos anos, é tal, que falar de "conversão" efetiva das comunidades indígenas parece ser bastante impróprio. De fato, muita coisa da antiga religião pagã remanesce, sobretudo por intermédio dos *medecine-men* que são seus portadores e guardiães oficiais. Além disso, o próprio Cristo é identificado com os heróis culturais da tradição pagã; finalmente — o que é mais importante — o Cristianismo só é aceito na medida em que surge, aos olhos dos indígenas, como instrumento e veículo de poder mágico ou *mana*; e se a civilização européia se afirmou de modo superior, isto se deve, segundo eles, ao maior poder mágico, ao maior *mana* que existe nele[24]. O que equivale a dizer que o Cristianismo europeu é traduzido para a língua cultural "pagã", muito mais do que o "paganismo" é elevado aos valores cristãos. Não são, definitivamente, os valores intrínsecos da religião cristã que atraem os nativos, mas antes o valor mágico-taumatúrgico atribuído a ela.

O fracasso da obra missionária nas declarações dos próprios missionários e igualmente dos antropólogos denuncia a existência de problemas de política cultural que a Igreja muitas vezes, com os meios religiosos simples de que dispunha, não pôde enfrentar com eficácia. Para demonstrar como freqüentemente são postiços e sem raízes os efeitos da propaganda missionária — quando não são acompanhados de transformações estruturais da sociedade — é brilhante exemplo o que fornecem em 1941 — na deflagração da guerra — as tribos do Markham Valley (Nova Guiné). As Missões, todas luteranas, foram fechadas no início das hostilidades e os seus membros foram internados na Austrália como nazistas. Mal foram fechadas as Missões, a vida religiosa pagã veio novamente à luz, pois até então mantivera uma vitalidade clandestina. Eis o que um indígena tinha a dizer das suas convicções religiosas: "Se os missionários nos perguntavam quem faz crescer as hortas, nós dizíamos — como eles dizem — que é Deus. Mas nós sabíamos que não é Deus: são as nossas práticas mágicas que fazem crescer os inhames nos campos. Se houvéssemos suspendido as nossas práticas, a colheita teria sido nula; por isso, nós as executávamos em segredo, e estávamos seguros de obter uma boa colheita"[25].

Nenhuma propaganda externa, portanto, nenhuma imposição ou proibição proveniente do alto têm o poder de fragmentar a inderrogável liberdade da história. Esta tem

(23) CATO, *Oceania* (1947), pp. 146 e ss.
(24) CATO, 1956, pp. 101-6.
(25) K.E. READ, "Effects of the war in the Markhan Valley, New Guinea", *Oceania*, XVIII.2 (1947), p. 114.

a sua lei suprema no seguinte: os itinerários futuros sobre os quais ela vai desenvolver-se nunca são troncos acrescentados de fora aos itinerários do passado, mas sim são continuação e germinação espontânea destes últimos. Em suma, a tradição religiosa pode, por processo espontâneo, transformar-se, corrigir-se, superar-se; não pode nunca renegar a si própria porque é forçada a isso do exterior, pois a história não se anula.

No grande complexo dos cultos proféticos, nós distinguimos cultos de origem interna (endógenos) ou de origem externa. Distinguimos igualmente formações nativistas de caráter revolucionário ou irredentista ("cultos de libertação", por exemplo, Ghost-Dance, movimentos congoleses, sul-africanos e de outras regiões da África, culto Hau-hau, Caodaísmo, Taiping etc.), e outros "de ajustamento"[26] ou reformistas (igrejas independentes, cultos melanésios na última fase, Dream-Dance, Peiotismo etc.). Estas distinções não possuem um valor esquemático e classificatório rígido, mas antes correspondem a "momentos" diferentes, que freqüentemente interferem ou são ligados entre si no processo histórico concreto, num mesmo movimento nativista. É assim, por exemplo, que dos cultos revolucionários de libertação (polinésios, melanésios, americanos) se passa gradativamente a cultos de ajustamento. Assim de outro lado, o "ajustamento" conseguido pelos grupos africanos para com a religião cristã com o desenvolvimento das igrejas separatistas não exclui inteiramente o fato de que, perante as administrações coloniais e nas relações político-sociais, os mesmos grupos alimentam, ou mesmo incrementam cultos revolucionários de libertação, comumente no seio das próprias igrejas. Assim, enfim, as formações de origem externa acabam por converter-se em formações de caráter interno (p. ex., os movimentos revolucionários africanos dão lugar às igrejas independentes, o culto Hau-hau dos maoris à igreja Ringatu etc.).

(26) SLOTKIN, 1956. Outros distinguem três tipos de "nativismo": movimentos de despertar ou "revivalistas" — de caráter dinâmico —, movimentos de nativismo passivo, movimentos de reforma (VOGET, 1956). Parece-nos superada a esquemática e antidialética subdivisão dos movimentos nativistas elaborada por Linton (1943), isto é, em dois tipos maiores (nativismo revivalista, nativismo perpetuativo) e em quatro tipos menores (revivalismo mágico, revivalismo racional mágico e perpetuativismo, perpetuativismo racional). De resto, está superado o mesmo conceito de nativismo enunciado por Linton. Segundo Linton (1943, 230), "movimento nativista é toda tentativa consciente e organizada, da parte dos componentes de uma sociedade, de revivificar ou perpetuar alguns aspectos escolhidos da própria cultura". Para nós, nativismo não é visto neste aspecto unilateralmente restaurativo e conservativo, mas no seu aspecto de perspectiva, que está voltado polemicamente contra a cultura ocidental, e visa muito mais a instaurar um culto exclusivo para os aborígines, em suma um culto "novo" (por esta crítica a Linton, e para este conceito de "novidade" inerente aos movimentos nativistas, cf. WORSLEY, 1957).

As várias distinções acima mencionadas, e as eventuais de outros autores, se resolvem portanto na dinâmica interna dos profetismos nativos, uma dinâmica que leva decididamente do irredentismo polêmico e hostil, propenso a dobrar-se sobre os valores tradicionais como os únicos aceitáveis, reelaborando-os outrossim em formas novas, para um autonomismo religioso plenamente realizado, autonomismo no qual se resolve o antigo conflito entre resistência e desculturação, entre uma vontade recalcitrante frente à cultura hegemônica e a aquiescência servil desejada pela última.

É particularmente notável o fato de que junto às várias formações proféticas, especialmente dentro de ambientes continentais caracterizados por comunicações fáceis (diferente é o caso dos ambientes insulares como a Oceania, onde os vários agrupamentos aparecem muito mais desarticulados) se desenvolva muito facilmente o tema da colaboração intertribal, até ao nível de uma verdadeira unidade nacional. No Peiotismo e na Dream-Dance os índios celebram em torno do "altar" do peiote ou do tambor sagrado a sua unidade pan-índia. O mesmo se diga dos indígenas da África Meridional, do Congo Belga e Francês, com a sua religião pan-africana. Também entre os ceremissos vimos desenvolver-se uma religião panfínica, com o movimento da Grande Vela.

Os profetismos nativistas (isto é, os movimentos proféticos, messiânicos, de salvação) exprimem o momento inovador, antitradicionalista, anticonservador por excelência, no qual se realiza uma real e justa "ruptura" da tradição. Finalmente, eles representam o momento "revolucionário" da vida religiosa dos povos, estreitamente ligado à natureza "popular" própria daqueles profetismos. Alhures, distinguimos, no seio do mundo religioso culto e moderno[27], um momento religioso "oficial" de um momento "popular"; por exemplo, o Cristianismo oficial, urbano, eclesiástico frente à religião rústica mais ou menos paganizante. Um critério análogo de distinção historiográfica nos parece útil para conhecer a fundo a história religiosa "primitiva" de qualquer época ou país, particularmente naqueles casos — como precisamente com os movimentos proféticos — em que se descobre de forma evidente uma contraposição entre tradição religiosa (momento oficial conservador) e renovação (momento popular de ruptura), em suma entre antigo e moderno, entre conservação e "revolução".

O momento oficial e o momento popular estão ligados entre si de forma dialética na dinâmica interna das várias civilizações religiosas; o seu dinamismo se amolda aos desenvolvimentos culturais próprios da civilização portadora.

(27) LANTERNARI, 1954.

É certo que os movimentos proféticos e nativistas exprimem com impulso enérgico, com retomada vigorosa, o estado de "exaustão" da tradição religiosa na sua função salvífica (toda religião tende essencialmente a "salvar") e a necessidade conjunta de renovação induzida por experiências novas e drásticas, amadurecidas inopinadamente ou de modo gradativo. Os movimentos proféticos, seja na fase revolucionária ou de ajustamento, seja de origem externa ou interna, realizam pois uma "renovação" consciente da cultura religiosa e exprimem a exigência e ao mesmo tempo colocam as premissas de uma reforma de toda a vida social, política e cultural.

Os movimentos proféticos são, pois, inovadores e populares. Mas eles o são na medida em que representam, na dinâmica religiosa dos povos, conjunturas críticas e nodais, nas quais se criou uma tensão ou divergência particular entre a tradição religiosa nas suas formas tendenciosamente inertes e estáticas, amadurecidas sobre experiências ou exigências devidas a eventos, transformações, contatos ou choques. As formas tradicionais da vida religiosa, nestas conjunturas particulares, mostram toda a sua insuficiência e incapacidade.

Com o seu caráter popular, revolucionário, novo e inovador, os movimentos proféticos sob o impulso das exigências existenciais concretas e urgentes dos povos oprimidos, dos povos em crise, visam pois o futuro e a regeneração do mundo.

BIBLIOGRAFIA GERAL

BARBER, B. Acculturation and Messianic Movements. *Am. Soc. Rev.* VI,5 (out. 1941), pp. 663-9. Reimpresso em *Reader in Comparative Religion: an Anthropological Approach* (Evanston, 1958), pp. 474-8.
BASTIDE, R. La causalité externe et la causalité interne dans l'explication sociologique. In: *Cah. Int. Soc.*, XXI,3 (1956).
BATESON, G. Culture-contact and Schismogenesis, *Man*, CLXXXVIII (1935).
BRAM, J. Jehovah's Witnesses and the Values of American Culture In: *Trans. N. Y. Acad.*, XIX,1 (1956), pp. 47-54.
BUONAIUTI, E. *Saggi di storia del Cristianesimo*. Editado por A. Donini (Vicenza, 1957), pp. 327-98.
BUONAIUTI, E. *Gioacchino da Fiore, i tempi, la vita, il messaggio*. (Roma, 1931)
CASSIN, H. *San Nicandro, histoire d'une conversion*. (Paris, 1957)

CASSIN, H. Quelques facteurs historiques et sociaux de la diffusion du Protestantisme en Italie Méridionale. In: *Arch. Soc. Rel.*, II (1956), pp. 55-72.

CHESNEAUX, J. Les hérésies coloniales. In: *Rech. Int. Marx.*, VI, março-abril 1958.

COHN, N. Réflexions sur le Millénarisme. In: *Arch. Soc. Rel.*, V (1958), pp. 103-7.

COHN, N. *The Pursuit of Millennium*. (Londres, 1957).

DESROCHE, H. Micromillénarismes et communautarisme utopique en Amérique du Nord du XVII au XIX siècle. In: *Arch. Soc. Rel.*, IV (1957), pp. 57-92.

DESROCHE, H. *Les Shakers Américains. Néochristianisme ou Présocialisme?* (Paris, 1955)

DONINI, A. Chiese dissidemi e moti ereticali. *Rinascita* XI-XII (1958), pp. 741-5.

ELKIN, A.P. The Reaction of the Primitive Races to the White Man's Culture: a Study in Culture-Contact. *Hibbert Journal*, XXXV,4 (1937), pp. 537-45.

EMMET, D. Prophets and Their Societies *J.R.A.I.*, LXXXVII (1956), pp. 13-24.

G. S. R. Questionnaire sur les Messianismes et Millénarismes. In: *Arch. Soc. Rel.*, V (1958), pp. 88-90.

GUARIGLIA, G. *Prophetismus und Heilserwartungsbewegungen als völkerkundliches and religionsgeschichtliches Problem*. (Horn-Wien, 1959)

GUARIGLIA, G. Prophetismus und Heilserwartungsbewegungen in niederen Kulturen. *Numen*, V,3 (1958), pp. 180-98.

HEBERLE, R. *Social Movements: an Introduction to Political Sociology*. (Nova York, 1951)

HOBSBAWM, E. J. *Primitive Rebels*. (Manchester, 1959)

ISAMBERT, F. Fondateurs, Papes, Messies. In: *Arch. Soc. Rel.*, V (1958), pp. 96-8.

KOVALEVSKY, P. Millénarisme et Parousie, Messianisme et Missions Chrétiennes. In: *Arch. Soc. Rel.*, V (1958), pp. 108-10.

LANTERNARI, V. Scienze religiose e storicismo: note e riflessioni. *Nuovi Argomenti*, XLII-XLIII (1960), pp. 93-113.

LANTERNARI, V. *La grande festa: storia del Capodanno nelle civiltà primitive*. (Milão, 1959)

LANTERNARI, V. Fermenti religiosi e profezie di libertà dei popoli coloniali. *Nuovi Argomenti*, XXXVII (1959), pp. 54-92.

LANTERNARI, V. Religione popolare e storicismo. *Belfagor*, VI (1954)

LOWE, W. L. Psychodynamics in Religious Delusions and Hallucinations. *American Journal of Psychotherapy*, VII (1953), pp. 454-62.

McNIFF, W. J. *Heaven on Earth: a Planned Mormon Society*. (Oxford, 1940)

MAIR, L. P. Independent Religious Movements in Three Continents. In: *Comparative Studies in Society and History*, I,2 (1959), pp. 113-35.

MANUEL, F. E. *The New World of Henri Saint Simon*. (Cambridge, 1956)

O'DEA, T. F. *The Mormons*. (Chicago, 1957)

PEZZELLA, S. Davide Lazzaretti. In: *Ricerche Religiose*, XX, 1-4 (1950), pp. 181 e ss.
PRICE, A. G. *White Settlers and Native Peoples*. (Melbourne-Cambridge, 1950)
SCHLOSSER, K. Prophetismus in niederen Kulturen. In.: *Z.f.E.*, LXXV (1950), pp. 60-72.
SEGUY, J. David Lazzaretti et la secte des Giurisdavidici. In: *Arch. Soc. Rel.*, V (1958), pp. 71-87.
SMITH, M. W. Towards a Classification of Cult Movements. *Man*. LIX (1959), p. 2.
STROUP, H. H. *The Jehovah's Witnesses*. (Nova York, 1945)
VOLPE, G. *Movimenti religiosi e sette ereticali nella società medievale italiana*. (Florença 1926)
WALLACE, F. C.; VOGET, F. W.; SMITH, M. W. Towards a Classification of Cult Movements: Some Further Contributions. *Man*, LIX (1959), pp. 25-8.
WALLIS, W. D. Quelques aspects du messianisme. In: *Arch. Soc. Rel.*, V (1958), pp. 99-100.
WALLIS, W. D. *Messiahs: Their Role in Civilization*. (Washington, 1943)
WALLIS, W. D. *Messiahs: Christian and Pagan*. (Boston, 1918)
WEBER, M. *The Theory of Social and Economic Organization*. (Londres, 1947)
WEBER, M. Carismatica e tipi del potere, in *Politica ed economia*. Editado por R. Michels (Turim, 1934), pp. 179-262.
WEBER, M. Sozial-und Wirtschaftsgeschichte. (Tübingen, 1924)

ÁFRICA

AFRICA To-day. Ed. C. G. Haynes. (Baltimore, 1955; 3. ed. 1959)
ANDERSSON, E. *Messianic Popular Movements in the Lower Congo*. (Upsala, 1958)
BALANDIER, G. Brèves remarques sur les messianismes de l'Afrique Congolaise. In: *Arch. Soc. Rel.*, V (1958), pp. 91-5.
BALANDIER, G. *Afrique ambigüe*. (Paris, 1957)
BALANDIER, G. *Sociologie de l'Afrique Noire*. (Paris, 1955)
BALANDIER, G. Messianismes et nationalismes en Afrique Noire. In: *Cah. Int. Soc.*, XIV (1953), pp. 41-65.
BANTON, M. *West African City: Study of Tribal Life in Freetown* (Londres. Ibadan-Accra, 1957)
BANTON, M. An Independent African Church in Sierra Leone. *Hibbert Journal*, LV, 216 (1956), pp. 57-63.
BARTOLUCCI, E. "Problemi religiosi dell'Africa d'oggi". In: *La Scuola Cattolica*, II (1958), pp. 116-35.
BIEBUYCK, D. La Société Kumu face au Kitawala. *Zaïre*, XI,1 (1957), pp. 7-40.
BISSAINTHE, G. "Catholicisme et indigénisme religieux". In: *Des Prêtres Noirs s'interrogent* (Paris, 1957), pp. 111-36.
CARDAIRE, M. L'Islam et le terroir africain. In: *Études Soudaniennes IFAN*, 1954, pp. 30-46.

CARPENTER, G. W. "The Role of Christianity and Islam in Contemporary Africa". In: *Africa To-day* (1959), pp. 90-113.

CAVICCHI, E. I Mau-Mau. *Missioni Consolata*, LIV, 17 (1952), pp. 198-208.

CHERUBIM and Seraphim. *Nigeria*, LIII (1957), pp. 119-34.

COLEMAN, J. S. Current Political Movements in Africa. In: *Ann. Amer. Acad.*, CCXCVIII (1955), pp. 95-108.

CONTINUITY and Change in African Cultures. Ed. por W. R. Bascom e M. J. Herskovits (Chicago, 1959)

DELORD, R. "Messianisme à Madagascar". In: *Le Monde Nonchrétien* (1948), pp. 975 e ss.

DES PRÊTRE Noirs s'interrogent. (Paris, 1957)

DOUGALL, J. W. C. African Separatist Churches. *Int. Rev. Miss.*, XLV (1956), pp. 257-66.

EBERHARDT, J. Messianisme en Afrique du Sud. In: *Arch. Soc. Rel.*, IV (1957), pp. 31-56.

FERMI, E. La chiesa in Africa. *Comunitá*, XI,48 (1957), pp. 37-61.

FIELD, M. J. *Akim-Kotoku, an Oman of the Gold Coast*. (Londres, 1948)

FRANZA, A. Il risveglio dell'Africa. *Società*, IV (1956), pp. 715-37.

HERSKOVITS, M. J. Anthropology and Africa, a Wider Perspective. *Africa*, XXXIX,3 (1959), pp. 225-37.

HERSKOVITS, M. J. "The African Cultural Background in the Modern Scene". In: *Africa To-day*, 3. ed. (Baltimore, 1959), pp. 30-49.

HODGKIN, T. *Nationalism in Colonial Africa*. (Londres, 1956)

HOLAS, B. Bref aperçu sur les principaux cultes syncrétiques de la Basse Côte d'Ivoire. *Africa*, XXIV,1 (1954), pp. 55-60.

HOLAS, B. Le culte de Zié: éléments de la religion Kono (Haute Guinée Française). In: *Mémoires IFAN*, Dakar, XXXIX (1954), pp. 217-21.

KUPER, H. The Swazi Reaction to Missions. In: *African Studies*, V,3 (1946), pp. 177-89.

LEAKEY, L. S. B. *Mau-Mau and the Kikuyu*. (Londres, 1952)

LEENHARDT, M. *Le mouvement Ethiopien au sud de l'Afrique de 1896 à 1899*. (Cahors, 1902)

LE GRIP, A. "Le Mahdisme en Afrique Noire". In: *L'Afrique et l'Asie*, XVIII (1952), pp. 3-16.

MARQUARD, L. *Peoples and Policies of South Africa*. (Londres, 1952)

MENDES CORREA, A. A. Sociedades secretas africanas e ciência Social. In: *Boletim Sociedade Geográfica*, Lisboa, IV,6 (1954), pp. 219-34.

MESSENGER, J. C. "Religious Acculturation among the Anang Ibibio". In: *Continuity and Change in African Cultures*. Ed. Bascom-Herskovitz, Chicago, 1959, pp. 279-99.

MQOTSI, L. & MKELE, N. A Separatist Church: Ibandla-lika-Krestu. In: *African Studies*, V,2, (1946), pp. 106-25.

MULAGO, V. "Necessité de l'adaptation missionnaire chez les Bantou du Congo". In: *Des Prêtes Noirs s'interrogent*, Paris, 1957, 19-40.

PARRINDER, G. Les sociétés religieuses en Afrique Occidentale. *Prés. Afr.* (fevereiro-março 1958), pp. 17-22.
PARRINDER, G. *Religion in an African City.* (Londres, 1953)
PARSONS, R. T. Missionary-African Relations. *Civilizations,* III,4 (1953), pp. 505-18.
PAULUS, J. P. Le Kitawala au Congo Belge. *Rev. Inst. Soc.,* II,3 (1956), pp. 256-70.
RAYMAEKERS, P. L'Eglise de Jésus-Christ sur la terre par le prophète Simon Kimbangu. *Zaïre,* XIII,7 (1959), pp. 675-756.
ROSS, E. The Impact of Christianity in Africa. In: *Ann. Amer. Acad.,* CCXCVIII (1955), pp. 161-9.
SCHAPERA, I. Christianity and the Tswana. *J. Anthr. Soc.,* I (1958), pp. 1-9.
SCHLOSSER, K. *Propheten in Afrika.* (Braunschweig, 1949)
SHEPPERSON, G. & PRICE, T. *Independent Africa: John Chilembwe and the Nyasaland Rising of 1915.* (Edimburgo, 1958)
SHEPPERSON, G. The Politics of African Church Separatist Movements in British Central Africa. *Africa,* XXIV,3 (1954), pp. 233-46.
SUNDKLER, B. G. M. *Bantu Prophets in South Africa.* (Londres, 1948)
TASTEVIN, R. P. Nouvelles manifestations du prophétisme en Afrique Equatoriale et en Angola. In: *C. R. Acad.,* XVI,3 (fevereiro 1956), pp. 149-54.
TRACEY, H. Zulus Find the Middle Road. *Natural History,* LXIV,8 (1955) pp. 400-6.
VILALDACH A. de V. *La Secta Bwiti en la Guinea Española.* (Instituto de estudios Africanos, Madri, 1958)
WATSON, W. *Tribal Cohesion in a Money Economy: a Study of the Mambwe People of Northern Rhodesia.* (Manchester, 1958)
WESTERMANN, D. *The Africán To-day and To-morrow.* 3. ed. (Londres-Nova York-Toronto, 1949)
WILLOUGHBY, S. C. *The Soul of the Bantu.* (Nova York, 1928)
WILSON, M. *Communal Rituals of the Nyakyusa.* (Londres, 1959)
WING, J. van. Le Kibangisme vu par un témoin. *Zaïre,* XII (1958), pp. 563-618.

AMÉRICA

ANGELO, J. de & FREELAND, L. S. A New Religious Cult in North Central California. *Am. Arthr.,* XXXI,2 (1929), pp. 265-70.
BARBER, B. A Socio-cultural Interpretation of the Peyote Cult. *Am. Anthr.,* XLIII,4 (1941), pp. 673-5.
BARBER, C. G. Peyote and the Definition of Narcotic. *Am. Anthr.,* LXI,4 (1959), pp. 641-6.
BARNETT, H. G. *Indian Shakers: a Messianic Cult of the Pacific Northwest.* (Carbondale, 1957)

BARNETT, H. G. *Innovation: the Basis of Cultural Change.* (Nova York, 1953)

BARRETT, S. A. The Dream Dance of the Chippewa and Menominee Indians of Northern Wisconsin. In.: *Bull. Milw.,* I,4 (1911)

BASTIDE, R. Le messianisme raté. In: *Arch Soc. Rel.,* V (1958), pp. 31-7.

BASTIDE, R. "Le messianisme chez les Noirs du Brésil". In: *Le Monde Nonchrétien* (julho setembro 1950), pp. 301-8.

BRANT, C. S. Peyotism among the Kiowa-Apache and Neighbouring Tribes. *South J.,* VI (1950), pp. 212-21.

COLLIER, J. The Peyote Cult. *Science,* CXV (1952), pp. 503-4.

COLLIER, D. Peyote: a General Study of the Plant, the Cult and the Drug. In: *Survey of Conditions of Indians in U.S.,* XXXIV (Washington, 1937)

COLLIER, J. *The Indians of the Americas.* (Nova York, 1947)

COLLINS, J. The Indian Shaker Church: a Study of Continuity and Change in Religion. *South J.,* VI (1950), pp. 399-411.

COMHAIRE, J. Religious Trends in African and Afro-American Urban Societies. *Anthr. Q.,* XXVI (n. s. 1), 4 (1953), pp. 95-108.

DANIELS, W. M. *American Indians.* (Nova York, 1957)

DEARDORFF, M. H. The Religion of Handsome Lake: its Origin and Development. In: *Symposium on Local Diversity in Iroquois Culture,* editado por W. N. Fenton, *B. B. Amer. Ethn.,* CXLIX (1951), pp. 79-197.

DITTMAN, A. T. & MOORE, H. C. Disturbance in Dreams as Related to Peyotism among the Navaho. *Am. Anthr.,* LIX,4 (1957), pp. 642-9.

DU BOIS, C. The 1870 Ghost Dance. In: *U. C. R.,* III, 1 (1939)

ECKERT, G. Zum Kult des Buciraco in Cartagena. In: *Z. f. E.,* LXXIX,1 (1954), pp. 118-20.

ECKERT, G. Prophetentum un Freiheitsbewegungen im Caucatal. In: *Z. f. E.,* LXXVI (1951), pp. 115-25.

FLETCHER, A. C. The Indian Messiah. *J. A. F.,* IV (1891), pp. 57-60.

GAYTON, A. H. The Ghost Dance of 1870 in South-Central California. In: *U. C. P. A.,* XXVIII (1930), pp. 57-82.

GUNTHER, E. "The Shaker Religion of the Northwest". In: *Indians of the Urban Northwest,* editado por M. W. Smith (Nova York, 1949), pp. 37-76.

GUSINDE, M. Der Peyote Kult, Entstehung und Verbreitung. In: *Festschrift zum 50 Jahrigen Bestandsjubiläum des Missionshauses S. Gabriel* (Wien Mödling, 1939), pp. 401-99.

HEIZER, R. F. A California Messianic Movement of 1801 among the Chumash. *Am. Anthr.,* XLIII,1 (1914), pp. 128-9.

HILL, W. The Navaho Indians and the Ghost Dance of 1890. *Am. Anthr.,* XLVI (1944), pp. 523 e ss.

HOEBEL, E. A. The Comanche Sun Dance and Messianic Outbreak of 1873. *Am. Anthr.,* XLIII,2 (1941), pp. 301-3.

HOWARD, J. A. The Mescal-Bean Cult of the Central and Southern Plains: an Ancestor of the Peyote Cult? *Am. Anthr.,* LIX,1 (1957), pp. 75-87.

KROEBER, A. L. *Anthropology.* (Londres, 1948)

KROEBER, A. L. The Arapaho. In: *B. Nat. Hist.*, XVIII,4 (1907), pp. 398-410.

KROEBER, A. L. A Ghost Dance in California. *J. A. F.*, XVII (1904), pp. 32-5.

LA BARRE, W. Twenty Years of Peyote Studies. In: *Current Anthropology*, I,1 (1960), pp. 45-60.

LA BARRE, W.; McALLESTER, D. P.; SLOTKIN, J. S.; STEWART, O. C.; TAX, S. Statement on Peyote. *Science*, CXIV (1951), pp. 582-3.

LA BARRE, W. The Peyote Cult. In: *Y. P. A.*, XIX (1938).

LANTERNARI, V. Nota su alcuni profetismi americani. *Riv. Antr.*, LXV (1958), pp. 242-8.

LASSWELL, H. D. Collective Autism as a Consequence of Culture Contact: Notes on Religious Training and the Peyote Cult at Taos. In: *Z. f. S.*, IV (1935), pp. 232-47.

LESSER, A. Cultural Significance of the Ghost Dance. *Am. Anthr.*, XXXV (1933), pp. 108-15.

LESSER, A. *The Pawnee Ghost Dance Hand Game*. (Nova York, 1933)

LINTON, R. Nativistic Movements. *Am. Anthr.*, XLV (1943), pp. 230-40.

LINTON, R., ed. *Acculturation in Seven American Indian Tribes*. (Nova York, 1940)

LOWIE, R. H. Le Messianisme primitif: contribution à un problème d'ethnologie. *Diogène*, XIX (1957), pp. 80-94.

LOWIE, R. H. *Primitive Religion*. (Nova York, 1924)

LOWIE, R. H. "Peyote Rite". In: *Hasting's Encyclopaedia of Religions and Ethics*, IV, (Edimburgo, 1908-27), pp. 735-6; IX, p. 815.

McGREGOR, G. *Warriors without Weapons*. (Chicago, 1946)

McLEOD, W. Ch. *The American Indian Frontier*. (Londres, 1928)

MALOUF, C. Gosiute Peyotism. *Am. Anthr.*, XLIV (1942), pp. 93-103.

MASON, B. S. *Dances and Stories of the American Indian*. (Nova York, 1944)

MERRIAM, A. P. & D'AZEVEDO, W. L. Washo Peyote Songs. *Am. Anthr.* LIX,4 (1957), pp. 615-41.

MÉTRAUX, A. Les Messies de l'Amérique du Sud. In: *Arch. Soc. Rel.*, IV (1957), pp. 108-12.

MÉTRAUX, A. "The Guarani". In: *Handbook of South American Indians*, editado por J. H. Steward, v. III (Washington, 1948), pp. 69-94.

MÉTRAUX, A. "The Tupinamba". In: *Handbook of South American Indians*, ed. por J. H. Steward, vol. III, Washington, 1948, pp. 95-133.

MÉTRAUX, A. A Quechua Messiah in Eastern Peru. *Am. Anthr.*, XLIV,1 (1942), pp. 721-5.

MÉTRAUX, A. Migrations historiques des Tupi-Guarani. *J. S. Am.*, XIX (1931), pp. 1-45.

MÉTRAUX, A. *La religion des Tupinamba*. (Paris, 1928)

MÉTRAUX, A. Les Hommes-Dieux chez les Chiriguano et dans l'Amérique du Sud. *Rev. Tucuman*, II (1913), pp. 61-91.

MOONEY, J. The Ghost Dance and the Sioux Outbreak of 1890. In: *Rep. B. A. E.*, XIV (1892-93), 1896, Parte II.

MORGAN, Lewis H. *League of the Ho-de-No Sau-Nee or Iroquois*. I-II (Nova York, 1901; New Haven, 1954).

NASH, P. "The Place of Religious Revivalism in the Formation of the Intercultural Community on Klamath Reservation". In: *Social Anthropology of North American Tribes.* (Chicago, 1955), pp. 377-444.

NETTL, B. Observations on Meaningless Peyote Songs Texts. *J. A. F.,* LXVI (1953), pp. 161-4.

NEWBERNE, R. E. L. *Peyote.* (Lawrence, 1955)

NEWCOMB, W. W., Jr. "The Culture and Acculturation of the Delaware Indians". (In: *Anthr. Pap,* X (1956), pp. 113-15.

NEWCOMB, W. W., Jr. A Note on Cherokee-Delaware Pan-Indianism. *Am. Anthr.,* LVII (1955), pp. 104-45.

NIMUENDAJÚ, C. *The Tukuna.* (Berkeley, 1952)

NIMUENDAJÚ, C. *Leyenda de la creación y juicio final del mundo como fundamento de la religión de los Apapokuva-Guarani.* (São Paulo, 1944)

NIMUENDAJÚ, C. Die Sagen von der Erschaffung und Vernichtung der Welt als Grundlagen der Religion des Apapokuva-Guarani. In: *Z. f. E.,* XLVI (1914), pp. 287-399.

OPLER, M. K. Fact and Fancy in Ute Peyotism. *Am. Anthr.,* XLIV (1942), pp. 151-9.

OPLER, M. K. The Character and History of the Southern Ute Peyote Rite. *Am. Anthr.,* XLII (1940), pp. 463-78.

OPLER, M. K. "The Southern Ute of Colorado". In: *Acculturation in Seven American Indian Tribes,* editado por R. Linton (Nova York, 1940), pp. 119-203.

OPLER, M. K. The Use of Peyote by the Carrizo and Lipan Apache Tribes. *Am. Anthr.,* XL,2 (1938), pp. 271-85.

OPLER, M. K. The Influence of Aboriginal Pattern and White Contact on a Recently Introduced Ceremony, the Mescalero Peyote Cult. *J.A.F.,* XLIV (1936), pp. 143-66.

PARKER, A. The Code of Handsome Lake, the Seneca prophet. In: *N. Y. Bull.,* CLXIII (1913).

PEREIRA DE QUEIROZ, M. I. Autour du messianisme. *Prés. Afr.* (junho-julho 1958), pp. 72-6.

PEREIRA DE QUEIROZ, M. I. Classification des messianismes brélisiens. In: *Arch. Soc. Rel.,* V (1958), pp. 111-20.

PEREIRA DE QUEIROZ, M. I. Die Fanatiker des "Contestado". In: *S. Jahrb.,* V (1957), pp. 213-15.

PEREIRA DE QUEIROZ, M. I. *La guerre sainte au Brésil: le mouvement messianique du "Conquestado".* (São Paulo, 1957)

PEREIRA DE QUEIROZ, M. I. Messiasbewegungen in Brasilien. In: *S. Jahrb.,* IV (1956), pp. 133-44.

PETRULLO, V. Peyotism as an Emergent Indian Culture. In: *Indians at Work,* VII,8 (1940), pp. 51-60.

PETRULLO, V. *The Diabolic Root: a Study of Peyotism, the New Indian Religion, among the Delawares.* (Filadélfia, 1934)

PROVINSE, J. American Indian in Transition. *Am. Anthr.,* LVI (1954), pp. 387-94. Reimpresso em DANIELS: *American Indians* (1957), pp. 82-8.

RADIN, P. The Religious Experiences of an American Indian (John Rave). In: *E. Jahrb.,* XVIII (1950), pp. 249-90.

RADIN, P. *The Road of life and Death: a Ritual Drama of the American Indians*: Bollingen Series V. (Nova York, 1945)
RADIN, P. *The Story of the American Indian*. (Nova York, 1927; 3. ed. 1944)
RADIN, P. The Winnebago Tribe. In: *Rep. B. A. E.*, XXXVII (1915-16), 1923.
RADIN, P. *Crashing Thunder: the Autobiography of an American Indian*. (Nova York, 1926); *U. C. P. A. E.*, XVI,7 (1920).
RADIN, P. A Sketch of the Peyote Cult of the Winnebago: a Study in Borrowing, *J. Rel. Psy.*, VII (1914), pp. 1-22.
RADIN, P. Personal Reminiscences of a Winnebago Indian. *J. A. F.*, XXVI (1913).
RAROPORT, R. N. Changing Navaho Religious Values: a Study of Christian Missions to the Rimrock Navahos. In: *Pap. Peab.*, XLI,2 (1954).
RAY, V. The Kolaskin Cult. *Am. Anthr.*, XXXVIII (1936), pp. 67-75.
REDFIELD, R. *The Primitive World and Its Transformations*. (Ithaca, 1953)
RICHARDSON, R. N. *The Comanche Barrier to South Plains Settlement*. (Glendale, 1933)
RIGAUD, A. M. Le Rôle du Vaudou dans l'indépendance d'Haïti. *Prés. Afr.* (fevereiro-março 1958), pp. 43-67.
SCHADEN, E. Ensaio etno-sociológico sobre a mitologia heróica de algumas tribos indígenas do Brasil. LXI (1946).
SHONLE, R. Peyote: the Giver of Visions. *Am. Anthr.*, XXVII (1925), pp. 53-76.
SKINNER, A. Análise de *The Code of Handsome Lake* de A. C. PARKER, em *Am. Anthr.*, XVII (1915), pp. 180-4.
SIMPSON, G. E. Jamaican Revivalist Cults. In: *Soc. Ec. St.*, V,4 (1956), pp. 321-442.
SIMPSON, G. E. Political Cultism in West Kingston, Jamaica. In: *Soc. Ec. St.*, IV,2 (1955), pp. 133-49.
SLOTKIN, J. S. The Menomini Powwow. *Milw. Anthr.*, IV (1957).
SLOTKIN, J. S. *The Peyote Religion: a Study in Indian-White Relations*. (Glencoe, 1956)
SLOTKIN, J. S. Peyotism 1521-1891. *Am. Anthr.*, LVII,2 (1955), pp. 202-30.
SMITH, M. Shamanism in the Shaker Religion of Northwest America. *Man*, CLXXXI (1954).
SPECK, F. G. "Notes on the Life of John Wilson, the Revealer of Peyote, as Recalled by His Nephew, George Anderson. In: *G. M. H. Ch.*, XXXV (1933), pp. 539-56.
SPIER, L. The Prophet Dance of the Northwest and Its Derivatives. In: *Gen. Ser. Anthr.*, I (1935).
STEWARD, J. H. Acculturation Studies in Latin America: Some Needs and Problems. *Am. Anthr.*, XLV,2 (1943), pp. 189--206.
STEWART, O. C. "Southern Ute Adjustment to Modern Living". In: *Acculturation in the Americas*, editado por S. Tax (Chicago, 1952), pp. 80-7.
STEWART, O. C. Washo-Northern Paiute Peyotism: a Study in Acculturation. In: *U. C. P. A. E.*, XL,3 (1944).

STEWART, O. C. The Southern Ute Peyote Cult. *Am. Anthr.,* XLIII,2 (1941), pp. 303-8.
TENTORI, T. In: BIASUTTI, R. *Razze e popoli della terra.* IV (Turim, 1957), p. 731.
VOGET, F. W. The American Indian in Transition: Reformation and Accomodation. *Am. Anthr.,* LVIII,2 (1956), pp. 249-63.
WAGNER, G. Entwicklung und Verbreitung des Peyote-Kultes. In: *Baessler Archiv,* XV (1932), pp. 59-141.
WALLACE, A. F. C. Revitalization Movements. *Am. Anthr.,* LVIII,2 (1956), pp. 264-81.
WALLACE, A. F. C. Handsome Lake and the Great Revival in the West. *Am. Q.* (verão 1952), pp. 149-65.
WALLIS, W. D. *Messiahs Their Role in Civilization.* (Washington, 1943)
WAX, M. Les Pawnees à la recherche du paradis perdu. In: *Arch. Soc. Rel.,* IV (1957), pp. 113-22.
ZAEHNER, R. C. *Mysticism.* (Oxford, 1956)

MELANÉSIA

ABEL, C. W. *Savage Life in New Guinea.* (Londres, 1902)
BELSHAW, C. S. Recent History of Mekeo Society. *Oceania,* XX,1 (1951), pp. 4 e ss.
BELSHAW, C. S. The Significance of Modern Cults in Melanesian Development. *Austr. Outl.,* IV (1950), pp. 116-25.
BERNDT, R. M. Reaction to Contact in the Eastern Highlands of New Guinea. *Oceania,* XXIV,3 (1954), pp. 190-228; XXIV,4 (1954), pp. 255-74.
BERNDT, R. M. A Cargo Movement in the Eastern Central Highlands of New Guinea. *Oceania,* XXIII,1 (1952), pp. 40-65; 2 (1952), pp. 137-58; 3 (1953), pp. 202-34.
BODROGI, T. Colonization and Religious Movements in Melanesia. In: *A.E.A.* Sc. Hung., II (1951), pp. 259-90.
BUREAU FOR NATIVE AFFAIRS, Netherlands New Guinea: "Anthropological Research in Netherlands New Guinea since 1950", *Oceania,* XXIX,2 (1958), pp. 132-63, especialmente p. 143.
BURRIDGE, K. O. Cargo Activity in Tangu. *Oceania,* XXIV,4 (1954), pp. 241-54.
CATO, A. C. Disintegration, Syncretization and Change in Fijian Religion. *Mankind,* V,3 (1956), pp. 101-6.
CATO, A. C. A New Religious Cult in Fiji. *Oceania,* XVII,2 (1947), pp. 146 e ss.
CHINNERY, E. W. F. & HADDON, A. C. Five New Religious Cults in British New Guinea. *Hibbert Journal* (1917), pp. 458-60.
DE BRUYN, J. V. De Mansren cultus der Biakkers. In: *T.T. L.V.K.,* LXXXIII,4 (1949), pp. 313-31; *South Pacific,* V,1, pp. 1-10.
DUPEYRAT, A. *Papouasie: histoire de la mission, 1885-1935.* (Paris, 1935)
ECKERT, G. Prophetentum und Kulturwandel in Melanesien. In: *Baessler Archiv,* XXIII,1 (1940), pp. 26-41.

ECKERT, G. Prophetentum in Melanesien: In: *Z. f. E.*, LXIX (1937), pp. 135-40.
ELKIN, A. P. *Social Anthropology in Melanesia*. (Londres, 1953)
FIRTH, R. The Theory of Cargo Cult: a Note on Tikopia. *Man* (setembro 1955), p. 152.
FIRTH, R. Social Change in Western Pacific. *J. of the Royal Soc. of Arts*, CI.1909 (outubro 1953), pp. 803-19.
FISON, L. The Nanga. *J.R.A.I.*, XIV (1884).
FORTUNE, R. F. *Sorcerers of Dobu*. (Londres, 1932)
GUIART, J. *Grands et petits hommes de la montagne. Espiritu Sancto. Nouvelles Hébrides.* 2. ed. (Paris, 1958)
GUIART, J. & WORSLEY, P. La répartition des mouvements millénaristes en Mélanésie. In: *Arch. Soc. Rel.*, V (1958), pp. 38-46.
GUIART, J. Institutions religieuses traditionnelles et messianismes modernes à Fiji. In: *Arch. Soc. Rel.*, IV (1957), pp. 3-30.
GUIART, J. *Un siècle et demi de contacts culturels à Tanna, Nouvelles Hébrides*. (Paris, 1956)
GUIART, J. John Frum Movement in Tanna. *Oceania*, XXII,3 (1952), pp. 165-77.
GUIART, J. Forerunners of Melanesian nationalism. *Oceania*, XXII,2 (1951), pp. 81-90.
GUIART, J. Cargo Cult and Political Evolution in Melanesia. *Mankind*, IV,6 (1951), pp. 277-9.
HELD, G. J. *The Papuas of Waropen*. (Haia, 1957), pp. 317--21.
HÖLTKER, G. Die Mambu Bewegung in Neu Guinea. Ein Beitrag zum Prophetentum in Melanesien. In: *Ann. Lat.*, V (1941), pp. 181-219.
HOGBIN, H. I. *Transformation Scene*. (Londres, 1951)
HOGBIN, H. I. Native Christianity in a New Guinea Village. *Oceania*, XVIII,1 (1947), pp. 1 e ss.
HOGBIN, H. I. *Experiments in Civilization*. (Londres, 1939)
INGLIS, J. Cargo Cults: the Problem of Explanation. *Oceania*, XXVII,4 (1957), pp. 249-63.
KAMMA, F. C. Messianic Movements in Western New Guinea. *Int. Rev. Miss.*, XLI (1952), pp. 148-60.
KAMMA, F. C. *De messiaanse Koréri-bewegingen in het Biaks-Noemfoorse cultuurgebied*. (Haia, s. d.)
KROEF, J. M. van der. Culture Contact and Culture Change in Western New Guinea. *Anthr. Q.*, XXXII,3 (1959), pp. 134-60.
KROEF, J. M. van der. "Racial Messiahs". In: *Race, individual and Collective Behavior*, editado por E. T. Thompson e E.C. Hughes (Glencoe, 1958), pp. 357-64.
LANTERNARI, V. Origini storiche dei culti profetici melanesiani. In: *S.M.S.R.*, XXVII (1956), pp. 31-86.
LAWRENCE, P. Cargo-Cult and Religious Beliefs among the Garia. In: *Int. A.E.* (1954), pp. 1-20.
LEESON, I. Bibliography of Cargo Cults and Other Nativistic Movements in the South Pacific. In: *South Pacific Commission Paper*. (Sydney, 1952)

LEHMANN, F. R. Prophetentum in der Südsee. In: *Z.f.E.*, LXVI (1935), pp. 261 e ss.
LEHMANN, F. R. *Prophetismus in der Südsee.* (Christentum und Wissenschaft, 1934), pp. 68 e ss.
LEWIS, A. B. *The Melanesians.* (Chicago, 1945)
LOMMEL, A. "Der 'Cargo-Cult' in Melanesien: ein Beitrag zur Problem der Europäisierung der Primitiven". In: *Z.f.E.*, LXXVIII,1 (1953), pp. 17-63.
MAIR, L. P. *Australia in New Guinea.* (Londres, 1949)
MEAD, M. *New Lives for Old: Cultural Transformation, Manus 1928-1953.* (Londres, 1956)
MURRAY, G. H. The Vailala Madness. In: *Papua Report 1919-20*, pp. 116-18.
NILLES, J. The Kuman of the Chimbu Region, Central Highlands, New Guinea. *Oceania*, XXI,1 (1950), pp. 64-5.
O'REILLY, R. P. P. "Prophétisme aux Nouvelles Hébrides: le mouvement Jonfrum à Tanna (1940-1947)". In: *Le Monde Nonchrétien* (1949), pp. 192-208.
POIRIER, J. Les mouvements de libération mythique aux Nouvelles Hébrides, *J. S. Oc.*, V,5 (1949).
POS, H. The revolt of "Manseren". *Am. Anthr.*, LII,4 (1950), pp. 561-4.
RAFF, E. Apêndice em WILLIAMS, F. E. *Orokaiva Magic.* (Londres, 1928), pp. 100 e ss.
REAY, M. *The Kuma: Freedom and Conformity in the New Guinea Highlands.* (Londres, 1959), pp. 194-207.
ROSENSTIEL, A. Long-term Planning: Its Importance in the Effective Administration of Social Change. In: *H.O.*, II (1954), pp. 5-10.
STANNER, W. E. H. On the Interpretation of Cargo-Cults. *Oceania.* XXIX,1 (1958), pp. 1-25.
THOMSON, B. H. *The Fijians.* (Londres, 1908), pp. 140 e ss.
WILLIAMS, F. E. Mission Influence in the Keveri District of Southeast Papua. *Oceania*, XV,2 (1944), pp. 89 e ss.
WILLIAMS, F. E. "The Vailala Madness in Retrospect". In: *Essays Presented to C. G. Seligman.* (Londres, 1934), pp. 369-79.
WILLIAMS, F. E. *Orokaiva Society.* (Oxford, 1930)
WILLIAMS, F. E. *Orokaiva Magic.* (Londres, 1928)
WILLIAMS, F. E. The Vailala Madness and the Destruction of Native Ceremonies in the Gulf Division. In: *Anthr. Report*, IV (1923), pp. 1-72.
WORSLEY, P. *The Trumpet Shall Sound: a Study of 'Cargo' Cults in Melanesia.* (Londres, 1957)

POLINÉSIA

BABBAGE, S. B. *Hauhauism.* (Dunedin, Nova Zelândia, 1938)
BEST, E. *Tuhoe, the Children of the Mist.* I-II (New Plymouth, 1925)
BREWSTER, A .B. *The Hill Tribes of Fiji.* (Londres, 1922)
BROWN, J. Macmillan. *Maori and Polynesian.* (Londres, 1907)

CAILLOT, A. C. E. *Les Polynésiens orientaux au contact de la civilisation.* (Paris, 1909)
FREEMAN, J. D. "The Joe Gimlet, or Siovili Cult: an Episode in the Religious History of Early Samoa". In: *Anthropology in the South Seas,* editado por J. D. Freeman e W. R. Geddes (New Plymouth, 1959), pp. 185-98.
GREENWOOD, W. The Upraised Hand, or the Spiritual Significance of the Rise of the Ringatu Faith. *J.P.S.,* LI,1 (1942), pp. 1-81.
JARVES, J. J. *History of the Hawaiian or Sandwich Islands.* (Londres, 1843)
KEESING, F. The Changing Maori. In: *Memoris of the Board* York, 1941)
KEESING, F. *Modern Samoa.* (Londres, 1934)
KEESING, F. The Changing Maori. In: *Memoirs of the Board of Maori Ethnol. Research,* IV (1928).
KOSKINEN, A. A. *Missionary Influence as a Political Factor in the Pacific Islands.* (Helsinki, 1953)
LANTERNARI, V. Culti profetici polinesiani. In: *S.M.S.R.,* XXVIII,2 (1957), pp. 55-78.
MOERENHOUT, J. A. *Voyages aux iles du Grand Océan.* I-II (Paris, 1837)
MÜHLMANN, W. E. *Arioi und Mamaia.* (Wiesbaden, 1955)
PRITCHARD, W. T. *Polynesian Reminiscences, or Life in the South Pacific Islands.* (Londres, 1866)
SUTHERLAND, I. L. G. *The Maori People To-day.* (Nova York, 1940)
TE RANGI HIROA (P. Buck). *The Coming of the Maori.* (Wellington, 1952)
THOMSON, B. *The Fijians.* (Londres, 1908)
VAGGIOLI, F. *Storia della Nuova Zelanda.* I-II (Parma, 1896).
WATERHOUSE, J. *The King and People of Fiji.* (Londres, 1866)
WINKS, R. W. The Doctrine of Hauhauism. *J.P.S.,* LXII,3 (1953), pp. 199-236.

ÁSIA E INDONÉSIA

ABEGG, E. *Der Messiasglauben in Indien und Iran.* (Berlim--Leipzig, 1928)
BERGER, P. L. Motif messianique et processus social dans le Bahaïsme. In: *Arch. Soc. Rel.,* IV (1957), pp. 93-107.
BOARDMAN, E. P. *Christian Influence upon the Ideology of Taiping Rebellion.* (Madison, 1952)
DARMESTETER, J. *Le Mahdi depuis les origines de l'Islam jusqu'à nos jours.* (Paris, 1885)
DUNSTHEIMER, G. G. H. Deux études sur les religions chinoises. In: *Arch. Soc. Rel.,* IV (1957), pp. 133-42.
FALL, B. B. The Political-Religious Sects of Viet-Nam. In: *P.A.,* XXVIII,3 (1955), pp. 235-53.
GOBINEAU, Comte de. *Religions et philosophies dans l'Asie Centrale.* 1. ed., Paris, 1865; 10. ed., 1957)

GOBRON, G. *Histoire et philosophie du Caodaïsme.* (Paris, 1949)

GUARIGLIA, G. *Il messianismo russo.* (Roma, 1956)

KAMMA, F. C. *De messiaanse Koréri-bewegingen in het Biaks-Noemfoorse cultuurgebied.* (Haia, s.d.)

KENNEDY, R. Acculturation and Administration in Indonesia. *Am. Anthr.,* XLV,2 (1943), pp. 185-92.

KOVALEVSKY, P. Messianisme et millénarisme russe? In: *Arch. Soc. Rel.,* V (1958), pp. 47-70.

KRADER, L. A Nativistic Movement in Western Siberia. *Am. Anthr.,* LVIII,2 (1956), pp. 282-92.

KROEF, J. van der. Culture Contact and Culture Conflict in Western New Guinea. *Anthr. Q.,* XXXII,3 (1959), pp. 134-60.

KROEF, J. van der. The Messiah in Indonesia and Melanesia. *Scientific Monthly,* LXXV (1952), pp. 161-65.

LINDGREN, E. J. An Example of Culture Contact without Conflict: Reindeer Tungus and Cossacks of Northwestern Manchuria. *Am. Anthr.,* XL,4 (1938), pp. 605-21.

NGUYEN TRAN HUAN. "Histoire d'une secte religieuse au Viet-Nam: le Caodaïsme. *Revue de synthèse,* julho-dezembro 1958 (1959), pp. 265-81.

OGUCHI, I. "Authoritarianism in Japanese Religion". In: *Religion East and West* I (Tóquio, 1955), pp. 10-15.

OLSON, R. A New Messianic Cult in Japan. In: *Kroeber Anthropological Society Papers* VIII, 9 (Berkeley, 1953), pp. 78-81.

PHELAN, J. L. *The Hispanization of the Philippines.* (Madison, 1959)

ROBERTSON, J. A. The Aglipay Schism in the Philippines. *Cath. Hist. Rev.,* IV,3 (1918), pp. 315-44.

ROWLEY, H. H. Prophecy and Religion in Ancient China and Israel. (Londres, 1956)

SEBEOK, Th. A., & INGEMANN, F. J. Studies in Cheremis: the Supernatural. In: *Viking Fund Publications in Anthropology XXII* (Nova York, 1956).

SMITH, M. W. Synthesis and Other Processes in Sikhism. *Am. Anthr.,* L,1 (1948), pp. 457-62.

STRAELEN, H. van. *The Religion of the Divine Wisdom: Japan's Most Powerful Religious Movement* (Tenrikyo). (Quioto, 1957)

STRAELEN, H. van. Un messianisme japonais contemporain. In: *Arch. Soc. Rel.,* IV (1957), pp. 123-32.

TAC PHAM, C. *Le Caodaïsme-Phap-Chanh-Truyen.* (Paris, 1953)

WERTHEIM, W. F. *Indonesian Society in Transition.* (Haia, 1956)

WULFFTEN, Palthe P. M. van. *Psychological Aspects of the Indonesian Problem.* (Leiden, 1949)

ABREVIATURAS

A. E. A. Sc. Hung.	=	Acta Ethnographica Academiae Scientiarum Hungaricae (Budapeste)
Am. Anthr.	=	American Anthropologist (Menasha)
Am. Soc. Rev.	=	American Sociological Review (New York)
Am. Q.	=	American Quarterly (Filadélfia)
Ann. Amer. Acad.	=	Annals of the American Academy of Political and Social Sciences (Filadélfia)
Ann. Lat.	=	Annali Lateranensi (Cidade do Vaticano)
Anthr. Pap.	=	Anthropological Papers, Museum of Anthropology, University of Michigan (Ann Arbor)
Anthr. Pap. Amer. Mus. Nat. Hist.	=	Anthropological Papers, American Museum of Natural History

Anthr. Q.	=	Anthropological Quarterly (Washington)
Anthr. Ser.	=	Anthropological Series
Arch. Soc. Rel.	=	Archives de Sociologie des Religions (Paris)
Austr. Outl.	=	Australian Outlook (Melbourne)
B. B. Amer. Ethn.	=	Bulletin, Bureau of American Ethnology (Washington)
B. Nat. Hist.	=	Bulletin, American Museum of Natural History (Nova York)
Bol. C. L.	=	Boletim, Faculdade de Filosofia, Ciências e Letras, Univ. São Paulo (São Paulo)
Bull. Milw.	=	Bulletin of the Public Museum of the City of Milwaukee (Milwaukee)
Cah. Int. Soc.	=	Cahiers Internationaux de Sociologie (Paris)
Cath. Hist. Rev.	=	Catholic Historical Review (Washington)
C. R. Acad.	=	Comptes Rendus, Académie des Sciences Coloniales (Paris)
E. Jahrb.	=	Eranos Jahrbuch (Zurique)
Gen. Ser. Anthr.	=	General Series of Anthropology (Menasha)
H.O.	=	Human Organization (Nova York)
Int. A. E.	=	International Archives of Ethnography (Lieden)
Int. Rev. Miss.	=	International Review of Missions (Londres)
J.A.F.	=	Journal of American Folklore (Filadélfia)
J. Anthr. Soc.	=	Journal of the Anthropological Society (Londres)
J.P.S.	=	Journal of the Polynesian Society (Wellington)
J.R.A.I.	=	Journal of the Royal Anthropological Institute of Great Britain and Ireland (Londres)
J. S. Am.	=	Journal de la Société des Américanistes (Paris)
J. S. Oc.	=	Journal de la Société des Océanistes (Paris)
Milw. Anthr.	=	Public Museum of Milwaukee, Publications in Anthropology (Milwaukee)
N. Y. Bull.	=	New York State Museum Bulletin (Albany)
P.A.	=	Pacific Affairs (Nova York)
Pap. Peab.	=	Papers, Peabody Museum of American Archaeology and Ethnology (Cambridge, Mass.)
Prés Afr.	=	Présence Africaine (Paris)
Rech. Int. Marx.	=	Recherches Internationales à la lumière du Marxisme (Paris)

Rep. B.A.E.	=	Annual Report, Bureau of American Ethnology (Washington)
Rev. Inst. Soc.	=	Revue de l'Institut de Sociologie (Bruxelas)
Rev. Tucumán	=	Revista, Instituto de Etnología, Universidad Nacional Tucumán
Riv. Antr.	=	Rivista di Antropologia (Roma)
S. Jahrb.	=	Staden Jahrbuch (São Paulo)
S.M.S.R.	=	Studi e Materiali di Storia delle Religioni (Roma)
Soc. Ec. St.	=	Social and Economic Studies (Kingston, Jamaica)
South. J.	=	Southwestern Journal of Anthropology (Albuquerque)
Trans. N. Y. Acad.	=	Transactions of the New York Academy of Sciences (Nova York)
T.T.L.V.K.	=	Tijdschrift voor Ind. Taal-, Landen Volkenkunde (Djakarta)
U.C.P.A.E.	=	University of California Publications in American Archaeology and Ethnology (Berkeley)
U.C.R.	=	University of California Anthropological Records (Berkeley)
V.F.P.A.	=	Viking Fund Publications in Anthropology (Nova York)
Y.P.A.	=	Yale University Publications in Anthropology (New Haven)
Z.f.E.	=	Zeitschrift für Ethnologie (Braunschweig)

COLEÇÃO DEBATES

1. *A Personagem de Ficção*, A. Rosenfeld, A. Cândido, Décio de A. Prado, Paulo Emílio S. Gomes.
2. *Informação. Linguagem. Comunicação*, Décio Pignatari.
3. *O Balanço da Bossa*, Augusto de Campos.
4. *Obra Aberta*, Umberto Eco.
5. *Sexo e Temperamento*, Margaret Mead.
6. *Fim do Povo Judeu?*, Georges Friedmann.
7. *Texto/Contexto*, Anatol Rosenfeld.
8. *O Sentido e a Máscara*, Gerd A. Bornheim.
9. *Problemas de Física Moderna*, W. Heisenberg, E. Schroedinger, Max Born, Pierre Auger.
10. *Distúrbios Emocionais e Anti-Semitismo*. N. W. Ackerman e M. Jahoda.
11. *Barroco Mineiro*, Lourival Gomes Machado.
12. *Kafka: pró e contra*, Günther Anders.
13. *Nova História e Novo Mundo*, Frédéric Mauro.

14. *As Estruturas Narrativas*, Tzvetan Todorov.
15. *Sociologia do Esporte*, Georges Magnane.
16. *A Arte no Horizonte do Provável*, Haroldo de Campos.
17. *O Dorso do Tigre*, Benedito Nunes.
18. *Quadro da Arquitetura no Brasil*, Nestor Goulart Reis Filho.
19. *Apocalípticos e Integrados*, Umberto Eco.
20. *Babel & Antibabel*, Paulo Rónai.
21. *Planejamento no Brasil*, Betty Mindlin Lafer.
22. *Lingüística. Poética, Cinema*, Roman Jakobson.
23. *LSD*, John Cashman.
24. *Crítica e Verdade*, Roland Barthes.
25. *Raça e Ciência I*, Juan Comas e outros.
26. *Shazam!*, Álvaro de Moya.
27. *As Artes Plásticas na Semana de 22*, Aracy Amaral.
28. *História e Ideologia*, Francisco Iglésias.
29. *Peru: Da Oligarquia Econômica à Militar*, Arnaldo Pedroso D'Horta.
30. *Pequena Estética*, Max Bense.
31. *O Socialismo Utópico*, Martin Buber.
32. *A Tragédia Grega*, Albin Lesky.
33. *Filosofia em Nova Chave*, Susanne K. Langer.
34. *Tradição, Ciência do Povo*, Luís da Camara Cascudo.
35. *O Lúdico e as Projeções do Mundo Barroco*, Affonso Ávila.
36. *Sartre*, Gerd A. Bornheim.
37. *Planejamento Urbano*, Le Corbusier.
38. *A Religião e o Surgimento do Capitalismo*, R. H. Tawney.
39. *A Poética de Maiakóvski*, Bóris Schnaiderman.
40. *O Visível e o Invisível*, Merleau-Ponty.
41. *A Multidão Solitária*, David Riesman.
42. *Maiakóvski e o Teatro de Vanguarda*, A. M. Ripellino.
43. *A Grande Esperança do Século XX*, J. Fourastié.
44. *Contracomunicação*, Décio Pignatari.
45. *Unissexo*, Charles Winick.
46. *A Arte de Agora, Agora*, Herbert Read.
47. *Bauhaus — Novarquitetura*, Walter Gropius.
48. *Signos em Rotação*, Octavio Paz.
49. *A Escritura e a Diferença*, Jacques Derrida.
50. *Linguagem e Mito*, Ernst Cassirer.
51. *As Formas do Falso*, Walnice Galvão.
52. *Mito e Realidade*, Mircea Eliade.
53. *O Trabalho em Migalhas*, Georges Friedmann.
54. *A Significação no Cinema*, Christian Metz.
55. *A Música Hoje*, Pierre Boulez.
56. *Raça e Ciência II*, L. C. Dunn e outros.
57. *Figuras*, Gérard Genette.
58. *Rumos de uma Cultura Tecnológica*, A. Moles.
59. *A Linguagem do Espaço e do Tempo*, Hugh Lacey.
60. *Formalismo e Futurismo*, Krystyna Pomorska.
61. *O Crisântemo e a Espada*, Ruth Benedict.
62. *Estética e História*, Bernard Berenson.
63. *Morada Paulista*, Luís Saia.
64. *Entre o Passado e o Futuro*, Hannah Arendt.
65. *Política Científica*, Darcy M. de Almeida e outros.

66. *A Noite da Madrinha*, Sergio Miceli.
67. *1822: Dimensões*, Carlos Guilherme Mota e outros.
68. *O Kitsch*, Abraham Moles.
69. *Estética e Filosofia*, Mikel Dufrenne.
70. *Sistema dos Objetos*, Jean Baudrillard.
71. *A Arte na Era da Máquina*, Maxwell Fry.
72. *Teoria e Realidade*, Mario Bunge.
73. *A Nova Arte*, Gregory Battcock.
74. *O Cartaz*, Abraham Moles.
75. *A Prova de Goedel*, Ernest Nagel e James R. Newman.
76. *Psiquiatria e Antipsiquiatria*, David Cooper.
77. *A Caminho da Cidade*, Eunice Ribeiro Durhan.
78. *O Escorpião Encalacrado*, Davi Arriguci Júnior.
79. *O Caminho Crítico*, Northrop Frye.
80. *Economia Colonial*, J. R. Amaral Lapa.
81. *Falência da Crítica*, Leyla Perrone-Moisés.
82. *Lazer e Cultura Popular*, Joffre Dumazedier.
83. *Os Signos e a Crítica*, Cesare Segre.
84. *Introdução à Semanálise*, Julia Kristeva.
85. *Crises da República*, Hannah Arendt.
86. *Fórmula e Fábula*, Willi Bolle.
87. *Saída, Voz e Lealdade*, Albert Hirschman.
88. *Repensando a Antropologia*, E. R. Leach.
89. *Fenomenologia e Estruturalismo*, Andrea Bonomi.
90. *Limites do Crescimento*, Donella H. Meadows e outros.
91. *Manicômios, Prisões e Conventos*, Erving Goffman.
92. *Maneirismo: O Mundo como Labirinto*, Gustav R. Hocke.
93. *Semiótica e Literatura*, Décio Pignatari.
94. *Cozinhas etc.*, Carlos A. C. Lemos.
95. *As Religiões dos Oprimidos*, Vittorio Lanternari.
96. *Os Três Estabelecimentos Humanos*, Le Corbusier.
97. *As Palavras sob as Palavras*, Jean Starobinski.
98. *Introdução à Literatura Fantástica*, Tzvetan Todorov.
99. *O Significado nas Artes Visuais*, Erwin Panofsky.
100. *Vila Rica*, Sylvio de Vasconcellos.

IMPRIMIU
TELS.: 52-7905 e 52-3585
S. Paulo — Brasil

impres